应用型本科院校"十二五"规划教材

Management Information System

管理信息系统

（第2版）

主　编　王知强　张明明
副主编　张　尧　赵开才　安慧姝
主　审　万　静

哈尔滨工业大学出版社
HITP　HARBIN INSTITUTE OF TECHNOLOGY PRESS

内容简介

全书共分 8 章:第 1 章管理信息系统概述;第 2 章管理信息系统开发方法;第 3 章系统规划;第 4 章系统分析;第 5 章系统设计;第 6 章系统实施与管理;第 7 章管理信息系统发展趋势;第 8 章管理信息系统开发案例。

本书既可作为高等院校管理科学与工程类(信息管理与信息系统、管理科学等专业)、工商管理类(工商管理、市场营销、旅游管理、人力资源管理、财务管理、会计学等专业)、工业工程、电子商务、物流管理、项目管理、计算机科学与技术、软件工程及高职高专相关专业的教材,也可作为从事企业信息化建设和管理信息系统开发、应用和管理的相关人员的参考用书。

图书在版编目(CIP)数据

管理信息系统/王知强,张明明主编. —2 版. —哈尔滨:哈尔滨工业大学出版社,2013.7

应用型本科院校"十二五"规划教材

ISBN 978-7-5603-2895-9

Ⅰ.①管… Ⅱ.①王…②张… Ⅲ.①管理信息系统-高等学校-教材 Ⅳ.①C931.6

中国版本图书馆 CIP 数据核字(2013)第 115899 号

策划编辑	赵文斌 杜 燕
责任编辑	李广鑫 苗金英
出版发行	哈尔滨工业大学出版社
社 址	哈尔滨市南岗区复华四道街 10 号 邮编 150006
传 真	0451-86414749
网 址	http://hitpress.hit.edu.cn
印 刷	黑龙江省地质测绘印制中心印刷厂
开 本	787mm×960mm 1/16 印张 21.75 字数 470 千字
版 次	2011 年 6 月第 1 版 2013 年 6 月第 2 版 2013 年 6 月第 1 次印刷
书 号	ISBN 978-7-5603-2895-9
定 价	36.80 元

(如因印装质量问题影响阅读,我社负责调换)

《应用型本科院校"十二五"规划教材》编委会

主　　任　　修朋月　　竺培国

副主任　　王玉文　　吕其诚　　线恒录　　李敬来

委　　员　　（按姓氏笔画排序）

丁福庆　　于长福　　马志民　　王庄严　　王建华

王德章　　刘金祺　　刘宝华　　刘通学　　刘福荣

关晓冬　　李云波　　杨玉顺　　吴知丰　　张幸刚

陈江波　　林　艳　　林文华　　周方圆　　姜思政

庹　莉　　韩毓洁　　臧玉英

序

哈尔滨工业大学出版社策划的《应用型本科院校"十二五"规划教材》即将付梓,诚可贺也。

该系列教材卷帙浩繁,凡百余种,涉及众多学科门类,定位准确,内容新颖,体系完整,实用性强,突出实践能力培养。不仅便于教师教学和学生学习,而且满足就业市场对应用型人才的迫切需求。

应用型本科院校的人才培养目标是面对现代社会生产、建设、管理、服务等一线岗位,培养能直接从事实际工作、解决具体问题、维持工作有效运行的高等应用型人才。应用型本科与研究型本科和高职高专院校在人才培养上有着明显的区别,其培养的人才特征是:①就业导向与社会需求高度吻合;②扎实的理论基础和过硬的实践能力紧密结合;③具备良好的人文素质和科学技术素质;④富于面对职业应用的创新精神。因此,应用型本科院校只有着力培养"进入角色快、业务水平高、动手能力强、综合素质好"的人才,才能在激烈的就业市场竞争中站稳脚跟。

目前国内应用型本科院校所采用的教材往往只是对理论性较强的本科院校教材的简单删减,针对性、应用性不够突出,因材施教的目的难以达到。因此亟须既有一定的理论深度又注重实践能力培养的系列教材,以满足应用型本科院校教学目标、培养方向和办学特色的需要。

哈尔滨工业大学出版社出版的《应用型本科院校"十二五"规划教材》,在选题设计思路上认真贯彻教育部关于培养适应地方、区域经济和社会发展需要的"本科应用型高级专门人才"精神,根据黑龙江省委书记吉炳轩同志提出的关于加强应用型本科院校建设的意见,在应用型本科试点院校成功经验总结的基础上,特邀请黑龙江省9所知名的应用型本科院校的专家、学者联合编写。

本系列教材突出与办学定位、教学目标的一致性和适应性,既严格遵照学科体系的知识构成和教材编写的一般规律，又针对应用型本科人才培养目标及与之相适应的教学特点，精心设计写作体例，科学安排知识内容，围绕应用讲授理论，做到"基础知识够用、实践技能实用、专业理论管用"。同时注意适当融入新理论、新技术、新工艺、新成果，并且制作了与本书配套的PPT多媒体教学课件，形成立体化教材，供教师参考使用。

《应用型本科院校"十二五"规划教材》的编辑出版，是适应"科教兴国"战略对复合型、应用型人才的需求，是推动相对滞后的应用型本科院校教材建设的一种有益尝试，在应用型创新人才培养方面是一件具有开创意义的工作，为应用型人才的培养提供了及时、可靠、坚实的保证。

希望本系列教材在使用过程中，通过编者、作者和读者的共同努力，厚积薄发、推陈出新、细上加细、精益求精，不断丰富、不断完善、不断创新，力争成为同类教材中的精品。

第2版前言

　　管理信息系统是一门综合了管理科学、信息科学、系统科学、行为科学、计算机科学等学科知识的交叉边缘学科。管理信息系统是由人和计算机组成的能够进行信息收集、存储、加工、传播与使用的社会-技术系统。通过管理信息系统,可以规范化、标准化与自动化地管理业务流程,加快信息处理速度,提高信息质量和使用效率,从根本上提高运作质量和响应能力。本书把管理和技术相结合,深刻阐述管理信息系统的性质和内容。企业资源计划、供应链管理、客户关系管理、电子商务等管理领域的不断创新对管理信息系统提出了越来越高的要求,而技术的创新为管理创新提供了广泛的实践空间。本书既重视学生的知识培养,也重视学生的能力修养。使学生不仅能够掌握信息化建设必需的基础理论知识和开发技术,而且能够更全面、更系统地理解和掌握信息化建设的实际内容。

　　本书根据管理信息系统的最新发展,结合管理信息系统及应用的教学需要,以两个典型的管理信息系统项目的设计过程为主线,结合大量的应用实例,系统地介绍了管理信息系统的基本原理、方法及应用技术。本书强调在IT知识经济环境下管理信息系统所表现出的新特点,注重项目驱动式教学,强调理论与实践相互渗透、技术与应用有机结合。本书在编写模式上和思路上与以往的教材相比有较大变化,采取面向任务,针对目标,选准学生能接触到或者容易理解的项目作为课题,用功能模块的形式来说明任务,进而分解任务到具体模块,引起学生的兴趣,树立信心,激发学习积极性,从而达到学以致用、突出重点、突出实用的理念。本书在编写时,由此及彼、由表及里、由浅入深,先掌握基本应用,然后作理论讲解和知识的扩展延伸,扩大知识面,加深对知识的理解深度,拓宽解决问题的思路。这样有利于教材的完整性和知识运用的系统性,也有利于学生循序渐进和受到较为逼真的系统训练。最后落实到具体操作,结合一些切合实际的题目,指导学生动手设计,用实践检验对知识的掌握程度,达到融会贯通、举一反三和触类旁通的目的。

　　本书由三个部分组成:一是教材本身,二是管理信息系统开发素材,三是配套电子课件。

本书特色如下:

1. 引入"网上书店管理系统"和"高校管理系统"开发项目,以管理信息系统开发方法、系统规划、系统分析、系统设计、系统实施与管理为主线展开。

2. 针对相关章节内容,在章节末尾适当引入案例,对本章重点内容进行升华。

3. 在最后一章,引入完整的"高校实验室管理信息系统"开发项目,使读者对管理信息系统开发过程有一个完整具体的认识。

4. 在引入管理信息系统开发项目的同时,结合相关章节具体内容,适当引入管理信息系统应用实例,从而使教学内容达到理论与实践的协调统一。

5. 在配套的素材中附"网上书店管理系统"和"高校实验室管理信息系统"全部源代码,作为管理信息系统开发设计的模板,供参考借鉴。

6. 在附录中,规划了管理信息系统课程设计大纲,从课程设计的目的、内容及要求,课程设计报告、时间安排及指导方式,考核方法与成绩等方面进行了详细阐述,同时拟定 10 个管理信息系统课程设计题目,并给出各设计的具体要求等内容。

本书结合应用型普通高校管理信息系统课程的具体要求,深入浅出地介绍了管理信息系统的有关知识、方法和具体的应用。本书共 8 章,第 1 章主要介绍信息系统、管理信息系统等基本概念,以及管理信息系统分类、结构、开发项目和学科体系等内容;第 2 章主要讲解结构化生命周期法、原型法、面向对象等管理信息系统开发方法,以及开发策略与开发方式等内容;第 3 章主要讲述诺兰模型、可行性研究、关键成功因素法和企业系统规划法等系统规划内容;第 4 章重点学习系统分析,其中包括组织结构与功能分析、业务流程分析、数据流程分析、数据字典、描述处理逻辑的工具和系统分析报告等内容;第 5 章主要介绍系统设计的内容,重点学习系统总体结构设计、硬件与软件设计、网络结构设计、数据库设计、代码设计、界面设计与系统设计报告等内容;第 6 章重点讲述系统实施与管理,主要包括网上书店管理系统实现与测试,系统转换、运行管理与维护,系统评价与系统开发总结报告等内容;第 7 章主要从决策支持系统、电子商务系统、电子政务系统、知识管理系统、供应链管理系统、客户关系管理系统和企业资源计划系统等方面阐述了管理信息系统发展趋势;第 8 章重点学习高校实验室管理信息系统开发案例;在附录中,详细阐述了管理信息系统课程设计大纲。各章后均附有本章小结、案例分析、习题等内容。在授课时任课教师可根据学科专业的特点与情况进行教学内容的安排与讲解。信息管理与信息系统、电子商务、软件工程等专业侧重系统的开发,工商管理、市场营销、人力资源管理、旅游管理等专业侧重系统的应用。

本书是黑龙江省哲学社会科学规划项目"基于区域信息化建设的信息主体素质模型研究"(项目编号 10E056)研究成果之一。

本书由王知强教授、张明明教授主编,张尧、赵开才、安慧姝为副主编,参加编写的人员有刘胜达、梁妍、于亮、闫平、王敏、范喜越。其中第 1 章由王知强编写;第 2、3、4、7 章由张明明、梁妍、闫平、王敏、于亮编写;第 5、6 章由张尧、刘胜达、赵开才编写;第 8 章由安慧姝、范喜越编写。全书由王知强负责设计总体结构和总纂定稿。本书由哈尔滨理工大学教授万静博士主审,项目系统由范喜越软件设计师开发实现。

在本书编写过程中,得到哈尔滨理工大学管理学院书记兼副院长博士生导师綦良群教授、计算机科学与技术学院副院长王培东教授等的大力支持与帮助,在此一并表示感谢。

由于作者水平有限,时间仓促,书中难免有不妥之处,敬请读者和专家批评指正。

编 者

2013 年 5 月

目 录

第1章 管理信息系统概述 ... 1
- 1.1 基本概念 ... 1
- 1.2 管理信息系统分类 ... 12
- 1.3 管理信息系统结构 ... 17
- 1.4 管理信息系统开发项目 ... 26
- 1.5 管理信息系统学科体系 ... 31
- 1.6 管理信息系统面临的挑战 ... 40
- 1.7 小结 ... 41
  - 案例1 返校第一天 ... 41
  - 习题1 ... 42

第2章 管理信息系统开发方法 ... 43
- 2.1 开发方法概述 ... 43
- 2.2 结构化生命周期法 ... 47
- 2.3 原型法 ... 56
- 2.4 面向对象方法 ... 59
- 2.5 计算机辅助软件工程(CASE) ... 64
- 2.6 各种开发方法比较 ... 66
- 2.7 开发策略与开发方式 ... 68
- 2.8 小结 ... 72
  - 案例2 国电泰州的信息服务外包 ... 73
  - 习题2 ... 74

第3章 系统规划 ... 75
- 3.1 规划概述 ... 75
- 3.2 诺兰模型 ... 78
- 3.3 可行性研究 ... 80
- 3.4 常用的系统规划方法 ... 84
- 3.5 小结 ... 100
  - 案例3 高校教材管理系统可行性分析 ... 100
  - 习题3 ... 103

第4章 系统分析 ········· 104
4.1 系统分析概述 ········· 104
4.2 详细调查 ········· 107
4.3 组织结构与功能分析 ········· 110
4.4 业务流程分析 ········· 113
4.5 数据流程分析 ········· 118
4.6 数据字典 ········· 132
4.7 描述处理逻辑的工具 ········· 138
4.8 新系统逻辑模型 ········· 144
4.9 系统分析报告 ········· 146
4.10 小结 ········· 147
案例4 生产计划管理流程设计 ········· 147
习题4 ········· 148

第5章 系统设计 ········· 150
5.1 系统设计概述 ········· 150
5.2 系统总体结构设计 ········· 155
5.3 硬件与软件设计 ········· 161
5.4 网络结构设计 ········· 168
5.5 数据库设计 ········· 172
5.6 代码设计 ········· 181
5.7 输入输出与界面设计 ········· 188
5.8 系统设计报告 ········· 192
5.9 小结 ········· 194
案例5 代码设计实例 ········· 194
习题5 ········· 194

第6章 系统实施与管理 ········· 196
6.1 概述 ········· 196
6.2 程序实现 ········· 197
6.3 系统测试 ········· 207
6.4 系统转换 ········· 212
6.5 系统运行管理与维护 ········· 215
6.6 系统评价 ········· 227
6.7 系统开发总结报告 ········· 232

  6.8 小结 ·· 234
    案例 6 代码维护实例 ······································ 235
    习题 6 ·· 235

第 7 章 管理信息系统发展趋势 ···································· 236
  7.1 概述 ·· 236
  7.2 决策支持系统 ·· 237
  7.3 电子商务系统 ·· 242
  7.4 电子政务系统 ·· 245
  7.5 知识管理系统 ·· 249
  7.6 供应链管理系统 ·· 251
  7.7 客户关系管理系统 ·· 256
  7.8 企业资源计划系统 ·· 258
  7.9 小结 ·· 264
    案例 7 以 Exchange 2000 为核心的知识管理解决方案 ············ 265
    习题 7 ·· 265

第 8 章 管理信息系统开发案例 ···································· 266
  8.1 绪论 ·· 266
  8.2 系统开发思想 ·· 267
  8.3 实验室管理系统分析 ······································ 274
  8.4 系统总体设计 ·· 278
  8.5 系统详细设计 ·· 282
  8.6 系统实现与测试 ·· 293

附录 管理信息系统课程设计大纲 ···································· 307
习题及答案 ·· 312
参考文献 ·· 332

第 1 章 管理信息系统概述

【本章主要内容】

本章主要介绍管理信息系统的基本概念、分类、结构、开发项目、学科体系和面临的挑战等内容。通过本章的学习,使读者明确信息、信息系统、管理信息系统和管理信息系统项目等基本概念。本章为后续章节提供理论和实践应用基础。

【本章学习目标】

1. 理解管理信息系统的相关概念;
2. 掌握管理信息系统的分类和结构;
3. 了解管理信息系统开发项目;
4. 理解管理信息系统的学科体系;
5. 了解管理信息系统发展的特点及面临的挑战。

1.1 基本概念

信息化是推动社会发展和变革的重要力量,是经济发展的必然趋势,信息化的水平和普及程度已成为一个国家或地区经济发达水平、创新能力和竞争力的主要标志,经济发展离不开信息化。目前,建立良好的信息管理系统是企业信息化最重要的表现之一,而企业信息化又是衡量一个地区或国家信息化水平的重要指标,因此,各企业都在积极建立实用的管理信息系统,努力提高企业自身的信息化水平,进而提高一个地区或国家的信息化水平。掌握管理信息系统,首先要掌握管理信息系统相关的基本概念。

1.1.1 信息

1. 数据

数据（Data）是用于记录的物理符号，分为数值数据和非数值数据两大类。数值数据一般指用于科学计算、统计和校验的数值，如 1、10、100 和 1 000 等。非数值数据一般泛指数值数据以外的数据，如文字、声音、图形和图像等。

数据是表达和传递信息的有效工具，是信息的最佳表现形式。在计算机科学中，数据可以是记录在任何介质上的一组有序排列的物理符号，通常泛指各种数字、字母、文字、声音、图形和图像等计算机代码。

数据是信息的载体，可以被采集、加工、存储、处理、传播和使用。在信息技术中，数据有"值"和"型"两种属性。数据的值是指数据具体的取值，即数值；数据的型是指数据内部的类型及对外的联系，即数据类型。

数据往往受其数值属性的约束。例如，有的数据被限定了取值范围。通常将数据的取值范围称为数据的值域。其实，数据不仅受其数值属性的约束，也受其类型属性的约束。例如，3 个苹果加上 3 个苹果等于 6 个苹果，因为他们的数据类型相同，所以数值可以相加。而 3 个苹果和 3 个梨是不能够相加的，因为他们的数据类型不同。在计算机处理数据时，通常根据情况为数据选择合适的数据类型和取值范围。合适的数据类型能够使数据便于表示、存储、处理和传播。合适的取值范围能够有效地避免数据的错误输入和错误修改。

数据一般可以定量表示，如 20 岁、40 岁和 60 岁。数据也可以定性表示，如青年、中年和老年等。在计算机软件设计中通常采用数据的定量表示，因为数据的定量表示具有精确描述事物的特点，而数据的定性表示往往具有粗略、模糊和不够精确的特点。

在日常生活中，人们通常采用自然语言来描述数据。例如，高校信息管理与信息系统专业的一名学生的信息可以这样描述：李刚同学，男性，1992 年 8 月出生，系黑龙江省哈尔滨市人，于 2011 年入学。在计算机中一般可以这样描述：

（李刚，男，199208，黑龙江省哈尔滨市，信息管理与信息系统专业，2011）

把学生的姓名、性别、出生年月、出生地、所学专业和入学年份等组织在一起，形成一条存储在计算机中的记录。该记录就是描述学生的数据，这样的数据是有结构的，像这种有结构的数据记录是计算机中表示和存储数据的一种格式。

在计算机科学中，数据的载体和形式是多样的。数据的载体可以是各种存储介质。数据的表现形式可以是文字、图表、声音、图形、图像、动画和视频等。仅利用数据多样的表现形式还不能够完全表达出数据的内容，还需要经过解释加工才能够完全表达出数据所表示的内容。

数据的解释加工通常指对数据含义的说明,即语义,数据与其语义是紧密联系的。例如,8是一个数据,既可以表示温度,又可以表示日期,也可以表示婴儿的体重,还可以表示一个人的年龄。可见,离开语义的数据是无意义的。

2. 信息

为无意义的数据赋予一定的意义,就能够使无意义的数据变成信息。信息泛指通过各种方式传播的、可被感受的数字、字母、文字、声音、图形和图像等符号所表征的某一事物新的消息、讯息、情报和知识。信息是一种观念性的东西,是人们头脑对现实事物的抽象反映,与其载体无关。必须说明的是,在许多不严格的情况下,对数据和信息两个概念是不进行区分的。

信息是关于客观事物或思想某一方面的知识,既能够反映已存在的客观事实,又能够预测未发生事物的状态,还能够用于指挥、控制事物发展的决策。信息是有用的,是人们活动的必需知识,利用信息能够克服工作中的盲目性,增加主动性和科学性,可以把事情办得更好。信息能够在空间和时间上被传递,在空间上传递信息称为信息通信,在时间上传递信息称为信息存储。信息是以符号形式存在的关于客观世界的认识,需要一定的形式表示,如语音、手势、文字、图形和图像等。

从不同角度可以把信息分成不同的类型,常见的信息分类主要有以下几种:

(1)按信息的生成领域可以分为宇宙信息、自然信息、社会信息和思维信息。

(2)按主体的信息过程可以分为实在信息、先验信息和实得信息。

(3)按认识的主体可以分为客观信息和主观信息。

(4)按信息的性质可以分为语法信息、语义信息和语用信息。

(5)按信息的逻辑意义可以分为真实信息、虚假信息和不定信息。

(6)按信息的记录符号可以分为数据信息、计算信息、文字信息、语声信息和图像信息等。

(7)按信息载体的性质可以分为文献信息、光学信息、电子信息和生物信息等。

(8)按信息的传输状态可以分为连续信息、半连续信息和离散信息等。

(9)按信息的来源可以分为内部信息与外部信息或国内信息与国际信息等。

(10)按信息的应用范围可以分为宏观信息和微观信息。宏观信息一般用于国家或地区,微观信息一般用于组织或部门。

(11)按信息的应用部门可以分为农业信息、工业信息、政治信息、军事信息、经济信息、科技信息和文化信息等。

(12)按信息的目的和使用需要可以分为社会信息、政治信息、经济信息、市场信息和管理信息等。其中,管理信息主要用于各种组织内部的组织、管理、控制和决策等领域的研究。

(13)按信息的处理方式可以分为原始信息和综合信息。原始信息是指从信息源直接收集到的信息,综合信息是指把原始信息经过各种加工处理后的信息。该分类方式反映了信息处在收集、加工处理和传输过程中的状态。该类信息反映了信息的及时性和准确性。由于原始信息和综合信息都具有利用价值,因此,管理信息系统中涉及的信息既包括原始信息也包括综合信息。

(14)按信息的作用可以把信息分为常规信息、作业信息、战术性信息和战略性信息等。这种分类方式常用于信息服务对象的区分。若信息的服务对象是高层管理和决策机构,那么一般使用战略性信息;若信息的服务对象是中层的管理机构,那么一般使用战术性信息;若信息的服务对象是低层的管理机构,那么一般使用作业信息和常规信息。该分类方式反映了信息的层次性和联系性。

信息是能够帮助人们决策的知识,对于人类社会的发展有着重要的意义;信息能够提高人们对事物的认识,减少人们活动的盲目性;信息是社会机体进行活动的纽带,能够使各个组织通过信息网相互了解并协同工作,使整个社会协调发展;信息的作用随着社会发展越来越突出;信息又是管理活动的核心,要想把事务管理好,就需要掌握更多的信息,并利用信息进行工作。

总之,信息和数据是有区别的。数据是一种符号象征,本身是没有意义的,而信息是有意义的数据,但数据经过加工处理后就能成为有意义的信息,也就是说,数据加工处理把数据和信息联系在一起,下式可以简单明确地表明三者之间的关系:

$$信息 = 数据 + 数据的加工处理$$

3. 信息处理

信息处理通常也称为数据处理,是指利用计算机对大量数据进行采集、存储、整理、统计、分析、检索、加工和传输,这些数据可以是数字、文字、图形、声音或视频。

信息处理主要包含信息采集、信息加工和信息传播。信息采集的主要任务是收集信息,将信息按类别组织、保存,其目的是在需要的时候,为各种应用和信息处理提供信息。信息加工的主要任务是对信息进行变换、抽取和运算,通过信息加工会得到更有用的信息,以指导或控制人的行为或事物的变化趋势。信息传播是指在空间或时间上以各种形式传播信息,而不改变信息的结构、性质和内容,信息传播会使更多的人得到并理解信息,从而使信息的作用充分发挥出来。

信息处理往往算法相对简单而处理的数据量较大,其目的是管理大量的、杂乱无章的甚至难以理解的数据,并根据一些算法利用这些数据得出人们需要的信息。信息处理已成为计算机应用的一个主要领域,如银行账务管理、股票交易管理、企业进销存管理、人事档案管理、图书资料检索、情报检索、飞机订票、列车查询和企业资源计划等。

1.1.2 信息系统

1. 系统

系统是指在一定环境中,为了达到某一目的,将相互联系和相互作用的若干组成部分结合而成的有机整体。

由上述定义可知,系统必须具备以下三个条件:

(1)系统必须具有两个或两个以上的组成部分,系统的组成部分一般被称为要素,要素是构成系统的最基本的单元,是系统存在的基础和实际载体。如果系统离开了要素,就不能称之为系统。

(2)要素与要素之间一定存在着某种有机联系,该种联系在系统的内部和外部形成了一定的结构和秩序。任何一个系统又可以是所从属的另一个更大系统的要素。因此,系统与要素、要素与要素、系统与环境之间,必定存在着相互作用和相互联系的机制。

(3)任何系统都有特定的功能,这是系统整体所具有的不同于各个组成要素的新功能。该种新功能是由系统内部各个要素的有机联系和作用所产生的。

系统一般具有整体性、目的性、相关性、层次性和环境适应性等特征,具体如下:

(1)整体性。系统的整体性是系统的重要特征之一,是指系统中各个组成部分不是简单地组合在一起,而是相互紧密联系组成一个有机整体。系统的整体功能一般大于各个组成部分功能的叠加。

(2)目的性。系统的目的性是指系统的运行是有目标的。系统各个组成部分有机结合的原则是使系统具有良好的功能,并且在某种意义上达到最优,进而达到系统追求的目的。

(3)相关性。系统的相关性是指系统内部的各个组成部分之间、系统与环境之间都是相关的,即是相互关联和相互作用的。

(4)层次性。系统的层次性是指系统可以分为不同的层次,这些不同的层次一般被称为子系统,且子系统还可以自成系统,即还可以具有下一级子系统。

(5)环境适应性。系统的环境适应性是指系统要达到追求的目的,就必须适应外部环境的变化和排除外界的干扰。

从不同角度可以把系统分成不同的类型,常见的系统分类主要有以下几种:

(1)按系统的组成可分为自然系统、人造系统和复合系统。自然系统是由植物、动物、矿物、海洋和天体等自然形成的系统,如天体系统、大气系统、海洋系统、生态系统和石油系统等。人造系统是指人们为了满足自身需要而设计建造的系统,如运输系统和计算机系统等。复合系统是指自然系统和人造系统结合而产生的系统,实际上大多数系统属于复合系统,如人-机系统。

（2）按系统与环境的关系可分为开放系统和封闭系统,其中封闭系统又分为全封闭系统和相对封闭系统。所谓开放系统是指系统的内部与外部环境相互作用,能够进行能量、物质或信息的交换,即从环境中得到输入又向环境输出,且系统状态易受环境变化的影响。大部分人造系统都属于该类系统,如管理信息系统等。封闭系统是指与外界环境不发生信息交换的系统,即不从环境获取信息,也不向环境输出信息,一般是为专门研究系统而设定的。

（3）按系统的存在形式可分为实体系统和概念系统。实体系统是指以自然矿物、生物、能源、机械和电子元件等实体组成的系统,即系统的组成要素是具有实体的物质。该类系统一般以硬件实体为主体,如机械系统、动力系统和电力系统等。概念系统是指由概念、原理、法则、制度和规程等观念性的非物质实体构成的系统。该系统一般以软件为主体,如教育系统、法律系统和管理信息系统等。

（4）按系统的运动状态可分为静态系统和动态系统。静态系统是指固有状态参数不随时间变化而发生改变的系统。没有既定的相对输入和输出,在系统运动规律的表征模型中不含时间因素,即模型中的变量不因时间变化而发生改变。静态系统通常是实体系统,如计算机网络布局系统、社区静态系统和电力静态系统等。动态系统是指其状态参数随时间变化而改变的系统,即该类系统的状态变量一般能够被定义为时间的函数。该类系统一般具有输入、输出和处理等过程,并且经常有人参与其中,如生产系统、服务系统和管理信息系统等。

系统一般涉及环境、边界、子系统、接口、输入、处理、输出、反馈和控制等要素。系统的一般模型如图1.1所示。

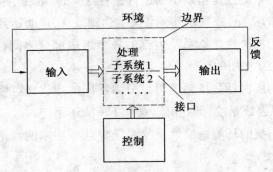

图1.1　系统的一般模型

系统好坏的评价指标一般有以下几点：

（1）目标是否明确。目标是否明确是衡量一个系统好坏的重要指标。任何系统都为其所追求的目标而运行,这个目标可能由一系列子目标组成,系统的好坏与其运行后对目标的贡献有关。

(2)结构是否合理。结构是否合理是评价一个系统好坏的重要指标之一。一个系统一般由若干个子系统构成,一个子系统又可由一个或多个功能模块组成。系统具有清晰的结构是各个子系统相互配合而正常运行的重要因素。

(3)接口是否清楚。系统的各个子系统之间及系统和外部环境之间一般均有接口。接口定义清楚能够使信息顺畅流通,从而使系统有效运行。例如,世界多个国家和组织组成的WTO系统,各国之间发生的交往均要通过海关,海关的职责定义明确才能够使货物顺利地出入境。

(4)是否能被监控。通过系统与环境的接口,外界的信息可以输入到系统,控制系统的运行,系统的运行状态也可以被监控。系统只有能被监控,才会更有效,对目标作出贡献才会更大。

2. 信息系统

信息系统(Information System,IS)是由人、硬件、软件和数据资源组成的人-机复合系统,目的是及时、正确地收集、加工、存储、传递和提供信息,实现组织中各项活动的管理与控制。

信息系统集计算机技术、网络技术、通信技术和数据库技术于一体,在其组织内部存在着各种各样的信息流和控制流。信息系统一般由信息源、信息管理者、信息处理器、信息存储器和信息用户等组成,其中信息管理者起主导作用。信息系统的概念结构如图1.2所示。

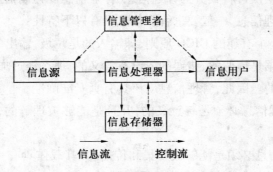

图1.2 信息系统的概念结构

信息系统属于人造系统,一般基于计算机和各类通信技术,集组织内部各类信息流和控制流为一个系统,并对组织内部的各项业务活动进行管理、调节和控制。信息系统一般具有数据采集、传输、处理、存储和输出等功能。

信息系统可以是企业的产、供、销、库存、计划、管理、预测和控制的综合系统,也可以是机关的事务处理、战略规划、管理决策和信息服务等的综合系统。常见的信息系统一般有作业信息系统、管理信息系统、决策支持系统、专家系统、办公自动化系统、地理信息系统、军事信息系统和POS系统等。

信息系统的数据存放在数据库中，数据库技术为信息系统提供了数据管理的手段，数据库管理系统（Data Base Management System，DBMS）为信息系统提供了系统设计的方法、工具和环境。学好数据库及 DBMS 的基本理论和设计方法，掌握数据库系统的设计、管理和应用，对学习信息系统的设计、开发与应用有很大帮助。

1.1.3 管理信息系统

1. 管理信息

管理信息是在管理科学理论指导下，运用现代信息技术，在组织管理活动中收集并加工处理的，能够对组织的管理决策和管理目标的实现有参考价值的各种数据的总称。管理信息所指的数据不仅可以是数值数据，也可以是非数值数据。

管理信息是管理活动的基础和核心，任何管理活动都以管理信息的采集、处理和传播为基本内容，以管理信息的准确、可靠和及时处理为核心。有效地对管理信息加以分析和利用，有利于管理活动中的指导、控制和决策。

按管理信息的来源可将其分为内生信息和外生信息。按管理信息产生的时间可将其分为历史性信息、实时性信息和预测性信息。按管理信息的稳定性可将其分为固定信息和流动信息。按管理信息的组织层次可将其分为计划信息、作业信息和控制信息。

为了有效地利用管理信息，一般要求管理信息具有以下特性：

（1）真实准确性。一个有趣的 GIGO 原则，即输入的是垃圾，输出的一定也是垃圾，其大概意思是说如果输入的数据是虚假的、错误的或没有意义的，那么经过加工处理和输出的信息一定是没有任何参考价值的。因此，管理信息应该具有真实准确性。

（2）可理解性。管理信息必须是有意义的，并且是能够被理解的，否则就是"天书"，没有任何利用价值。

（3）传播性。管理信息必须是能够被收集和传播的，其载体具有一定的形式，可以是电子的，也可以是纸介质的，并能够利用某种介质进行传播。如通过报纸、杂志和书籍等印刷品传播，也可以通过电视、电话、计算机和网络等电子技术进行传播。不能传播的管理信息是无法被充分利用的。

（4）共享性。管理信息必须具有共享性，不能因为被传播而损失，要求信息是可以被复制和共享的。不能被共享的管理信息是无法被广泛利用的。

（5）经济性。管理信息一般具有经济性，即具有和物资、能源同等的价值，甚至具有更高的价值。

（6）目的性。与一般信息不同的是管理信息目的明确。对决策是有价值的。管理信息的主要目的就是辅助管理者进行管理和决策。

(7) 增值性。管理信息的增值性主要有两方面含义,一方面是指管理信息在分析处理的过程中会产生价值,这是因为管理信息有益于它的拥有者进行正确决策,进而创造机会和价值。另一方面是指管理信息在传播过程中会不断增值,产生新的更有价值的管理信息。

(8) 保密性。管理信息必须具有保密性。对于处在信息时代的现代企业来说,管理信息安全保密无疑是企业在激烈竞争的环境中取胜的重要法宝。

(9) 等级性。管理信息和其服务的对象是相关的,即由于管理信息服务的对象不同会有不同的等级。管理信息的等级结构如图 1.3 所示。

图 1.3 管理信息的等级结构

战略级管理信息的服务对象主要是企业高层管理者,其来源主要是组织外部,其生命周期较长,一般与一个战略决策周期相近,且有非常高的保密性,加工方法灵活多变。作业级管理信息服务的对象一般是企业基层管理人员,来源主要是组织内部,寿命短,一般具有较低的保密性,且加工方法基本固定。战术级管理信息的服务对象一般是企业中层管理人员,其各种特性一般在战略级管理信息和作业级管理信息之间。

此外,作为管理信息还应具有相关性、及时性、可靠性、一致性和有效性等特性。

2. 管理信息系统

管理信息系统(Management Information System, MIS),是利用系统思想建立起来的、由人和计算机等组成的、以计算机和信息技术为信息处理手段、以现代通信设备和网络为传输工具、以数据库存储管理信息、将现代管理思想和决策技术相结合、能够为管理和决策提供有效信息服务的复合系统。

管理信息系统能提供过去、现在和将来预期的信息,是一个对管理者提供管理和决策帮助的人-机系统,并以人为主导,不仅是一个技术系统,还是一个社会系统。

3. 管理信息系统的三要素

(1) 系统的观点。由于管理信息系统的涉及面非常广,投入的人力、财力及物力非常大,因此,开发管理信息系统必须从全局的、整体的、长远的和系统的观点出发,按照系统工程和系统处理的方法进行,否则开发的管理信息系统将很难取得满意的效果。

(2) 数学的方法。信息是管理信息系统处理的对象,为了提高信息的质量、更有效地分析利用信息和更准确地为管理决策提供依据,通常需要建立各种数学模型,采用各种数学分析的方法对信息进行处理和分析。

(3)计算机应用技术。计算机技术、网络技术和数据库技术是管理信息系统的物质基础和必备条件,离开计算机应用技术的管理信息系统将不能满足现代管理信息系统的要求,将不能及时和准确地对管理者的管理和决策提供信息服务。

4. 管理信息系统的功能

现代管理信息系统一般具有信息处理、事务管理、计划、控制、预测和辅助决策等基本功能。

(1)信息处理功能。信息处理功能一般包括信息的收集、传输、输入、加工处理、存储、输出、维护和使用等功能。在信息处理中,最基本的工作是数据管理工作。在实际工作中数据管理的地位很重要,数据管理工作是数据处理的核心和基础。

(2)事务管理功能。工作中有许多人从事各种行政管理工作,实际上这些管人、管财、管物或管事的工作就是事务管理工作。其中,人、财、物和事又可统称为事务。在事务管理中,事务以数据的形式被记录和保存。例如,在财务管理中,财务部门通过对各种账目的记账、对账或查账等来实现对财务数据的管理。传统的事务管理方法是人工管理方式,即通过手工记账、算账和保管账的方法实现对各种事务的管理。计算机的发展为科学地进行事务管理提供了先进的技术和手段,目前,许多事务管理工作都利用计算机进行,而事务管理也成为计算机应用的一个重要分支。事务管理功能主要是通过选用信息处理功能来完成的。例如,事务管理工作主要包括以下三项内容:

①组织和保存数据,即将收集到的数据合理地分类组织,将其存储在物理载体上,使数据能够长期地保存。

②数据维护,即根据需要随时进行插入新数据、修改原数据和删除失效数据的操作。

③提供数据查询和统计功能,以便快速地得到需要的正确数据,满足各种使用要求。

(3)计划功能。利用管理信息系统一般能够合理安排企业各部门的计划,能够制订主生产计划,能够按照不同的管理需求提供相应的计划报告。

(4)控制功能。管理信息系统一般能够对制订的规划和计划的执行情况进行监测,能够对照计划找出执行情况与计划的差异,能够辅助管理人员分析其原因,及时采用各种方法对执行情况加以控制。

(5)预测功能。由于预测可以为经营规划、生产规划和主生产计划提供输入信息,所以预测功能是管理信息系统不可或缺的功能。没有可靠的预测,企业的规划和计划工作都将是难以开展的。因此,通常需要通过运用数学、统计或模拟等方法,根据过去的管理信息预测出未来的情况。

(6)辅助决策功能。通过建立数学模型,运用数学和统计分析的方法,及时准确地推导分析出有关问题的全局或局部最优解,辅助管理信息系统的管理者进行决策。

5. 管理信息系统的组成

管理信息系统按其功能层次主要由数据处理、分析和决策三个子系统构成。

(1)数据处理子系统。数据处理子系统主要完成数据的采集、传输、输入、加工处理,数据的基本运算和数据库的管理及查询,报表的输出等。

(2)分析子系统。分析子系统是在数据处理子系统的基础上,采用数学和统计分析的方法对数据进行深加工,以分析企业的生产和经营情况。

(3)决策子系统。每个企业对管理和决策都有个性化的需求,目前一些通用商业化的管理信息系统满足个性需求的功能还不完善,很多决策子系统还未开发或正在开发过程中。该子系统一般通过交互方式,利用决策模型解决半结构化的管理决策问题,提供给管理者一个最佳的决策方案,辅助管理者进行科学、有效的决策。

6. 管理信息系统的特征

(1)人-机系统。管理信息系统是一个人-机系统。人即人员,包括各级管理人员,他们既是系统的使用者,也是系统的一部分。机即机器,包括计算机系统、各种通信设备和办公设备等。管理信息系统的工作一部分由管理人员来进行,一部分由机器来处理,形成了人员与机器的协同工作。由于计算机的运算能力和存储能力是人所不及的,因此,计算机在管理信息系统中的地位至关重要。然而,系统需求、系统分析、系统设计、系统实现、系统实施、系统维护与评价及系统的使用均是由人完成的,系统能否成功应用主要取决于人,因此,人是决定性的因素。

(2)复合系统。管理信息系统是一个复合系统,涉及多种技术、多个学科和多种人才。技术包括计算机技术、数据库技术、网络技术和通信技术等;学科包括计算机科学、管理科学、数学、运筹学、信息论、系统论、控制论和行为科学等;人才包括各级管理人员、系统分析人员、系统设计人员、程序员和其他各类工作人员等。当一个企业要建立管理信息系统时,通常需要将其划分为多个子系统,然后逐个开发子系统,最后进行组合,形成一个能够产生高级管理信息,为管理和决策服务的复合系统。

(3)人造系统。管理信息系统是一个人造系统,是一种软件产品,同其他软件一样也具有生命周期。随着系统外部环境和内部条件的变化,管理信息系统将会出现不适,当然,可以通过对系统的不断改进来延长其生命周期,但最终管理信息系统的生命周期仍会终结,此时就要在新的需求下开发新的管理信息系统。

(4)支持网络应用和采用数据库技术。支持各种网络应用已成为现代管理信息系统的重要特征之一,有的系统不仅支持 Internet 应用,还支持 Mobile Internet 应用。此外,现代管理信息系统一般均采用数据库来存储和查询信息,有的系统不仅采用集中式数据库,还采用分布式数据库。

(5) C/S 模式和 B/S 模式共存。传统的管理信息系统一般采用 Client/Server(C/S)模式，随着 Internet 的全球化普及，越来越多的现代管理信息系统采用 Browse/Server(B/S)模式。目前正处于 C/S 模式和 B/S 模式共存，并由 C/S 模式向 B/S 模式过渡的阶段。

(6) 目的性。管理信息系统一般具有目的性，通常是为解决某一领域的相关问题而建立的，一般是面向某领域的具体管理和决策的，如办公自动化管理信息系统、会计管理信息系统、网上书店管理系统和高校管理系统等。

6. 信息与管理信息、信息系统与管理信息系统的联系与区别

(1) 信息与管理信息的联系与区别。联系：信息包含管理信息，管理信息是一种特殊的信息。区别：信息泛指各类信息，其内涵要比管理信息广。而管理信息的内涵比信息的内涵窄，仅指为管理和决策服务的信息。

(2) 信息系统与管理信息系统的联系与区别。联系：信息系统包含管理信息系统，管理信息系统是一类特殊的信息系统。区别：信息系统泛指各类信息系统，其内涵要比管理信息系统广。而管理信息系统的内涵比信息系统窄，仅指为管理和决策服务的信息系统。

信息、管理信息、信息系统和管理信息系统的关系如图 1.4 所示。

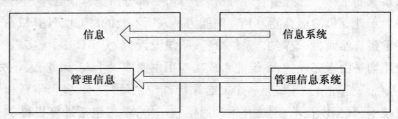

图 1.4　信息、管理信息、信息系统和管理信息系统的关系

1.2　管理信息系统分类

现实社会中存在着各种各样的管理信息系统，由于管理信息系统是一个非常宽泛的概念，目前尚无明确的分类方法。

1. 根据发展分类

根据发展，通常将其分为人工管理信息系统、单机管理信息系统、基于 C/S 模式的管理信息系统、基于 B/S 模式的管理信息系统和基于 C/S 与 B/S 结合模式的管理信息系统。

(1) 人工管理信息系统。人工管理信息系统是以书面或口头的形式，由人工收集信息、处理信息和使用信息，帮助管理者进行决策。人工管理信息系统的结构如图 1.5 所示。

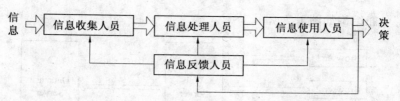

图 1.5 人工管理信息系统的结构

人工管理信息系统一般具有实时性差、随意性大和规则少等缺点。

(2) 单机管理信息系统。单机管理信息系统是一个仅使用一台计算机的人-机系统,已经能够利用计算机技术收集、传输、加工处理、存储、维护和使用信息,能够为管理者提供辅助管理和决策信息,但还无法通过网络传播信息。单机管理信息系统可以只有一个终端,也可以有多个终端,若有多个终端则一般采用分时处理的方式。

(3) 基于 C/S 模式的管理信息系统。随着 Internet 的出现,出现了越来越多的基于 C/S 模式的管理信息系统,该类系统一般具有开发周期短的特点,且相对单机管理信息系统性能大大提高,能够进行全球范围内的信息接收和发送,开始采用分布式计算技术,并具有一定的安全性,通常对内开放和对外封闭。基于 C/S 模式的管理信息系统的两层分布结构如图 1.6 所示。

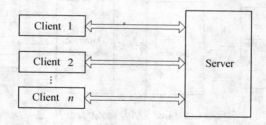

图 1.6 基于 C/S 模式的管理信息系统的两层分布结构

基于 C/S 模式的管理信息系统一般存在客户端软件越来越大、维护越来越困难、实施成本较高、数据完整性较差、安全性不高、复杂性越来越大和灵活性差等问题。

(4) 基于 B/S 模式的管理信息系统。随着 Internet 全球化普及和网络技术的迅猛发展,出现了越来越多的基于 B/S 模式的管理信息系统,该类系统是在基于 C/S 模式的管理信息系统基础上发展而来的,实现了 Web 技术和数据库技术的结合,扩展了 C/S 模式的分布式计算等特性,采用了网络信息挖掘技术,实现了动态 Web 应用。

基于 B/S 模式的管理信息系统的客户端仅需安装浏览器,实现了平台无关性,而且管理维护人员不必再为维护客户端软件烦心,从而大大减轻了管理维护工作的负担。该类系统克服了传统基于 C/S 模式的管理信息系统的缺点,且具有无需客户端软件、界面一致、操作简单、系统开发相对简单、灵活性强、可扩展性大和可维护性好等优点。基于 B/S 模式的管理信息系统的三层分布结构如图 1.7 所示。

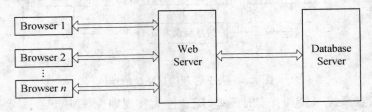

图 1.7　基于 B/S 模式的管理信息系统的三层分布结构

基于 B/S 模式的管理信息系统的缺点是：由于浏览器的功能简单，可能会导致客户端数据处理能力难以发挥，由于 B/S 模式在结构上比 C/S 模式多了一层，可能会导致 B/S 模式的访问速度不如 C/S 模式快，且系统的安全性较难得到保证。

（5）基于 C/S 与 B/S 结合模式的管理信息系统。随着计算机技术、网络技术和数据库技术的发展，出现了越来越多的基于 C/S 与 B/S 结合模式的管理信息系统，该系统的一部分功能基于 C/S 模式实现，一部分功能基于 B/S 模式实现，实现了两种模式优势的相互补充。基于 C/S 与 B/S 结合模式的管理信息系统结构如图 1.8 所示。

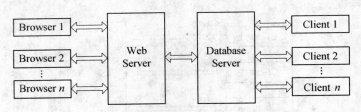

图 1.8　基于 C/S 与 B/S 结合模式的管理信息系统结构

2. 根据功能分类

根据功能，通常将其分为单功能管理信息系统和多功能管理信息系统。

（1）单功能管理信息系统。单功能管理信息系统是指仅能完成一种功能的管理信息系统，如工资管理信息系统、合同管理信息系统和财务核算管理信息系统等。

（2）多功能管理信息系统。多功能管理信息系统是指能够完成多种功能的管理信息系统，如进销存管理信息系统、物流管理信息系统、仓库管理信息系统、会计管理信息系统、经营管理信息系统和现代企业网络管理信息系统等。

多功能管理信息系统是在单功能管理信息系统的基础上发展而来的，是由多个单功能的子系统构成的，是单功能管理信息系统协同化、多层次化和系统化的产物。

3. 根据系统功能性质分类

根据系统功能性质，通常将其分为操作型管理信息系统和决策型管理信息系统。

(1)操作型管理信息系统。操作型管理信息系统是指系统管理者日常处理业务的系统,其主要工作内容为进行信息的录入、处理和输出等。如会计管理信息系统一般的工作内容为凭证录入、核算、记账、汇总、分析、统计和输出报表等。

(2)决策型管理信息系统。决策型管理信息系统是指在处理日常业务的基础上,利用数学、统计和现代管理的方法,对信息进一步深加工,为高级管理人员提供决策依据。该类系统一般被称为决策支持系统或辅助决策系统。

4. 根据层次分类

根据层次,通常将其分为业务处理层系统、作业层系统、战术层系统和战略层系统等。

(1)业务处理层系统。业务处理层系统一般指对企业日常的业务活动产生的信息进行处理的系统。该类系统一般面向企业最底层的业务活动,提供企业实时信息,直接反映企业的状况,如事务处理系统、订票系统、会计成本核算系统和库存系统等。该类系统一般具有功能单一、控制范围小和处理的问题结构化等特点。

(2)作业层系统。作业层系统是指一些专业化作业系统,该类系统一般利用专业知识对企业作业进行专业的辅助管理和控制,如知识工作系统、办公自动化系统、投资分析系统、文字处理系统和电子邮件系统等。

(3)战术层系统。战术层系统是指能够对企业各种事物进行全面管理的系统。日常生活中常说的管理信息系统一般指该类系统,该类系统是典型的管理信息系统,该类系统通常利用数学模型分析数据,进而辅助决策,如生产调度模型、投资决策模型、MIS、MRP-II 和 ERP 等。

(4)战略层系统。战略层系统是指比管理信息系统更高一层的,能够运用数据库、模型库和知识库等技术针对具体问题形成有效决策的,辅助企业高层领导进行战略决策的系统,如决策支持系统和经理支持系统等。

5. 根据目标和功能特性分类

根据目标和功能特性,通常将其分为商业经营管理信息系统、生产制造管理信息系统、计算机集成制造管理信息系统、财务管理信息系统和智能化决策支持管理信息系统。

(1)商业经营管理信息系统。商业经营管理信息系统一般通过对商业经营信息的收集、加工处理、统计、分析和预测来实现对商流、物流和资金流等的管理和控制,其处理的主要对象为商品经营信息,一般包含多个子系统,如商品经营管理子系统、餐饮娱乐经营管理子系统、物流管理子系统和企业财务管理子系统等。

(2)生产制造管理信息系统。生产制造管理信息系统一般包括强大的生产制造和管理功能,并能够访问管理工厂所需的全部信息。其功能一般包括可视化、工厂信息采集、生产过程跟踪、信息存储和分析、控制机器和生产信息管理等。

(3)计算机集成制造管理信息系统。计算机集成制造系统(Computer Integrated Manufacturing System,CIMS),是由计算机辅助设计(CAD)、计算机辅助制造(CAM)和管理信息系统等有机结合的产物,将信息技术、制造技术和现代管理技术相结合,包含了制造企业的设计、制造和经营管理等主要功能,是一个将制造企业的生产过程中的全部信息与物流有机集成并优化运行的、综合的、复杂的大系统。

(4)财务管理信息系统。它是以计算机为基础,利用信息技术和现代管理技术,实现财务信息的收集、存储、加工处理和传递,完成财务核算任务,并能及时、准确地提供财务管理、分析和决策用的辅助信息的管理信息系统。

(5)智能化决策支持管理信息系统。它是在传统的管理信息系统基础上发展而来的,能够根据决策问题的需要把孤立的、零碎的信息变成比较完整的、有组织的和有价值的信息,能够帮助管理者解决半结构化和非结构化的决策问题,是一个能够帮助决策者提高决策水平和效果的管理信息系统。

6. 根据服务对象和应用领域分类

根据服务对象和应用领域,通常将其分为国家经济信息系统、行政机关办公管理信息系统、事务型管理信息系统、企业管理信息系统和专业型管理信息系统等。根据管理信息系统的服务对象及其在我国的实际应用情况,分别作如下介绍:

(1)国家经济信息系统。国家经济信息系统是一个跨地区、包含各个综合部门的国家级管理信息系统。该系统以国家信息中心为中心,纵向联系全国省级、副省级、地市级和县级信息中心,横向联系外贸、能源、冶金和交通等各行业管理信息系统,形成一个纵横交织的、相互联系又相互独立的和覆盖面非常广的综合经济信息系统。

国家经济信息系统采用现代信息技术、现代管理科学和现代数量经济学方法,对全国经济信息进行收集、存储、加工处理、统计、分析和传播。其目标是提供各类经济信息,辅助宏观经济管理和决策。

国家经济信息系统的主要功能如下:

①采用现代化计算机技术、网络技术和通信技术,实现各级信息中心、外贸、能源、冶金和交通等部门办公现代化。

②收集、存储、加工处理、分析和传播各类经济信息,及时、准确地提供全国各类经济信息。

③采用数学和统计方法对各类经济信息进行深加工处理,并对各种经济信息进行查询、统计、分析和预测。

④提供经济信息咨询服务。

⑤引导微观经济运行。

⑥为国家宏观调控提供信息依据和先进手段。

⑦为国家各级政府部门制订经济发展计划提供辅助决策。

(2)行政机关办公管理信息系统。行政机关办公管理信息系统是针对行政机关的政务现代化办公综合应用的平台,通常以各级党政机关的办公业务流程为主导,实现公文等信息的接收、发送、归档和打印输出等现代化办公。其目的是减轻工作人员负担、改进服务水平和提高办公质量及效率。

行政机关办公管理信息系统的特点是办公自动化、无纸化、资源信息化、传输网络化和决策科学化。该系统和其他类型管理信息系统差别较大,其处理对象主要是公文、报告、计划和总结等,且通常与打印机、传真机和计算机局域网应用等联系在一起。

(3)事务型管理信息系统。事务型管理信息系统主要对日常事务进行处理,并产生各种报表。其目的是实现过去手工工作的自动化和提高工作效率。该系统通常面向事业单位,处理对象往往是事务信息,其信息处理的过程一般包括信息收集、信息编辑、信息修改、信息操作和报表生成等。如高校教务管理信息系统、宾馆管理信息系统、餐饮管理信息系统、医院管理信息系统和学生管理信息系统等。

(4)企业管理信息系统。企业管理信息系统是对整个企业的生产、经营和管理信息进行加工处理的一个综合的、复杂的管理信息系统。该类型系统通常面向企业和工厂,一般具有生产监控、预测、管理和辅助决策等功能。

企业管理信息系统覆盖面非常广,通常涉及人、财、物、产、供、销、存、质量、管理以及决策等,因此,该类型管理信息系统一般具有多个子系统,如生产管理子系统、财务管理子系统、物资供应子系统、销售管理子系统、工资管理子系统、人事管理子系统和决策支持子系统等。

(5)专业型管理信息系统。专业型管理信息系统是指从事特定行业或专业领域的管理信息系统,如人口管理信息系统、森林资源管理信息系统、国土资源管理信息系统、警力资源管理信息系统、人力资源管理信息系统、科技人才管理信息系统、铁路运输管理信息系统、公路货物运输管理信息系统、电力管理信息系统、银行管理信息系统、材料管理信息系统、房地产管理信息系统、邮政管理信息系统和民航管理信息系统等。该类型管理信息系统一般具有综合性较高、专业性较强、技术相对简单和规模较大等特点,其主要功能是对信息的收集、存储、加工处理、统计、分析和预测等。

1.3 管理信息系统结构

管理信息系统是基于信息技术、通信技术、网络技术、数据库技术、现代管理思想和决策技术,能够为管理和决策提供有效信息服务的复合系统,是一个结构非常复杂的系统。所谓管理信息系统的结构是指各组成部分的构成框架,对各组成部分的不同理解产生了不同的结构方式,常见的有概念结构、功能结构、层次结构、横向结构、纵向结构、软件结构、硬件结构和综合结构。

1. 概念结构

从概念上看,管理信息系统由五大部分组成,即信息输入、信息处理、信息存储、信息输出和信息控制,如图1.9所示。

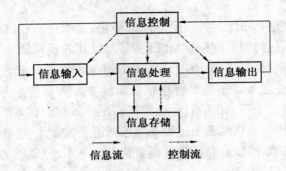

图1.9 管理信息系统的概念结构

(1)信息输入。管理信息系统必须通过信息输入功能来获取信息,并为信息处理做好准备。信息输入可由用户直接将信息输入到计算机系统,也可将信息先记录到某种介质上,然后再输入到计算机系统。信息一旦输入就会被转换为计算机可识别的形式被处理和存储。

例如,企业日常活动产生的原始凭证一般记录在纸介质上,在信息输入时根据原始凭证在计算机中填制记账凭证,一旦记账凭证填制完毕后会被转换为计算机可识别的形式,然后管理者可以通过计算机对记账凭证进行审核、记账和结账等信息处理。

(2)信息处理。信息处理功能包括核算、分类、统计、建模分析和仿真预测等。管理者可以通过这些信息处理活动得到对管理和决策有帮助的信息。

例如,可以对使用信息输入功能填制的记账凭证进行信息处理,计算出总账,并能够将其存储到数据库中。

(3)信息存储。信息存储是管理信息系统的主要功能之一,信息以计算机能够识别的形式存储在计算机中,方便日后统计和查询。信息存储一般将信息存储到数据库中,以实现信息的一次存储多次使用。

例如,可以将记账凭证以记账凭证表的形式存储到数据库中,方便日后统计和查询,如表1.1所示。

表1.1 记账凭证表

凭证号	日期	经手人	审核人	主管经理	摘要	科目	借方金额	贷方金额
0001	2010.10.10	李刚	王明	赵强	提现	现金	10 000	
0001	2010.10.10	李刚	王明	赵强	提现	银行存款		10 000

(4)信息输出。在管理信息系统信息输出时,可以将信息以多种形式输出,包括文字报告、图形报表、音频和视频等。

例如,利用管理信息系统的信息输出功能,可以输出根据记账凭证计算出的总账,也可以输出明细账。

（5）信息控制。信息控制功能是管理信息系统的一项重要功能。它负责控制管理信息系统的正常运行和协调其他各部分有条不紊地工作。此外，管理信息系统的信息控制部分还可以监控其他各部分，并将监控信息反馈给系统管理者，以供评估该系统是否正常运行和是否达到预期效果，以便日后对其进行修改和调整。

例如，管理信息系统输出的信息可以通过控制系统反馈给信息输入部分。

2. 功能结构

从使用者的角度看，管理信息系统是一个具有多种功能的人-机系统，各种功能既相互独立又存在各种信息联系，管理信息系统正是由这些功能和联系构成的有机整体，可以根据管理信息系统的各个功能子系统来划分其功能结构。常见的管理信息系统功能结构如图1.10所示。

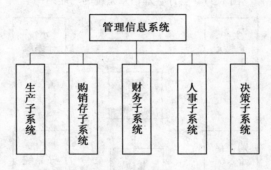

图1.10 管理信息系统的功能结构

在实际工作中，不同管理信息系统的功能结构也不尽相同，且有些子系统下面还要划分子系统，即二级子系统。例如，企业会计管理信息系统的功能结构可以根据其各个功能子系统划分为核算子系统、管理子系统和决策子系统等一级子系统。核算子系统下面还可以分为总账子系统、购销存子系统、工资子系统、成本子系统和报表子系统等二级子系统；管理子系统下面还可以分为综合查询子系统、应收应付子系统、资产管理子系统和资金管理子系统等二级子系统；决策子系统下面还可以分为财务分析子系统和决策支持子系统等二级子系统，如图1.11所示。

不同企业的管理信息系统的功能结构尽管不尽相同，但基本都含有财务子系统，即会计管理信息系统。会计管理信息系统并不是孤立的，就像整个企业管理信息系统的神经中枢，与其他子系统紧密联系，如图1.12所示。

会计管理信息系统是企业管理信息系统的一个子系统，很多信息来自其他子系统，且产生的会计信息也会反馈到其他各个子系统，反映企业的经营情况，进而辅助管理者进行决策。会计管理信息系统可以说是信息加工的中心，在企业管理信息系统中占有不可或缺的重要地位。

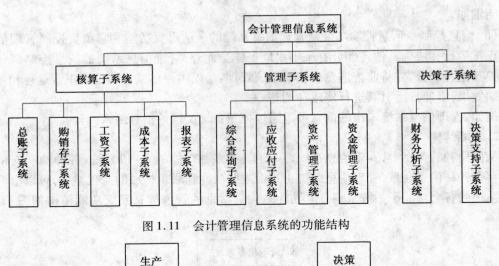

图1.11 会计管理信息系统的功能结构

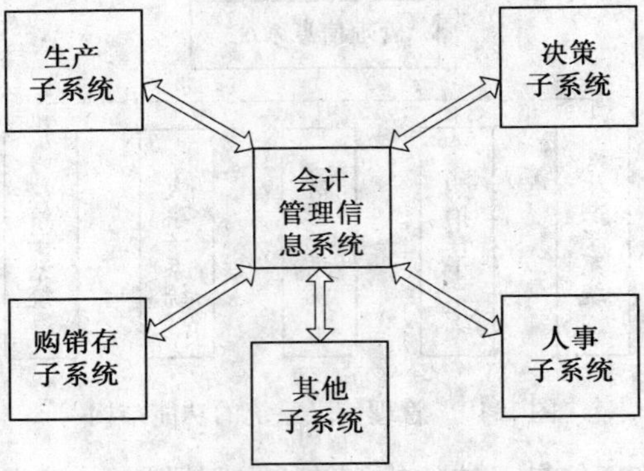

图1.12 会计管理信息系统与其他子系统的联系

3. 层次结构

管理信息具有等级结构,对不同等级的管理信息的管理角度、任务和内容各不相同,管理信息系统可以按照对管理信息的管理角度、任务和内容不同来进行分层,大致可分为战略管理层、战术管理层、作业管理层和业务处理层。管理角度、任务和内容的层次如表1.2所示。

表1.2 管理角度、任务和内容的层次

层次	管理角度、任务和内容的层次
战略管理	以战略展望的角度确定组织的使命、确定发展方向、建立组织的目标和制订战略计划
战术管理	从实现战略决策规定的目标的角度做出解决问题的战术决策
作业管理	进行作业控制以有效地利用现有资源
业务处理	最基本的业务活动

战略管理涉及组织的未来发展方向,主要考虑全局的、长远的计划,如明确使命、制订发展方向、确立发展目标、制订任务和拟定政策等。战术管理涉及战略决策的落实,主要考虑局部的、时间范围短的战术问题,如信息的获取、人员的管理和资金的监控等。作业管理也称运行控制,涉及作业控制,主要考虑如何有效地利用现有资源,如制订作业计划和调整作业流程等。业务处理涉及组织的每一项业务活动,负责处理组织最基本的业务活动,如记账凭证的录入、算账和输出报表等。

管理信息系统层次结构中的前三层是与管理信息层次结构相对应的,第四层为附加基础层。不同的管理层次对管理信息不仅考虑的角度不同,而且需求也是不同的。不同管理层次对管理信息的需求如表1.3所示。

表1.3 不同管理层次对管理信息的需求

信息需求	作业管理	战术管理	战略管理
来源	内部	主要来自内部	主要来自外部
时间	过去	过去和现在	未来
范围	确定	较确定	不确定
精确度	高	中	低
发生率	高	中	低
结构	严谨	较严谨	不严谨
形式	数字	数字和报表	图表和报告
内容	详细	较概括	概括

不同管理层次决策问题的性质也不同,决策问题的性质如表1.4所示。

表1.4 决策问题的性质

决策问题的性质	解释
结构化决策	结构化决策问题相对比较容易,其决策过程一般比较有规律,一般具有固定的决策方法,能用固定的模型和明确的语言来描述,并可依据一定的决策模型和规则来实现产生最优决策方案的基本自动化,结构化决策完全可以用计算机自动实现
半结构化决策	半结构化决策问题相对较难,其决策过程有一定规律可以遵循,但不能全部照搬,一般决策方法不固定,不能用固定的模型和明确的语言来描述,决策涉及的管理信息不准确或不完整,虽然有一定的规则,也可以适当建立模型,但无法确定最优方案
非结构化决策	非结构化决策问题是最困难的,其决策过程最为复杂,没有固定的决策方法,无规律可以遵循,没有固定的规则和模型可以依靠,很难利用计算机自动实现,一般受决策者的主观行为影响,往往是决策者根据掌握的杂乱无章的管理信息临时做出决定

从管理决策问题的性质来看,作业管理层上的决策问题的性质往往是结构化的,战术管理层上的决策大多是介于结构化和非结构化之间的半结构化的问题,战略管理层上决策问题的性质一般是非结构化的。总体表现为层次越低,解决问题的结构化程度越高,层次越高,则解决问题的结构化程度越低。

从信息处理的工作量来看,业务处理的工作量大,作业管理的工作量较大,战术管理的工作量较小,战略管理的工作量小。总体表现为层次越低工作量越大,层次越高工作量越小,呈金字塔形,如图1.13所示。

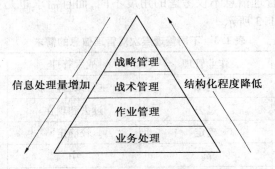

图1.13 管理信息系统的层次结构

4. 横向结构及纵向结构

一个管理信息系统可以由各个功能子系统和管理层次表示,即可以由功能结构和层次结构联合表示管理信息系统的横向结构及纵向结构,如图1.14所示。

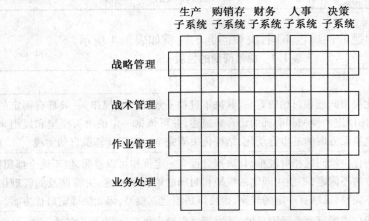

图1.14 管理信息系统的横向结构及纵向结构

从图1.14可以看出,横向概括了管理信息系统的功能结构,纵向概括了管理信息系统的层次结构。下面分别进行阐述。

(1) 横向结构。图 1.14 中每一行表示管理信息系统层次结构中的一层,与每列交叉,表示把该层的各种功能联系到一起,如作业管理层的生产子系统、购销存子系统、财务子系统和人事子系统等可以联系到一起,实现基层业务处理一体化。横向结构使管理信息系统向资源联合方向发展,例如可以把购销存和财务等作业控制联系到一起。

(2) 纵向结构。图 1.14 中每一列表示管理信息系统功能结构中的一个子系统,与每行交叉,表示把该功能子系统的各层联系到一起,即把不同管理层次按功能联合起来,使每个子系统都能实现业务处理、作业管理、战术管理和战略管理。这种联合使上下级的沟通更顺畅,便于管理者及时掌握实际情况,帮助管理者进行正确的分析和决策。例如,可以把企业的各级财务系统联合起来,形成联合财务子系统,即会计管理信息系统。

5. 软件结构

管理信息系统的软件结构是指由支持管理信息系统各个功能模块的软件系统或软件模块所组成的结构。一个企业的管理信息系统的软件结构一般可以分解为如下六个功能模块:

(1) 电子数据处理功能模块。电子数据处理功能模块主要实现管理信息系统的数据收集、输入、处理和日常报表输出等工作。

(2) 分析功能模块。分析功能模块是建立在电子数据处理功能基础之上的,能够对数据进行更深一层的加工,如运用各种管理模型、定量化分析手段、统计方法、程序化方法、运筹学方法等对企业的生产经营情况进行分析。

(3) 决策功能模块。决策功能模块具有根据决策模型解决具体问题,辅助高层管理者进行决策的功能。

(4) 数据库功能模块。数据库功能模块主要具有数据文件的存储、管理和备份等功能,数据库管理系统是管理信息系统的核心部分。

(5) 接口功能模块。接口功能模块在管理信息系统中具有非常重要的地位,因为系统的各个要素之间不是孤立的,系统总要与内部或外部进行信息交换,因此,信息的导入、导出及监控是系统必备的功能。

(6) 界面功能模块。界面是用户和系统交互的窗口,具有良好界面的管理信息系统便于用户使用,将大大提高工作效率,且容易赢得用户的认可。因此,界面友好已成为管理信息系统设计是否成功的重要衡量标准。目前,用户图形界面程序的设计已经变得非常容易,更多情况下需要具有一定的美学基础。

图 1.14 中的横向结构和纵向结构的交叉点就是每个应用功能对应一个功能模块。例如,战略管理层次与财务子系统的交叉点可能是会计管理信息系统中的决策支持子系统模块。与管理信息系统的横向结构和纵向结构相对应的一种软件结构如图 1.15 所示。

通过对图 1.15 的分析可知:

(1) 管理信息系统的每个子系统都可以分为四个信息处理部分,即业务处理、作业管理、战术管理和战略管理。

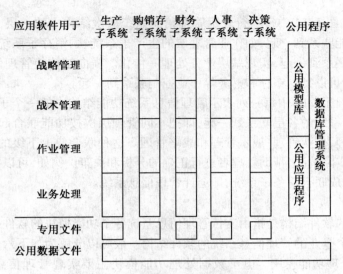

图 1.15 管理信息系统的软件结构

(2)管理信息系统的每个子系统都可以有自己的专用文件。

(3)管理信息系统的各个子系统可以共用公用数据文件。

(4)管理信息系统的公用数据文件可以由数据库管理系统来管理。

(5)管理信息系统的每个子系统除了有各自专门的应用程序外,还可以调用公用应用程序。

(6)管理信息系统的每个子系统除了有各自专门的分析和决策模型,还可以调用公用模型库中的分析和决策模型。

6.硬件结构

管理信息系统的硬件结构是指如何根据需求配置硬件设备及其在企业不同部门的分布情况,即指硬件组成及连接方式。

管理信息系统的硬件结构还能体现硬件的物理位置安排,如办公室计算机和办公设备的平面安排。管理信息系统的硬件结构还能体现硬件能力,如硬件结构能够体现系统是批处理还是分时处理。

管理信息系统的硬件结构主要有两种:一种是中/小型机及终端硬件结构,如图 1.16 所示;另一种是微型机网络硬件结构,即利用网络将大量微型机连接起来。常见的局域网络连接方式有总线型、环型和星型等,如图 1.17 所示。

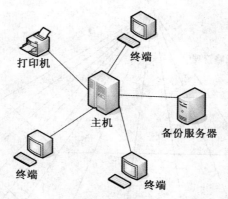

图 1.16 管理信息系统的中/小型机及终端硬件结构

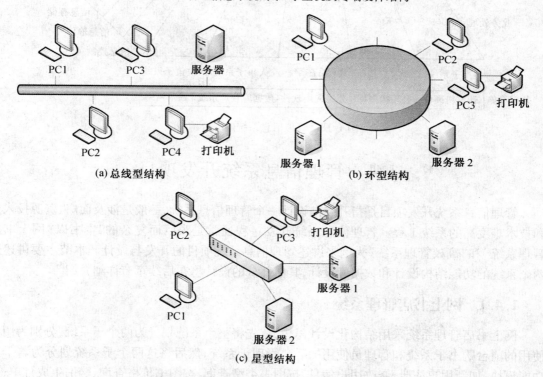

图 1.17 管理信息系统的微型机网络硬件结构

目前,管理信息系统采用微型机网络硬件结构较多,其中星型结构最为常见。

7. 综合结构

管理信息系统的综合结构是指概念结构、功能结构、层次结构、软件结构、横向结构、纵向结构和硬件结构的综合,如图 1.18 所示。

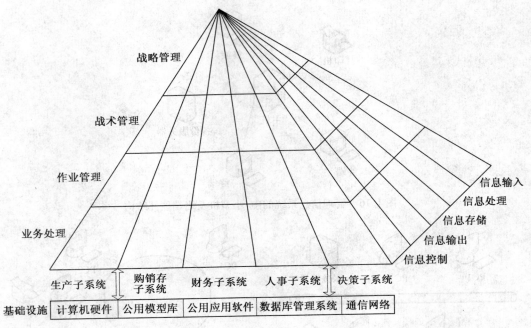

图 1.18 管理信息系统的综合结构

1.4 管理信息系统开发项目

管理信息系统开发项目是指开发与设计一个管理信息系统,一般是涉及面广、资源投入大和技术难度高的系统工程。管理信息系统开发过程通常是艰巨而复杂的,本书以"网上书店管理系统"和"高校管理系统"为例来讲述管理信息系统项目的开发与设计。本节主要讲述这两个系统的功能结构设计和数据库设计,其他部分的设计将在后续章节详细介绍。

1.4.1 网上书店管理系统

网上书店管理系统采用结构化设计思想,首先将整个系统划分为两个子系统,分别为用户使用的前台购书子系统和管理员使用的后台管理子系统,然后将这两个子系统划分为若干个功能模块,如新用户注册、修改用户信息、按图书类型查询、按图书价格查询、购书生成订单、用户查询订单、添加图书、删除图书、更改图书数量、查看用户信息、删除用户、增删改查图书、增删改查图书类型、订单查询、处理订单、修改管理员信息、注册新管理员等。网上书店管理系统的功能结构如图 1.19 所示。

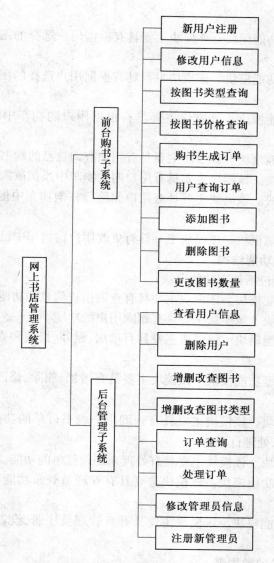

图 1.19　网上书店管理系统的功能结构

1. 前台购书子系统的功能结构

前台购书子系统主要包括如下功能模块：

（1）新用户注册功能模块。该模块主要具有新用户注册、设置用户密码和添加用户信息等功能。

（2）修改用户信息功能模块。该模块主要具有用户登录、修改用户密码和修改用户信息等功能。

(3)按图书类型查询功能模块。该模块主要具有根据用户选择的图书类型查询图书的功能。

(4)按图书价格查询功能模块。该模块主要具有根据用户选择的图书价格查询图书的功能。

(5)购书生成订单功能模块。该模块主要具有根据用户购物车中的图书生成订单的功能。

(6)用户查询订单功能模块。该模块主要具有用户查询自己的购书订单的功能。

(7)添加图书功能模块。该模块主要具有用户向购物车中添加欲购买的图书的功能。

(8)删除图书功能模块。该模块主要具有用户删除已在购物车中但又不想买的图书的功能。

(9)更改图书数量功能模块。该模块主要具有更改用户购物车中已有图书数量的功能。

2. 后台管理子系统的功能结构

后台管理子系统主要包括如下功能模块：

(1)查看用户信息功能模块。该模块主要具有查询用户信息的功能。

(2)删除用户功能模块。该模块主要具有删除用户的功能。

(3)增删改查图书功能模块。该模块主要具有增加、删除、修改和查询网上书店中图书的功能。

(4)增删改查图书类型功能模块。该模块主要具有增加、删除、修改和查询网上书店中已有图书的类型的功能。

(5)订单查询功能模块。该模块主要具有查询用户购书订单的功能，管理员能够根据此功能查询已处理订单和未处理订单。

(6)处理订单功能模块。该模块主要具有处理未处理订单的功能。

(7)修改管理员信息功能模块。该模块主要具有管理员登录功能、修改管理员密码和修改管理员信息的功能。

(8)注册新管理员功能模块。该模块主要具有新管理员注册、设置管理员密码和添加管理员信息的功能。

3. 网上书店管理系统的数据表

依据网上书店管理系统中前台购书子系统的需求，设计如下数据表：

(1)用户表。用户表包括用户编号、用户名、密码、地址、邮编、电子邮件地址、家庭电话、个人电话和办公电话等信息。

(2)图书表。图书表包括图书编号、图书名称、图书描述、图书价格、图书图片路径、作者和图书类型编码等信息。

(3)图书类型表。图书类型表包括图书类型编号和图书类型名称信息。

(4)订单表。订单表包括订单编号、订单状态、订单金额、订单产生时间和用户编号信息。

(5)订单条目表。订单条目表包括订单条目编号、图书数量、图书编号和订单编号等信息。

1.4.2 高校管理系统

确定一个系统功能的过程,通常称为"系统功能设计"。对于高校管理系统,主要包括教学管理、学生管理、工资福利管理和办公管理等子系统。高校管理系统的功能结构如图 1.20 所示。

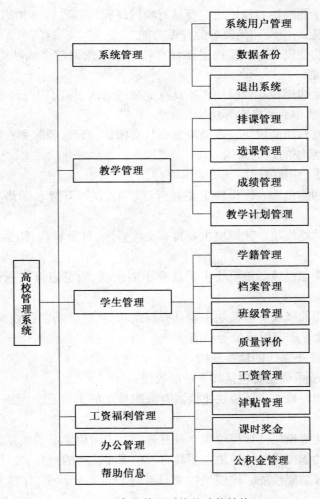

图 1.20 高校管理系统的功能结构

1. 系统管理子系统的功能结构

系统管理子系统主要包括如下功能模块：

（1）系统用户管理功能模块。该模块主要具有用户的添加、删除、修改密码和分配权限等用户管理功能。

（2）数据备份功能模块。该模块主要具有数据安全备份的功能。

（3）退出系统功能模块。该模块主要具有安全退出系统的功能。

2. 教学管理子系统的功能结构

教学管理子系统主要包括如下功能模块：

（1）排课管理功能模块。该模块主要具有根据课程、教师、教室和班级等信息进行排课的功能，并具有临时调课、改课和代课等的管理功能。

（2）选课管理功能模块。该模块主要具有管理学生选课信息的功能，并提供学生选课和选课信息查询等功能。

（3）成绩管理功能模块。该模块主要具有成绩的录入、修改和查询等功能，还具有统计优秀率、优良率、及格率和不及格率等功能。

（4）教学计划管理功能模块。该模块主要具有添加、修改、删除和查询教学计划的功能。

3. 学生管理子系统的功能结构

学生管理子系统主要包括如下功能模块：

（1）学籍管理功能模块。该模块主要具有对学生入学、升级和学籍变动等的管理和查询功能。

（2）档案管理功能模块。该模块主要具有文件管理、目录管理、档案统计和数据管理等功能。

（3）班级管理功能模块。该模块主要具有添加班级、浏览班级和查询班级等班级管理功能。

（4）质量评价功能模块。该模块主要具有投票功能、统计功能和查询功能，还具有注册学生评价、教师评价和管理部门评价等功能。

4. 工资福利管理子系统的功能结构

工资福利管理子系统主要包括如下功能模块：

（1）工资管理功能模块。该模块主要具有教职员工的工资及个人所得税等的核算和查询功能。

（2）津贴管理功能模块。该模块主要具有教职员工岗位津贴的核算、统计和查询等功能。

（3）课时奖金功能模块。该模块主要具有教师课时奖金的核算、统计和查询等功能。

（4）公积金管理功能模块。该模块主要具有教职员工公积金、住房贷款以及医疗费报销等的管理功能。

5. 办公管理子系统功能

办公管理子系统主要具有编辑通知、发布通知、浏览通知、电话查询、撰写邮件和发送邮件等功能。

6. 帮助信息子系统功能

帮助信息子系统主要具有提供系统帮助信息的功能。

7. 高校管理系统的数据表

经过对高校管理系统的分析可知，该系统需存储的信息主要包括：

(1) 学生表。学生表包括学号、姓名、性别、专业号、班号和出生日期等信息。

(2) 班级表。班级表包括班号、专业号、所在系、班级名和人数等信息。

(3) 教师表。教师表包括教师号、姓名、性别、工龄、职称、基本工资、养老金、公积金、E-mail、电话号码和家庭地址等信息。

(4) 课程表。课程表包括课程号、课程名、学分、周学时、课程类型、专业号、总课时等信息。

(5) 专业表。专业表包括专业号、专业名、选修门数等信息。

(6) 系表。系表包括系号、系名等信息。

(7) 职称表。职称表包括职称号、职称名、岗位津贴和住房贷款额等信息。

(8) 选课表。选课表包括学号、课程号和成绩等信息。

1.5 管理信息系统学科体系

管理信息系统是一门新兴的综合性边缘学科，涉及管理科学、信息科学、系统科学、行为科学、计算机科学和通信技术等学科，因此，管理信息系统学科体系是一个来源于多个学科的复杂的体系。为了深入理解管理信息系统的学科理论基础，需要对与之相关的学科有所了解。

1.5.1 管理信息系统的知识体系结构

管理信息系统是一门综合性和系统性的学科，需要研究的问题非常多，所涉及的知识自然非常广泛，管理信息系统的知识体系结构如图 1.21 所示。

下面着重介绍管理信息系统的管理学基础和信息科学基础。

1. 管理信息系统的管理学基础

管理学是管理信息系统的主要理论基础之一。管理学知识为人们进行生产制造和经济建设等领域提供相关的管理学理论与技术，为理解管理信息系统的管理模式、管理原则、管理理念和管理流程奠定基础。

第二次世界大战结束后，世界形势日益稳定，许多国家都开始致力于发展本国的经济。随着科学技术水平的不断提高，科学技术转化成先进生产力的过程在不断缩短，现代管理学理论

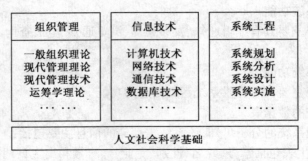

图 1.21 管理信息系统的知识体系结构

体系更加完善,现代管理学技术不断提高。现代管理学的管理思想主要来自七大学派,分别是管理程序学派、行为科学学派、决策理论学派、系统管理理论学派、权变理论学派、管理科学学派和经验主义学派。尽管这些学派都有自己的独特之处,但是它们的研究对象是基本一致的。

以上七大学派是现代管理学理论中比较重要的学派,它们在管理学的发展过程中,起到了巨大的推进作用。现代管理学理论的发展过程如图 1.22 所示。

图 1.22 现代管理学理论的发展过程

管理学理论发展到今天,已经广泛应用到几乎所有管理领域,如企业市场预测、生产计划、物料需求计划、制造资源计划、进销存管理、财务管理、资金管理、成本管理、资产管理、人事管理和战略计划等。

管理的任务在于设计和维持一种系统,在这种系统中有效地管理好人、财和物等资源来实现企业追求的目标,而要管理好这些资源,需要通过系统中资源的信息来管理。每个管理系统都首先要收集这些资源的有效信息,然后利用计算机通过数学、统计学和运筹学方法将这些信息制作成各种报表或图形等管理信息,以便管理者能从这些管理信息中看出资源的状态,并对资源进行合理的调配,目的是尽可能减少支出,进而实现企业的利润最大化。因此,管理信息是管理工作中尤为重要的资源,管理工作的成功与否在于能否进行有效的管理和做出有效的决策,而有效地管理和决策在于管理信息的质和量。可见,现代管理学理论利用数学的方法和计算机将管理过程数量化和信息化,以解决实际问题,进而达到系统的目的。总之,数学方法、计算机应用技术和系统观点是管理现代化的标志。

任何企业或组织都需要管理,一个企业或组织的管理职能主要包括计划、组织、管理和控制四大方面,任何一方面都离不开管理信息系统的支持。企业的管理信息系统一般均具有功能结构,尽管不同企业管理信息系统的各功能子系统的划分没有统一的模式,但都可以按照管理功能分成相互联系和作用的若干功能子系统。例如,企业管理信息系统可分为生产子系统、购销存子系统、财务子系统、人事子系统和决策子系统等功能子系统,这些功能子系统能够完成业务处理、作业管理、战术管理和战略管理等功能。各功能子系统都从不同方面为管理者提供管理信息和管理服务,提高管理者的管理工作效率。管理信息系统内部的管理信息流及各子系统之间的关系如图 1.23 所示。

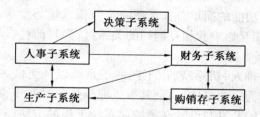

图 1.23　管理信息系统内部的管理信息流及各子系统之间的关系

另外,运筹学也是科学管理的一种方法,运筹学不是数学,但它运用大量的数学方法。其实,运筹学不仅包含数学,还包含规划和决策。运筹学的创立不仅给管理信息系统带来了新的研究思路,还为管理信息系统的规划作出了指导。

总之,现代企业中的许多管理职能的实现都需要管理信息系统的支持,管理工作的效率和质量在很大程度上取决于管理信息系统的效率和质量。

2. 管理信息系统的信息科学基础

信息科学是一门新兴的综合性学科,研究对象主要是信息,研究内容主要是信息的运动规律和应用方法,利用的工具主要是计算机,目标主要是扩展人类的信息功能。现代信息科学一般涉及信息论、系统论、控制论、计算机科学、系统工程、运筹学、仿生学和人工智能等学科。

信息科学是信息时代创造财富的重要来源,信息科学、信息技术和信息紧密相连、密不可分。这是因为,信息科学和信息技术为信息产业提供理论方法和技术支持,是信息产业的理论基础,它推进信息产业不断发展,是信息产业存在和发展的基石。同时,信息产业反过来也为信息科学和信息技术的研究提供了大量的资金,可以说,信息产业是信息科学和信息技术研究发展的动力。正是由于这一点,世界各国都在大力研究和发展信息科学和信息技术,为信息产业的发展铺平道路。以信息科学为理论基础的管理信息系统也因此得到了迅速发展。

信息科学是管理信息系统重要的理论基础之一。下面着重介绍管理信息系统重要的理论基础——"老三论"和"新三论"。

(1)系统论、信息论和控制论。系统论、信息论和控制论号称管理信息系统学科体系中的"老三论"。

在日常生活中经常能接触到系统这个概念,如自然界的天体系统、气象系统、生态系统,经济领域的商业系统、金融系统和工业系统,军事领域的作战系统、防御系统和后勤保障系统,日常生活中的交通系统、科技系统和教育系统,总之,任何人任何时候都处于系统之中,且人本身也是系统中的一种要素。目前,系统已逐步形成了一门新兴的学科——系统科学,通常被称为系统论。

公认的系统论的创始人是美籍奥地利生物学家贝塔朗菲。系统论要求把事物当做一个系统来研究,认为任何系统都是一个有机整体,可以用数学模型去描述和明确系统的结构和行为。贝塔朗菲认为系统是普遍存在的,提出了系统观点、动态观点和等级观点,并指出复杂系统的功能大于其组成部分功能的简单总和。系统论强调系统与要素、要素与要素以及系统与外部环境之间互为依存、相互影响和相互制约的关系,认为目的性、动态性和有序性是系统的三大基本特征。

管理信息系统属于一种人-机系统,由不同的子系统以及更低一级的子系统构成的复合系统。管理信息系统是作为一个整体运行,其组成部分是密不可分的,其目标是提高企业核心竞争能力。管理信息系统的开发与设计必须按照系统工程的方法,它是运用系统的思想来思考问题和处理问题的方法。系统工程的方法是企业管理信息系统的规划、分析、设计、实施和使用的科学方法,是一种对所有系统都具有普遍指导意义的科学方法。同时,系统工程的方法也是一门组织管理的技术。采用系统的观点、数学的方法和计算机的应用是系统工程的方法的要点。系统的观点是指把研究对象作为整体来考虑,致力于整体最优运行。数学的方法是指采用数学方法来研究系统,通过建立系统的数学模型来进行模拟,并对得到的结果进行分析,然后再返回到原来的系统中,不断改进系统。计算机的应用是指利用计算机模拟系统的数学模型,以优化系统。

信息论是由信息论之父美国数学家香农创立的,运用概率论与数理统计的方法,从量的方面来研究系统的信息如何获取、计量、处理、传输、管理和控制的一门科学。狭义的信息论是指用数理统计方法来研究信息的度量、传递和变换规律的科学。主要研究在通信系统中普遍存在的信息传递的共同规律,想办法提高各种信息传输系统的有效性和可靠性,属于一门通信理论。广义的信息论是指用狭义信息论的观点来研究一切与信息有关的问题的理论。信息论阐述了认识活动产生飞跃的实质,有助于探索人类思维规律和推动与进化人们的思维活动,能够提高人类认识世界和改造世界的能力。信息论认为,系统正是通过收集、传输、加工处理和输出信息而实现其追求的目标。

"控制论"一词是美国著名数学家维纳发明的。维纳把控制论作为一门研究机器、生命社会中控制及通信的一般规律的科学,是研究动态系统在外界环境不断变化的条件下如何改变运动趋势而保持平衡状态或稳定状态的科学。控制论认为,控制为了改善受控对象的功能和发展,需要收集控制对象信息,然后处理这些信息,并将处理结果应用于受控对象。可见,信息是控制的基础,信息反馈是控制的重要环节。信息反馈是控制论的一个至关重要的概念,简单地说,信息反馈是指将从控制系统输出的信息又作为控制系统的输入,并对下一次输出发生影响,发挥控制的作用,以实现预期目标。其实,管理信息系统就是一种典型的控制系统,与其他控制系统一样,都是通过信息和信息反馈来采取纠正措施,使系统稳定在预期状态上。

随着信息科学的迅速发展,系统论、信息论和控制论交织在一起也得到了迅速发展,目前正向三论归一的方向发展。

(2) 耗散结构论、协同论和突变论。"老三论"是管理信息系统重要的理论基础。近年来,随着科学技术的迅速发展,特别是信息技术、计算机技术、通信技术和网络技术的迅速发展,管理信息系统也得到了迅速发展。管理信息系统在不断发展的同时,也不断吸收其他新理论与新方法,如耗散结构论、协同论和突变论等,它们一般被称为管理信息系统学科体系中的"新三论"。

耗散结构论是比利时物理化学家普利高津于20世纪60年代末提出来的。普利高津认为,无论是生命物质还是非生命物质,都遵循同样的自然规律,生命的过程一定遵循着某种非常复杂的物理定律。开放系统一般具有三种可能的存在方式,分别为热力学平衡态、近平衡态和远离平衡态。耗散结构论认为,一个远离平衡态的非线性的开放系统,通过不断地与外界交换物质和能量,在系统内部的某个参数的变化达到一定的阈值时,系统有可能发生突变,由原来的无序状态突变成一种在时间上、空间上或功能上的有序状态。这种在远离平衡状态的非线性区形成的,需要不断与外界交换物质或能量才能维持的,新的稳定的有序结构被称为耗散结构。只有在远离平衡的条件下,系统的耗散结构才能形成,才有可能向着有秩序、有组织和多功能的方向发展,这就是普利高津提出的耗散结构论的精髓——"非平衡是有序之源"。耗散结构是在非平衡的、非线性的和开放系统中所产生的一种稳定的自组织结构,而系统论所要寻求的也就是这种具有有序性的稳定结构,从此意义上说,耗散结构论与系统论有异曲同工之妙。耗散结构论认为,孤立封闭的系统永远不会自组织成有序状态,只会发展成平衡无序状态。而开放的系统,通过与外界环境不断地进行物质或能量的交换,并利用非线性的正反馈作用,能够使系统的各个组成部分之间产生协调动作和相干效应,使系统从无序状态转变为有序状态。

协同论又称协同学,是由原联邦德国著名理论物理学家、斯图加特大学教授哈肯于20世纪70年代初创立的。哈肯认为,自然界是由许多普遍存在的系统组织起来的统一体,其中许多系统是指千差万别的小系统,统一体是指大系统。在某个大系统中,尽管许多小系统千差万别,但这些小系统之间既相互作用又相互制约,它们相互配合与协作组成新的平衡结构。由旧的结构转变为新的结构是具有一定规律的,研究这种系统从旧结构转变为新结构机理的共同规律的科学就是协同学。哈肯提出"很多子系统的合作受相同原理支配而与子系统特性无关"的原理,并跨学科考察其类似性以探索其规律。因此,协同学的主要特点是对从无序到有序的规律建立了一整套数学模型和处理方案,并通过类比推广到其他领域。协同学理论是处理复杂系统的一种策略。协同学的目的是寻找一种普遍的基本规律,建立一个统一的基本法则,来描述一个复杂的开放系统是如何从无序到有序、从低级到高级和从简单到复杂的转变。

协同论的最大的贡献在于,通过大量的类比及分析,阐述了各类自然系统和社会系统从无序到有序的转变,均是组成系统的各元素之间相互配合和协调的结果。其最大的价值体现在它把不同学科共同存在的协同现象挖掘出来,建立了一种用统一观点去处理复杂系统的概念和方法,为把一个学科的成果推广到另一个学科中提供了理论依据,也为人们从已知领域进入未知领域提供了启示。

突变论诞生于1972年,是法国数学家托姆开创的。托姆把系统内部状态的整体性"灾变"称为突变,这种突变的特点是过程连续但结果不连续。突变理论一般可以被用来认识和预测复杂的系统行为。其研究的内容是在拓扑学、奇点理论和稳定性数学等理论基础之上,通过描述系统在临界点的状态,来研究自然多种形态、结构和社会经济活动从一种稳定组态跃迁到另一种稳定组态的现象和规律,并将耗散结构论、协同论与系统论联系起来,对系统论的发展产生了一定的推动作用。突变理论作为研究系统从无序到有序转化规律的有力数学工具,能清楚地解释和预测自然界和社会上的突发现象,在自然科学和人文社会科学方面均有着广阔的应用前景。

1.5.2 管理信息系统学科与其他学科的关系

管理信息系统是一个名副其实的涉及多学科的交叉学科,已被教育部设置为一级学科管理科学与工程下的一个二级学科。管理信息系统不仅仅是一种技术系统,同时也是一种社会系统,把其他学科的概念综合在一起,形成了一门系统性的学科。

管理信息系统面向管理,利用系统的观点、数学的方法和计算机的应用三大支柱,形成了具有独特内涵的系统性、交叉性和边缘性的学科。管理信息系统学科与其他学科的关系可以概括描述为:

(1)管理科学对管理信息系统提出要求。

(2)信息技术为管理信息系统提供手段。

(3)数学和运筹学为管理信息系统提供科学算法。

(4)哲学、系统论、信息论、控制论和行为科学协同为管理信息系统提供理论观点和思想方法。

管理信息系统学科与其他学科的关系如图1.24所示。

下面分别介绍管理信息系统学科与其他学科的关系。

1. 管理信息系统与管理学的关系

(1)管理信息系统需要管理学的支持。主要表现在以下几方面:

①管理科学向管理信息系统提出了要求,这也是管理信息系统产生的重要原因,可以说管理信息系统是管理学的发展,甚至是一次飞跃。

②如果不了解管理学,没有管理学的理论和方法,管理信息系统的研究将缺乏明确的目标和评价的方法。

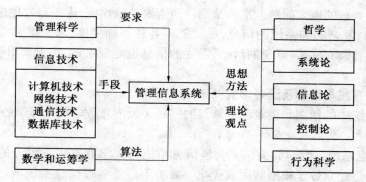

图1.24 管理信息系统学科与其他学科的关系

③管理信息系统服务的目标是管理决策,研究的对象是管理过程。因此,只有深刻理解了管理对象与管理过程才能够成功开发管理信息系统。

④管理信息系统项目的开发和维护均需要管理学。可以说,管理学既是管理信息系统的基础又是其成功的前提。并且管理信息系统在其全部生命周期中一直都在研究如何管理,因此管理信息系统离不开管理学。

(2)管理学需要管理信息系统的支持。管理的任务是通过对组织资源运用的计划、组织、协调、管理、控制和监督等来实现预期目标。管理活动中的一切管理行为都是通过管理信息的收集、传输、加工处理、输出和反馈来实现的。目前,管理活动中的各种管理行为都离不开信息系统的支持。

①管理的计划活动需要管理信息系统的支持。管理的计划活动一般包括对组织未来行动做出安排和部署,若要设计合理的计划需要掌握组织内部和外部环境的现状及变化趋势等管理信息,并利用科学的方法进行计算、统计、分析、优化和预测,通过反复模拟,最终确定计划。离开管理信息系统的支持,管理的计划活动是很难完成的。

②管理的组织活动需要管理信息系统的支持。管理的组织活动包括对人、财和物的组织,相关的工作主要是进行组织体系的设计,进行组织的物流、资金流、信息流和事务流等流程的设计,进行组织活动过程中各种关系的协调。其涉及面广,可以说是一项复杂的系统工程,没有信息系统的辅助是很难完成的。

③管理的控制活动需要管理信息系统的支持。计划的实现一般需要在实际执行过程中不断调整和修正,这就需要进行管理的控制活动。要想有效进行管理的控制活动就必须能够及时掌握反映管理活动状态的系统监测信息和反馈信息。显而易见,离开管理信息系统的支持,有效控制是不可能实现的。

④管理的战略决策活动需要管理信息系统的支持。管理的决策活动是在一个诸多要素和变量交织、混杂及相互制约的系统中进行的,而且处于错综复杂的变动中的战略决策活动一般具有预先性,即决策是预先做出的。管理的战略决策活动的成功与否,相当程度上取决于能否

在涉及组织长远兴衰的重大问题上准确预测。而若要准确预测,进而有效地进行科学决策,就需要掌握充分的、复杂的和系统的信息,尽可能将各种不确定度、未知度和混杂度降到最低。可见,管理的战略活动是一项复杂的活动,需要的信息也是复杂的,因此离开管理信息系统是很难完成的。

2. 管理信息系统与数学及运筹学的关系

管理信息系统中的预测和决策职能涉及的问题必须依靠数学和运筹学的方法及模型来解决。

(1) 管理信息系统与数学的关系。管理信息系统与数学有着密不可分的关系,管理中的很多问题需要通过建立数学模型解决或优化。数学不仅是管理信息系统项目开发的基本功,也是管理信息系统功能模块程序设计的基本功。

(2) 管理信息系统与运筹学的关系。运筹学可以说是管理科学的一部分,有很多人认为它是狭义的管理科学,甚至曾经有人认为运筹学和管理科学是一个概念。目前,教育部已把管理科学作为一级学科,因为其含义显然要比运筹学广得多。运筹学一般运用数学的方法建立问题模型,通常强调运用定量的方法来寻找最优解,其作为一种科学的技术手段通常用于解决管理问题。因此,在某种程度上,运筹学甚至成了管理学的同义词。

运筹学是一种非常适用于系统预测及决策的方法和工具,是一种能够对管理中的问题提供最合适解答的科学方法。管理信息系统中常用的运筹学模型主要有预测模型、决策模型、分配模型、竞争模型、库存模型、运输模型、排队模型、路线模型、制订模型、更新模型、线性规划模型、动态规划模型、目标规划模型、图论模型、搜索模型、模拟模型和混合模型等。以上模型被广泛地应用在管理信息系统中。

3. 管理信息系统与计算机学科的关系

管理信息系统依赖于计算机技术,现代化管理活动中大量的、复杂的信息,离开计算机技术的支持是不可能完成信息的加工和处理的,更不可能完成其预测、控制和辅助决策等功能。

管理信息系统的开发与设计需要既懂管理又懂计算机技术的复合型人才。在管理信息系统的开发与设计中,需要不同的技术人才,如系统构架师、项目经理和程序设计人员,对不同人员的知识结构和能力结构的要求也是不同的。若要成功开发与设计管理信息系统,要求开发与设计人员不仅懂得计算机技术,还要能够掌握和运用管理学理论及方法、运筹学、组织行为学、财务、会计、人力资源及其他学科等方面的知识,同时具有技术技能、人际技能和决策技能。

从管理信息系统的定义可以看出,计算机技术是信息系统的重要基础。管理信息系统需要建立在计算机硬件系统、软件系统和接口技术基础上。硬件系统一般是由数据采集设备、数据传输设备、计算机、网络设备、数据存储设备和数据输出设备组成。软件系统通常包括系统软件和应用软件。

随着计算机技术的迅速发展,计算机已成为现代管理信息系统的主要技术手段和重要的信息处理工具。计算机技术为管理信息系统提供高速处理能力、大容量存储能力、丰富的应用软件、良好的操作环境和友好的用户界面,可以说是管理信息系统开发和应用的物质基础和技术保障。

有信息高速公路之称的互联网络不仅改变了企业的外部环境,也改善了企业的内部环境。企业外部环境的改变主要体现在管理信息系统走出了局域网络的界限,如供应链信息系统把多个企业联系在一起。企业内部环境的改善主要体现在,通过 Internet 企业内部可以连接成企业内联网即 Intranet。Intranet 是把 Internet 的技术应用于企业内部,使企业内部各种不同局域网络有了统一的界面,使管理信息系统的使用更加方便了,使企业实现了无纸办公。目前,计算机技术已为管理信息系统的迅速发展提供了良好的条件。

4. 管理信息系统与组织行为学的关系

管理信息系统还从组织行为学吸取了有用的观点和方法。组织行为学是目前被非常重视的一个研究领域,它采用统计分析的方法研究个体、群体以及结构对组织内部行为的影响,以便运用这些知识来改善组织的有效性。

随着信息技术的发展,信息技术的应用在工作中已影响到了组织的行为以及人们的情感和精神。例如,随着办公自动化管理信息系统的使用,电子邮件日益取代了面对面的交流,组织成员可能会由于对电子交流方式的依赖而逐渐产生孤独、焦虑和缺少自信,进而影响到他们的工作表现。另外,由于在电子邮件中不能使用面对面的交流方式,因此也可能在没有语气和微笑的交流中产生误解。在这种情况下,一部分组织成员可能会成为计算机或网络的痴迷者,另一部分组织成员则可能会对信息技术产生抵触情绪。这些由信息技术带来的负面影响就需要借助组织行为学的知识来解决。

5. 管理信息系统与财务、会计学科的关系

会计作为管理学的一个分支,其内容正在不断扩大、充实和延伸,出现了与其他经管学科相互渗透、相互支持、相互依赖和相互制约的关系,正逐步向边缘学科转化。

在信息技术迅速发展和普及的环境下,会计的发展受到信息技术的冲击,管理信息系统为会计提供了在手工条件下难以实现的财务管理和财务分析等帮助,目前,与会计相关的工作越来越依赖管理信息系统,甚至可以说已经离不开管理信息系统了。

目前,任何企业管理信息系统都含有财务或会计功能子系统。可见,管理信息系统离不开财务、会计学科。

6. 管理信息系统与人力资源学科的关系

管理信息系统不断吸取人力资源学科的观点和方法,企业人力资源管理系统已经经历了几代的发展。世界上在每个知名的大企业中都有一套独特的人力资源管理系统在支持,并积极地发挥吸收、使用、评价、调整和发展人力资源的功能。

企业人力资源管理系统提供了友好的用户界面、强大的数据处理能力、强有力的报表生成工具、分析工具和信息的共享,大大减轻了人力资源管理人员繁重的工作,使得人力资源管理人员能够集中精力从战略的角度来考虑企业人力资源的规划和政策,提高了人力资源的管理

水平,实现了人力资源的科学管理。

7. 管理信息系统与经济学的关系

(1)管理信息系统与经济学典型的联系就是信息系统经济学。信息系统经济学主要研究信息系统的建设与管理中的经济问题,如信息系统的成本问题、效益问题和评估问题等。

(2)经济学知识被大量应用到管理信息系统中,以解决经济相关问题,如企业成本收益分析、财务分析和信息化决策等。

(3)管理信息系统的广泛应用对经济理论模型产生了影响。例如,管理信息系统对微观经济模型理论、交易成本和代理成本等产生的影响分别如图1.25、1.26和1.27所示。

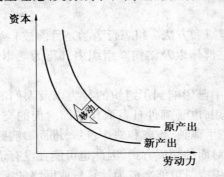
图1.25 管理信息系统对微观经济模型理论的影响

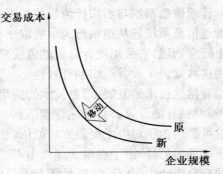
图1.26 管理信息系统对交易成本的影响

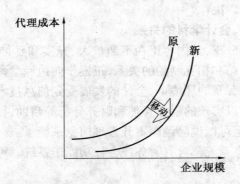
图1.27 管理信息系统对代理成本的影响

1.6 管理信息系统面临的挑战

随着管理信息系统的不断发展和应用,极大地提高了管理水平、工作效率和服务质量,但同时也面临着一些挑战,主要包括技术挑战和社会挑战。

1. 管理信息系统面临的技术挑战

管理信息系统面临的技术挑战主要有以下几点：

(1) 管理信息系统集成的挑战。

(2) 跨平台运行的挑战。

(3) 多种应用系统数据交换的挑战。

(4) 管理信息系统实施的挑战。

(5) 可靠性和安全性的挑战。

(6) 可扩展的业务框架和标准的对外接口的挑战。

2. 管理信息系统面临的社会挑战

人们日益深刻地认识到管理信息系统不仅是一个技术系统，也是一个社会系统，可以说推进管理信息系统的变革如同推进社会的变革。当前环境变化迅速，管理信息系统除了面对技术复杂、资源密集和需求多样等挑战，还受管理思想、管理制度、管理方法、权力结构和人们习惯等变化的影响。管理信息系统面临的社会挑战主要有以下几点：

(1) 如何提高管理水平，为管理信息系统的发展和应用创造有利条件。

(2) 如何利用信息技术的飞跃来促进企业管理。

(3) 如何提高企业文化，培养能够适应新技术和新挑战的新一代复合型人才。

(4) 管理信息系统的发展向政府部门提出了更高的要求，政府部门如何促进管理信息系统的发展和应用。

1.7 小　　结

本章概述了管理信息系统的基本概念，包括信息、管理信息、系统、信息系统、管理信息系统和管理信息系统项目等。归纳了管理信息系统的分类和结构。列举了两个管理信息系统开发项目。阐述了管理信息系统的学科体系。最后介绍了管理信息系统面临的挑战。

学习本章应把注意力集中在掌握基本概念和基本知识方面，为学习后续章节打好基础。由于本章概念较多，可在后续章节的学习中逐渐理解和掌握这些概念。

【案例1　返校第一天】

暑假即将结束，小明提前7天到离家最近的火车订票点订了一张火车票。7天后小明乘坐火车到达学校所在城市。小明从火车站到学校还需乘公交车，于是小明坐上了去学校的公交车，小明乘车时使用了公交卡来付车费。到了学校，小明给家里报了平安。回到寝室后，小明想起来上学期有一门课是期末匆忙复习的，不知道考试结果会怎么样，于是打开电脑上网查询了一下自己上学期的期末考试成绩，很幸运，所有考试科目都及格了。到了中午，小明拿着饭卡去食堂吃饭。吃过饭后，小明去图书馆把上学期借的书还了。下午，小明去找辅导员注册。然后去了学校旁边的超市，采购了一些日常用品，结账时采用银行卡付账。傍晚，小明回到寝室,吃过晚饭后打开了电脑,上淘宝网浏览,看好了一双运动鞋,于是采用支付宝付款买鞋。

案例分析题:

1. 请分析小明在家时接触了什么管理信息系统。
2. 请分析小明在路上接触了什么管理信息系统。
3. 请分析小明到学校后接触了哪些管理信息系统,并说明它们的功能。
4. 请举出几种日常生活中常见的管理信息系统。

【习题1】

1. 分析数据和信息的联系与区别。
2. 简述信息、信息系统和管理信息系统的概念。
3. 系统的特征有哪些?
4. 分析管理信息的特性。
5. 简述管理信息的等级结构。
6. 分析管理信息系统的特征。
7. 管理信息系统的三要素是什么?
8. 论述信息与管理信息、信息系统与管理信息系统的联系与区别。
9. 简述管理信息系统的知识体系结构。
10. 管理信息系统面临的技术挑战有哪些?

第 2 章

管理信息系统开发方法

【本章主要内容】

本章主要介绍管理信息系统的开发方法,包括结构化生命周期法、原型法、面向对象法和计算机辅助软件工程法等,对各种开发方法的适用范围进行比较,并简要介绍系统开发策略和开发方式等内容。通过本章的学习,力图使读者对管理信息系统开发方法有一个清晰的总体认识,能够根据企业的实际情况选择不同的开发方法、开发策略和开发方式。

【本章学习目标】

1. 掌握结构化生命周期法的特点及适用场合;
2. 掌握原型法的特点及适用场合;
3. 理解面向对象法及特点;
4. 了解计算机辅助方法及特点;
5. 掌握各种开发方法的比较;
6. 掌握管理信息系统开发策略和开发方式。

2.1 开发方法概述

系统的开发方法是指开发管理信息系统所遵循的步骤,是在系统开发过程中的指导思想、逻辑、途径和工具等的集合。随着管理信息系统应用的深入和规模的不断扩大,一些系统取得了成功,但也有相当一部分系统以失败而告终,一个重要原因就是开发方法不当。人们在进行经验教训的总结过程中,逐步认识到管理信息系统的开发必然遵循一定的方法和规律,才能更好地解决系统开发过程中所面临的各种问题。由于管理信息系统的开发是一项非常复杂的系统工程,在开发过程中涉及管理、技术和社会等多方面的因素,为了保证开发的顺利进行,需要有科学的管理信息系统的开发方法、开发策略和开发方式来指导整个开发过程,这对于提高系统开发的效率和开发质量都是十分必要的。

2.1.1 系统开发的任务和特点

1. 系统开发的任务

管理信息系统开发的任务,就是开发一个能满足用户需求、高效并且有力支持管理决策目标的、具有先进技术的管理信息系统。

具体地说,包括以下四个方面:

(1)满足用户需求。由于原来没有管理信息系统或旧系统存在问题,制约着组织的发展,不能满足用户的需要,因此,新系统必须保证能够被用户接受,满足用户的需要。

(2)系统功能完整。新系统应该覆盖组织的主要业务管理范围,并且保证各部分接口完备,数据采集和存储格式统一,各部分协调一致。

(3)采用先进技术。根据组织的实际情况和未来发展将各种先进的技术合理地运用到管理信息系统开发过程中。但应注意不要为了先进而采用未经考验的技术,尽量应用成熟的技术。

(4)实现辅助决策。许多组织的决策任务非常复杂,新系统能够辅助组织进行决策。

2. 系统开发的特点

(1)系统开发的动力源自组织需求。随着国内外市场竞争的加剧,信息必然成为组织的战略资源。为了提高竞争力,组织必须运用先进的手段和方法来获取和利用信息资源,这种潜在需求,必然推动和加速管理信息系统的开发。

(2)系统开发的前提是科学管理。MIS 的开发有"三分技术,七分管理,十二分数据"之称,可见管理的重要性。只有在合理的管理体制、完善的规章制度、稳定的生产秩序、配套的科学管理方法和完整准确的原始数据的基础上,才能有效地开发 MIS,避免"Rubbish in, Rubbish out"(进来的是垃圾,出去的也是垃圾)。

(3)系统开发的功能要符合需求。组织不同,管理信息系统的功能也不同。例如,生产企业的功能可分为生产计划管理、材料计划管理、财务管理、人事管理、销售及客户管理、市场预测与决策支持等。高校管理信息系统的功能包括教学管理、工资及福利管理、教材管理和办公管理等。因此,系统开发人员要深入组织,调查分析,系统地了解用户的需求,才能开发出符合用户预期目标的系统。

(4)系统开发的投资巨大。开发一个管理信息系统必须投入大量的资金。投入费用包括购买计算机、网络通信设备等硬件费用,购买软件、开发系统等软件费用以及运行与维护费用等。

(5)系统开发的策略要因地制宜。MIS 的开发受到组织管理模式、经营现状、生产组织方式和财力情况等多种因素的影响,不可能在短期内达到期望水平,必须根据组织的实际情况制订开发策略。

2.1.2 系统开发的原则

根据管理信息系统开发的任务和特点,在管理信息系统开发中应遵循以下原则:

1. "四统一"原则

管理信息系统的开发要做到"四统一",即"统一领导、统一规则、统一目标规范和统一软硬件环境"。"四统一"原则加强了系统开发过程的管理和控制,对提高系统开发质量和开发水平、缩短开发时间、减少开发费用、方便系统管理和维护等方面起到了重要指导作用,是系统开发人员和系统管理人员共同遵守的准则。

2. "一把手"原则

管理信息系统开发的实践证明,如果组织的"一把手"没有参加 MIS 开发,而只是作为一个旁观者,那么系统的开发注定要失败。这是因为,MIS 的开发与应用是一个技术性、政策性很强的系统工程,"一把手"拥有人权、财权、指挥权,诸如系统开发目标、管理体制变革、机构重组、设备配置、人员培训、各开发阶段设计方案的批准、重大的进程安排、资金的筹集调用等一系列重大问题均需"一把手"的支持与决定。这是 MIS 开发成功的关键,是任何人也不能替代的。因此,"一把手"要充分认识自己在 MIS 开发中的地位和作用,积极参与,加强领导,以最少的投入开发出功能完善、高效率的管理信息系统。

3. 面向用户原则

管理信息系统是为用户开发的,由用户在使用后做出客观评价。所以,要使 MIS 开发获得成功,必须坚持面向用户的思想。从总体规划到开发过程的每一个环节都必须站在用户的立场上,一切为了用户,一切服务于用户。

4. 系统工程原则

应用系统工程的方法来开发管理信息系统。MIS 的开发涉及管理思想、管理体制、组织的整体状况、环境、经营管理和业务技术等多个方面,是一项内容繁多、覆盖面广、人机结合的系统工程。因此,必须从组织的全局和实际出发,制订组织 MIS 的总体规划,从而保证 MIS 的开发顺利进行。

5. 阶段性原则

系统开发过程要划分若干个工作阶段,由开发领导小组或技术负责人对阶段性成果进行评审,发现问题及时提出修改方案,保证系统开发质量。需要注意的是,不能混淆和跨越各个工作阶段,如系统开发人员热衷于编制程序,在没有充分弄清系统需求之前就急于考虑机器的选型、网络的方案和系统软件的选择等,匆匆忙忙地购置、安装和调试后就开始了程序的编制工作。这必然造成各种资源的浪费,时间的推迟,甚至导致整个系统开发的失败。

6. 适用性和先进性原则

管理信息系统的开发,既不能盲目追求技术的先进性而采取不成熟的技术,造成系统不能正常运行或运行不可靠、不稳定;也不能起点太低,采用过分落后的技术,造成系统功能弱、性能差。所以,在 MIS 开发中应注重适用性与先进性相结合,一方面要把适用性放在第一位,满足现行管理的实际需求,尽快解决管理工作中的实际问题;另一方面要采用先进的管理思想和先进的技术,开发出功能全、起点高的系统。

2.1.3 系统开发方法简介

在管理信息系统产生到现在的长期实践中,由于管理信息系统的种类很多,情况各异,研制的具体方法、途径有多种,从而形成了多种系统开发方法,如结构化生命周期法、原型法、面向对象法、计算机辅助开发方法(CASE)、软系统方法等,这些方法各自遵循一定的基本思想,适用于一定的场合,解决问题的出发点和侧重点各不相同。随着技术的进步、管理工作要求的提高,这些方法本身也在不断的丰富和完善,学习这些方法有利于认识系统开发的基本规律,科学、合理地开发系统。

从 20 世纪 60 年代开始,人们已经着手研究管理信息系统的开发方法和工具。20 世纪 70 年代,生命周期法较好地给出了过程的定义,严谨的文档,改善了开发过程,成为当时的主流方法。生命周期法的基本思想是:按分解的方法将复杂问题简单化,"自上而下,逐步求精",从全局出发全面规划,严格划分系统的各个阶段,然后一步一步地实现。然而,由于开发周期过长、用户参与程度不高而不能适应需求的变化等缺陷,加深了系统开发的困难和系统的风险。

以结构化系统分析与设计为核心的新生命周期法,即结构化方法,是生命周期法的继承与发展,是生命周期法与结构化程序设计思想的结合。结构化生命周期法使系统分析与设计结构化、模块化和标准化,面向用户且能预料可能发生的变化。这种方法克服了生命周期法的某些缺陷,由于在本质上仍是生命周期法,其固有缺陷没有发生根本性改观,但是,结构化生命周期法依然是系统开发的主流方法。

20 世纪 80 年代初,一些开发环境逐渐成熟,基于第四代语言(4GL),用工具快速构造原型,产生了系统开发的原型法。原型法和结构化生命周期法是两种思路截然不同的方法。结构化生命周期法要求在系统开发之前,完全定义好需求,然后经过规划、分析、设计和实施,一次性全面地完成目标;原型法则相反,在未定义好全局前,先实现局部,抓住一个原型,经过设计实现后,再不断扩充,不断修改,使之成为全局的系统。两种方法实现的最终系统功能是相同的,但他们实现的途径是完全不同的。原型法开发周期较短,应变能力较强,符合实践、认识、再实践、再认识的认识规律,但过程定义不够清晰,需求定义不够规范,文档不够完善,不利于过程改善。

20 世纪 80 年代末期,面向对象(Object Oriented,OO)的开发方法得到很大的发展,20 世纪 90 年代初开始获得广泛的应用。面向对象的方法包括面向对象的系统分析(OOA)、面向对象的系统设计(OOD)和面向对象的程序设计(OOP)。面向对象的方法把数据和操作捆绑在一起作为一个对象。这里的数据是主动的,操作跟随数据。面向对象的方法具有自然的模块化能力,他支持建立可重用、可维护、可共享的代码且将这些代码组织存放在程序设计环境的类库中;随着类库中的类不断积累,以后的程序设计过程将变得越来越简单,从而提高了开发效率。面向对象的开发方法更重要的是思维方式的改变,类和继承性提高了系统可维护性。

20世纪80年代末期,计算机辅助软件工程(Computer Aided Software Engineering,CASE)方法发展迅速。他是一种集图形处理技术、程序生成技术、关系数据库技术和各类开发工具为一体的辅助人们进行系统分析与设计的一套软件。CASE技术是系统开发工具与方法的结合,强调的是解决整个系统开发过程中的效率问题。

20世纪90年代,商业软件包法得到广泛的应用。商业软件包就是出现在市场上的商品化软件,这种软件可以完成特定的功能。例如,财务管理软件包、人事管理软件包、教务管理软件包等。这些软件包虽然质量和性价比都比较好,但由于通用性,使其无法满足用户的特定需求,还需要根据用户的特定需求进行适当的修改,这种通过购买商品软件包并且在其基础上进行的信息系统开发的方法称为商业软件包法。商业软件包法的优点是软件包供应商提供了系统的各种文档、业务处理流程、各种报表等,可以大大降低开发的周期和工作量,缺点是由于软件的通用性,有时需要对商业软件包进行大量的二次开发工作。

需要特别说明的是,由于系统开发涉及的知识面比较广,学科的交叉性比较强,至今还没有任何一种成熟、有效的方法能适用于所有类型系统的开发工作,而且有些类型的系统至今仍缺少一种行之有效的开发方法,但也确有一些方法会对系统开发带来帮助和借鉴。本章主要介绍四种在管理信息系统开发实践中产生重要影响的方法:结构化生命周期法、原型法、面向对象方法、计算机辅助开发方法,以及四种开发方法的特点和适用场合。

2.2 结构化生命周期法

"结构化"的概念最早用来描述结构化程序设计方法,是由Bohn Jacopini于1966年提出的结构化程序设计理论,认为一个程序都可以用三种基本逻辑结构(顺序、选择和循环结构)来编写。程序中避免使用GOTO语句,而仅用上述三种结构反复嵌套来构造程序。在这一思想的指导下,一个程序可按"自顶向下,逐步求精"的方法来完成,即把一个程序分解成若干个功能模块,这些模块之间彼此独立,用作业控制语句或过程调用语句把这些模块联系起来,形成一个完整的程序。用结构化程序设计方法编写的程序趋于标准化,不仅提高了编程效率,而且提高了程序的清晰度,增强了程序的可读性和可修改性,修改程序的某一部分时,对其他部分的影响不大。把结构化的程序设计思想引入系统分析和系统设计中,就形成了结构化分析(Structured Analysis,SA)和结构化设计(Structured Design,SD)方法,即所谓的SASD方法。

生命周期是指信息系统从产生、发展、成熟直至消亡的过程。新系统在旧系统的基础上产生、发展、老化、消亡,最后又被更新的系统所取代,这个过程称为系统的生命周期,其使用的方法称为生命周期法(life cycle approach)。

生命周期法中应用结构化理论进行开发,就形成了结构化生命周期法。结构化生命周期法是一种比较经典的信息系统开发的方法,在 20 世纪七八十年代比较流行,在信息系统的开发上,取得了较好的效果。该方法强调从系统的角度出发来分析问题和解决问题,"自顶向下"地分析和设计系统。开发过程强调严格、标准的文档。目前,结构化生命周期法是管理信息系统开发方法中最成熟、应用最广泛的一种有效方法。

2.2.1 结构化生命周期法的基本思想

为了保证系统开发的顺利进行,人们开始采用结构化生命周期法来开发系统。一个复杂的系统 x,可以被分解成三个子系统:1,2,3。如果子系统仍然复杂,就继续分解为 1.1,1.2,1.3 等子系统,如此继续下去,直到子系统(或模块)足够简单,能够清晰地被理解和表达为止。按照这样的方法,无论问题多么复杂,分析工作都可以有计划、有步骤、有条不紊地进行。

结构化生命周期法的基本思想是:用系统的思想和系统工程的方法,按用户至上的原则,结构化、模块化地自顶而下对系统进行分析与设计。也就是说,先将整个管理信息系统的开发分成若干个不同阶段,如系统规划、系统分析、系统设计、系统实施、运行和维护,然后在系统规划、系统分析、系统设计阶段采用"自顶向下"的方法对系统进行结构化划分。例如,在系统调查或分析管理业务时,应从最顶层的管理任务入手,逐步深入至最底层;在进行系统分析和系统设计时,应从宏观整体考虑入手,先考虑系统整体的优化,再考虑局部的优化问题。但是,在系统实施阶段,则应坚持"自底向上"地逐步实施,即组织资源从最底层的模块开始编程和调试,然后按系统设计结构,将模块按层次一个个拼接在一起进行测试,自底向上,逐层地构建整个系统。结构化生命周期法的基本思路如图 2.1 所示。

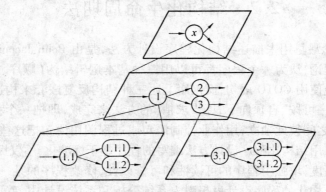

图 2.1 结构化生命周期法的基本思路

2.2.2 结构化生命周期法的原则

结构化生命周期法的原则,归纳起来有以下五个方面:

1. **面向用户的观点**

用户的要求是系统开发的出发点和归宿。管理信息系统是为用户服务的,最终要交给用户使用。实践证明,用户的参与程度以及满意与否是衡量系统是否成功的关键。在整个开发过程中,系统开发人员应该始终与用户保持联系,从调查入手,充分理解用户的信息需求和业务活动,不断地让用户参与到系统分析和系统设计中来,了解工作的进展情况,并随时从业务和用户的角度提出新的需求,从而使得新系统更加科学、更加合理。

2. **严格区分工作阶段**

结构化生命周期法强调按照时间顺序、工作内容,将系统开发过程分为几个阶段,如系统规划阶段、系统分析阶段、系统设计阶段、系统实施阶段、系统运行和维护阶段。每个阶段都有其明确的任务和目标以及预期要达到的阶段性成果,一般不可打乱或颠倒。前一个阶段的成果是后一个阶段开发的依据,只有前一个阶段完成,才能进入到后一个阶段,每个阶段又划分详细的工作步骤、顺序作业。在进行可行性分析之前,不要急于上项目;进行详细的系统调查与分析之前,不要急于动手设计;详细地进行系统设计之前,不要急于编写程序……这样才能保证管理信息系统开发的质量。在每个开发阶段,加大检查是提高可靠性、减少错误的主要方法。

3. **自顶向下的系统分析、系统设计和自底向上的系统实施相结合**

按照系统的观点,任何事情都是相互有机联系的整体。因此,在分析问题时应该首先站在整体的角度,将各项具体的业务或组合放到整体中加以考察。首先保证全局的正确性,然后再一层层地深入考虑和处理局部问题,这就是自顶向下的分析设计思想。按照自顶向下的思想对系统分析和设计之后,具体的实现过程采取自底向上的方法,即一个模块、一个模块地开发、调试,再由几个模块联调,最后是整个系统的联调、构建,即从模块到子系统再到系统的实现和构建的过程。

4. **充分预料可能发生的变化**

管理信息系统和环境是密切相关的,而环境是在不断变化的,如信息化和经济全球化、实行市场经济、加入 WTO 等,必然会对系统产生冲击;用户对系统的要求也是不断变化的,如在开发的过程中不断加入一些新的需求,必然要引起系统的变化;另外,系统内部处理模式也是变化的,如组织结构、体制、业务流程的变化和管理自身的发展变化等,也会引起系统的变化。无论在系统设计还是在实施过程中,都必须充分考虑可能发生变化的因素,预料可能发生的变化就是为了提高系统对内外环境的适应能力。

5. **工作文档标准化、规范化**

管理信息系统开发是一项复杂的系统工程,经历的时间长,参加的人员多。为了保证工作的连续性,要把每个步骤所考虑的情况、所出现的问题、所取得的成果都要进行详细的文字记载。例如,系统分析过程中的调研资料、各个阶段的文档资料,设计的每一步方案(甚至包括经过分析后淘汰掉的信息和资料)资料等,都要有一套管理、查询制度。工作文档标准化、规范化的好处是建立统一的资料可以避免混乱;详细记载工作过程可以使系统开发人员及时地发现问题,总结经验,形成自我反馈,弥补工作中的某些缺陷和不足,只有这样,才能更好地实现用户与系统开发人员的交流,才能确保各个阶段的无缝连接。所以,必须充分重视文档资料的标准化、规范化工作,充分发挥文档资料的作用,为提高管理信息系统的适应性提供可靠的保证。

2.2.3 结构化生命周期法的五个阶段

目前,对用结构化生命周期法开发管理信息系统的阶段划分并不一致,本书将整个开发过程分成五个首尾相连的阶段:系统规划阶段、系统分析阶段、系统设计阶段、系统实施阶段、系统运行与维护阶段。这样划分MIS的生命周期是为了对每一个阶段的目的、任务、采用技术、参加人员、阶段性成果、与前后阶段的联系等作深入具体的研究,以便更好地实施开发过程,开发出一个用户满意的系统。结构化生命周期法的五个阶段如图2.2所示。

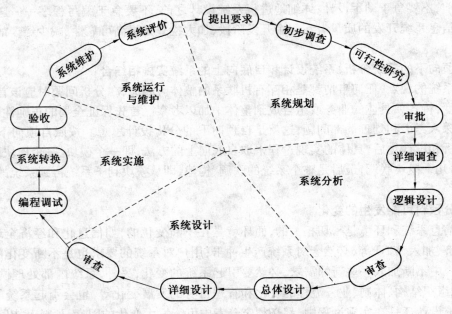

图2.2 结构化生命周期法的五个阶段

1. 系统规划阶段

系统规划阶段是管理信息系统的起始阶段。以计算机为主要手段的管理信息系统是其所在组织的重要组成部分,对信息系统的新建、改建或扩建都要服从于组织的整体目标和管理决策活动的需要。因此,这一阶段的主要任务是对企业的目标、企业的环境、现行系统的状况采用多种方式进行初步调查,弄清现行系统的界限、组织分工、业务流程、现有资源以及系统存在的薄弱环节等,根据企业的目标和发展战略,确定信息系统的目标和发展战略,并对新系统的开发进行可行性研究。然后,从总体的角度来规划新系统应该由哪些模块组成,根据管理需求确定这些模块的优先开发顺序,制订出开发计划来合理地调配人、财、物,提出计算机系统配置方案。这一阶段的总结性成果是系统规划报告。

2. 系统分析阶段

系统分析阶段与系统设计阶段的目的都是进行新系统的设计。在一般的机械工程或建筑工程中并没有系统分析这个阶段。由于 MIS 自身的复杂性,把设计阶段又划分为逻辑设计阶段和物理设计阶段,并且称逻辑设计阶段为系统分析,物理设计阶段为系统设计。

系统分析阶段的任务是按照系统规划的要求,通过对系统的组织结构、业务流程进行详细的调查分析,描述出现行系统的业务流程,指出现行系统的局限性和不足之处,确定新系统的目标和逻辑功能要求,最后提出新系统的逻辑模型,建立数据字典。与系统规划阶段的初步调查不同,详细调查的目的在于设计新系统。因为新系统要建立在现实组织中,要在原信息系统的基础上建设,没有对企业,特别是企业中现存信息系统的详细调查、深入了解,新系统将无从设计或设计不良。详细调查的内容应当比初步调查更广泛、更深入细致。

这个阶段是整个系统建设的关键阶段,解决了系统"做什么"的问题,这一阶段的总结性成果是系统分析报告。系统分析报告既要准确又要通俗易懂,用户通过报告可以了解新系统的功能,判断其是否是自己所要求的系统,同时,系统分析报告还是下一阶段的工作依据,也是将来验收系统的重要依据。

3. 系统设计阶段

系统设计阶段的主要任务是根据系统分析报告中所规定的功能要求,结合计算机的具体配置设计各个组成部分在计算机上的具体实现,即设计一个具体的计算机处理系统。系统设计阶段解决了系统"怎么做"的问题。系统设计分为总体设计和详细设计。总体设计阶段的主要任务是完成对系统总体结构和基本框架的设计,主要包括将系统划分为模块;决定每个模块的功能;决定每个模块的调用关系和模块的界面。详细设计阶段的主要任务是在总体设计的基础上,将方案进一步细化,给出开发系统时应该如何去做和怎样去做的具体细节,主要包括编码设计与数据库设计、输入/输出界面(人机界面)设计、网络设计和处理过程设计等。所有这些设计的图表、说明等构成新系统的系统物理设计文档,称为系统设计说明书。系统设计说明书是系统设计阶段的总结性成果,是系统实施的依据。

4. 系统实施阶段

系统实施阶段的主要任务是在系统设计方案的基础上进行系统实现的具体工作。系统实施阶段包括计算机等设备的采购和安装、程序的编写、数据文件的转换和录入、人员培训、系统的测试、系统的调试和转换等。这个阶段的工作量比较大,相互联系、相互制约的任务同时展开,必须周密计划、统筹调度和协调,才能保证系统开发的顺利进行。这一阶段的总结性成果是实施进度报告、测试报告、调试报告以及系统使用说明书。

5. 系统运行与维护阶段

管理信息系统的运行与维护阶段是系统开发工作的延续。系统运行阶段的主要任务包括：信息系统的日常管理、系统资源的管理、系统安全与保密等。系统维护阶段的主要任务包括：硬件维护、软件维护和数据维护等。

新系统经过一段时间的试运行，要评价系统开发的质量。不过 MIS 生命周期的每一个阶段结束后，都应该进行阶段性评价，如果发现问题应及时改正，如果是属于前面阶段的问题，应该返回到前面相应阶段做出修正。所以，系统开发是一个不断前进、不断反复的过程。这一阶段的总结性成果是系统评价报告。

通过以上五个阶段的工作，新系统正式代替旧系统开始工作。在新系统运行过程中，若运行结果良好，则管理部门可以应用新系统指导企业的生产经营活动。由于系统的环境是不断变化的，为了适应环境的变化，需要对新系统不断地进行少量的修改、维护或者局部调整，使其符合用户的需求。但是，如果出现了不可调和的大问题（这种情况一般是系统运行了若干年后，系统运行的环境已经发生了根本的变化时才可能出现），整个系统运行到不再适合系统的总目标时，用户将会进一步提出开发新系统的要求，于是，旧系统的生命周期结束了，又将进行新一轮的系统开发工作，另一个新系统的生命周期又开始了，新系统即将诞生。结构化生命周期法的开发过程如图 2.3 所示。

以上五个阶段构成了管理信息系统开发的生命周期。在系统开发的这五个阶段中，系统分析是最关键的一个阶段，这一阶段所建立的新系统逻辑模型是新系统开发的重要依据。系统实施阶段是耗时最长、工作量最大，投入人力、财力、物力最多的一个阶段。

2.2.4 结构化生命周期法的优缺点及适用场合

结构化生命周期法是在对传统开发方法继承和批判的基础上，通过不断地探索和努力而形成的一种结构化开发方法。

1. 结构化生命周期法的优点

结构化生命周期法的优点主要体现在：

（1）系统开发的整体性和全局性。整体思路清晰，能够从全局出发进行具体的系统分析和系统设计工作，即"自顶向下"地进行系统分析和设计，可以减少返工，有利于提高系统开发质量。另外，在系统分析时，可以诊断出原系统中存在的问题和结构上的缺陷，这一点是其他系统开发方法难以做到的。

（2）严格区分工作阶段。强调按照结构化生命周期法的五个阶段一步步、严格地进行系统开发工作，每一步工作都要及时总结、及时反馈以及对发现的问题及时纠正，每一阶段都要形成标准化的阶段性成果，每一阶段的工作成果都将成为下一阶段的工作依据，有利于系统开发的总体管理和控制。

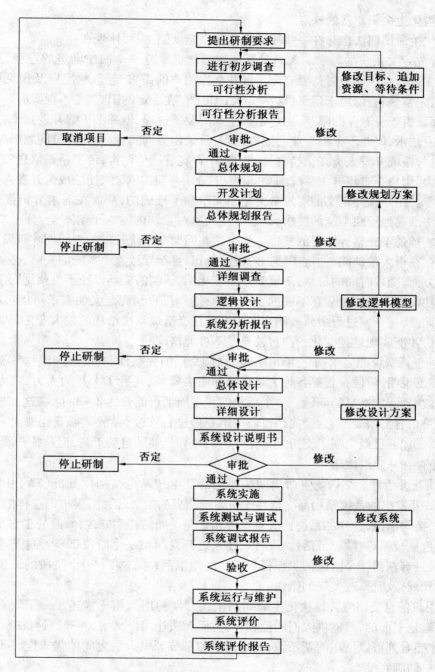

图 2.3　结构化生命周期法的开发过程

2. 结构化生命周期法的缺点

结构化生命周期法也存在一些薄弱环节甚至是缺陷,主要体现在:

(1)预先定义用户的需求。人们对新事物的认识要有一个循序渐进的过程,这种方法要求开发者在进行系统调查时就要充分了解并掌握用户的需求、管理状况以及预见可能发生的变化,做出完整、精确的需求定义,这在实际工作中存在一定的困难,是不现实的。

一方面,由于受专业的限制,用户了解企业的业务过程,但并不了解开发技术;系统开发人员了解开发技术,但并不了解企业的业务过程,只是作为询问者、顾问以及问题解决者的作用。这样,用户与系统开发人员在交换意见的过程中存在着通信鸿沟,传递错误信息和发生误解的可能性极大,用户很难将有关系统的功能用清晰的语言加以阐述,使之成为开发人员能够理解的具体细节。用户预先定义的需求常常是不完整和不准确的,从而在需求分析报告和系统说明书中无法准确地反映系统的需求,导致开发人员对系统的需求了解不全、分析不透、对系统的逻辑功能描述不完整等情况的发生。如果这些问题在系统开发的中后期才被发现,那么,新系统将会存在很大的缺陷,加重了维护阶段的负担,甚至导致整个系统的失败,必须重新开发。

另一方面,随着时间的推移,环境是不断变化的,体制的变动以及不可预见因素的作用,系统本身的功能需求可能也处在不断的变化之中,使得用户预先定义的需求可能过时,然而,按照生命周期法,在开发过程中修改用户的需求往往会造成系统结构的较大变化,从而需要付出很大的代价才能实现这种变化,有时,甚至是不可能修改的。

(2)过于耗费资源。结构化生命周期法强调文档的完整性和标准性,编写数据流程图、数据字典、加工说明、阶段报告等各种大量文档和图表资料,耗费了大量的人力、物力和时间,有时会造成效率低、成本高的问题。一个项目的开发周期可能长达2~3年,在这么长的时间里,信息需求是很容易改变的,这套文档也需要不断地进行修改,必然又需要耗费大量的人力、物力和时间。虽然,已经出现了支持结构化分析的计算机辅助自动工具,但系统开发人员要想熟练掌握,还存在一定的困难。

(3)缺乏灵活性。结构化生命周期法使用的基本技术是结构化分析(SA)和结构化设计(SD)技术,开发出的系统结构高度依赖于对系统边界的定义,因此,很难把这样的系统扩展到新的边界,换句话说,这样的系统比较难修改和扩充。如果必须修改,修改的工作量很大,具体实施起来也比较困难,缺乏灵活性。所以,在系统开发的每一个阶段都要经过严格的论证、审查和鉴定,只有在前一个阶段的工作得到满意的结果后,才开始下一个阶段的开发工作,并且及时调整计划,及时修改发现的错误。

(4)用户信息反馈慢。结构化生命周期法在开发初期为用户描述了一个新系统的模型,但这个模型是书面的,只能供人们阅读和讨论,而无法让用户试用。一般只有在系统开发结束时,用户才能看到可以使用的新系统,一旦用户和系统开发人员之间的需求定义不明确,将大大降低用户的满意度。

3. 结构化生命周期法的适用场合

结构化生命周期法主要适用于开发大型系统或系统开发缺乏经验的情况。对于小型系统、信息需求不明确的系统、结构化程度比较低的系统等则需要采用其他的开发方法。

综上所述,结构化生命周期法是有效的,但和其他系统开发方法一样并不是完美无缺的。我们应该领会结构化生命周期法的基本思想,结合实际开发过程的特点和差异进行灵活运用,才能更好地完成系统开发的任务。

2.2.5 应用结构化生命周期法开发网上书店系统

网上书店系统的开发采用结构化生命周期法,经历系统规划、系统分析、系统设计、系统实施、系统运行与维护五个阶段。

1. 系统规划阶段

系统建立的目的和意义:电子商务的快速发展以及上网人数的剧增,为企业创造了更多的网络商机。因此,开发电子商务网上书店购物系统具有重要的现实意义。

网上书店系统的战略目标:

(1) 降低企业的运营成本。

(2) 突破商务往来的时间和空间限制,提高通信速度。

(3) 突出图书商品本身的优越性,增强企业的竞争力。

(4) 提高客户购物的积极性,加强信息交流。

可行性研究:从经济可行性、技术可行性、运行可行性三方面进行研究。

开发顺序:先开发前台购书子系统,再进行后台管理子系统和数据库的开发。

开发计划:预计用半年的时间完成。

2. 系统分析阶段

在对网上书店系统的组织结构和功能进行初步分析后,需从一个实际业务流程的角度将系统调查中有关该业务流程的资料都串接起来做进一步分析,画出业务流程图,如购物车的业务流程图等。把数据在信息系统中的流动过程抽象出来,用来专门考虑业务处理中的数据处理模式,画出购物车的数据流程图,建立新系统的逻辑模型,最后写出系统分析报告。

3. 系统设计阶段

首先进行网上书店系统的总体结构设计,将整个系统分成两大模块,即用户使用的前台购物系统和管理员使用的后台管理系统,再将这两个部分划分为若干个小模块,如用户注册、商品查询、在线购物、商品管理、订单管理和用户管理等。接着进行系统数据库设计,包括数据库的需求分析、概念结构设计、逻辑结构设计,以及访问数据库的操作步骤等内容。最后进行了系统的开发环境设计,即系统运行的软硬件环境配置等,为下一步网站系统的实现奠定坚实的基础。

4. 系统实施阶段

首先进行系统前台功能模块的实现,包括用户注册、登录、商品查询、购物车、生成订单等;接着进行系统后台功能模块的详细设计与实现,包括管理员注册、登录、商品管理、订单管理和用户管理等;然后进行网上书店系统的测试,进行单元测试、组装测试、确认测试和系统测试等内容;最后写出系统使用说明书。

5. 系统运行与维护阶段

在电子商务逐渐成为人类社会进行商务活动新模式的同时,安全性问题也已逐步成为人们广为关注的焦点,在网上书店系统运行过程中应使用多种安全技术,包括防火墙技术、权限设置技术、加密技术和数字签名技术等,从而为电子商务网上书店系统的安全提供策略和技术支持。

2.3 原 型 法

结构化生命周期法虽然能够在许多信息系统的开发工作中取得较好的效果,但是当人们对信息的需求日益提高,涉及的问题日益复杂时,运用结构化生命周期法就常常会遇到一些难以解决的问题。例如,用户要求难以在项目开始时就明确地提出,决策涉及的模型或模式不确定,随机要求类型多、范围广等。这些因素在决策支持系统、办公信息系统中尤为明显,工作阶段的明确划分难以实现,需要在开发过程中反复地进行有关的各类活动,原型法就是在这样的背景下应运而生的。

原型法是 20 世纪 80 年代随着计算机软件技术的发展,尤其是在关系数据库系统 RDBS (Relational Database Systems)、第 4 代程序设计语言 4GL 和各种系统开发生成环境产生的基础上,提出的一种从设计思想、手段、工具都全新的系统开发方法。快速原型法突出一个"快"字。采用结构化生命周期法作系统分析时要反复和用户讨论,这种讨论费时费力,而且终究是"纸上谈兵",原型法则是"真枪实弹",能够使用户立刻与想象中的目标系统作出比较。开发人员向用户提供一个"样品",用户迅速向开发人员作出反馈,这就是原型法的优越性。原型法一经问世,就立即受到广泛的重视,并迅速得以推广。

2.3.1 原型法的基本思想

原型法的基本思想是:根据用户的需求,由用户、开发人员和系统分析设计人员通力合作,在软件开发环境的支持下,定义出系统的最基本需求和主要功能,短期内构造出一个可以初步满足用户要求的低成本的简易原型系统,提供给用户试用。在试用过程中由开发者与用户通过双方沟通思想、交换意见、反复评价来不断改进、扩充和完善下一原型系统,直到最终形成用户满意的实际系统。原型法的系统开发是一个分析、设计、实施、运行、评价多次重复、不断演进的过程。

2.3.2 原型法的开发过程

原型法的开发过程是：针对用户的初步需求，先开发一个原型让用户试用，然后根据用户试用情况的反馈意见，对原型进行不断修改，使其逐步接近并最终达到开发目标。原型法实质上是一种迭代的、循环型的开发方法。

用原型法开发信息系统可以分为以下四个步骤：

1. 确定用户的基本需求

在很短的时间内调查并确定用户对系统的基本需求和主要功能，这时的需求可能是不完全的、粗糙的，但也是最基本的，开发者根据用户的要求来确定系统的范围和功能、数据规范、结果格式、人-机界面等。

2. 构造初始原型系统

开发者根据用户基本需求选择适当的开发工具快速构造一个应用系统的初始原型，并交付原型的基本功能和有关屏幕画面。

3. 运行、评价原型系统

原型框架构造完成之后，开发人员和用户立即试用原型，检查并分析实际运行情况。由于构造原型强调的是快速，省略了许多细节，因此，必须在试用过程中发现各种不合理的部分，并提出改进意见。

4. 修正和改进原型系统

开发人员与用户进行沟通，根据用户试用及提出的问题，与用户共同研究确定修改原型的方案，尤其是对用户不满意的地方进行认真修改，经过修改和完善得到新的原型。然后再试用、评价、再修改完善，多次反复一直到满意为止。

原型法的开发是一个循环的、不断修改完善的过程，其开发流程如图 2.4 所示。

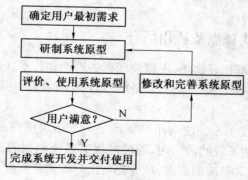

图 2.4 原型法开发流程

2.3.3 原型法的支持环境

原型法要求快速地构造出一个原型系统,要想实现快速构造,必须有一个强有力的软件支持环境作为基础。一般该方法所需要的软件支持环境有:

1. 方便灵活的数据库管理系统

数据库管理系统使文件的设计、数据的存储和查询更为方便,并简化了程序开发。

2. 超高级语言

一套高级的软件工具用以支持结构化程序,并且允许采用交互的方式迅速地进行书写和维护,产生任意程序语言的模块。例如,第四代语言,他面向结果而不是面向过程,交互性能强,可以减轻复杂的编码过程。

3. 集成化的数据字典

与 RDBS 相对应的,用来保存所有有关的系统实体(例如,数据元素、程序、屏幕格式、报告等)的定义和控制信息,可以辅助生成系统的某些部件。

4. 报告生成器

报告生成器与数据字典融为一体,允许原型开发人员使用非过程化的语言,快速生成自由格式的用户报表。

5. 屏幕格式生成器

能够快速建成用户所需的屏幕格式。

6. 自动文档编写机制

自动文档编写机制与数据字典相联系,随着原型化开发的进行,能够自动保存和维护所产生的文档。

在原型化方法中,开发环境的集成化是相当重要的。一体化的开发环境,使得高效率的原型开发成为可能。

2.3.4 原型法的优缺点及适用场合

原型法从原理到流程都比较简单,不需要深奥的理论和技术,因此受到系统开发人员的推崇。与结构化生命周期法相比,原型法有自身的特点,也存在某些局限性。

1. 原型法的优点

(1)提高用户的满意度。原型法向用户展示了一个活灵活现的原型系统,供用户使用和修改,当用户并不确定初始系统的需求时,通过对现实系统模型的试用,原型系统的直观性使用户能更准确地提出自己对系统的要求,从而提高用户的满意程度。

(2)改进了用户和系统开发人员之间的信息交流方式。原型法的开发过程是一个循环往复、螺旋上升的过程,更加符合人们对事物发展的认识规律。开始时,系统开发人员和用户对系统功能要求的认识是不完整的、不准确的。通过建立原型、试用原型、修改原型的迭代过程,设计者以原型为媒介,及时取得来自用户的反馈信息,直接而又及时地发现问题,反复修正、完善系统,确保用户的需求得到较好的满足。采用原型法后,用户和系统开发人员之间的沟通更加紧密、更加频繁,彼此之间减少了误解和答非所问的可能性,开发设计的错误必然大大减少。

(3)开发风险降低。首先,采用原型法开发系统时,用户和系统开发人员之间需要不断地沟通,只有用户和系统开发人员意见一致时,才能继续开发最终系统,最终开发出的系统更符合用户的要求,因此降低了开发风险。其次,通过对原型系统的试用,能够及早地暴露出系统实现后存在的问题,促使系统开发人员在系统实现之前就及时解决,降低了开发风险。

(4)减少用户培训时间,简化了管理。由于用户在审查评价原型时就已经在逐步学习系统的使用,所以会大大减少对于新系统的培训时间。

(5)缩短开发周期,降低开发成本。充分利用了最新的软件工具,减少了大量重复的文档编制时间,使系统开发的周期缩短、费用减少,效率、技术等方面都大幅提高。

2. 原型法的缺点

(1)开发工具要求高。原型法需要有一个合适的软件开发环境和一套高级软件工具的支持,否则开发工作量太大、成本太高,就失去了使用原型法的意义。应该说,开发工具水平的高低是原型法能否顺利实现的第一要素。

(2)解决复杂系统和大型系统很困难。利用原型法解决复杂系统和大型系统时,由于反复次数多必然引起周期长、成本高的问题。另一方面,对于大型系统,如果不经过系统分析来进行整体划分,直接用屏幕来模拟用户的业务活动是很困难的。

(3)文档编写和测试工作常常被忽略。原型法开发系统需要不断地进行修改、完善,因此常常忽略文档的编写工作。缺乏完整、有效的文档会给系统运行后的维护工作带来很大困难。另外,原型法需要用户不断地试用,因此,系统的测试工作常常是由用户来完成,这使得测试工作进行得不彻底,可能会给系统今后的运行留下隐患。

3. 原型法的适用场合

(1)用户需求不清、规模小、不太复杂的小型系统。

(2)与结构化生命周期法结合使用。整体上采用结构化生命周期法,局部的功能独立的模块采用原型法。

(3)具有系统开发经验的人员采用。

原型法不适合开发大型系统、批处理系统、含有复杂逻辑处理功能的系统、含有大量计算的系统。

2.4 面向对象方法

为了提高软件的稳定性、可修改性和可重用性,人们在实践中逐渐创造出一种系统开发的新方法:面向对象方法。

2.4.1 面向对象方法概述

面向对象方法是以对象为基础,把数据和过程包装成对象,是一种综合性的系统开发方法,也是目前研究讨论的热点。

1. 传统的系统开发方法存在的问题

结构化生命周期法和原型法是两种最常用的信息系统开发方法。但不管采用哪种方法,其基本的开发模式可以分为两大类:结构化模式和面向对象模式。结构化程序设计模式使面向过程的程序设计方法更加标准化、规范化,但是也存在一些缺陷,包括问题空间和求解空间的不一致、系统分析到系统设计转换困难、分别建立处理模型和数据模型等。所以,使用结构化方法只能从系统功能的角度划分程序模块,不能按客观实体对程序模块进行划分,这无疑增加了程序设计的难度和复杂性。

因此,在这一节里,我们将详细介绍另一种系统开发模式:面向对象模式。

2. 面向对象方法的产生和发展

面向对象的概念起源于挪威的 K. Nyguard 等人开发的模拟离散事件的程序设计语言 Simula 67。随后,美国加州的 Xerox 研究中心推出的 SmallTalk-76 和 SmallTalk-80 语言,使面向对象的程序设计方法得到了比较完善的实现。面向对象编程成为图形用户界面软件和运行在客户机-服务器计算机硬件平台上的软件的主要编程策略。面向对象的方法正是起源于面向对象的程序设计语言。20世纪80年代,人们开始尝试在系统开发的整个生命周期中使用面向对象的分析、面向对象的方法和技术。1988年,Shlaer 和 Mellof 首次在其编写的《面向对象的系统分析》一书中提出使用 ER 模型来捕捉用户的需求信息。1991年,Coad 和 Yourdon 在《面向对象的分析》一书中提出使用 OOA 方法来表达结构的行为和交互的信息。同年,Rumbaugh 等人提出了一个用于系统分析和系统设计的面向对象的建模技术,使用三种模型来描述一个系统:对象模型、动态模型和功能模型。1992年,Embley 等人又提出了面向对象的系统分析方法,包括三种模型:对象模型、行为模型和对象交互模型。

近几年,面向对象方法的研究已经遍及软件系统的各个领域,面向对象的程序设计语言、面向对象的数据库管理系统、面向对象的系统分析方法、面向对象的程序设计方法、面向对象的操作系统等层出不穷。面向对象方法将成为21世纪管理信息系统的重要开发方法之一。

2.4.2 面向对象方法的基本思想

面向对象方法是一种集分析、设计、思维和程序设计于一体的方法,其追求的基本目标是使分析、设计和实现一个系统的方法尽可能接近人们认识一个系统的方法,也就是使描述问题的问题空间和解决问题的方法在结构上尽可能一致。

面向对象方法的基本思想是:对问题空间进行自然分割,以便更加接近人类的思维方式;建立问题域模型,以便对客观实体进行结构模拟和行为模拟,从而使设计的软件尽可能直接地描述现实世界；构造模块化、可重用、维护性好的软件，并能够控制软件的复杂性和降低开发维护费用。面向对象方法强调以问题域中的事物为中心来思考问题、认识问题，并根据这些事物的本质特征，确定问题域中的对象成分及其关系。建立系统对象模型，是面向对象分析与设计过程中的核心问题。

2.4.3 面向对象方法的基本概念

面向对象是认识客观世界、模拟客观世界的一种方法论。人们在认识和模拟客观世界的过程中，普遍运用以下三个构造方式：

①区分对象及其属性。
②区分整体对象及其组成部分。
③不同对象类的形成及区分。

因此，客观世界可以看成是由许多不同种类的对象构成，每个对象都有自己的内部状态和运动规律，不同对象之间的相互联系和相互作用构成了完整的客观世界。面向对象方法是一种开发信息系统的新方法，引入了许多新的概念，下面分别予以介绍。

1. 对象

对象是现实世界中具有相同属性、服从相同规则的一系列事物的抽象，即相似事物的抽象化。其中的具体事物成为对象的实例。从计算机的角度看，对象是把数据（即对象的属性）和对该数据的操作（即对象的行为）封装在一个计算单位中的运行实体；从程序设计者角度看，对象是一个高内聚的程序模块；从用户角度看，对象为他们提供所希望的行为。

对象可以是具体的，如一本书、一支笔；也可以是抽象的，如一种方法、一种思路。客观世界中任何有确定边界、可触摸、可感知的事物，以及某种可思考或可认识的概念均可认为是对象。例如，学生、教师都是对象。每个对象都有其自身的属性，例如，学生有学号、性别、年龄、专业、成绩等属性。对象的属性值可因施加于该对象上的行为动作而变更。例如，根据学生升留级的情况，改变学生的年级属性值。

2. 类

类是具有相同属性和相同行为描述的一组对象的集合。在一个类中，每个对象都是类的一个实例。同类的对象具有相同的方法集。类还有父类和子类之分。父类是高层次的类，表达共性；子类是低层次的类，表达个性。一个父类可以派生出多个子类。子类通过继承获得父类的属性和操作。例如，电视机、电话、计算机等都是电子产品，电子产品类可以定义为父类，电视机、电话、计算机类可以定义为电子产品类的子类，子类不但可以继承父类的所有属性和操作，还可以扩充自己的属性和操作。例如，电子产品类具有型号、价格、颜色等属性，计算机不但继承了这些属性，还扩充了自己的属性：硬盘容量、内存大小等。如果子类只有一个父类，则称为单继承性；如果一个子类具有多个父类，则称为多继承性，这时子类共享多个父类的属性及操作。

3. 继承

继承是面向对象描述类之间相似性的重要机制。现实世界中大量的实体之间都存在一定程度的相似性,最大程度地利用实体之间的相似性可以简化人们对事物的认识和描述。子类可以从父类,直至祖先那里继承方法和属性。利用继承,只要在原有类的基础上修改、增补、删减少量的数据和方法,就可以得到子类,然后生成不同的对象实例。例如,我们在认识了汽车的特征之后,在考虑客车时只要知道客车也是一种汽车这个事实,理所当然地具有汽车的全部特征,只要把精力全部用于发现和描述客车独有的那些特征即可。

继承具有传递性,父类衍生子类时,父类的操作接口、共享程序代码、数据结构都可以传递给子类,从而大大减少了程序中的冗余信息。继承性使得用户在开发新系统时不必从头开始,可以继承原有相似系统的功能或者从类库中选取需要的类,再派生出新的类以实现所需要的功能。因此,继承最主要的优点在于支持重用,一是减少代码冗余;二是通过协调性减少相互之间的接口和界面。

4. 消息

在面向对象的系统中,各个对象之间的相互协作是通过发送消息来完成的,我们称这样的实现机制为"消息传递"机制。在消息传递过程中,发送消息的对象请求接收消息的对象执行某一处理或提供某些信息等一系列的操作,接收消息的对象在执行相应的处理或提供某些信息时,如果需要,也可以通过消息请求其他对象处理某些工作或提供某些信息,其他对象也可以通过消息与别的对象相联系。所传递的消息实质上是接收消息对象所具有的操作名称、参数。因此,系统可以看做一个彼此通过传递消息而相互作用的对象集合,各个对象之间通过消息的传递来支持程序的执行。

5. 封装

封装是一种信息隐藏技术,就是将事物包裹起来,使外界不知道其实际内容。在程序设计中,封装是将一个实体的属性(数据)和操作(程序代码)集成为一个对象整体。对象内部的操作方法和结构受到封装壳的保护,对用户都是隐藏的,用户只能看见模块的外部接口,但可以通过调用操作(即程序)来使用对象。封装的目的在于将对象的使用者和对象的设计者分开,使用者不必知道行为实现的具体细节,只需使用设计者提供的消息访问对象即可。

我们可以从以下几点来理解对象的封装:

(1)对象具有一个清楚的边界,对象的私有数据、方法的细节被封装在该边界内。

(2)具有一个描述对象与其他对象如何相互作用的接口,该接口必须说明消息传递的使用方法。

(3)对象内部的代码和数据应该受到保护,其他对象不能直接修改。

6. 多态

所谓多态即一个名字具有多种语义。不同对象接收到同一个消息可能产生完全不同的结果。在使用多态的时候,用户可以发送一个通用的消息,而实现的细节则由接收方自行决定。

这样,同一个消息就可以调用不同的方法。例如,一个实数对象和一个复数对象,可以给他们定义不同的数据结构和乘法运算,发送消息"做乘法运算"后,两个对象各自完成自己的乘法运算,从而产生不同的运算结果。多态性使得软件更加灵活,重用性更强。

2.4.4 面向对象方法的开发过程

应用面向对象方法开发系统的主要步骤如下:

1. 系统调查和需求分析

对系统面临的具体管理问题以及用户对系统开发的需求进行调查研究,确定系统的目标。

2. 面向对象分析(OOA)

根据系统的目标,在复杂的现象中抽象地识别出需要的对象及对象的行为、结构、属性等,弄清对象的操作方法,为对象与操作的关系建立接口。

3. 面向对象设计(OOD)

对系统分析阶段的文档资料,进一步抽象、归纳、整理,从而给出对象的现实描述,最后,以范式的形式将其确定下来。

4. 面向对象的程序(OOP)

将设计阶段抽象整理出来的范式形式的对象用面向对象的程序设计语言来实现,形成相应的应用程序软件。

5. 系统运行、维护

系统的日常运行管理、维护与评价工作。

2.4.5 面向对象方法的优缺点及适用场合

1. 面向对象方法的优点

(1) 以对象为中心,把信息和操作封装到对象中,利用特定的软件工具直接完成从对象客体的描述到软件结构间的转换,简化了分析和设计工作,这是最主要的优点。

(2) 对象是从客观事物中抽取出来的,稳定性好,因此,利用面向对象法开发的信息系统具有较强的应变能力,易重复使用、易维护、易改进、易扩充。

(3) 缩短了系统的开发周期,降低了系统的维护费用。

2. 面向对象方法的缺点

(1) 开发工具要求高。和原型法一样,面向对象法需要有一定的软件技术基础作为支持,开发工具水平的高低是面向对象法能否顺利实现的重要因素。

(2) 大型信息系统开发比较困难。对于大型信息系统的开发,不经过自顶向下的整体划分,而是直接采用自底向上的开发方法,容易造成系统结构不合理、整体功能的协调性差、效率低等问题。

3. 面向对象方法的适用场合

多媒体系统和复杂系统。

综上所述,面向对象方法目前还没有比较成熟的规范,需要不断的完善,但其应用范围和领域正在不断扩大,是今后系统开发方法研究的热点。

2.5 计算机辅助软件工程(CASE)

20 世纪 80 年代末期,随着计算机辅助编程工具、第四代语言及绘图工具的迅速发展,产生了计算机辅助软件工程法。计算机辅助软件工程是一种集程序生成技术、图形处理技术、关系数据库技术和各类开发工具为一体的,辅助人们进行系统分析和系统设计的一套软件。

2.5.1 CASE 的基本思想

CASE 只是一种系统开发环境,而不是一种系统开发方法。采用 CASE 工具进行信息系统的开发时,必须结合一种具体的方法,如结构化生命周期法、原型法、面向对象法等,CASE 只是为具体的开发方法提供支持每一过程的专门工具,因此,CASE 工具实际上是把原先由手工完成的开发过程转变为以自动化工具支持的自动化过程。CASE 方法解决问题的基本思路是在前面所介绍的任何一种信息系统开发方法中,如果自系统调查后,系统开发过程中的每一步都可以在一定程度上形成对应关系,那么就完全可以借助于专门研制的软件工具来实现上述一个个的系统开发过程。

CASE 的目的是使开发支持工具与开发方法学统一结合起来,通过实现分析、设计与程序开发、维护的自动化,提高管理信息系统开发的效率和质量,实现管理信息系统开发的自动化。

2.5.2 CASE 的环境介绍

CASE 是一个以 CASE 库为中心外加若干工具软件所构成的一个大型综合的计算机辅助开发环境。

1. CASE 库及其结构

CASE 库的结构如图 2.5 所示。

CASE 库是一个分布式、多用户的资料库,可以辅助系统开发人员对系统开发中的信息进行收集、整理、存储等操作,如定义数据、决策处理、功能设计等。

CASE 支持以 Windows 标准建立的图形方式多窗口的平台开发,即 CASE 设计器,用户在这个平台上可以开发设计如功能层次图、矩阵图、实体关系图等生成工具。

CASE 支持系统规划和系统分析阶段的工作,如战略规划、功能分析、各种需求分析工具、数据定义与数据流程分析等。

CASE 支持由分析设计各部分向建立和维护应用系统的机器自动转换的过程,直至实际

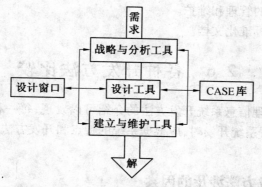

图 2.5 CASE 库的结构

问题的最后求解。

2. CASE 工具

CASE 采用的软件工具主要有:查询语言、报表生成器、图形、图表工具、专用检测工具、应用软件包等。目前,CASE 中集成了多种软件工具。

软件工具是为了提高系统开发效率和减轻开发人员的劳动强度而设计的软件。软件工具涉及的面很宽,种类很多,主要分为五大类:

(1)软件需求分析工具。用一种与自然语言接近的语言描述需求分析的文档和相关图形(如数据流程图),如问题描述语言 PSL、问题分析器 PSA 等。

(2)软件设计工具。

①图形、表格语言的描述工具,如结构图、判定树、判定表、IPO 图等。

②转换与变换工具,如程序设计语言 PDL,可以实现算法描述到接近可执行代码的描述转换。

(3)软件编码工具。软件编码工具是软件开发的主要工具,如各种高级语言编译器、解释器、汇编程序、编辑连接程序等。

(4)软件测试和验收工具,如程序评测系统 PET、静态分析程序 DAVE 等。

(5)软件维护工具,如 PERT,TSN,GANTT 图等。

2.5.3 CASE 方法的特点

与其他管理信息系统开发方法相比,CASE 方法具有下列特点:
①解决了从客观世界对象到软件系统的直接影射,支持系统开发的全过程。
②自动检测的方法大大提高了软件的质量。
③软件的各部分可以重复使用。
④简化了分析设计图表和程序编写工作。
⑤加速了系统开发过程且系统功能比较完善。

⑥简化了软件开发的管理和维护。
⑦自动生成统一的标准化文档。

2.6 各种开发方法比较

通过以上几节对管理信息系统开发方法的介绍可以发现，每一种开发方法都有自己的优缺点和适用场合，在进行系统开发时，应根据系统的特点和开发方法的特点来选择适合的开发方法。

2.6.1 选择开发方法涉及的因素

开发方法选择涉及的因素很多，主要因素包括：

1. 系统应用的特点

系统需求、系统的应用类型、系统的难点和复杂性等。

2. 开发方法的特点

各种开发方法的优缺点、适用场合、应用的假设条件等。

3. 可利用的资源

①人力资源：系统开发人员的水平和情况、用户的水平和情况。
②时间、资金等方面的约束条件。
③CASE工具的应用。

2.6.2 选择开发方法的原则

选择开发方法的原则是使开发方法的特点与系统的应用相匹配。

1. 结构化生命周期法

结构化生命周期法能够辅助用户理顺原有的业务，分析其中的问题和漏洞，严格地对系统的开发阶段进行划分，全面支持整个系统的开发过程。当用户可以明确地提出对系统的需求，并且这种需求在相当长一段时间内保持稳定时，可以采用结构化生命周期法。

但是，需求本身具有模糊性，这种模糊性否定了需求的明确性。因此，这种方法把一个充满回溯的开发过程加以线性化并硬性割裂，夸大了系统目的的明确性，而忽视了系统的动态开放性。其次，由于结构化生命周期采用分阶段开发的方法，系统分析员在完成了功能需求定义后，就交给后续人员去工作，后续人员以完成功能为主要目标，往往使得各功能模块之间联系复杂，最终实现模型与人工系统模型在结构上有很大差别，不利于理解和维护。再次，结构化生命周期法开发系统周期比较长，效率低，按目前国内开发效率统计，开发一个企业完整的信息系统常常需要两年多时间，然而，实践表明，一个系统的开发时间如果超过半年，其应用效果就要大打折扣了。

结构化生命周期法多用于开发大型系统。

2. 原型法

原型法通过快速确定模拟原型并对原型不断地讨论和修改，最终建立一个达到用户满意的现实系统。这种方法能适应企业的工作方式。当用户无法明确、全面地提出对系统的需求，系统分析员由于对用户的业务不熟悉也很难定义用户的需求时，可以采用原型法。

然而，原型是局部的，这样就难以符合 MIS 的整体特性；同时，由于实际工作中用户和系统开发人员存在沟通障碍、用户缺乏需求快速生成工具，使得系统建设计划执行困难，无法满足 MIS 时效性的要求；此外，对于基础管理不够完善的企业，系统建设容易走上机械地模拟原来手工系统的轨道，这样就不能体现 MIS 改进企业管理的特性。

原型法多用于开发用户需求不清、规模小、不太复杂的小型系统或处理过程比较简单的系统从设计到实现的环节。

3. 面向对象法

面向对象法利用工具围绕对象进行系统开发。这种方法可以普遍适用于各类信息系统的开发，但无法完成系统规划阶段的工作。

原型法还没有达到实用的阶段，根本原因是客观世界的对象五花八门，难于抽象；而且纯面向对象的模型不能满足软件系统的要求，实际上有许多模块是一些函数型模块、进程模块、数据编码处理等，难以统一成对象，这样实用性就较差；其次，这种方法也需要一定的软件工具作为支持；另外，在大型的 MIS 建设中如果不经过自顶向下地整体划分，而是一开始就自底向上地采用面向对象法开发系统，将会造成 MIS 整体结构差。

当企业的系统处在复杂多变的环境中，功能和数据类型庞大、复杂、不稳定时，可以采用面向对象法。

4. 计算机辅助软件工程法

计算机辅助软件工程法为结构化生命周期法、原型法、面向对象法等提供系统开发环境，利用 CASE 工具实现高度自动化。面向对象法可以普遍适用于各类信息系统的开发，但无法完成系统调查阶段的工作。

目前，CASE 还是一个发展中的概念，"未能成为当初指望的包治百病的灵药"，虽然有一些 CASE 产品已经出现，如 DEC 公司的集成化 CASE(Digital Cohesion CASE)和 ORACLE 公司的 CASE(Oracle CASE & Method)等，但还没有一个统一的格式，而且适用面有限，无法全面支持整个 MIS 开发的全过程。CASE 产品仍以专用的工具和目标适中的系统为主，那种通用的集成化环境仍难以实用，更难以商品化。

上述对信息系统开发方法的分类并不是严格的分类，在实际的系统开发中，常常根据具体情况将几种方法综合使用。例如，在需求分析时采用原型法，在系统分析和系统设计时使用面向对象的分析和设计方法，在系统实施中使用结构化生命周期法等。又如，在用结构化生命周期法开发大型系统时，可能部分采用原型法，在用计算机辅助软件工程法开发信息系统时，可能在系统分析时采用结构化生命周期法。在使用不止一种方法时,要特别注意不同方法之间的转换和衔接。

可以说,结构化生命周期法是最成熟的一种系统开发方法,能够真正支持系统的整个开发过程,其他方法虽然也有很多优点,但只能作为结构化生命周期法在局部开发环节上的补充,目前还不能代替结构化生命周期法在信息系统开发过程中的主导地位,尤其是在占目前系统开发工作量最大的系统调查和系统分析这两个重要环节。

本书着重讨论结构化生命周期法的原理及应用,但鼓励读者用自己熟知的开发工具,结合其他方法大胆进行实践,达到学以致用的目的。

2.7 开发策略与开发方式

管理信息系统的开发是一个复杂的系统工程,涉及组织的管理模式、业务流程、数据处理、计算机的应用等各个方面。系统开发成功与否,很大程度取决于系统开发人员根据自己的经验和水平选择不同的开发方法、开发技术和开发途径。本节将着重介绍常用的开发策略和开发方式。

2.7.1 管理信息系统的开发策略

管理信息系统的开发策略是指能根据企业应用的实际情况选择合适的方法,采用正确的方式和技术手段来建设系统,使其具有恰当的目标,能动员企业各方面的力量,组织各方面的管理人员和技术人员参与到系统建设中去,保证系统建设的顺利进行。

常用的管理信息系统的开发策略有"自顶向下"的开发策略、"自底向上"的开发策略和两者结合的综合开发策略。

1. "自顶向下"的开发策略

"自顶向下"开发策略的基本思想是:从整体上协调和规划,由全面到局部、由长远到近期,从探索合理的信息流出发来设计信息系统。

"自顶向下"开发策略首先分析系统的目标、环境、资源和约束条件,确定各项主要业务的处理功能和决策功能,确定每一种功能所需要的输入、输出、数据存储等。然后,对子系统的功能模块和数据进一步分解,根据需要确定子系统的优先开发顺序。

"自顶向下"开发策略的优点是运用模块分解的方法划分各个子系统及其功能,整体性较强。缺点是由于工作量太大导致开发周期长、费用高。

2. "自底向上"的开发策略

"自底向上"开发策略的基本思想是:从业务系统开始,先实现每个基本功能(即数据处理功能),然后逐步向高级建设(即增加管理/控制功能)推进。

"自底向上"开发策略首先分析和设计系统的各个子系统,如库存控制、工资计算等,然后将不同的功能和数据综合起来进行上一层系统的分析和设计,一直到实现系统的总目标。

"自底向上"开发策略的优点是可以根据资源情况逐步满足用户要求,边实施边见效。缺点是由于在分析设计子系统时不能充分地考虑总目标,所以在分析设计上层系统时又要反过来对下层系统的功能和数据作较大的修改,导致上下层之间的功能和数据矛盾、冗余,造成返工。

两种开发策略优缺点的对比如表2.1所示。

表2.1 两种开发策略优缺点的对比

开发策略	优点	缺点	备注
自顶向下	整体性和逻辑性强	复杂、繁琐	
自底向上	能保证最终的系统可以运行(虽然系统性能不一定良好)	缺乏整体优化;开发过程存在大量的重复工作	一般发生在"初装"和"蔓延"阶段

3. 综合方法

将"自顶向下"的开发策略与"自底向上"的开发策略相结合。先用"自顶向下"的策略确定一个管理信息系统的总体方案,再用"自底向上"的策略对具体的业务信息系统进行总体设计。通过以上两种方法的结合,可以对信息系统进行全面的分析,确保系统的完整性和协调性,减少人力、物力、时间的消耗,提高用户的满意度。

2.7.2 管理信息系统的开发方式

管理信息系统的开发方式有多种,每种开发方式各有优缺点,系统开发人员应根据用户的现有资源、技术力量、内外部环境等各种因素进行综合考虑和选择。无论采用哪种开发方式都必须有企业的高层领导和业务人员参加,并在管理信息系统开发的整个过程中培养自己的系统开发人员。

1. 常见的开发方式

管理信息系统的开发方式主要有自行开发、委托开发、合作开发、购买软件包、购买服务等方式。

(1) 自行开发方式。自行开发方式是用户依靠自己的力量独立完成系统开发的各项工作。这种开发方式要求用户具备独立开发系统的基本条件:人力、物力、财力资源充分,技术力量雄厚且领导高度重视。

自行开发方式的优点是可以开发出更加适合用户需求的系统,对系统的维护和扩充比较容易,有利于培养自己的系统开发队伍。缺点是开发人员不具备专业开发队伍的水平和经验,整体优化不够,开发时间长,系统的开发水平不高等。同时,一旦系统开发人员调离本单位,系统的维护工作将无法正常进行。

自行开发方式适合于组织或单位拥有专业的系统开发队伍,如研究所、计算机公司、高科技公司等。

采用自行开发方式时,应注意:

①企业的高层领导实行"一把手"原则。

②向专家或专业开发公司进行技术咨询。

但是,以我国企业目前的情况来看,具备自行开发能力的企业不多,大多数企业选择其他的系统开发方式。

(2)委托开发方式。委托开发方式是由用户(甲方)委托具有丰富开发经验的机构或专业开发人员(乙方),按照用户的需求承担系统开发的工作。甲乙双方就系统的目标与功能、开发的时间与费用、系统标准与验收方式、人员培训等内容签订合同。合同的条款应该细致、明确。

委托开发由于是专门定制,与购买通用化软件相比费用要高很多。开发一个管理信息系统有时需要几万、几十万、几百万甚至上千万。

委托开发的优点是省时、省事,开发出的系统技术水平较高。缺点是费用高,系统对开发单位的依赖性较强,不利于培养自己的系统开发人员,选择开发单位时具有很高的风险性。

委托开发方式适合于甲方没有信息系统开发的专业队伍或开发队伍力量薄弱,但资金比较充足。

采用委托开发方式时,应注意:

①在系统开发过程中要配备甲方精通业务的人员参加。

②整个系统的开发过程中双方要及时沟通,甲方要做好监督、检查和协调的工作。

(3)合作开发方式。合作开发方式是由用户(甲方)和具有丰富开发经验的机构或专业人员(乙方)共同完成系统开发工作,是一种半委托性质的开发工作。

合作开发方式的优点是用户在系统开发的过程中培养了一支自己的开发队伍,方便用户对系统使用和维护。缺点是甲乙双方在合作中的沟通和协调问题。

(4)购买软件包。软件包是预先编制好,能完成一定功能的、可以出售或出租的成套软件系统。当前,软件开发逐步向专业化方向发展。一些专业从事管理信息系统开发的软件公司已经开发出大量功能强大、通用性强的商业化软件包,如财务管理系统、人事管理系统、销售管理系统等。正是由于商业软件包的通用性,无法考虑不同企业的具体情况和特殊的需求,因此,需要根据用户的特殊要求对软件包进行二次开发,用户自己完成二次开发工作难度很大,通常需要软件供应商提供技术上的支持。

购买现成软件包开发方式的优点是缩短开发时间,软件的质量比较高,系统维护可靠等。缺点是软件的通用性比较强,二次开发工作技术难度比较大。

购买现成软件包的开发方式适合于功能单一的小系统。

(5)购买服务。随着市场竞争的加剧,使专注自己的核心业务成为企业最重要的生存法则之一。因此,越来越多的企业采取了购买IT外包服务的措施,有效减低成本、增强了企业的核心竞争力。美国著名的管理学者杜洛克曾预言:"在十年至十五年之内,任何企业中仅做后台支持而不创造营业额的工作都应该外包出去。"做你最擅长的(核心竞争力),其余的外包!(Do what you do best (your core competency) and outsource the rest!)已经成为一种不可逆转的趋势。

企业购买IT外包服务的原因:

①信息技术的广泛性、复杂性决定了企业不可能配备技术很全面的专业人员从事企业自身的IT工作。

②企业自身网络的狭隘性难以留住一流的IT技术人才,造成实际运维人员专业化程度不够,有可能影响企业IT工作的科学性、系统性、经济性。

③企业对自身IT工作人员的专业工作管理很难做到专业IT服务公司对其技术工程师的严格、系统的管理程度。

由于上述原因导致的企业对IT的投入在很大程度上未能得到应有的回报,累计效率损失严重,不能实现对核心业务的有力支援和保障。

购买服务的开发方式适合于信息需求波动比较大的组织或企业,可以降低其在信息技术方面的投资。

"资源外包"是20世纪末发达国家企业信息系统发展的重要趋势。

综上所述,信息系统开发方式的选择应将各种开发方式的优缺点和用户的实际情况相结合,也可以考虑各种开发方法综合使用。五种开发方式的比较如表2.2所示。

表2.2 五种开发方式的比较

方式 特点	自行开发	委托开发	合作开发	购买软件包	购买服务
分析和设计力量的要求	非常需要	不太需要	逐渐培养	少量需要	不需要
编程力量的要求	非常需要	不需要	需要	少量需要	不需要
系统维护的难易	容易	困难	较容易	困难	困难
开发费用	少	多	较少	较少	较少
说明	开发时间较长,但适用,而且可以培养自己的系统开发人员	省事,开发费用多。需要业务人员的密切配合	开发的系统比较适用,但用户必须具有一定的人员参加	要有选择,即使符合单位实际,但仍有部分接口问题	降低企业在信息技术方面的投资,集中精力关注核心业务

2. 选择开发方式的策略

管理信息系统开发方式的选择需要考虑多种因素,表2.3给出了在不同的决策准则下开发方式的选择。

表2.3 选择开发方式的策略

决策准则	适用于开发	适用于购买
企业战略	IT应用或基础结构提供了独有的竞争优势	IT对战略和企业经营提供支持,但不属于战略型IT
核心能力	IT应用维护的知识、人等是企业的核心能力	IT应用维护的知识、人等不是企业的核心能力
信息/流程可靠性与机密程度	信息系统和数据库的内容及流程高度机密	安全方面的故障会带来一些问题,但不至于导致致命后果
寻找合作伙伴的难易	没有值得信赖的合作伙伴能够负责系统建设	能够找到可靠的、称职的、愿意合作的开发单位
实施时间	有充分的时间利用内部资源开发系统,建立基础设施	利用内部资源开发时间太长,不能及时满足需求
实施的难易程度	拥有快速开发信息系统的开发工具	没有用于快速开发信息系统的工具
应用软件或需求方案	信息系统或基础结构具有特殊性	能够找到满足大多数需求的软件及解决方案
成本/效益分析	购买软件产品或服务的成本,以及合作管理的支出超出自行开发的支出	购买软件产品或服务的成本明显低于自行开发的支出
技术演进及复杂性	企业有能力拥有一支专业性开发队伍	企业无力应付迅速变动、日益复杂化的企业技术需求

2.8 小 结

本章主要介绍了管理信息系统的开发方法、开发策略和开发方式。

开发方法包括结构化生命周期法、原型法、面向对象法、计算机辅助软件工程法。其中,结构化生命周期法将系统开发划分为五个阶段:系统规划、系统分析、系统设计、系统实施、系统运行管理与维护,系统开发时严格地按照这五个阶段进行。原型法开发管理信息系统,系统开发人员首先构造一个初步原型,提供给用户、开发人员共同讨论、改进和完善,直到用户满意为止。面向对象法开发系统,开发人员首先要识别问题领域的对象和类,然后建立解决领域的模型,通过这两个阶段的反复与累增,直到满足用户的需求。计算机辅助软件工程法为管理信息系统开发的各种方法提供环境支持。每种开发方法都有各自的优缺点和适用范围。

管理信息系统的开发，根据不同的条件可以采用"自顶向下"、"自底向上"和综合的开发策略，可以选择自行开发、委托开发、合作开发、购买软件包、购买服务等开发方式。

【案例2　国电泰州的信息服务外包】

2006年4月，国电泰州发电有限公司与南京同庆科技有限公司签订了一年的信息系统运营外包与技术支持服务。

同庆公司对国电泰州发电有限公司厂区内的相关IT设施提供专业的IT服务，包括以下部分：

服务方式：

（1）派驻1~2名技术工程师提供24小时的现场技术支持服务。

（2）提供24小时及时响应服务，以全公司技术团队为后盾解决现场突发事件。

（3）提供24小时全方位电话咨询和邮件咨询服务。

服务内容：

（1）桌面系统：个人用户PC机和笔记本Windows操作系统的安装、修复、升级服务。常用PC客户端软件、办公文字处理软件、多媒体软件、图形处理软件、工具软件的安装、卸载、增加、更新，以及在操作使用中出现问题的解决。OFFICE、AUTO CAD软件的使用。PC机、笔记本、打印机、复印机等外围设备的维护、保养和硬件维修。（硬件维修产生的费用另计）。

（2）服务器系统：服务器的安装、调试、运行维护。含操作系统（Windows 2000/2003 Server）的安装、调试、卸除、升级、逻辑功能服务器（如文档服务器、E-mail服务器、MIS数据库服务器）的配置、检查事件日记、磁盘空间和架构管理、服务器灾难恢复服务、数据库备份与恢复服务。

（3）基础网络系统：网络基础设施的维护、故障检修。交换机、路由器和其他网络设备的硬件维护、维修。

（4）网络安全：桌面PC操作系统安全漏洞查找，系统漏洞相应补丁程序的安装，网络防病毒软件的部署和升级，防火墙、入侵检测策略的应用。

在现场支持服务中除了对甲方用户提出的各种报修、故障或求助及时解决外，乙方工程师还提供：

（1）每周对整个IT设施环境内的设备，系统软件进行巡检和运行情况记录分析，提供分析和建议，并提交巡检报告。

（2）负责维护机房环境和设备整洁，每周清扫机房，每季度清洁所有网络系统设备。

（3）主动对各部门的用户的应用情况进行巡检，及时发现和解决问题。

（4）简单的用户软硬件应用知识培训，互动交流，提供用户应用水平。

（5）建立和维护IT设施的运维记录和文档库。

（6）每季度提供IT整体运行状况总结报告。

（7）为确保甲方IT系统顺畅运行的相关建议和方案。

在合同范围之外同庆科技提供了如下服务：

（1）网络建设规划方案建议、参与设计。

（2）IT设备采购方案建议咨询服务。

（3）IT相关信息提供、发布，提供企业工作人员安全意识和减少内部隐患几率。

（4）相关系统软件、应用软件提供服务。

（5）协调第三方实施方进行项目实施等。

通过同庆科技这一年来的外包服务,国电泰州获得了如下几方面问题的解决方案和收益。

企业网络系统故障频率有效的降低和系统利用率有效的提高,其具体原因如下:

(1) 企业全局规划能力的提升:企业在建立局域网或者网络规划时,参考了专业的设计理念和应用规范,使得设备采购和网络建设上更为经济,不会出现冗余、不合理的方案,同时在专业公司的参考建议下往往会获得性价比很高的解决方案,在局部采购相关设备时可通过考虑整体局域网规划进行合理采购。

(2) 网络安全隐患的避免:通过现场常驻人员的日常维护,将数据汇总交回公司分析,通过阶段性的故障分析结合同庆公司在很多外包企业的数据,结合互联网上的信息,往往可以提前发现一些病毒爆发前奏或内部应用方面的隐患并及时处理,实际上泰州电厂的网络在这1年服务期内无任何因为病毒和软件问题的瘫痪故障。

(3) 企业桌面维护的高效性:桌面端故障往往是困扰企业高级IT主管的最大难题,高级主管的工作职责并不是为了处理这些琐碎的故障,而一些IT人员由于知识面和水平的差别也不一定能够完全地处理所有的软件和硬件故障,而外包服务团队中服务工程师都具有很丰富的经验,并由公司定期组织专业培训。

(4) 企业信息化应用开发的提高:因为企业日常琐碎的维护工作已经交给了外包服务人员处理,并得到了及时有效的解决,让企业高级信息主管不再被繁琐的桌面系统和硬件故障所困扰,可以有更多时间去开发网络应用,从而使系统应用不断地得到提升。

案例分析题:

1. 管理信息系统开发方式有哪些?
2. 这个案例运用的是哪种开发方式?
3. 此种开发方式有哪些优缺点?
4. 同庆公司为国电泰州提供哪些IT服务?
5. 国电泰州的收效如何?

【习题2】

1. 系统开发的原则是什么?
2. 结构化生命周期法的基本思想是什么?
3. 结构化生命周期法各阶段的任务是什么?
4. 简述结构化生命周期法的优缺点和适用范围。
5. 原型法的基本思想是什么?
6. 简述原型法的优缺点及适用范围。
7. 原型法需要哪些环境支持?
8. 什么是对象?对象中封装了哪些内容?
9. 面向对象法开发包括哪几个阶段?
10. 在管理信息系统的开发中,为什么说用户参与十分重要?
11. 管理信息系统有几种开发方式?评价其优劣。
12. 管理信息系统的开发策略有哪几种?选择开发策略的主要依据是什么?

第 3 章 系统规划

【本章主要内容】

系统规划是管理信息系统生命周期的第一个阶段,是开发管理信息系统的一项基础工作。科学的规划可以减少盲目性,使系统有良好的整体性和较高的适应性,建设工作有良好的阶段性,以缩短系统开发周期,节约开发费用。因此,系统规划是管理信息系统建设成功的关键步骤之一。在战略上对信息系统进行总体规划,确定子系统的开发顺序,从而有计划、有重点、有步骤地开发各个子系统。本章主要介绍管理信息系统规划的相关概念、方法,诺兰模型的特点和作用以及可行性分析等内容,使读者掌握系统规划的方法和技术,将来在工作中能够自觉运用所学的方法进行总体规划。

【本章学习目标】

1. 掌握诺兰模型六个阶段的特点;
2. 掌握可行性分析的内容;
3. 理解可行性分析报告的撰写;
4. 理解关键成功因素法;
5. 了解战略目标集转化法;
6. 掌握企业系统规划法。

3.1 规划概述

规划,一般是指对较长时期的活动进行总体的、全面的计划。管理信息系统建设的第一步是作好规划。规划的好坏对系统建设的成败有着至关重要的影响。

众所周知,信息系统的建设是个耗资巨大、历时较长、技术复杂且涉及面广的系统工程项目,规划不好不仅自身造成损失,由此而引起企业运行不好的间接损失更为可观。通常人们就有一种认识,假如有一个操作错误可能损失几万元,那么一个设计错误就可能损失几十万元,一个计划错误就可能损失几百万元,而一个规划错误的损失则可能达到几千万元,甚至上亿元。Cresap McCormick and Paget 公司对美国企业所做的调查结果显示,做信息系统规划的公司,其信息系统比不做规划的公司要成功,其信息系统与企业组织间能够较好地联系。国家经贸委发布的《中国企业互联网应用和电子商务发展水平综合调查报告》也表明,虽然企业普遍重视电子商务,但大多数企业缺乏清晰的战略规划,因此,多数企业有利用互联网的愿望和行动,但实际效果并不理想。所以我们应克服那种"重硬、清软"的片面性,把信息系统的规划摆到重要的战略位置上。企业在上信息系统之前一定要做战略规划,而在做战略规划之前要先明确本单位当前处于信息系统的哪一生长阶段,进而根据该阶段特征来指导 MIS 建设。

3.1.1 系统规划的概念和意义

1. 系统规划的概念

管理信息系统规划就是根据组织的总体发展战略和资源状况,对信息系统长期、中期、近期的使命和目标、实现策略和方法、实施方案等内容做出的统筹安排。总体规划是决策者、管理者和开发者共同制订和共同遵守的建立信息系统的纲领。

管理信息系统的战略规划是关于管理信息系统的长远发展的计划,一般包括三年或更长期的计划,也包含一年的短期计划。由于信息已经成为企业的生命线,信息系统和企业的运营方式、文化习惯息息相关,因此,MIS 战略规划是企业战略规划的一个重要组成部分。

2. 系统规划的意义

制订总体规划的重要目的是合理规划信息资源配置,使信息得到充分的利用,促进信息系统应用的深化,保证建立的目标系统具有科学性、经济性、先进性和适用性。

(1)总体规划是系统开发的前提条件。
(2)总体规划是系统开发的纲领。
(3)总体规划是系统开发成功的保证。
(4)总体规划是系统验收评价的标准。

一个信息系统总体规划的水平直接影响到最终系统的成功与否。因此可以说:

(1)好的总体规划+好的开发=优秀的管理信息系统。
(2)好的总体规划+差的开发=好的管理信息系统。
(3)差的总体规划+好的开发=差的管理信息系统。
(4)差的总体规划+差的开发=失败的管理信息系统。

3.1.2 系统规划的特点和关键问题

1. 系统规划的特点

(1)系统规划是面向长远的、全局性和关键性的问题,因此,系统规划具有较强的不确定性,非结构化程度较高。同时利用现代信息技术系统规划可有效地支持管理决策的总体方案,是技术与管理的结合。

(2)系统规划的工作环境是组织管理环境,高层管理人员(包括高层信息管理人员)是工作的主体。

(3)目前,系统规划的方法有多种,但是没有一种方法可以指导系统规划的整个过程,因此必须采用多种方法相互配合,取长补短。

(4)规划工作的结果是要描绘出系统的总体概貌和发展进程,为系统的发展制订一个科学而又合理的目标和达到该目标的可行途径,但是,规划工作宜粗不宜细,应该给后续各阶段的工作提供指导,而不是代替后续阶段的工作。

2. 系统规划的关键问题

(1)信息系统规划应该与组织的总体战略目标协调一致。

(2)系统规划的关键是设计组织信息系统的总体框架。

(3)人、管理、技术协调发展。

3.1.3 系统规划的任务和原则

1. 总体规划的任务

(1)从系统的全局出发,在总体上确定管理信息系统的体系结构。

(2)提出系统开发的优先顺序。

(3)进行计算机的逻辑配置。

2. 总体规划的原则

(1)支持组织的总目标。

(2)面向组织各管理层次的要求。

(3)方法上摆脱信息系统对组织机构的依赖性。

(4)在结构上信息系统有良好的整体性。

(5)便于实施。

3.1.4 系统规划的组织

制订 MIS 开发规划需要一个领导小组,并进行有关人员的培训,同时明确规划工作的进度。

1. 规划领导小组

领导小组由各部门的业务骨干组成,主要任务是完成有关数据及业务的调研和分析工作。

2. 进行人员培训

对高层管理人员、规划领导小组的成员进行培训,掌握制订 MIS 战略规划的方法。

3. 规定总体进度

对规划工作给出一个大体上的时间限定。

信息技术使得与信息系统计划、开发和使用有关的组织得以改变,CIO、信息系统部门的地位得到提升。

3.1.5 系统规划的步骤

制订系统规划一般包括以下几个步骤:
(1)总体规划准备。
(2)组织机构调查。
(3)定义管理目标。
(4)定义管理功能。
(5)定义数据类。
(6)定义信息结构。
(7)确定总体结构中的优先顺序。
(8)计算机逻辑配置。
(9)完成总体规划报告,提出开发计划。

3.2 诺兰模型

3.2.1 信息系统发展的阶段论

诺兰模型是西方国家进行管理信息系统规划的指导性理论之一。西方发达国家信息系统发展经验表明:一个地区或企业信息系统的发展具有一定的规律性,一般要经历从初级到成熟的成长过程。诺兰(Nolan)总结了这一规律,于1973年首次提出了信息系统发展的阶段论——诺兰阶段模型。1980年,诺兰对该模型进一步完善,把信息系统的成长过程划分为六个不同的阶段:初装、蔓延、控制、集成、数据管理和成熟阶段。

1. 初装阶段

初装阶段是指企业购买第一台计算机并初步开发管理应用程序。在该阶段,人们初步认识到计算机的作用,个别人具有了初步使用计算机的能力。"初装"阶段一般先从一个企业的财务部门开始,国内一些大的软件公司有很多都是靠做财务软件起步的。

初装阶段信息系统的特点是:人们对数据处理费用缺乏控制;信息系统的建立往往不讲究经济效益;用户对信息系统也是抱着敬而远之的态度。

2. 蔓延阶段

随着计算机应用初见成效,管理应用程序从少数部门扩散到多数部门,使企业的事务处理效率有了明显提高,这就是所谓的蔓延阶段。在该阶段,数据处理能力得到迅速发展,但同时也出现了许多有待解决的新问题,如数据冗余性、不一致性(相同产品在不同部门有不同的产品代码)和难以共享等。因此,这一阶段只有一部分计算机的应用收到了实际的效益。

蔓延阶段信息系统的特点是:缺少计划和规划,容易出现盲目购机、盲目定制开发软件的现象,计算机的使用效率不高,IT 的整体效用不明显。

3. 控制阶段

随着企业对计算机应用的经验不断丰富,企业发现对信息化投入的预算增加但回报却不理想,对计算机的应用及发展逐渐失去控制,企业开始寻求利用数据库技术实现从计算机管理为主到以数据管理为主的转换,对企业中计算机的数量进行控制,这就是控制阶段。

控制阶段信息系统的特点是:一些职能部门内部实现了网络化,如财务系统、人事系统和库存系统等,但各软件系统之间还存在"信息孤岛"现象。信息系统呈现单点、分散的特点,系统和资源利用率不高。企业应该成立一个领导小组,召集来自不同部门的用户共同规划信息系统的发展,最好是使管理信息系统成为一个正式部门,以控制其内部活动,同时应启动项目管理计划和系统发展方法。这一阶段是计算机管理变为数据管理的关键,经历的时间比较长。

根据诺兰模型的描述,我国绝大多数企业的信息化进程刚刚处于控制期,是一个信息系统的抉择期和转折点,要想进一步促进企业发展,就必须抓住机遇实施企业信息资源的总体数据规划。

4. 集成阶段

集成阶段就是在控制的基础上,对子系统中的硬件进行重新连接,建立集中式的数据库以及能够充分利用和管理各种信息的系统。

此时,企业 IT 主管开始把企业内部不同的 IT 机构和系统统一到一个系统中进行管理,使人、财、物等资源信息能够在企业集成共享。但是,这样的集成所花费的成本会高、时间长,而且系统不稳定。

克服系统不稳定的方法:

(1)在硬件方面,企业需要配备大型的、稳定的高端服务器,以满足对数据库的访问和系统连续运行的稳定性。

(2)在软件方面,企业需要配备专任的系统集成人员(掌握 C++、.NET 和 JAVA 技术,XML 语言和 Web Service 技术),使信息系统的相关工作人员以团队开发方式进行工作。

集成阶段信息系统的特点是:建立集中式的数据库及相应的信息系统,增加大量硬件,预算费用迅速增长。

5. 数据管理阶段

由于 20 世纪 80 年代美国尚处于第四阶段,因此,Nolan 没能对该阶段进行详细的描述。Nolan 认为数据管理应该是实现企业全方位的数据存储、检索、处理和维护等,不仅应用数据库,而且要建立统一的数据管理体系和数据库管理方法,真正做到对整个机构的数据进行统一的规划和应用。

数据管理阶段信息系统的特点是:选定统一的数据库平台、数据管理体系和信息管理平台,使各部门、各系统基本实现资源整合、信息共享。

6. 成熟阶段

成熟阶段应该是形成了完善的信息系统,可以为各个管理层次提供信息,从简单的事务处理到高效管理的决策。企业真正把 IT 同管理过程结合起来,将组织内部、外部的资源进行充分整合和利用,从而提升了企业的竞争力和发展潜力。

诺兰模型如图 3.1 所示。

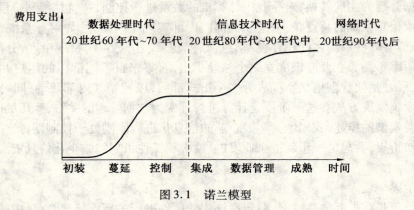

图 3.1　诺兰模型

其中,横坐标表示信息系统的各个阶段,纵坐标表示增长要素。

3.2.2　诺兰模型的作用

诺兰的阶段模型总结了发达国家信息系统发展的经验和规律。一般认为模型中的各个阶段都是不能跳跃的,但可压缩时间,特别是蔓延阶段的时间。因此,在制订 MIS 规划的时候,应该首先明确本单位当前处于哪一生长阶段,进而根据该阶段特征来指导 MIS 建设。

总体规划的时机应该选择在诺兰模型的控制阶段或集成阶段。规划得太早,条件不成熟,会导致规划出的结果无指导意义。规划得太晚,建立的分散系统多,改造代价高,影响进程。

3.3　可行性研究

信息系统规划完成后,并不能马上进行系统分析与系统设计等实质性系统开发工作,因为实践证明,这样做可能会造成在花费了大量人力和物力之后才发现系统不能实现或没有实际意义。所以,可行性研究是系统开发过程中不可缺少的一步。

3.3.1　可行性研究概述

可行性研究(feasibility study)是指在当前组织内外的具体环境和现有条件下,某个项目投资的研制工作是否具备必要的资源及其他条件。

可行性研究的任务是明确系统开发的必要性和可行性。必要性来源于系统开发任务的迫切性,而可行性则取决于实现系统的资源和条件。因此,系统分析人员要针对用户提出的各种问题和初始要求,对其进行识别,通过可行性研究确定系统开发的必要性和可行性。对新系统进行可行性研究,要求用最小的代价在尽量短的时间内确定系统是否可行。

可行性研究需要建立在对系统初步调查的基础上。初步调查为可行性研究提供定性和定量的依据。由于新系统开发与否尚未定论,因此在调查的深度与广度上要恰当把握。过浅、过窄可能会导致产生错误的结论;过深、过细则会造成无谓的浪费。

1. 初步调查的主要内容

初步调查由一些有经验的系统开发人员组成,一般用一至两周的时间。初步调查的内容包括:

(1)组织概况、企业目标。

(2)企业的组织机构和人员分工。

(3)企业中各类人员对开发信息系统的态度,主要包括:支持和关心的程度,对信息系统的认识程度和看法。

(4)现行信息系统运行情况。

(5)现行系统的问题和薄弱环节。

(6)新系统开发的条件。

2. 初步调查的关键

(1)从宏观上进行调查,如组织概况、企业目标等。

(2)对组织周围环境进行调查,如同行业企业的情况、政策法规、新产品的前景等。

(3)收集具体数据进行定量分析,以便在可行性研究时以数据为依据。

可行性研究就是在系统初步调查的基础上,分析新系统与现行系统之间的差别,构思新系统的初步方案。

3.3.2 可行性研究的内容

可行性研究的内容包括:技术可行性分析,经济可行性分析和社会可行性分析。

1. 技术可行性

技术可行性是指对要求的功能、性能以及限制条件进行分析,确定使用现有的技术能否实现这个系统,即分析企业当前的软、硬件设施以及开发人员的技术水平能否满足新系统开发的要求。

硬件方面主要考虑计算机的存储能力、联网能力、功能、安全保护措施以及输入/输出设备等。

软件方面主要考虑操作系统、数据库管理系统、汉字处理系统等。

开发人员技术水平方面主要考虑企业当前人员的技术水平以及近期内可以培养和发展的水平。

2. 经济可行性

经济可行性是指对新系统进行成本/效益分析（即投资和收益分析），确定新系统的经济效益能否超过其开发成本，这是可行性研究中最主要的问题。再好的项目、再先进的技术、再完美的解决方案，若不能给企业带来利益，企业是不会开发的，因此，系统开发最基本的依据是经济效益。

系统开发需要分析的经济指标包括：

（1）投资：一次性投资（软、硬件费用等）；非一次性投资（维护费用等）。

费用估算时，因为很多意外因素将使费用大大增加，往往会出现低估现象，因此，应适当增加费用的比例。

（2）收益：可定量的收益（如加快流动资金周转，节省人力、物力等）；不可定量的收益（如提高数据处理的及时性和准确性，提高取得信息的速度等）。

收益估计时，用户的实际收益取决于用户的应用水平，例如，有的系统能提供很多及时准确的决策信息，但用户没有很好利用，因此，收益往往会出现高估现象。

3. 社会可行性

社会可行性是指当前企业的管理方法是否科学，原始数据是否完整正确，规章制度是否齐全，改革的时机是否成熟，新系统开发是否合法、环境条件是否适宜等。此外，建立信息系统后，往往需要对现行的组织机构进行适当的调整，在这种情况下，主管领导是否支持，有关部门和管理人员能否积极配合就可能成为系统成败的关键。如果这些条件还不成熟，就需要积极做工作，创造条件，时机成熟后再进行系统开发。

3.3.3 网上书店管理系统可行性分析

网上书店管理系统的可行性分析可以从技术、经济和社会三方面进行分析。

1. 技术可行性分析

技术可行性分析是系统可行性分析的关键。网上书店系统的可行性分析是建立在网站系统初步规划所制订的总体方案基础上，这时必须有一个经过各方基本认可的系统目标，从技术上分析这些目标是否能实现，并分析技术的先进性等。在技术的选择上要充分考虑对实现功能的支持程度，需要配备包括 WEB 浏览器、数据库服务器、邮件服务、客户端操作系统、网络操作系统等在内的软硬件环境等。

随着 Internet 的发展，为改变传统的商业运作模式提供了一种技术上的可行性的方案，利用 Internet 的技术和协议，建立各种企业内部网（Intranet），企业外部网（Extranet），通过廉价的通信手段，将买卖双方、厂商和合作伙伴紧密地结合在一起，消除了时间与空间所带来的障碍，进而大大地节约了交易成本，扩大了交易范围。

为了保障所开发的系统有尽可能长的生命力,在选用技术时一定要根据企业的实力,选择市场上比主流技术稍超前一些并且稳定可靠、性价比较高的技术和设备。商务网站系统采用的是 B/S 结构。根据项目的规模以及对服务器的要求等方面考虑,选用网上免费提供的 WEB 服务器 TOMCAT。开发技术的选择主要以稳定为主兼顾到其他方面,选择的都是现在比较主流的、开发环境比较稳定的网站开发技术,如 JSP、Struts 等。

2. 经济可行性分析

经济可行性分析中网站成本分析需要考虑网站信息的更新成本和用户反馈信息的处理成本等;网站收益分析需要考虑网站信息的收益与网站功能的收益等方面。由于本网站选用的是免费的 WEB 服务器,这就大大降低了项目成本。一般来说,服务器的成本是项目成本的主要部分。开发应用软件也是网上免费的软件,这又减少了项目成本。因此,本系统的开发成本主要就在硬件和开发人员的开销上,这些成本并不大,对于本网站的长远发展来讲还是很经济的,而且以电子商务开展业务,可以大量减少人力、物力开销;同时使得交易活动突破了时间和空间的限制,可以在任何时间、任何地点进行,大大降低了成本,提高了系统效率。

3. 社会可行性分析

由于在互联网形态下的外部大的市场环境日趋成熟,因此对传统产业的影响不容忽视。目前我国的大中城市,电脑和网络的应用已经非常普遍,随着经济的发展和人们思想意识的逐渐开放,更多的人加入到买电脑上网的行列当中。网上购物人群不断扩大,各种网络设施不断完善,经济的持续发展以及人们生活水平的提高,网上购物已经逐渐成为人们的习惯行为。网络正在冲击着人们的传统消费观念和思维、生活方式。越来越多的人逐渐习惯于到网上查找信息,当他产生某种需求到网上查找相关产品和企业信息时就成了潜在的客户,当信息能满足潜在客户需要的时候,就成了客户。即使暂时不需要产品,等到需要的时候,潜在客户就会再次到网上查看有关资料,从而成为顾客。假如某企业的产品没有上网,而竞争对手的产品信息上了网,该客户只看到竞争对手的资料而没有某企业的信息,其结果必然造成某企业还没有来得及与竞争对手比质量、比价格、比服务时就已经败下阵来了,就是因为这个企业的存在不被消费者知道而被排除在市场之外了。

综合以上三个方面的要求分析,经过严格的论证,JSP 具有强大的网络开发功能,能够简便地开发出 Web 应用程序,并且能够快速实现网络上数据的传输,用户界面友好,便捷容易操作,且开发成本较低,不存在大量经费等问题,使用户容易接受。因此所开发电子商务系统是完全可行的。

3.3.4 可行性研究报告

可行性研究报告是可行性分析结果的表述。

1. 可行性研究的内容

(1)引言。说明系统的名称、系统目标和系统功能、项目的由来。

(2) 系统建设背景、必要性和意义。报告要用较大的篇幅说明总体规划调查、汇总的全过程,要使人信服调查是真实的,汇总是有根据的,规划是可信的。

(3) 拟建系统的候选方案。系统候选方案应包括:系统规模及新系统初步方案、计算机的逻辑配置方案、投资方案、来源及时间安排、人员培训等。可以提出一个主方案及几个辅助方案。

(4) 可行性论证。从技术、经济、社会三方面对项目进行论证。

(5) 比较几个方案。若论证认为是可行的,则给出系统开发的计划,包括各阶段人力、资金、设备需求和开发进度。

2. 可行性研究的结论

可行性研究的结论要求明确指出以下三者之一:

(1) 可以立即开发。

(2) 改进原系统。

(3) 目前不可行,推迟到某些条件具备以后再进行开发。

3.4　常用的系统规划方法

制订 MIS 战略规划的方法有多种,主要是关键成功因素法(Critical Success Factors,CSF)、战略目标集转化法(Strategy Set Transformation,SST)和企业系统规划法(Business System Planning,BSP)。此外还有企业信息分析与集成技术、投资回收法等几种方法,或是用于特殊情况,或是作为整体规划的一部分使用。

3.4.1　关键成功因素法

1. 关键成功因素法概述

哈佛大学教授 William Zani 在 1970 年研究的 MIS 模型中使用了关键成功变量,这些变量是确定 MIS 成败的因素。关键成功因素指的是对企业成功起关键作用的因素。在不同类型的企业中,关键成功因素会有很大的不同;即使在同一类型的企业中,由于时间不同,其关键成功因素也会不同。在多数企业中,通常有 3~6 个决定企业成功与否的关键因素。

关键成功因素与企业战略规划密切相关。企业战略规划要描绘企业的期望目标,关键成功因素则提供了达到目标的关键和需要的测量标准。一个企业要获得成功,就需要对关键成功因素进行认真的和不断的度量,并时刻注意对这些因素进行调整。关键成功因素法通过分析,找出使得企业成功的关键因素,然后围绕这些关键因素来确定系统的需求,并进行规划。

2. 关键成功因素法的步骤

(1) 了解企业(或 MIS)的战略目标。

(2) 采用树枝图,识别出所有的成功因素和影响这些因素的子因素。

(3)根据企业现状与目标确定关键成功因素,采用德尔斐法、模糊综合评判法等对所有成功因素进行评价。不同行业的关键成功因素互不相同,例如,对汽车制造业而言,关键成功因素可能是制造成本控制;对保险业而言,关键成功因素可能是新项目开发和工作人员的效率。

(4)明确各关键成功因素的性能指标和评估标准。

例如,某企业有一个目标是提高产品竞争力,可以用树枝图画出影响目标的各种因素以及影响这些因素的子因素,如图3.2所示。

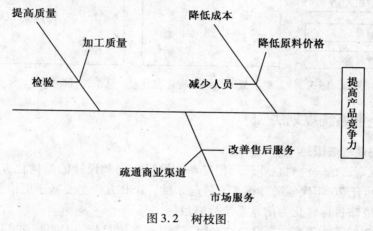

图3.2 树枝图

3.4.2 战略目标集转化法

1. 战略目标集转化法概述

1978年,William King提出了战略目标集转化法,即把整个战略目标看成是一个"信息集合",由使命、目标、战略和其他战略变量(如管理的复杂性、改革习惯以及重要的环境约束)等组成,其基本出发点是将组织的目标集合转换为信息系统的目标集合。

2. 战略目标集转化法的步骤

(1)识别组织的战略集。描绘出组织各类人员结构,如经理、雇员、供应商、顾客、贷款人和竞争者等,识别每类人员的目标。

(2)组织的高层领导和管理人员对每类人员的目标进行审阅、修改,最后形成包含企业目标、战略和战略属性的企业战略集合。

(3)将组织战略集转化成MIS战略集。

例如,某组织的人员结构为顾客、股票持有人、债权人、雇员和管理者等,组织的目标之一是年收入增长10%,这是来自组织人员的目的。为达到这个目的,战略之一是推出新产品,由此引出信息系统的目标是改进CAD模块,这个目标的约束主要是计算机和决策模型,其战略可能是进行新的模块设计。这样,就将组织目标集转化成信息系统的目标集,如图3.3所示。

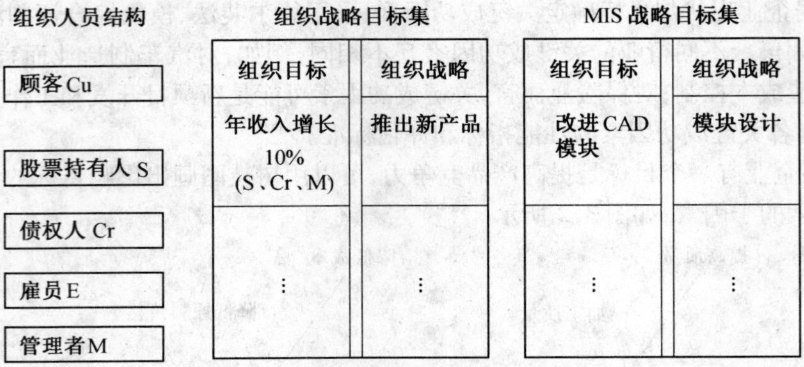

组织人员结构	组织战略目标集		MIS 战略目标集	
顾客 Cu	组织目标	组织战略	组织目标	组织战略
股票持有人 S	年收入增长 10% (S、Cr、M)	推出新产品	改进CAD模块	模块设计
债权人 Cr	⋮	⋮	⋮	⋮
雇员 E				
管理者 M				

图 3.3　某组织战略目标集转化为管理信息系统目标集

3.4.3　企业系统规划法

1. 企业系统规划法概述

企业系统规划法是一种对企业管理信息系统进行规划和设计的结构化方法,是由美国的 IBM 公司在 20 世纪 70 年代创造并逐步发展起来的。BSP 方法主要基于用信息支持企业运行的思想,把企业战略目标转化为信息系统战略目标。

(1) BSP 方法的基本思想。首先"自上而下"识别系统目标,识别业务过程,识别数据,然后"自下而上"设计系统,以支持系统目标的实现。

(2) BSP 方法的作用。

① 确定未来信息系统的总体结构,明确系统的组成和子系统的开发顺序。

② 对数据进行统一规划、管理和控制,明确各子系统之间的数据交换关系,保证信息的一致性。

(3) BSP 方法的优点。保证信息系统独立于企业的组织机构,也就是使信息系统具有对环境变更的适应性,即使将来企业的组织机构或管理体制发生变化,信息系统的结构体系也不会受到太大的冲击。

(4) BSP 方法的原则。

① 一个信息系统必须支持企业的战略目标。

② 一个信息系统的战略应当满足企业各个管理层次的需求。

③ 一个信息系统应该向整个企业提供一致的信息。

④ 一个信息系统应该经得起组织机构和管理体制的变化。

⑤ 一个信息系统应是先"自上而下"识别,再"自下而上"设计。

2. BSP 方法的步骤

企业系统规划法是通过全面调查,分析企业信息需求,制订信息系统总体方案的一种方法，其工作流程如图 3.4 所示。

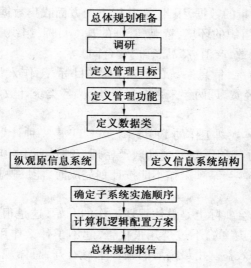

图 3.4　BSP 方法的步骤

（1）总体规划准备。由于信息系统的战略应当满足企业各个管理层次的需求，所以，总体规划涉及多个管理部门，规划的成功与否，很大程度上取决于管理部门的支持和对总体规划队伍的信任。因此，规划的准备工作十分重要。

①确定总体规划的范围，一般要从高层管理延伸到各个管理部门。

②成立总体规划研究小组。由最高领导牵头，建立一个规划研究组。组长由在本单位具有工作实践经验、对管理人员有一定影响的人担任；下设若干调查小组，小组成员由系统分析员和有经验的管理人员组成；可以聘请社会上有经验的信息系统专家组成顾问组，最后，配备一名规划组秘书。总体规划小组的结构大体如图 3.5 所示。

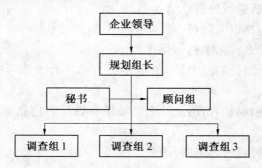

图 3.5　总体规划小组的结构

此外，需要的条件包括：一个工作控制室、一个采访交谈计划、一个最终报告的提纲和一些必要的经费。

③系统规划要应用大量的数据,因此,要从以下两方面收集数据:

A. 组织的一般情况:组织的环境、特点、管理的基本目标,组织中关键管理人员,存在的主要问题,各种统计数字(人数、产值、产品、客户和合同)等。

B. 现行信息系统的情况:信息系统的概况,基本目标,工作人员的技术力量,软、硬件环境,系统标准,通信条件,经费,近两年来系统运行状况,各类统计数字(如用户数、每个工作周期工作量和文件数)等。

④制订计划,画出总体规划工作的 PERT 图。PERT 是一种计划评审技术,用网络图计算并表示计划进度,简单明了,适用方便,能比较严密地反映计划中各项工作之间的关系,表明了影响计划进度的关键工作。当某项工作不能按计划完成时,能反映其对整个计划的影响,从而对计划进行灵活调整。

⑤开好动员会。动员会实际上是总体规划工作的开始,这是很重要的一步。许多企业对总体规划不重视,认为是"虚"的,不过是几张报告,起不了什么作用。所以,应向管理人员灌输总体规划的基本思想和效益。由最高层的领导主持召开,总体规划所涉及的组织负责人都应出席动员会。

动员会的内容包括:

A. 宣布总体规划的业务领导,成立规划组,任命规划组组长。

B. 规划组介绍规划范围、工作进度、新系统的设想及关键问题,并介绍准备过程中收集到的情况,如国内外同类先进信息系统的情况。

C. 参加会议的各级管理人员发言,最后达成共识。

(2)调研。总体规划需要大量调查,这次调查比系统分析阶段的调查内容要粗一些,范围要广一些,因此称为系统初步调查。规划组成员通过查阅资料,深入各级管理层,了解企业有关决策过程、组织职能、部门的主要活动和存在的主要问题。调研以采访的方式为主,因此应事先准备好采访提纲,事后进行分析总结。

采访的主要问题可包括以下题目:

①你的责任领域是什么? 基本目标是什么?

②你去年达到目标所遇到的三个最大的问题是什么? 什么东西妨碍你解决问题? 为什么需要解决这些问题?

③较好的信息在这些领域的价值是什么? 如果有更好的信息支持,你在什么领域还能得到最大的改善?

④什么是你最有用的信息? 你如何测量?

⑤你希望做什么样的决策?

⑥你的领域明年和三年内主要变化是什么?

⑦你希望本次规划研究达到什么结果? 规划对你和企业将起什么作用?

(3)定义管理目标。管理信息系统的优劣,不在于设备是否先进,而在于是否符合企业目标,是否能解决企业需要解决的问题。为了确定拟建的信息系统的目标,需要调查了解企业的目标和为了达到这个目标所采取的经营方针以及实现目标的约束条件。一个企业的目标一般包括若干个方面,如高等学校一要出人才,二要出科研成果。每个目标可以分解成若干子目标,子目标可以用一定的指标来衡量。整个目标体系可以用如图3.6所示的目标树来表达。

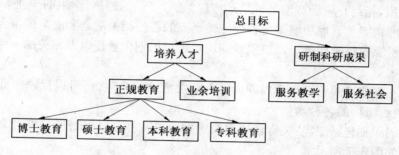

图 3.6 高校目标树的一部分

目标分析应从以下两方面来考虑:

①从业务处理角度。哪些信息可以满足正常的信息处理业务,哪些信息冗余和暂缺。

②从管理角度。当前的信息是否能满足管理的需要,能否满足对生产过程及时处理的需求,对于一些定量化的分析(如预测、控制等)能否提供信息支持等。

目标调查就是要通过采访各级管理部门,从组织的管理行为、管理制度和工作职责等方面提炼、归纳和汇总目标,绘制出目标树。各子目标要服从所属的目标,目标之间不能互相矛盾,也不应完全相关。子目标的指标是根据上级指标、本企业历年统计和同类组织的最好指标等数字来确定的。

(4)定义管理功能。管理功能是管理各类资源的各种相关活动和决策的组合。管理人员通过管理这些资源支持管理目标。

企业系统规划方法强调管理功能应独立于组织机构,从企业的全部管理工作中分析归纳出相应的管理功能。这样设计的信息系统可以相对独立于组织机构,较少受体制变动的影响。例如,不论高等学校的招生工作是属于教务处的工作范围还是属于学生工作部的工作范围,其活动过程是一样的。

①资源及其生命周期。这里说的资源是指被管理的对象,包括关键性资源和支持性资源。前者是指企业的产品和服务。不同的企业,产品与服务不同。机械厂的"产品"是机械、零部件,科研单位的"产品"是科研成果。支持性资源是指为实现企业目标必须使用和消耗的那些资源,如人员、资金和设备等。还有一类不具备产品形式的管理对象,就是战略计划与控制。

资源的生命周期是指一项资源由获得到退出所经历的阶段,一般划分为四个阶段:产生阶段、获得阶段、服务阶段和归宿阶段。

A. 产生阶段：对资源的请求、计划工作等活动，如人事需求计划、设备需求计划和招生计划等。

B. 获得阶段：资源的开发活动，即获得资源的活动，如产品的生产、学生的入学和人员的聘用等。

C. 服务阶段：指资源的存贮和服务的延续活动，如库存的控制，学生的在校学习等。

D. 归宿阶段：指终止资源或服务的活动或决策，如产品的销售，学生的毕业等。

② 识别管理功能。管理功能是指管理各类资源的各种相关活动和决策的组合。管理人员通过管理这些资源支持管理目标。识别管理功能是指识别企业逻辑上相关的一组决策和活动的集合。

管理功能不但能反映资源生命周期内各个阶段活动的全貌，还可以反映企业组织的管理控制过程，即组织机构的各种功能。

管理功能的识别包括三类：关键性资源的识别、支持性资源的识别、战略计划与控制的识别。识别过程如图 3.7 所示。

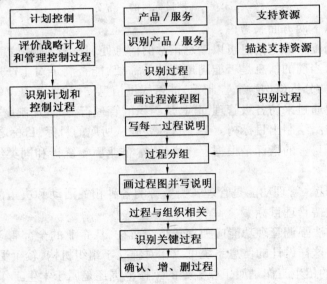

图 3.7　BSP 识别过程

资源的生命周期的概念有助于识别管理功能。资源生命周期的四个阶段给出了确定功能的一般规律。但并非所有资源的生命周期都一定具有这四个阶段，在一个阶段中也不一定只有一个功能，应根据实际情况来决定。

表 3.1 所示为按照生命周期识别出的某电子企业的关键性资源。

表 3.1　某电子企业的关键性资源

产生阶段	获得阶段	服务阶段	归宿阶段
市场计划	工程设计、产品开发	库存控制	销售
质量预测	质量检查记录	质量控制	质量报告
作业计划	生产调度	包装、存储	发运

表 3.2 所示为按照生命周期识别出的某电子企业的支持性资源。

表 3.2　某电子企业的支持性资源

支持性资源	生命周期			
	产生阶段	获得阶段	服务阶段	归宿阶段
人事	人事计划	招聘、调动	培训	辞退、退休
材料	需求计划	采购、进库	库存控制	应付款业务
财务	财务计划、成本计划	拨款、应收款	银行业务、总会计	应付款业务
设备	更新计划	采购、基建	维修、改装	折旧、报废

表 3.3 所示为企业战略规划与控制方面的功能。

表 3.3　企业战略规划与控制方面的功能

战略规划	管理控制	战略规划	管理控制
经济预测	市场/产品预测	放弃/追求分析	运营计划
组织计划	工作资源计划	预测管理	预算
政策开发	职工素质计划	目标开发	测量与评价

对以上三个方面识别出来的功能进行汇总分析,以减少层次上的不一致和重叠,并把同类型的功能归类。

资源的生命周期提供了识别功能的线索,但识别功能并没有固定的模式,可以参照类似企业的经验来识别。总体规划小组的每个人各自识别一套功能,然后一起讨论、汇总,最终达成一致,形成系统的功能。

识别出功能后,可以把功能和组织之间的关系画在一张表上,这就是组织/功能矩阵,如表 3.4 所示。

表 3.4 组织/功能矩阵

功能\组织	市场		销售			工程		材料管理		财务		
	计划	预测	销售管理	销售	订货服务	设计开发	产品规格	采购进货	库存控制	财务计划	成本核算	基金管理
财务科	✓			/			/		/	○	○	○
销售科	○	○	○	○	○							
设计科		✓										
供应科		✓					✓		✓			

说明：○表示主要负责　✓表示参加　/表示一般参加

这张表表达了组织与功能之间的关系现状。系统分析阶段要按照各个功能对组织进行进一步的调查。

(5) 定义数据类。数据类是指支持业务过程所必需的逻辑上相关的数据。对数据进行分类是按业务过程进行的，即分别从各项业务过程的角度将与该业务过程有关的输入数据和输出数据按逻辑相关性整理出来归纳成数据类。定义数据类的方法包括：

①实体法。实体指的是数据存储的载体，可以是一个实际的对象，如产品、客户、设备、原材料、资金和人员等。也可以是抽象的对象，如项目名称、数据中心和预算等。每个实体可用四种类型的数据来描述，即文档型、事务型、计划型和统计型。四种数据类型的特点如表 3.5 所示。

表 3.5 四种数据类型及其特点

类型	反映的内容	特点
文档型	反映实体的现状	(1) 一般一个数据仅和一个实体有关 (2) 可能为结构型（如表格）和描述型（如文本）
事务型	反映生命周期各阶段过渡，过程相关文档型数据的变化	(1) 一般一个数据要涉及各个文档型数据，以及时间、数量等多个数据 (2) 这种数据的产生可能伴有文档型数据的操作
计划型	反映目标、资源转换过程等计划值	可能与多个文档型数据有关
统计型	反映企业状况，提供反馈信息	(1) 一般来自其他类型数据的采样 (2) 为历史性、对照性、评价性的数据 (3) 数据综合性强

实体法首先要列出实体类,接着列出一个矩阵,实体类列于水平方向,在垂直方向列出实体的四种类型,把实体和数据类画在一张表上,得到实体/数据类矩阵,如表 3.6 所示。

表 3.6 实体/数据类矩阵

数据类＼实体	产品	客户	设备	原材料	资金	人员
计划	客户拓展计划	市场计划	设备计划（采购、更新）	原材料需求计划	预算	人员计划
统计	月、年度产品需求	销售分析报告	设备利用率	材料需求历史（月、年度）	财务统计	人员统计
文档	产品规范文档	客户资料	工作负荷状况	原材料成本单产品组成表	财务会计	职工档案
事务	订货记录,生产调度表	发运记录	设备调度表	采购、订货记录	应收业务	人事调动记录

②功能法。每个功能都有相应的输入数据和输出数据。标出每个功能的输入、输出数据类,与第一种方法得到的数据类比较并进行调整,最后归纳出系统的数据类,如图 3.8 所示。

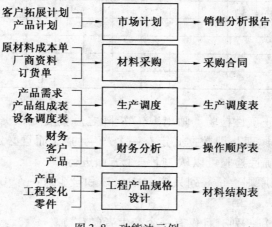

图 3.8 功能法示例

(6)定义信息系统结构。定义信息系统总体结构的目的是刻画未来信息系统的框架和相应的数据类,因此其主要工作是划分子系统,实现子系统划分的方法很多,"U/C 矩阵法"是其中较为常用和有效的方法。

①U/C(Use/Creat)矩阵的建立。U/C矩阵也就是功能/数据类矩阵,表达功能与数据类之间的联系。根据BSP方法中的第4、5步得出的功能和数据类,在矩阵中填入U和C,U表示这个功能使用这个数据类,C表示这个数据类由这个功能产生。表3.7即功能/数据类矩阵。

表3.7 功能/数据类矩阵

数据类 功能	客户	订货	产品	操作顺序	材料表	成本	零件规格	材料库存	成品库存	职工	销售区域	财务	计划	机器负荷	材料供应	工作令
经营计划						U						U	C			
财务计划						U				U		U	C			
资产规模												C				
产品预测	U		U								U		U			
产品设计开发	U		C		U		C									
产品工艺			U		C		C	U								
库存控制								C	C						U	U
调度			U											U		C
生产能力计划				U										C	U	
材料需求			U		U										C	
操作顺序				C										U	U	U
销售区域管理	C	U	U													
销售	U	U	U								C					
订货服务	U	C	U													
发送		U	U						U							
通用会计	U		U							U						
成本会计			U			C										
人员计划												C				
人员考核										U						

②U/C矩阵数据正确性检验。画出U/C矩阵之后就要对数据的正确性进行检验,其基本原则就是"数据守恒原理",即数据必定有一个产生的源,而且必定有一个或多个用途。概括起来U/C矩阵的正确性检验可以从如下三个方面进行:

A.完备性检验:指原则上每一列只能有一个C和至少有一个U,每一行则必须至少有一个C或U。

B.一致性检验:指每一列有且仅有一个产生者("C")。

如果没有产生者——漏填了"C"元素或者是功能、数据的划分不当。

如果有多个产生者——错填了"C"元素或者是功能、数据的划分不独立、不一致。

C.无冗余性检验:指表中不允许出现空行或空列。如果有空行或空列发生则可能是漏填了"C"或"U"元素,或是功能项或数据项的划分太细。

③调整功能/数据类矩阵。首先,把相同类型的功能按资源生命周期的四个阶段排列到功能组中,如"经营计划"、"财务计划"、"资产规模"属计划类型,归入"经营计划"功能组。把"销售区域管理"、"销售"、"订货服务"、"发运"归入"销售"功能组。

其次,排列"数据类",使得矩阵中C最靠近主对角线。在不破坏功能组的逻辑性基础上,可以适当调配功能分组,使U也尽可能靠近主对角线。表3.7的功能/数据类矩阵经上述调整后,得到如表3.8所示的功能/数据类矩阵。

表3.8 调整后的功能/数据类矩阵

数据类\功能	计划	财务	产品	零件规格	材料表	材料库存	成品库存	工作令	机器负荷	材料供应	操作顺序	客户	销售区域	订货	成本	职工
经营计划	C	U													U	
财务计划	C	U													U	U
资产规模		C														
产品预测	U		U									U	U			
产品设计开发			C	C	U							U				
产品工艺			U	C	C	U										
库存控制						C	C	U								
调度				U				C	U							
生产能力计划									C	U	U					
材料需求				U		U				C						
操作顺序								U	U	U	C					
销售区域管理				U								C	U			
销售												U	C	U		
订货服务				U									U	C		
发送				U			U							U		
通用会计				U										U		U
成本会计														U	C	
人员计划																C
人员考核																U

④将矩阵中U和C最密集的地方框起来,并对其按功能命名,就构成子系统。如表3.9所示。

表 3.9 划分子系统

数据类 功能		计划	财务	产品	零件规格	材料表	材料库存	成品库存	工作令	机器负荷	材料供应	操作顺序	客户	销售区域	订货	成本	职工
经营计划	经营计划	C	U													U	
	财务计划	C	U													U	U
	资产规模		C														
技术准备	产品预测	U		U													
	产品设计开发			C	C	U							U	U			
	产品工艺			U	C	C	U						U				
生产制造	库存控制						C	C	U		U						
	调度			U					C	U							
	生产能力计划									C	U						
	材料需求			U		U					C						
	操作顺序								U	U	U	C					
销售	销售区域管理			U									C	U			
	销售			U									U	C	U	U	
	订货服务			U									U		C		
	发运			U				U							U		
财会	通用会计			U												U	
	成本会计														U	C	
人事	人员计划																C
	人员考核																U

箭头把落在框外的 U 与子系统联系起来,表示子系统之间的数据流。例如,数据类"计划",由"经营计划"子系统产生,而"技术准备"子系统要用到这一数据类,如图 3.9 所示。

值得注意的是:子系统的划分不是唯一的,通常在征求用户的基础上,结合业务组织结构的实际情况确定子系统。

(7)确定子系统实施顺序。由于资源的限制,系统的开发总有个先后次序,不可能各个子系统同时开发,而应该根据企业目标和技术约束确定子系统实现的优先顺序。一般来讲,优先开发对企业贡献大的、需求迫切的、容易开发的子系统。

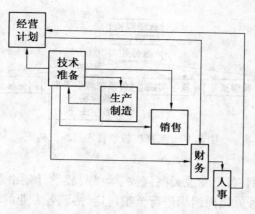

图 3.9 子系统之间的联系

确定子系统开发顺序的原则:

①系统需求程度与潜在效益评估。通过对管理人员、决策者的调查访问,根据评估准则(如潜在效益、对企业的影响、迫切性等),对每个子系统在管理人员和决策人员通过打分进行定性评估,每个子系统的得分作为优先开发顺序的参考。

②技术约束分析。对子系统之间的关联,可用图 3.9 进行分析。利用该图很容易评出每个子系统产生的数据有多少被其他子系统所共享。有较多子系统共享的数据应较早实现。同时也要考虑数据的重要性及关联的紧密程度。

(8)计算机逻辑配置方案。从系统需求的角度提出对计算机配置的基本要求,即计算机逻辑配置方案。计算机逻辑配置方案从以下几个方面考虑:

①客观条件约束。包括资金、原有计算机系统和技术力量(开发和维护)。

②处理方式。采取实时处理还是批处理。

③联机存储量。包括应用软件、系统软件体积,信息系统联机存储数据量。一般应在估算的基础上加 50% ~100% 作为联机存储量。

④设备。包括终端类型及数量、打印机类型及数量和绘图设备等。

⑤软件。包括操作系统、数据库管理系统、高级程序语言、软件包和汉字处理系统等。

但要注意,计算机逻辑配置方案并不涉及具体的硬件型号。

3. BSP 方法应用举例——高校教学管理系统

(1)高校教学管理系统简介。教学管理是各个高等院校都具备的进行日常教学各项管理的系统,这个系统从整体工作上具有普遍的、一般的规律和内容。由于各院校的类型、培养目标的不同,使得系统内部的各项业务具有其特殊性。

下面以某高校教学管理系统为例,介绍系统总体方案的制订过程。

(2)组织机构调查。如图 3.10 所示。

(3)现行管理业务简介。每年要根据人才市场需求及现有的专业情况,制订年度招生计

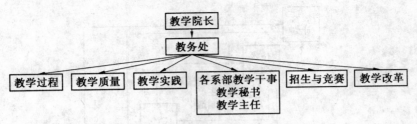

图 3.10　某高校教学管理组织机构图

划,然后进行招生工作。

　　学生入学前一个学期,各个专业要制订教学计划,教学计划由各个系部讨论,教学主任审核后,上报教务处,由教务处出面组织进行全校讨论,协调各专业的教学计划,最后形成综合教学计划下发各系部。

　　新生入学后填写的学生情况登记表报各系、部后,再上报教务处教务科。

　　教务科将这些报表汇总后与学校招生办公室进行核对,准确无误后存档以备使用。

　　每学期期中,各系部根据教学计划制订下一个学期各个专业的教学执行计划,系、部教学主任审核后上报教务处,然后各系、部根据教学执行计划安排授课教师,选购教材。

　　各系将落实后的教师任务分配表汇总后上报教务处。

　　学校实施学分制管理后,在每学期开学以前要进行学生选课工作。

　　由教务处进行统一协调,最后制订出全校课程表下发各系部和学生。

　　期末考试结束后,各系部将学生成绩归档并进行学籍处理,然后将成绩及学籍处理结果报教务处审批执行。

　　教务处对学生成绩进行分析,打印出补缓考学生名单,将补缓考学生名单下发到各系部,各系部有关教师出题、判卷。

　　学生因病或其他原因可以申请休学、复学、退学等,学生提出申请经领导批准后执行,要将执行的结果记入学生学籍管理数据库。

　　为了促进教学改革,提高教学质量,每年教务处要进行教学改革项目的立项、验收等工作。

　　教务处还要根据教师任课情况、学生情况制订各种报表上报省教委、学校和各有关单位。

　　(4)教学管理系统划分。如图 3.11 所示。

①学生学籍管理。

②学生成绩管理。

③教学计划管理。

④学生选课管理。

⑤课程管理。

⑥教室设施管理。

⑦教师基本信息管理。

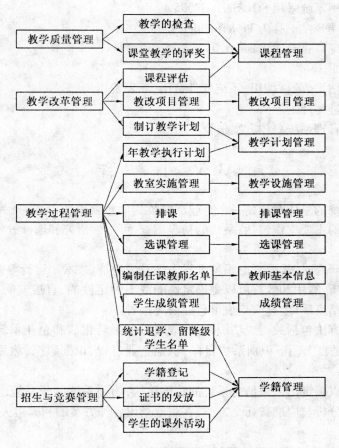

图 3.11 教学管理系统划分

⑧统计信息管理。
⑨教改项目管理。

(5) 计算机网络方案。计算机局域网络系统设计为开放式客户机(Client)/服务器(Sever)体系结构,由服务器和数据库系统管理软件进行数据库事务处理,由微机工作站上用户工具进行数据加工处理。

经 TCP/IP 网络软件连接客户机与服务器,服务器与客户机入网连接均采用以太网卡。

(6) 系统配置。考虑到系统的稳定性、可靠性、环境适应性以及将来与学校其他管理信息系统的连接、与省教委信息系统的连接,采用客户机/服务器体系结构。

①服务器上运行 Windows NT 4.0 操作系统,支持多用户系统。
②客户端运行 Windows XP,支持多种图形数据库设计与开发测试工作,实现高效率开发。
③TCP/IP 网络软件连接客户与服务器。

④数据库管理系统采用 SQL Server 2005。
⑤数据库前端开发工具为 Powerbuilder 9.0。
⑥辅助开发工具:Visual Basic 6.0。
(7)其他规划。
①开发费用估算(硬件费用、系统软件费用、开发费用)。
②制订开发进度计划。
③完成教学管理系统总体方案报告。

3.5 小　　结

管理信息系统的总体规划是一个企业战略规划的重要组成部分,是关于 MIS 长远发展的规划。总体规划的主要工作包括:系统的初步调查,可行性研究和选择一种规划方法进行系统规划。

进行可行性研究时,需要考虑系统开发中涉及的经济、技术和运行等方面的因素。需要进行费用和效益分析,费用和效益可以是确定性的或不确定性的、直接或间接的、固定的或可变的。可行性研究结束后,应提交一份可行性研究报告。

总体规划的方法包括关键成功因素法、战略目标集转化法和企业系统规划法等。企业系统规划法(BSP)是自上而下识别系统目标、识别企业过程、识别数据,然后自下而上地设计系统,以支持目标。

总体规划可以确定出未来信息系统的总体结构,明确系统的子系统组成和开发子系统的先后顺序。系统分析员应准备几个方案,客观地指出各种方案的利弊得失。

【案例3　高校教材管理系统可行性分析】

用户:某高校教材科
拟建系统的名称:高校教材管理系统
1. 目标
在 4 个月内建立一个高校教材管理信息系统,初步实现教材管理的计算机化,以保证教材的管理质量,改进管理手段。
①提高和改进管理信息服务质量。
②提高工作效率和减轻劳动强度。
③提供各种新的处理功能和决策信息。
④增强资源共享。
2. 背景
系统开发的组织单位:某软件开发公司。
系统服务的对象:教师和学生。

本系统可以和校园网连接,便于教师和学生查询。

3. 现行系统调查研究与分析

(1)组织机构调查。教材科隶属于教务处,现有工作人员3名,负责计划、采购、运行和库管。

(2)业务流程。教材科主要是负责学院在校本科生的教材订购和供应,具体流程如下:

①教材科向各系部下发教材征订书目和选订单。

②各系部根据教学计划分别上报下年度订购的教材选购单。

③采购人员依据各系部填写的"征订教材通知单"和现有库存数,生成征订计划并填写有关表格。

④采购人员向有关部门订购图书。

⑤采购来的教材由采购员进行审核,然后交与库管员,库管员进行验收、登记和上架。如果有不合格的教材,则退换。登记包括填写教材目录、教材入库单、库存总账和教材明细账。

⑥制订学生领书计划。每学期初根据教学执行计划制订每个班级的领用计划,算出学期预收款,送交财务处。

⑦教材的发放和领取。

⑧期末教材结算。列出教师领用教材细目;对学生领用的教材进行统计,将各班的书款计算出来,结合本学期的学生预付款,算出学生应付款,将此交给财务处,现金由财务处收取。

⑨库管员定期对教材库存进行盘库。库管员根据情况处理,清除一些过时和零散的教材。

(3)费用。目前有两台奔Ⅱ计算机闲置;三人年工资大约6万元,差旅费1万元。

(4)计算机应用情况。教材科现有两台奔Ⅱ计算机,没有计算机专业人员,没有产生效益。

(5)现行系统存在的主要问题和薄弱环节。

①教材科的业务活动处于手工工作状态,工作量大,误差较多,造成人力的浪费。

②查询非常困难,尤其是到学期末进行书款统计时更为困难,而且准确性较差。

方案1:

1. 拟建系统的目标

(1)促进管理体制的改革和改进管理手段。

(2)提高和改进管理信息服务质量。

(3)增强资源共享。

(4)减少人力和设备费用。

(5)加快信息的查询速度和准确性。

2. 系统规划及初步方案

教材管理系统建成后可以和校园网相连,提供网上服务,各系部在本单位就可以选购教材,上报计划。目前,各校大都使用选课制,不可能完全按班级订教材,可根据选课情况实行网上订教材。本系统拟采用酷睿处理器,2G内存,硬盘320G。配置打印机一台,光驱一个,鼠标一个,网络服务器一台。

3. 系统的实施方案

本系统客户端拟采用Windows XP操作系统,服务器采用Windows NT操作系统,前端开发语言使用Powerbuilder,使用SQL Server数据库管理系统。

本系统由某软件开发公司开发,大约需要4个月时间。

4. 投资方案

此系统由学院一次性投资 1 万元。

5. 人员培训及补充方案

由于人-机界面友好,操作简单,帮助信息详尽,一般人员都可以使用,故不需要专门的培训。

方案 2:

1. 拟建系统的目标

(1) 促进管理体制的改革和改进管理手段。

(2) 提高和改进管理信息服务质量。

(3) 减少人力和设备费用。

(4) 用计算机代替手工劳动。

(5) 加快信息的查询速度和准确性。

2. 系统规划及初步方案

教材管理系统使用单机作业,由专人输入有关信息,可以选购教材,上报计划,进行统计分析等,向财务处报盘进行结算。本系统拟采用酷睿处理器,2G 内存,硬盘 320G。配置打印机一台,光驱一个,鼠标一个。

3. 系统的实施方案

本系统客户端拟采用 Windows XP 操作系统,前端开发语言使用 Powerbuilder。

本系统由某软件开发公司开发,大约需要 2 个月时间。

4. 投资方案

此系统由学院一次性投资 8 000 元,在 2010 年 12 月拨入。

5. 人员培训及补充方案

由于人-机界面友好,操作简单,帮助信息详尽,一般人员都可以使用,故不需要专门的培训。

方案 1 可行性分析:

1. 技术可行性

本方案技术要求比较高,安全性和可靠性都较强,但通过前面的综合分析可以知道,从技术上说是可行的。

2. 经济可行性

本方案由于采用网络方式,因此,投入要比较多,但此系统建成后,可以实现资源共享,可以支持选课制。不但节省人力,还可以带来经济效益。因此,从经济上说是可行的。

3. 运行可行性

通过前面的分析可知,系统具有运行可行性。

方案 2 可行性分析:

1. 技术可行性

本方案技术要求不高,由于是单机作业,系统的安全性和可靠性要求也不高,从技术上说是完全可行的。

2. 经济可行性

由于本方案是单机作业,不具有网络资源共享,因此,其使用范围小,发挥的作用小,只是使用计算机代替手工工作。此系统建成后,不支持选课制,但可以节省人力,可以带来一些本方案经济效益。因此,从经济上说是可行的。

3. 运行可行性

通过前面的分析可知,系统具有运行可行性。

通过方案 1 和方案 2 的比较可知,方案 1 的功能较全面,比较适合现代的发展趋势,从长远来看,选择方案 1 是比较理想的。

结论:

通过前面的分析论证,我们认为采用方案 1 比较合适,依据可行性分析的结果,可按方案 1 立即进行系统的开发工作。

案例分析题:

1. 描述教材科征订教材的业务流程。
2. 现行系统存在的主要问题和薄弱环节有哪些?
3. 拟建的高校教材管理系统的目标是什么?
4. 从哪些方面对拟建系统进行可行性分析?
5. 两种方案的优缺点比较。

【习题 3】

1. 为什么要对信息系统的开发进行总体规划?
2. 系统规划的作用是什么?
3. 总体规划有什么特点?
4. 可行性分析的内容是什么?
5. 可行性分析报告包括哪些内容?
6. 简述管理信息系统规划与组织战略规划之间的关系。
7. 学习诺兰模型有什么意义?
8. 列出诺兰模型的各个阶段,分析我国企业总体上处于诺兰模型的什么阶段。
9. 简述企业系统规划法的基本思想。
10. U/C 矩阵的主要目的是什么?
11. 简述 BSP 方法的工作步骤。

第4章 系统分析

【本章主要内容】

系统分析是管理信息系统生命周期的第二个阶段,也是决定管理信息系统开发成败的最重要的阶段,主要解决信息系统"做什么"的问题。本章主要介绍管理信息系统详细调查的方法、业务流程和数据流程分析、数据字典和描述处理逻辑的工具,从而建立起新系统的逻辑模型,最终写出系统分析报告。通过本章的学习,使读者掌握系统分析的方法和技术。

【本章学习目标】

1. 了解系统分析的任务;
2. 掌握详细调查的方法;
3. 掌握业务流程和数据流程分析的方法;
4. 理解数据字典的编制方法;
5. 掌握描述处理逻辑的工具;
6. 掌握系统分析报告的书写。

4.1 系统分析概述

系统分析是系统规划的继续,是管理信息系统开发的第二个阶段。系统分析与系统规划是不同的,从工作范围来看,系统规划是面向全局的,而系统分析是局部的、详细的。从工作深度来看,系统规划是战略的、宏观的考虑,而系统分析则是更具体、更细致的工作。

系统分析是在总体规划的指导下,对系统进行深入详细的调查研究,确定新系统逻辑模型的过程。

不论运用何种开发管理信息系统的方法,系统分析都是一个必需的并且十分重要的环节,这一环节的工作质量是决定系统开发成败的关键。

4.1.1 系统分析的概念

1. 系统分析的目的

系统分析的目的就是要弄清楚新系统将要做什么,建立新系统的逻辑模型,这一过程不涉及具体的物理实现。因此,在系统分析阶段,要集中精力,认真分析用户的需求,在理解用户需求的基础上,用科学的方法将新系统的方案表达出来,然后分析新系统方案。

2. 系统分析的定义

系统分析是由系统分析人员和用户(单位的管理人员和业务人员)一起对现有系统进行深入调查和需求分析的基础上,按照系统的观点,综合运用管理科学、计算机科学、通信技术和软件工程等多学科知识,深入研究现行系统的各项工作及用户的各种需求,使用一系列分析工具绘制一组描述系统总体逻辑方案的图表,经过与用户反复讨论、分析、修改、完善和优化,构思和设计用户比较满意的新系统的逻辑模型,并且提出适当的计算机软、硬件配置方案。

4.1.2 系统分析的特点与任务

1. 系统分析的特点

(1)系统分析具有抽象性和概括性。
(2)系统描述的形式化。
(3)"自顶向下"的工作原则。
(4)强调逻辑结构而不是物理实现。

2. 系统分析的任务

(1)通过对现行系统的详细调查,发现、识别和定义用户的需求。
(2)分析系统业务流程及数据流程,制订新系统的逻辑模型。
(3)写出系统分析报告。

系统分析的任务如图4.1所示。

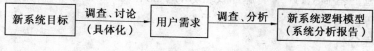

图4.1 系统分析的任务

4.1.3 系统分析方法

系统分析方法是在详细调查的基础上,描述新系统逻辑模型的一种方法。目前,对于系统分析主要采用结构化的系统分析方法,这种方法通常与系统设计阶段的结构化设计(SD)方法衔接起来使用,适用于分析大型的数据处理系统,特别是管理信息系统的开发。

1. 结构化系统分析的基本思想

结构化系统分析的基本思想是用系统的思想,系统工程的方法,按用户至上的原则,结构化、模块化、自顶向下地对信息系统进行分析,并用结构化分析的图表作为系统逻辑模型描述的主要手段。

2. 结构化系统分析的一般过程

结构化系统分析所采用的方法是"自顶向下逐层分解",即把一个复杂庞大的系统分解成为容易理解、容易实现的子系统。

4.1.4 系统分析的步骤

系统分析的过程一般分为六个步骤,如图4.2所示。

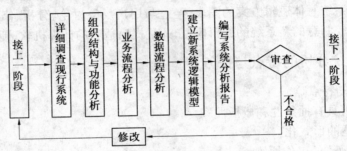

图4.2 系统分析的步骤

1. 详细调查现行系统

系统分析的第一步是详细调查现行的信息系统。通过详细调查,弄清现行系统的边界,组织机构,人员分工,业务流程,企业资源和约束情况,各种计划、单据和报表的格式、种类和处理过程等,为系统分析做好原始资料的准备工作。

2. 组织结构与功能分析

在详细调查的基础上,详细了解各级组织的职能和有关人员的工作职责、决策内容以及对新系统的要求等。

3. 业务流程分析

通过业务流程图详细描述各环节的业务处理和信息的流动。

4. 数据流程分析

根据业务流程图,把数据在组织或原系统内部的流动情况抽象出来,舍去具体的组织机构、信息载体、物资、材料等,仅从数据流动过程考察实际业务的数据模式,主要包括对信息的流动、传递、处理和存储的分析。

5. 建立新系统逻辑模型

在系统调查和系统分析的基础上建立新系统的逻辑模型,用一组图表和文字进行描述,方便用户和系统分析人员对系统提出改进意见。

6. 编写系统分析报告

系统分析阶段的成果是系统分析报告。系统分析报告是系统分析阶段的总结和向有关领导提交的文字报告，反映这个阶段调查分析的全部情况，是下一阶段系统设计的工作依据。

4.1.5 系统分析工作的难点

1. 沟通

系统分析工作是由系统分析人员与用户通过沟通完成的。

2. 系统分析报告

系统分析报告作为技术人员与用户之间的交流工具，应当严谨准确，无二义性并尽可能详尽。

3. 环境

信息系统生存在不断变化的环境中，只有适应环境的要求，信息系统才能生存下去。

为了克服这些困难，做好系统分析工作，需要系统分析员与用户精诚合作。

4.2 详细调查

调查是为深刻理解与把握企业需求，获取系统分析所需的第一手资料。详细调查是为了弄清原系统的状况，明确其执行的具体过程，发现薄弱环节，收集数据，为新系统的形成提供基本资料。详细调查是系统分析工作中最重要的环节之一。

详细调查主要针对的是管理业务调查和数据流程调查两部分，调查应遵循用户参与的原则，在调查的过程中应尽量使用图表工具。

通常用组织结构图来描述组织的结构，用业务流程图来描述管理业务状况，用数据流程图描述和分析数据、数据流程及各项功能，用结构式语言、决策树和决策表描述处理功能和决策模型。

4.2.1 详细调查与初步调查的区别

1. 目的不同

详细调查的目的是为弄清现行系统的基本功能及信息流程，为新系统逻辑模型提供基础。

初步调查的目的是明确问题和系统开发要解决的主要问题和目标，论证系统开发的必要性和可能性。

2. 内容不同

详细调查的重点在于对系统的内部情况进行更详细和具体的了解，从而可以提供在新系统建设时改进或更换的内容。

初步调查的重点是了解现行系统的概要情况及外部的关系。包括组织的资源情况、能力情况和外部影响情况等。

4.2.2 详细调查的原则与内容

1. 详细调查的原则

(1) 自顶向下全面展开。
(2) 工程化的管理方法。
(3) 全面展开与重点调查结合。
(4) 主动与用户沟通，保持积极友好的人际关系。
(5) 先熟悉业务再分析其改进的可能性。

2. 详细调查的内容

(1) 环境及运行状况。
(2) 组织机构及人员分工。
(3) 业务流程。全面细致地了解整个系统各方面的业务流程，包括物流和信息流的流通状况，各种输入、输出、处理、处理速度、处理量和处理过程的逻辑关系等。
(4) 基础数据。调查中要收集各类计划、单据和报表，了解其来龙去脉及各项内容的填写方法、时间要求，以便得到完整的信息流程。
(5) 可用资源与限制条件。
(6) 决策方式和决策过程。
(7) 薄弱环节与用户要求。

用户要求通常包括：功能要求、性能要求、时间要求、可靠性要求、安全保密要求、开发费用、开发周期和可使用资源等。

4.2.3 详细调查的方法

为了得到详尽有用的资料，系统分析人员可以采用座谈、访问、填表、抽样、查阅资料、发电子邮件、电话和电视会议、深入现场和跟班劳动等方法，进行详细调查研究。在调查过程中，为了使得调查者和被调查者双方都很容易地沟通和理解，需要借助一些简单的方法和工具。常见的详细调查方法有以下四种。

1. 开调查座谈会

调查座谈会是由训练有素的主持人以非结构化的自然方式对一小群调查对象进行的访谈。主持人引导大家进行讨论。座谈会的主要目的是从适当的目标市场中抽取一群人，通过听取他们谈论研究人员所感兴趣的话题来得到观点。这一方法的价值在于自由的小组讨论经常可以得到意想不到的发现，是最重要的定性研究方法之一。

在对系统进行详细调查时，由开发组组织用户和相关部门的经理、IT技术人员以及高层管理者参加，目的是集中精力、缩短时间、提高搜集信息的效率和准确度。

2. 重点询问

重点询问调查采用关键成功因素法的方式，提前准备好提问的问题重点，自顶向下、尽可能全面地对用户进行询问，分门别类地对询问的结果进行归纳，找出其中真正关系到此项工作成败的因素。

重点询问常见问题如下：

①你所在的工作岗位是什么？岗位工作的性质是什么？
②你的工作任务是什么？每天工作怎样进行时间安排？
③你的工作分为几班？工作结果同前、后续工作如何联系？你所在的工作岗位是否恰当？工作量如何？
④你的工作岗位存在的问题是什么？（组织不力？规划不好？信息不畅？）
⑤你的工作计划不能合理安排的原因是什么？你通常采取什么手段提高工作效率？使用计算机了吗？
⑥如果增加激励（奖金、鼓励和新技术等），工作效率是否会提高？
⑦你所接触的报表有几类？数据有哪些？满意程度如何？
⑧你认为影响本企业经营效率的关键问题是什么？
⑨从全局的利益出发，你认为现有的管理体制是否合理？
⑩你认为提高经营的潜力在哪里？现存管理体制有哪些问题？
⑪有效降低经营成本的途径有哪些？信息系统的开发在本单位是否有必要？
⑫你认为新的信息系统应该重点解决哪些问题？
⑬你所了解的管理工作中，你认为决策的效益应从哪些方面去衡量？
⑭你认为业务、财务、储运等部门是否已经使用了计算机？有什么问题？
⑮你用过计算机吗？你认为企业现在使用计算机还有什么困难吗？
⑯在你所了解的管理决策工作中，有哪些可以定量或定性用计算机处理？
⑰本企业与外部哪些企业有业务联系？业务往来用计算机处理吗？
⑱原来开发的软件有哪些毛病？为什么总出现问题呢？

3. 发放调查表

问卷调查方式针对所需调查的各项内容，绘制出相应各种形式的图表（问卷），对企业管理岗位上的工作人员进行全面的需求分析调查。采用调查图表方式进行调查，可以缩短时间，易于沟通。根据所需调查的内容，调查表可以分为组织机构调查表、功能需求调查表、业务流程调查表、企业各部门组织结构及业务范围调查表、系统业务文件调查表、信息需求调查表和计算机应用情况调查表等。

问卷方式有以下两种。

（1）自由式。用于进一步讨论某个问题或过程，收集有益的经验，倾听有经验者的叙述。

(2)选择/判断式。通过系统分析员对问卷的精心设计,以控制回答问题的范围,从而得到问题最明确的答案。

以下是某出版社系统的调查表:
①您在哪个部门工作?
②出版业务流程是什么?
③你每日都处理哪些文件、数据和报表?
④工作中手工处理特别麻烦的事情是什么?
⑤工作中什么问题手工处理解决不了?影响效率的问题有哪些?
⑥你认为提高工作效率,节省工作时间,减轻工作强度可采取哪些办法?
⑦你的部门需要成本核算和统计的内容有哪些?
⑧你的部门采用计算机管理工作情况如何?
⑨如何改进业务流程使之更合理?
⑩哪些问题是目前传统手工方法根本无法解决的?
⑪出版社计算机管理信息系统需要解决什么问题?

4. 直接参加业务实践

通过开调查座谈会、重点询问、发放调查表等方式调查后,整理调查的结果。一旦在整理中发现各个不同工作岗位上的调查结果不一致或前后连接有矛盾时,必须带着问题直接参加业务实践,深入到具体的工作岗位中去,摸清详细的业务流程、数据流程和具体工作的细节,弄清问题所在并且加以解决。

4.3 组织结构与功能分析

组织结构与功能分析是整个系统分析工作中最简单的一环,主要包括:组织结构、组织功能关系、功能结构及功能重构、组织变革等方面的内容。

其中,组织结构分析通常是通过组织结构图来实现的,是将调查中所了解的组织结构具体地描绘在图上,作为后续分析和设计的参考。业务过程与组织结构联系分析通常是通过业务与组织关系图来实现的,是利用系统调查中所掌握的资料着重反映管理业务过程与组织结构之间的关系,是后续分析和设计新系统的基础。业务功能一览表是把组织内部各项管理业务功能都用一张表的方式罗列出来,是今后进行功能/数据分析、确定新系统拟实现的管理功能和分析建立管理数据指标体系的基础。这一分析的目的并不仅仅是以相关图表表达现行系统组织功能结构,更重要的是通过分析,发现结构中存在的问题,提出合理可行的目标系统结构方案。

组织结构包括直线制、职能制、直线职能制、直线职能参谋制、事业部制和矩阵制等。我国企业大多仍采用职能制或直线职能制。在这种结构下,一定的组织结构所赋予的职能决定一定的功能结构,而一定的功能结构决定一定的业务流程和后续流程。也就是说,组织结构的不合理性必然带来功能结构的不合理性,而功能结构的不合理性必然导致业务流程的不合理性。

由于在这种结构下职能与结构的强相关性,结构的变动将引起职能变动,影响功能结构和后续流程的变动。随着体制与外部环境的演变,企业组织结构将发生改变。现在企业体制远未定型,充满变数,因此,在研究现行结构、定义目标结构时,要站在发展变化的高度,发现现行结构中存在的问题,预测未来结构的变化趋势,提出结构的调整和变革方案。

4.3.1 组织结构分析

组织结构分析就是调查分析系统内的各级组织结构。虽然信息系统并不完全依赖于组织结构,但也不能脱离组织结构凭空设计一个理想的系统结构。了解企业内部各级组织机构,可以使系统分析人员明确进一步调查的对象与方向。

1. 组织结构图

组织结构图,是一张反映组织内部之间隶属关系的树状结构图。

绘制组织结构图时要注意,各组织部门及部门之间的关系一定要完整、准确,不能马虎。某企业的组织结构图如图4.3所示。

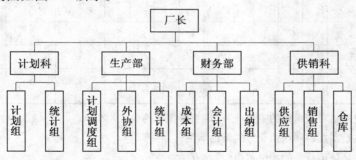

图4.3 某企业的组织结构图

2. 组织结构调查

画出组织结构图之后,还要对组织结构进行调查。调查内容一般包括:
(1)弄清组织内部的部门划分。
(2)各部门之间的领导与被领导关系。
(3)信息资料的传递关系。
(4)物资流动关系与资金流动关系。
(5)各级组织存在的问题以及对新系统的要求等。

4.3.2 组织/业务关系

系统必须设定所要实现的功能,功能是做某项工作的能力。功能要以组织结构为背景来识别和调查,每个组织都是一个功能机构,都有各自不同的功能。但是,组织结构与功能结构又不完全一致,各组织、各部门的功能,由于种种原因,有可能重叠,许多功能可能还需要多个部门合作完成。一个部门的功能也可能不是唯一的,可能需要完成多项功能。把各部门的功能以及相互之间的功能合作关系用一张二维表格绘制出来,就是组织/业务关系表。组织/业务关系表表达了组织内部各部门之间的联系程度、各部门的主要业务职能和在业务过程中所承担的工作等。组织/业务关系表中的横向表示各组织名称,纵向表示业务名称,中间栏填写组织在执行业务过程中的作用,如表4.1所示。

表4.1 组织/业务关系表

联系程度\组织\业务	计划科	质量科	设计科	工艺科	机动科	总工室	研究所	生产科	供应科	人事科	总务科	教育课	销售科	仓库	……
计划	★					√		○	○				○	○	
销售		√											★	○	
供应	√							○	★					√	
人事										★	√	√			
生产	√	○	○	○		★		★	○				√	√	
设备更新					★	√	√								
……															

★:表示该项业务是对应组织的主要业务(即主持工作的单位)
○:表示该单位是参加协调该项业务的辅助单位
√:表示该单位是该项业务的相关单位(或称有关单位)
空格:表示该单位与对应业务无关

4.3.3 功能结构图

系统要有一个总的目标,为了达到这个目标,必须完成各子系统的功能,而各子系统功能的完成,又依赖于下面各项更具体的功能来执行。对于一个新生的企业或者处于变革时期的企业,组织结构具有不稳定性,如果信息系统的设计以功能为准绳,那么系统对组织结构的变化将具有一定的独立性,会获得较强的生命力。功能调查的任务就是在组织结构调查、组织/业务调查的基础上,确定系统的功能构造,层层细化地了解各个部门的职责、工作内容、分工,最后用功能结构图表示出来。这样做可以使我们在了解组织结构的同时,对于依附于组织结构的各项业务功能也有一个概貌性的了解,也可以对于各项交叉管理、交叉部分各层次的深度以及各种不合理的现象有一个总体的了解。

现行系统的许多处理功能多数由手工完成。手工处理慢，处理功能分得较细，环节又多，甚至由于某些历史原因造成一些不合理的功能设置。那么，在分析归纳过程中，就要把不合理的流程取消，把功能相似或工作顺序相近的处理功能尽量合并，一般最后一级功能是不可再分的。分析归纳后的功能应该达到新系统的目标。调查时要按部门的层次关系进行，然后用归纳法找出它的功能，形成各层次的功能结构。系统的功能结构图如图 4.4 所示。

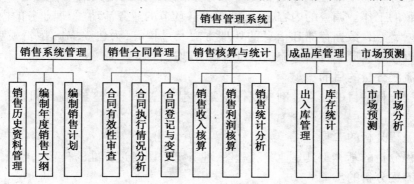

图 4.4 系统的功能结构图

4.3.4 功能重构与组织变革

计算机对功能处理的要求与手工系统不可能、也不应该是一一对应关系，需要以更合理的信息流重新定义业务流和工作流，该合并的合并，该取消的取消，该增加的增加，该整合的整合，确保信息入口的统一及出口的规范。若要根据信息流的要求进行功能重构和职能的再分配，必将引起职能与组织结构的变化。因此，在进行功能重构时，需要结合流程重组，进行组织变革，让组织更好地适应信息系统。在这个过程中，需要提出目标系统的结构和功能重组方案，让用户参与方案评审，确定后要告诉用户做了哪些改变，且为改变制订实施方案。

4.4 业务流程分析

业务流程是管理信息系统的服务对象，业务流程的改变是信息系统升级与整合的重要动因之一。所以，在管理信息系统的建设中，必须了解业务流程有哪些变化，这些变化哪些是管理信息系统需要达到的目标，哪些变化可能成为管理信息系统实施的障碍，这些工作是系统分析阶段需要解决的问题之一。

4.4.1 业务流程分析概述

业务流程分析就是弄清楚一个具体业务的处理过程，以及这个处理过程中的具体方法、步骤等，需要从一个实际业务流程的角度将系统调查中有关该业务流程的资料都串起来作进一步的分析。通过业务流程分析,可以发现和处理系统调查工作中的错误和疏漏,修改和删除原系统的不合理部分,在新系统基础上优化业务处理流程。因此,业务流程分析是系统分析的主要步骤,对整个系统分析具有基础性作用。

1. 业务流程分析的基础

业务流程分析的基础是业务流程调查和现有信息载体的相关调查。这是一项工作量大,繁琐而又细致的工作。调查的内容包括:系统中各环节的业务活动、管理业务的内容和作用以及信息的输入、输出、数据存储和信息的处理方法及过程等,为建立 MIS 逻辑模型打下基础。调查业务流程应顺着原系统信息流动的过程逐步地进行。

2. 业务流程分析的目的

业务流程分析的目的是通过剖析现行业务流程,经过调整、整合,得到目标系统的业务流程。

3. 业务流程分析的工具

业务流程分析的基本工具是业务流程图,业务流程图通过标准的符号进行绘制。

4. 业务流程分析的步骤

(1) 绘制出各业务部门的业务流程图。
(2) 与业务人员共同讨论业务流程图是否符合实际情况。
(3) 利用管理科学理论,分析业务流程图中的问题。
(4) 按照 MIS 要求,与业务人员讨论,提出改进业务流程的方案。
(5) 将新业务流程提交决策和评审机构,进而确立切实合理的业务流程。

4.4.2 业务流程图

业务流程图(Transition Flow Diagram,TFD)是用一些规定的符号及连线描述管理系统内各单位、人员之间业务关系、作业顺序和管理信息流动的流程图。换句话说,就是一"本"用图形方式来反映实际业务处理过程的"流水账",根据这一"账本",可以方便帮助系统分析人员找出业务流程中的不合理流向,从而优化业务处理过程。

业务流程图符号简单明了,非常易于阅读和理解;不足之处是对一些专业性较强的业务处理细节缺乏足够的表现手段。比较适用于反映事务处理类型的业务过程。

1. 业务流程图的基本符号及含义

业务流程图的基本图形符号有 6 个,符号的内部解释可直接用文字标于图内。圆圈表示业务处理单位,方框表示业务处理内容,报表符号表示输出信息(报表、报告、文件和图形等),不封口的方框表示存储文件,卡片符号表示收集资料,矢量连线表示业务过程联系。这些符号所代表的内容与信息系统最基本的处理功能一一对应,如图 4.5 所示。

2. 业务流程图的绘制

TFD 根据系统调查表中所得到的资料和问卷调查的结果,按业务实际处理过程且用给定

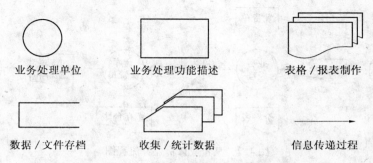

图 4.5 业务流程图的基本符号

的符号绘制在同一张图上。有关业务流程图的画法,目前尚不太统一,但大同小异,只是在一些具体的规定和所用的图形符号方面有些不同,而在准确明了地反映业务流程方面是非常一致的。业务流程图的绘制过程如图 4.6 所示。

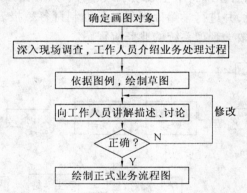

图 4.6 业务流程图的绘制过程

在绘制 TFD 的过程中发现问题,分析不足,优化业务处理过程,所以说绘制 TFD 是分析业务流程的重要步骤。

4.4.3 绘制业务流程图举例

1. 企业订货业务流程分析

某企业业务流程描述:客户填写"订货单"后,将"订货单"交企业的业务经理。业务经理在"价格表"中查找相应商品的单价,填写"出货单"交仓库保管员。仓库保管员查阅"库存台账",如果有货则向客户发出"发货单"并更新库存台账;如缺货,则发"缺货通知单"通知生产计划科安排计划生产。业务流程图如图 4.7 所示。

2. 高校教学管理系统业务流程分析

某高校教学管理业务流程描述:招生办进行招生工作。新生入学后填写学生情况登记表,

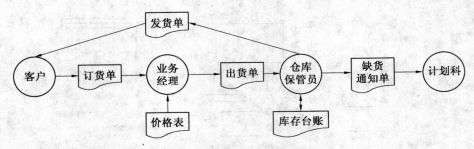

图 4.7 某企业订货业务流程图

各系部审核后,上报教务处招生办公室,招生办将这些报表汇总后与学校招生名单进行核对,准确无误后上报有关部门。各专业要制订教学计划,教务处进行讨论协调后形成综合教学计划下发各系部。各系部根据教学计划安排授课教师,制订全校课程表,将课程表下发到各系部和学生。期末考试结束后,各系部将学生成绩录入、归档,然后教务处对学生成绩进行分析,统计留降级学生,报领导审批,并进行学籍处理。教务处制订各种报表上报教委、校长和有关单位。图 4.8 显示了某高校教学管理系统的业务流程图。

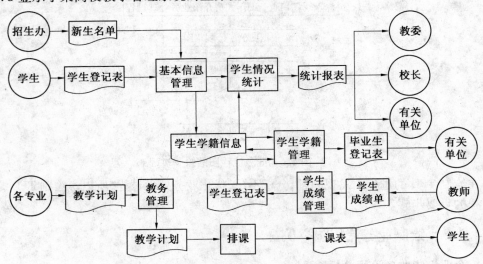

图 4.8 某高校教学管理系统的业务流程图

图 4.8 反映了系统总体业务情况,确定了系统的边界。其中"学生基本信息管理"业务包括:学生在校期间因种种原因申请休学、复学、退学,或因学习成绩太差或违反校纪、校规被开除学籍、勒令退学、留级等种种情况的处理。学校每年要将这些情况上报有关部门。图 4.9 显示了"学生基本信息管理"子系统业务流程图。

"学生学籍管理"业务包括:跳级、休复学、退学、转专业、留降级处理。学生的留降级或退学等要根据成绩进行判断处理。而学生的跳级和转专业、自动退学是由本人提出申请,经系学

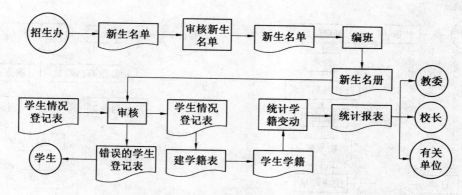

图 4.9 "学生基本信息管理"子系统业务流程图

生工作委员会初步同意后,报教务处进行复核,经校领导批准后由教务处负责执行,执行结果记入学生档案。学生的学籍管理还包括毕业生的学籍处理。每年学生毕业前,各系部对应届毕业生进行初步的毕业资格审查,然后报教务处复审,核查无误后,审批实施,并将结果记入学生学籍,将证书下发给学生。图 4.10 显示了"学生学籍管理"子系统业务流程图。

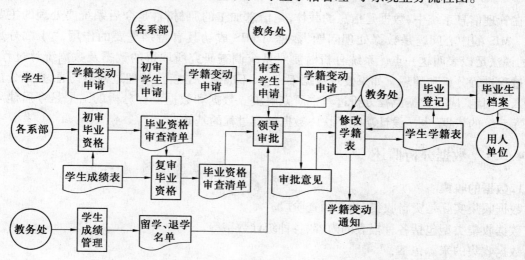

图 4.10 "学生学籍管理"子系统业务流程图

3. 网上书店系统的业务流程分析

网上购物系统主要实现用户登录本网站后,购买商品的一系列功能操作。用户购买商品的业务流程如图 4.11 所示。

用户购买的商品都会添加到购物车里面,如果用户不打算购买该商品或想更改该商品的数量等,这些操作都可以在购物车中完成。购物车的业务流程如图 4.12 所示。

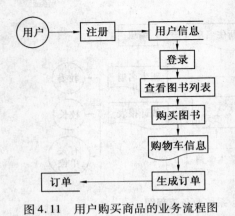
图 4.11 用户购买商品的业务流程图

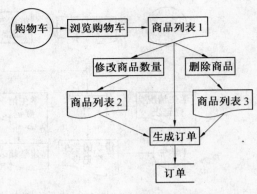
图 4.12 购物车的业务流程图

4.5 数据流程分析

在管理信息系统中,数据是信息的载体,是信息加工的原材料,是今后系统要处理的主要对象。MIS 的中心问题是数据处理问题,数据对 MIS 成功具有特别重要的作用,"十二分数据"的说法足以表明这一点。系统分析时要对系统调查研究所取得的数据及数据统计过程、处理过程进行分析和整理。如果发现数据不完全、不准确、不规范、处理过程不畅通、数据分析不深入等问题,应在数据流程分析过程中研究解决。数据和数据流程分析的结果是今后建立数据库系统的依据,也是设计功能模块中数据处理过程的基础。

4.5.1 数据分析概述

1. 数据的收集

数据收集实际是资料收集,始于调查阶段。

数据收集类型包括各种报表的内容、各种统计数字等。

数据收集的来源包括:

①现行组织机构。

②现行各系统或部门的业务流程。

③各种会议的决议。

④计算机文件(或数据库)系统的数据组织结构。

⑤上级下达的各种文件和各项任务指标。

⑥与本单位有关的其他单位的有关信息。

⑦其他各种报表、报告、图表。

数据收集方法包括查阅档案、采访调查、测定、采样、参加实践和会议。

数据收集的初步结果通常填入数据量汇总表和报表统计表。

2. 数据汇总

数据汇总是一项较为繁杂的工作,需要将系统调查中收集到的数据资料,按业务过程进行分类编码,按处理过程的顺序排放在一起。

(1)数据的分类。

①本系统输入数据类(如入库单、收据、凭证),是输入系统的数据。

②本系统存储数据类(如账本、清单、记录文件),是由系统数据库保存的数据。

③本系统产生的数据类(主要指系统运行时产生的各类报表,如月销售统计报表、人事考勤记录),是系统输出的数据。

(2)数据汇总的步骤。

①数据分类编码。按业务过程分类编码,按处理过程排序。

②数据完整性分析。自顶向下整理数据,从本到源。

③将所有原始数据和最终数据分类整理出来。原始数据是新系统确定关系数据库基本表的主要内容;最终输出数据反映了管理业务所需要的主要指标。

④确定数据的字长和精度。数值型数据还应分析数据的正、负号,小数前后的位数,取值范围等。

3. 数据的分析

数据汇总只是从某项业务的角度对数据进行了分类整理,这些数据包罗万象、逻辑关系不明确、冗余度大、数据的来源和目的地不明确、格式不规范,还不能确定收集数据的具体形式以及整理数据的完备程度、一致程度和无冗余的程度。因此还需对这些数据作进一步的分析。为在建立数据模型时能以精确、逻辑严密的数据作为基础,应对收集的数据进行去粗取精、去伪存真的加工处理,称为数据分析。

(1)数据分析的目的。数据分析的目的主要表现在确定新系统的信息需求,为信息管理方法的设计做准备工作,为确定计算机系统结构和系统配置提供依据。

(2)数据分析的方式。

①围绕系统目标进行分析。围绕系统的目标、组织结构与业务功能,分析已经收集到的信息能否提供足够的支持。

从业务处理角度看,需要哪些信息,哪些信息是冗余的,哪些是暂缺而有待进一步收集。

从管理的角度看,应该分析这些信息的精度如何,能否满足管理的需要,信息是否及时,可行的处理空间如何,能否满足对生产过程及时进行处理的需求。

对于一些定量化的分析(如预测、控制等)能否提供信息支持,等等。

②弄清信息周围环境。分清这些信息是从现有组织结构中哪个部门来的,目前用途如何,受周围哪些环境影响较大(如有的信息受具体统计人员的计算方法影响较大,有的信息受检

测手段的影响较大,有的受外界条件影响较大),当前信息的上一级信息结构是什么,下一级的信息结构是什么。

③围绕现行业务流程进行分析。分析现有报表的数据是否全面,是否满足管理的需要,是否正确地反映业务的实物流;现有的业务流程有哪些弊病,要做哪些改进;做出这些改进后的信息与信息流应做出什么样的相应改进,对信息的收集、加工与处理有什么新要求,等等。

④数据特征分析与数据逻辑描述。以上收集的原始资料、单据和报表等资料,正确取舍后,将其转换成能被计算机所容易理解、识别的数据,以便处理。目前数据库软件把对数据的描述分为三个层次,即数据元素、记录和数据文件。

(3) 数据分析的内容。

①数据特性分析。数据特性分析包括数据的静态特性(数据类型、长度、取值范围、单位时间发生的业务量)和动态特性的分析。分析哪些数据基本上是固定不变的(如职工的姓名、性别等);哪些数据是个别变动的(如职工的工资);哪些是随机变化的(如职工的病事假扣款)。

数据特性分析是为了正确地确定数据和文件的关系。一般将具有固定属性的数据放在主文件中,把具有个别变动属性的数据放在周转文件中,把具有随机变化属性的数据放在处理文件中。

②数据存储分析。数据存储分析主要是指对各种单据、账册进行分析,确定需要存储数据的内容及数据之间的关系。根据新系统对功能的划分来确定是否需要增加新的存储单据或账册,对于已经确定要存储的单据或账册则要确定是否要增加新的数据项。去掉非基本的和多余的数据项,以减少数据冗余。为了便于检索,可以增加必要的代码数据项。

③数据查询要求分析。在详细调查中,用户已经对数据查询提出了要求,数据查询要求分析的目的是为了有的放矢地、合理地组织数据存储,从而采用高效率的检索技术。

④数据输入/输出分析。在数据输入方面,要分析原有系统各种数据输入的目的、适用范围、数据量的多少、数据是否得到有效的利用和现有的输入方式、速度、精度能否满足要求等,从而确定新系统的数据输入范围、方式、速度和输入设备。在数据输出方面,除了满足查询要求外,要分析原系统各种输出报表(包括手工填写的)的目的、使用范围、哪些是多余的或不符合实际要求的,从而确定新系统应输出的报表和所使用的输出设备。

4.5.2 数据流程分析概述

1. 数据流程分析的概念

一个从现行业务中抽取能够由计算机自动或半自动完成的那一部分业务活动的过程,这个抽取过程也就是对业务流程图的分析过程,称为数据流程分析。

数据流程分析是把数据在组织(或原系统)内部的流动情况抽象地独立出来,舍去了具体组织机构、信息载体、处理工作、物资、材料等,单从数据流动过程来考查实际业务的数据处理模式。主要包括对信息的流动、传递、处理和存储等的分析。

2. 数据流程分析的目的

发现和解决数据流通中的问题,如数据流程不畅、前后数据不匹配、数据处理过程不合理等。

一个畅通的数据流程是今后新系统用以实现这个业务处理过程的基础。

3. 数据流程分析的过程

按照自顶向下、逐层分解、逐步细化的结构化分析方式进行。先从业务流程图整理出业务流程顺序,分析信息的流动、传递、处理和存储等情况,一边绘图,一边核对相应的数据、报表模型等,然后绘制成一套完整的数据流程图。

4. 数据流程分析的结果

数据流程分析的结果用数据流程图表示。常见的数据流程图有两种,一种是以方框、连线及其变形为基本图例来表示数据流动的过程,称为方框图法;另一种是以圆圈及连接弧线来表示数据流的过程,称为泡泡图法。这两种方法在表示数据流动时大同小异,但是针对不同的数据处理流程各有特点。在此只介绍方框图。

4.5.3 数据流程图

数据流程图(Data Flow Diagram,DFD)是进行数据流程分析的主要工具,也是描述系统逻辑模型的主要工具。数据流程图描述数据流动、存储和处理的逻辑关系,也称为逻辑数据流程图。

在对数据进行收集、整理分析后,可按现行管理系统的业务流程图绘出相应的数据流程图,数据流程图抽象地舍去具体的组织结构、工作场所、物流和材料等,仅从信息流动的角度考查实际业务处理情况。

1. 数据流程图的特征

DFD 是描述系统数据流程的主要工具,有如下两个特征:

(1)抽象性。在 DFD 中,只描述信息和数据存储、流动、使用以及加工情况,抽象地总结出信息处理的内部规律。

(2)概括性。数据流程图把系统对各种业务的处理过程联系起来考虑,形成一个整体。前面介绍的 TFD 没有反映出这种数据流之间的关系。

2. 数据流程图的构成

DFD 由四种基本符号组成,如图 4.13 所示。

(1)外部实体。外部实体(又称外项)指系统以外又与系统有联系的人或事物,表示该系统数据的外部来源和去处,例如顾客、职工、供货单位和批发商等。外部实体也可以是另外一个信息系统。

我们用一个正方形,并在其左上角外边另加一个直角来表示外部实体,在正方形内写上这

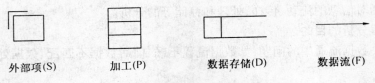

图 4.13　数据流程图的基本符号

个外部实体的名称。为了区分不同的外部实体,可以在正方形的上角用一个字符表示。在数据流程图中,为了减少线条的交叉,同一个外部实体可在一张数据流程图中出现多次,这时在该外部实体符号的右下角画小斜线,表示重复。外部实体的表示如图 4.14 所示。

图 4.14　外部实体

外部实体必须通过一个数据流和一个处理连接在一起,如图 4.15 所示。

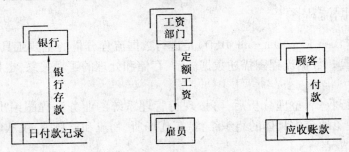

图 4.15　外部实体示例

(2)加工。加工是指对数据流的操作,又称为处理逻辑。

在数据流程图中,用长方形表示加工,长方形分为三个部分,从上到下分别是标识部分、功能描述部分和功能执行部分,如图 4.16 所示。

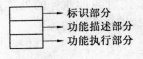

图 4.16　加工

标识部分就是用简单的符号来唯一地标识出这个处理,从而区别于其他处理逻辑,一般用字符串表示,也可用 P 加数字表示,另外应表示出它的层数,如 P1、P1.1 等。标识部分可以省略。

功能描述部分直接表达这个处理的逻辑功能。一般用一个动词加一个名词表示,如统计报表、教务管理、学生成绩管理等。恰如其分地表达一个处理的功能,有时需要下一番功夫。功能描述部分是必不可少的。

功能执行部分表示这个功能由谁来完成,可以是一个人,也可以是一个部门,也可以是某个计算机程序。一般来说功能执行部分同标识部分一样,不是必须的。

在数据流程图中,加工必须有输入/输出的数据流,可有若干个输入/输出的数据流,但不能只有输入数据流而没有输出数据流,或只有输出数据流而没有输入数据流的处理。

(3)数据流。数据流是指处理功能的输入或输出,由一个或一组确定的数据组成。用一个水平箭头或垂直箭头表示,箭头指出数据的流动方向。

一般来说,为使用户和系统设计员能够理解数据流的含义,需要对每个数据流加以简单的描述,对数据流的描述写在箭头的上方,一些含义十分明确的数据流,也可以不加说明,如图4.17所示。

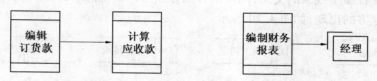

图 4.17　数据流示例

有时很难用简单而适当的语句来描述一个数据流。例如储户到储蓄所去存取款时,要将填写好的存(取)单与存折交给营业员,营业员处理完这笔业务后,把存折交给储户。若把"存取单"与"存折"这两个平行且方向相同的数据流合并为"存取要求",则可以减少一个数据流,数据流程图就更简单好读一些,至于"存取要求"的具体内容,会随着数据流程图的展开,变得更具体化。数据流的简化如图4.18所示。

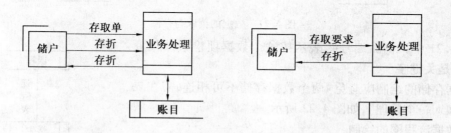

图 4.18　数据流的简化

数据流的绘制应避免的情况:
①没有输入数据流"自发生成",如图 4.19(a)所示。
②没有输出数据流"黑洞",如图 4.19(b)所示。
③输入数据不足以产生输出数据"灰洞",如图 4.19(c)所示。

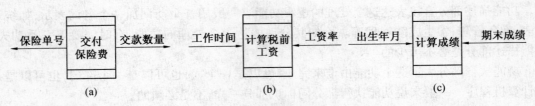

图 4.19　数据流的绘制

（4）数据存储。数据存储表示数据保存的地方。这里"地方"并不是指保存数据的物理地点或物理介质，而是指数据存储的逻辑描述。

在分层 DFD 中，数据存储一般仅属于某一层或某几层，因此，又称数据存储为局部文件。

在数据流程图中，数据存储用右边开口的长方条表示。在长方条内写上数据存储的名字。名字也要恰当，以便用户理解。为了区别和引用方便，再加一个标识，用字母 D 和数字组成。为了避免数据流程图中线条的交叉，同一个数据存储可以出现若干次，用竖线表示同一数据存储在图上不同地方的出现，如图 4.20 所示。

图 4.20　数据存储

指向数据存储的箭头，表示送数据到数据存储（存放、改写等）；从数据存储发出的箭头，表示从数据存储读取数据，如图 4.21 所示。

图 4.21　数据的读取与存储

图 4.21 中，"商品编号#"表示按这个数据项检索，即"商品编号"是关键字。

数据存储的绘制应避免"两个数据存储不可相连，需在二者之间加入一个处理"，如图 4.22 所示。

3. 数据流程图的绘制

按照业务流程图理出的业务流程顺序，将相应调查过程中所掌握的数据处理过程，绘制成一套完整的数据流程图，一边整理绘图，一边核对相应的数据和报表、模型等。如果有问题，则定会在这个绘图和整理过程中暴露出来。

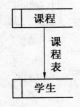

图 4.22　数据存储示例

（1）绘制数据流程图的基本思想。按照系统的观点，自顶向下地分层展开绘制。换句话说,就是把一个系统看成一个整体功能,明确信息的输入与输出,系统为了实现这个功能,内部必然有信息的处理、传递和存储过程。这些处理又可以分别看做整体功能,其内部又有信息的处理、传递和存储过程。如此一级一级地剖析,直到所有处理步骤都很具体为止。

(2)绘制数据流图的主要原则。

①明确系统界面。

②自顶向下逐层扩展。

③合理布局。

④数据流图绘制过程,就是系统的逻辑模型的形成过程,必须始终与用户密切接触,详细讨论,不断修改,也要和其他系统建设者共同商讨求得一致意见。

(3)数据流程图的编号。在数据流程图中,对于外部实体、加工、数据流和数据存储都要有合理、统一的命名、编号,以便今后进一步编写数据字典。一般的规律是:

外部实体——S 处理逻辑——P 数据流——D 数据存储——F

(4)绘制数据流程图的步骤。

①确定与本系统有关的外部实体(与本系统有关的单位、部门和人),即系统的数据来源和去处。

②确定整个系统的输出数据流和输入数据流,把系统作为一个加工环节,画出顶层数据流程图。

③确定系统的主要信息处理功能,按此将整个系统分解成几个加工环节(子系统),确定每个加工的输出与输入数据流以及与这些加工有关的数据存储。

④根据自顶向下、逐层分解的原则,对上层图中全部或部分加工环节进行分解。

⑤重复步骤④,直到逐层分解结束。

⑥对图进行检查和合理布局,主要检查分解是否恰当、彻底,DFD 中各层是否有遗漏、重复和冲突之处,各层 DFD 及同层 DFD 之间关系是否合理及命名、编号是否确切、合理等,对错误与不当之处进行修改。

⑦和用户进行交流,在用户完全理解数据流程图内容的基础上征求用户的意见。

下面我们以高校学籍管理系统为例,说明绘制数据流程图的步骤。

学籍管理是一项十分严肃而又复杂的工作,需要记录学生从入学到学生离校整个在校期间的情况。学生毕业时把学生的情况提供给用人单位,学校还要向上级主管部门报告学生学籍变动情况。

首先,我们把整个系统看成一个功能。系统的输入是新生入学时,由省、市招生办公室转来的新生名单和档案,输出是学生离校时给用人单位的毕业生档案,以及定期给主管部门的统计报表。"学籍表"中记载学生的基本情况,如学籍变动情况、各学期各门课程的学习成绩、在校期间的奖惩记录等。顶层数据流程图概括描述了系统的轮廓、范围,标出了最主要的外部实体和数据流。还有一些外部实体、数据流没有画出来,随着数据流程图的展开再逐渐增加。这样做的好处是突出主要矛盾,使系统轮廓更加清晰。

学籍管理系统顶层 DFD 如图 4.23 所示。

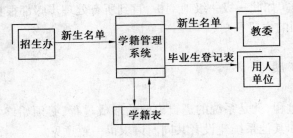

图 4.23 学籍管理系统顶层 DFD

图 4.23 是进一步分析的出发点。学籍管理包括学生学习成绩管理、学生奖惩管理和学生异动管理三部分。由此,可以将图 4.23 展开成图 4.24。虚线框是图 4.23 中学籍管理处理功能的放大。图 4.23 中的各个数据流都必须反映在图 4.24 上。此外还有新增的数据流和外部实体。数据存储"学籍表"是图 4.23 中原有的,可画在虚线框外。

学籍管理系统第一层 DFD 如图 4.24 所示。

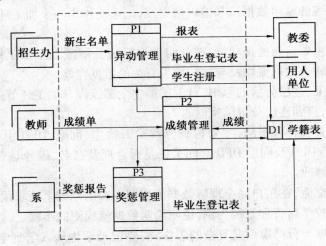

图 4.24 学籍管理系统的第一层 DFD

下面以"成绩管理"为例,详细地说明逐层分解的思路。

某校现在实行校、系两级学习成绩管理,学校教学管理科、系教务员都登记学生成绩。任课教师把学生成绩单一式两份分别送系教务员和学校教学管理科(简称教管科)。系教务员根据成绩单登录学籍表,学期结束时,给学生发成绩通知,并根据学籍管理条例,确定每个学生升级、补考、留级和退学的情况。教管科根据收到的成绩单登录教管科存的学籍表,统计各年级各科成绩分布报主管领导。补考成绩也作类似处理。这样 P2 框扩展成图 4.25。

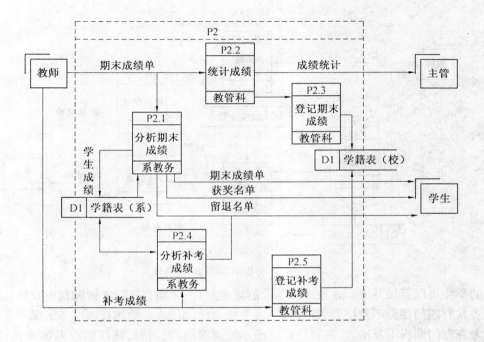

图 4.25 "成绩管理"框的展开

从图 4.25 可看出某些不尽合理的地方。例如"学籍表"结构是一样的,但是系里存一份,教管科也存一份,数据冗余,工作重复。但现实情况就是这样,在调查阶段应如实反映,至于新系统应怎么做,可在对现行系统分析的基础上,提出新系统逻辑模型时再考虑。

图 4.25 中的一些处理,有的框还需要进一步展开。如 P2.1 一框,"分析期末成绩"包括以下几件事:

① 把每个学生的各科成绩登录在所在班的"学习成绩一览表"中。
② 根据"学习成绩一览表",在学籍表中填写各个学生的成绩。
③ 根据"学习成绩一览表"评学习成绩优秀奖。
④ 根据学习成绩一览表、以往留级情况(学籍表中有记载)决定学生的升级、补考、留级和退学。
⑤ 发成绩通知单,通知补考时间。

这样 P2.1 框展开如图 4.26 所示。图中的数据存储 D2,即学习成绩一览表,只是与 P2.1 有关,不涉及其他处理框,因此必须画在虚线框内。

在图 4.26 中,除 P2.1.5 框之外,其他各个处理都已十分明确,不需要再分解。而 P2.1.5 "确定异动情况"还比较复杂,需要进一步分解。学期结束之后,根据学习成绩,学生的异动有四种可能:升级、补考、留级和退学。所有考试、考查科目都及格的学生当然升级,个别科目不

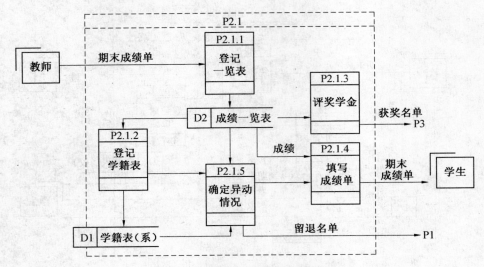

图 4.26 "分析期末成绩"框的展开

及格的学生可以参加补考。该校现行学籍的规定是:一学期有三门考试课程不及格,或者考试和考查共有四门课程不及格者,将没有补考资格,直接留级;一学期有四门考试课不及格,或考试和考查五门课程不及格者,将直接退学而不能留级重读;另外,连续留级两次或在校学习期间累计留级两次者,也应退学。因此,确定学生异动情况,先要统计学生本学期不及格的科目,涉及留级的情况,还要查看过去的学籍异动情况,判定应该是留级还是退学。这样,P2.1.5 框可展开如图 4.27 所示。

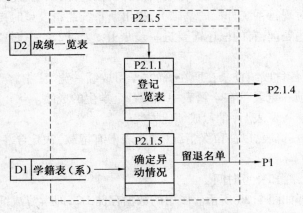

图 4.27 "确定异动情况"框的展开

至此,"成绩管理"的分解到此结束。作为一个练习,建议读者走访本校的有关部门,根据实际情况画出"异动管理"、"奖惩管理"的分解图。

(5)绘制数据流程图的注意事项。

①数据流程图中的层次划分。从对学籍管理系统的数据流程分析中得到一系列分层的数据流程图。最上层的数据流程图概括地反映出信息系统最主要的处理功能、外部实体和数据存储。顶层图中的处理名称应该是子系统的名称,并且要将系统所涉及的所有外部实体都罗列出来。顶层数据流程图高度抽象,过于粗糙,在实际应用中无法使用,但是,数据流程图的绘制工作却是从此开始。这张图清晰明了地展示了系统的主要功能与环境的联系。

逐层扩展数据流程图,是对上一层图(父图)中某些处理功能进行分解。随着处理功能的分解,功能越来越具体,数据存储、数据流越来越多。必须注意,下层图(子图)是上层图中某个处理功能的"放大"。因此,凡是与这个处理功能有联系的外部实体、数据流和数据存储必须在下层图中反映出来。下层图上用虚线长方框表示所放大的处理框,属于这个处理内部用到的数据存储画在虚线框内,属于其他框也要用到的数据存储,则画在虚线框之外。

逐层扩展的目的,是把一个复杂的功能逐步分解为若干较为简单的功能。逐层扩展不是使系统失去原来的面貌,而是应该保持系统的完整性和一致性。究竟怎样划分层次,划分到什么程度,没有绝对的标准,但一般认为:

A. 展开的层次与管理层次一致,也可以划分得更细。处理功能的分解要自然,注意功能的完整性。对于一个复杂的大系统,有时可分至 7~8 层之多。

B. 一个处理功能经过展开,一般可以分解为 4~10 个处理功能。

C. 最下层的处理过程最好用几句话,或者用几张决策表或一张简单的 HIPO 图来表达清楚,最细的处理过程要么是手工处理,要么是计算机处理。如果是手工处理,应该是一个人能干的工作,若是计算机,一般不要超过 100 个程序语句。

②检查数据流程图的正确性。通常可以从以下几个方面检查数据流程图的正确性:

A. 数据守恒,亦即输入数据与输出数据的匹配问题。数据不守恒有两种情况:一种是某个处理过程用以产生输出的数据没有输入给这个处理过程,这肯定是遗漏了某些数据流;另一种是某些输入在处理过程中没有使用,这不一定是一个错误,但值得再研究一下为什么会产生这种情况,是否可以简化。

B. 文件的使用。数据流程中的任何一个数据存储,必定有流入的数据流和流出的数据流,即写文件和读文件,缺少任何一种都意味着遗漏某些处理。

画数据流程图时,应注意处理框与数据存储之间数据流的方向。一个处理过程要读文件,数据流的箭头应指向处理框,若是写文件则箭头指向数据存储。修改文件要先读后写,但本质上是写,箭头也指向数据存储。若除修改之外,为了其他目的还要读文件,此时箭头画成双向的。

C. 上层图与下层图的平衡。上层图中某一处理框的输入、输出数据流必须出现在相应的下层图中,否则就会出现上层图与下层图的不平衡,这是一种常见的错误,而不平衡的分层使人无法理解。因此,特别应注意检验上层图与下层图的平衡,尤其是对下层图进行某些修改之后。上层图的某框扩展时,在下层图中用虚线框表示,有利于这种检查。上层图与下层图的关系,类似于全国地图与分省地图的关系。在全国地图上标出主要的铁路、河流,在分省地图上标得则更详细,除了有全国地图上与该省相关的铁路、河流之外,还有一些次要的铁路、公路和河流等。

D. 任何一个数据流至少有一端是处理框。换言之,数据流不能从外部实体直接到数据存储,不能从数据存储到外部实体,也不能在外部实体之间或数据存储之间流动。初学者往往容易违反这一规定,常常在数据存储与外部实体之间画数据流。其实,记住数据流是指处理功能的输入或输出,就不会出现这类错误。

③提高数据流程图的易理解性。数据流程图是系统分析员调查业务过程,与用户交换思想的工具。因此,数据流程图应该简明易懂。这也有利于后面的设计,有利于对系统说明书进行维护。可以从以下几个方面提高易理解性。

A. 简化处理间的联系。结构化分析的基本手段是"分解",其目的是控制复杂性。合理的分解是将一个复杂的问题分成相对独立的几个部分,每个部分可单独理解。在数据流程图中,处理框间的数据流越少,各个处理就越独立,所以我们应尽量减少处理框间输入及输出数据流的数目。

B. 均匀分解。如果在一张数据流程图中,某些处理已是基本加工,而另一些却还要进一步分解三、四层,这样的分解就不均匀。不均匀的分解不易被理解,因为其中某些部分描述的是细节,而其他部分描述的是较高层的抽象。遇到这种情况,应重新考虑分解,努力避免特别不均匀的分解。

C. 适当命名。数据流程图中各种成分的命名与易解性有直接关系,所以应注意命名适当。处理框的命名应能准确地表达其功能,理想的命名由一个动词加一个名词(宾语)组成,在下层尤其应该如此,例如"计算总工作量"、"开发票";而"存储和打印提货单"最好分成两个;"处理订货单"、"处理输入"则不太好,"处理"是空洞的动词,没有说明究竟做什么,"输入"也是不具体的宾语。某个成分比较难命名,往往是分解不当的迹象,应考虑重新分解。

同样,数据流、数据存储也应适当命名,尽量避免产生错觉,以减少设计和编程等阶段的错误。

(6)数据流程图的用途。

①利用数据流程图,系统分析人员可以自顶向下地分析整个系统的信息流程。

②根据逻辑存储,可以进一步做数据分析,向数据库设计过渡。

③根据数据流向,确定存储方式。

④可以在流程图上标出需要计算机处理的部分。

⑤对应一个处理过程,用相应的结构化语言、判断表等工具来表达处理方法,向程序设计过渡。

4.5.4 数据流程图举例

1. 企业物料管理数据流程分析

某制造企业的物料出入库管理的工作流程分别叙述如下：

（1）出库工作流程。

①领料人提交领料单。

②系统根据领料计划单检验该领料单是否有效。

③若经检验没有相应的领料计划，则通知领料人该领料单无效。

④若领料单有效，系统接着根据物料主文件检查是否有足够的库存。

⑤若没有足够的库存，系统向领料人发缺货单。

⑥若有足够的库存，系统根据有效领料单修改物料主文件中的现有库存量；将待出库的物料清单打印出来，交领料人。

（2）入库工作流程。

①采购员提交入库单。

②系统根据采购计划单验收入库单。

③若验收发现没有相应的采购计划，则系统向采购员发无效入库单。

④若验收合格，则系统根据供货方档案进行物料检验；并根据检验结果填写物料检验单。

⑤如果物料或供货方不合格，则向采购员发出退货单。

⑥如果检验合格，则由系统根据物料检验单修改物料主文件中的现有库存量。

物料出入库的数据流程图如图 4.28 所示。

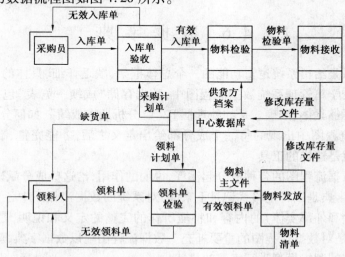

图 4.28 物料出入库的数据流程图

根据工作流程的描述,找出数据流程图的错误(共有三处,全是数据流有误),并修改。

名称:"缺货单"　　　起点:领料单检验　　终点:领料人
名称:"退货单"　　　起点:物料检验　　　终点:采购员
名称:"物料主文件"　起点:中心数据库　　终点:领料单检验

2. 网上书店系统的数据流程分析

网站系统的数据流程分析主要把数据在信息系统中的流动过程抽象出来,用来专门考虑业务处理中的数据处理模式。由于本网站系统的数据模块较多,下面仅以购物车管理模块为例来进行编制数据流程图,其他模块类同,购物车数据流程图如图4.29所示。

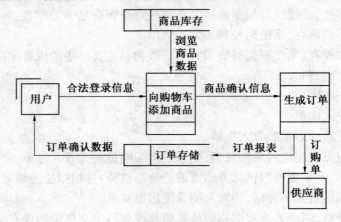

图4.29　购物车数据流程图

4.6　数据字典

数据流程图只是给出系统逻辑功能的一个总体框架,缺乏详细、具体的内容。例如,在我们前面提到的高校学籍管理系统数据流程图中,数据存储"成绩一览表"包括哪些内容,在数据流程图中表达不够具体、准确。又如处理框P2.1"分析期末成绩",如何分析,图上也看不出来。只有当数据流程图中出现的每一个成分都给出定义之后,才能完整、准确地描述一个系统。而数据字典就是这样的工具。

数据字典对数据流程图的各种成分起注释、说明的作用,给这些成分赋以实际的内容。换句话说,所谓数据字典是以特定格式记录下来的、对系统的数据流程图中各个基本要素(数据流、加工、数据存储和外部实体)的内容和特征所作的完整的定义和说明,是结构化系统分析的重要工具之一,是对数据流程图的重要补充。数据流程图配以数据字典,就可以从图形和文字两个方面对系统的逻辑模型进行完整的描述。

数据字典最初用于数据库管理系统,为数据库用户、数据库管理员、系统分析员和程序员提供某些数据项的综合信息。这种思想启发了信息系统的开发人员,将数据字典引入系统分析。

4.6.1 数据字典的内容

数据字典描述的主要内容有:数据元素、数据结构、数据流、处理逻辑、数据存储和外部实体。下面就以高校学籍管理系统数据流程图为例,说明数据字典的编制。

1. 数据元素

数据元素也称为数据项,是数据的最小单位,用来描述数据的静态特性。

对每个数据元素,需要描述以下属性:

(1)名称:数据元素的名称要尽量反映该元素的含义,便于理解和记忆。

(2)别名:一个数据元素可能名称不止一个。若有多个名称,则需加以说明。

(3)类型:一般情况下,数据元素可以有两种类型——字符数据和数值数据。

(4)取值范围和取值的含义:指数据元素可能取什么值或每一个值代表的意思。数据元素中的值通常有离散型和连续型两种:离散型是指某些不连续的值,如姓名、品种和规格等;连续型是指在一定范围内可以连续变动的值,如职工年龄的取值可从 16~70 岁。

(5)长度:指出该数据元素由几个数字或字母组成。如学号,现在的编码由 7 个数字组成,其长度就是 7 个字节。

除以上内容外,数据元素的条目还包括对该元素的简要说明、与该元素有关的数据结构等。表 4.2 是数据元素条目的一个例子。

表 4.2 数据元素条目

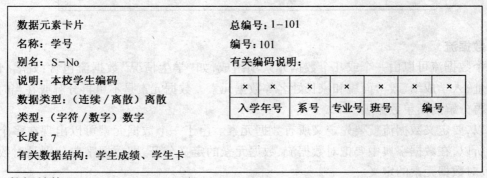

2. 数据结构

数据结构主要说明系统中数据元素之间的关系。一个数据结构可以由若干个数据项组成,也可以由若干个数据结构组成;还可以由若干个数据项和数据结构组成。

数据结构的定义包括以下内容:

(1)数据结构的名称和编号。

(2) 简述。
(3) 数据结构的组成。

表 4.3 是数据结构条目的一个例子。

表 4.3　数据结构条目

数据结构卡片	总编号:2-03
名称:学生登记卡	编号:008
说明:新生入学时填写的卡片	有关的数据流、数据存储:
结构:	新生登记表、学籍卡
学号	数量:每年约 1 000 份
姓名	
[曾用名]	
入学日期	
出生日期	
性别	
民族	
家庭住址	
本人简历*	
开始时间	
终止时间	
单位	
职务	

3. 数据流

一个数据流可以由一个或几个数据元素项组成,如"学生情况"数据流包含:姓名、性别、家庭住址、入学成绩、政治面貌和家长姓名等数据元素。数据元素是不可再分解或在当时情况下不必再分解的简单数据项。

所以,要定义数据流就要先定义所有数据元素。由于一个数据元素可以出现在多个数据流中。所以,在数据字典中要把对数据流、数据元素的定义分开,即数据字典分别是对数据流的定义、对数据元素的定义。

对每个数据流,需要描述以下属性:

(1) 数据流的来源。数据流可以来自某个外部实体、数据存储或某个处理。

(2) 数据流的去处。某些数据流的去处可能不止一个,都要说明。

(3) 数据流的组成。指数据流所包含的数据结构。一个数据流可包含一个或多个数据结构。若只含一个数据结构,应注意名称的统一,以免产生二义性。

(4)数据流的流通量。指单位时间(每日、每小时等)里的数据传输次数。可以估计平均数或最高、最低流量各是多少。

(5)高峰时的流通量。

表4.4是数据流条目的一个例子。

表4.4 数据流条目

数据流卡片	总编号:3-05
名称:期末成绩单	编号:005
简要说明:学期结束时,老师填写的成绩单	流通量:200份/学期
数据流来源:教师	
数据流去向:P2.1,P2.2	
包含的数据结构:	
科目名称	
考试	
考查	
学生成绩*	
学号	
姓名	
成绩	
任课教师	

4. 处理逻辑

处理逻辑(processing)描述是对数据流程图中最底层的数据处理逻辑的定义。处理逻辑条目主要包括:处理逻辑名称、编号、对处理的简述、处理过程和数据的流入/去向等。

实际上每一个处理逻辑就是一个程序,可以使用结构化语言、判断树和决策表等进行描述。表4.5是处理逻辑条目的一个例子。

表4.5 处理逻辑条目

处理功能卡片	总编号:4-007
名称:填写成绩单	编号:P2.1.4
说明:通知学生成绩,有补考科目的说明补考日期。	
输入:D2-P2.1.4	
输出:P2.1.4-学生(期末成绩单)	
处理:查D2(成绩一览表),打印每个学生的成绩通知单,若有不及格科目,不够直接留级,则在"成绩通知"中填写补考科目、时间;若直接留级则注明留级。	

5. 数据存储

在数据处理的过程中,原始数据、中间结果和最终结果的数据都需要存储。数据存储就是要对这些数据存储的逻辑结构进行说明。数据字典只描述数据的逻辑存储结构,而不涉及其他的物理组织结构。数据存储的定义包括:数据存储编号、数据存储名称、记录数、主关键字、记录组成、简要说明等。表4.6是数据存储条目的一个例子。

表4.6 数据存储条目

数据存储卡片	总编号:5-02
名称:成绩一览表	编号:D2
说明:学期期末,各班汇集学生各科成绩	有关的数据流:
结构:	P2.1.1→D2
班级	D2→P2.1.2
学生成绩*	D2→P2.1.4
学号	D2→P2.1.3
姓名	D2→P2.1.5
成绩*	信息量:每学年150份
科目名称	有无立即查询:有
考试	
考查	
成绩	

6. 外部实体

除了系统内部各组成部分需要在数据字典中定义以外,与系统紧密相连的外部实体(如用户),也需要在数据字典中加以描述。外部实体是数据的来源和去向。因此,在数据字典中关于外部实体的条目,主要说明外部实体产生的数据流和传给该外部实体的数据流,以及该外部实体的数量。外部实体的数量对于估计本系统的业务量有参考作用,尤其是关系密切的主要外部实体。

外部实体的定义包括:外部实体的名称、编号、简述、主要特征、数据流的输入/输出等。表4.7是外部实体条目的一个例子。

表4.7 外部实体条目

外部实体卡片	总编号:06-001
名称:学生	编号:001
说明:	个数:约4 000个
输入数据流:P2.1.4-学生(期末成绩单)	
输出数据流:无	

4.6.2 数据字典的作用

数据字典可以确保数据在系统中的完整性和一致性,是所有人员工作的依据,统一的标准。实际上,数据字典是"关于系统数据的数据库",在整个系统开发过程以及系统运行后的维护阶段,是必不可少的工具。

1. 根据数据字典列表

根据数据字典,把所有数据元素、数据结构、外部实体、数据流、处理逻辑和数据存储,按一定的顺序全部列出,保证系统设计时不会遗漏。

此外,如果系统分析员要对某个处理逻辑的结构进行深入分析,需要了解有关的细节,了解数据结构的组成以及每个数据元素的属性,数据字典也可提供相应的内容。

2. 相互参照,便于系统修改

在系统分析过程中,常会发现原来的数据流程图及各种数据定义中有错误或遗漏,需要修改或补充。借助数据字典,这种修改就变得简单多了。

例如,在某个库存管理系统中,"商品库存"这个数据存储的结构是:品名、代码、规格、当前库存量。通常情况下,考虑能否满足用户订货,有这些数据项就够了。可是如果要求库存数量不能少于某个"安全库存量",那么这些数据项还不够。此时,在这个结构中就要增加"安全库存量"这个数据项。这一改动可能影响其他项目,例如"确定顾客订货"的处理逻辑。以前,只要"当前库存量大于或等于顾客订货量",就认为可以满足用户订货。现在则必须"当前库存量减顾客订货量之差大于或等于安全库存量"才能满足顾客订货。借助数据字典,这个修改就简单了。由于在该数据存储的条目中,记录了有关的数据流,因此可以找到因数据存储的改动而可能影响的处理逻辑,不至于遗漏而造成不一致。

3. 根据内容描述检索名称

在一个较复杂的系统中,系统分析员可能没有把握确定某个数据项在数据字典中是否已经定义,或者记不清楚其确切名字时,可以根据内容描述查找其名称,就像根据书的内容查询图书的名字一样。

4. 一致性检验和完整性检验

根据数据字典中各类条目的规定格式,可以发现一些问题,比如:

(1)是否存在没有指明来源或去向的数据流。

(2)处理逻辑与输入的数据元素是否匹配。

(3)是否存在没有输入或输出的数据存储。

(4)是否存在没有指明数据存储或所属数据流的数据元素等。

数据字典的使用可以有两种方式:人工方式和计算机方式。人工方式是把各类条目按照前面介绍的描述格式写在纸或卡片上,并进行分类。计算机方式则是在人工方式基础上,整理存入计算机。在开发初期,对于小型规模的系统,手工方式比较方便。而一些大、中型系统有专门的自动化数据字典软件包对数据进行管理,使得数据的查询和修改都比较方便。

为了维护和管理数据字典,保证数据的完整性和一致性,数据字典必须由专人(数据管理员)管理。系统分析员、设计员和程序员等与系统相关的人员修改数据字典的内容时,都必须通过数据管理员。数据管理员要把数据字典的最新版本及时通知相关人员。

4.7 描述处理逻辑的工具

计算机处理包括数学运算、数据交流和逻辑判断三部分,其中数学运算和数据交换都可以用一种精确的语言予以表达,而逻辑判断由于涉及一些非精确的、意义不明确的描述,因此难以用精确的语言来表达。

一般来说,在表达一个处理功能时,会存在以下几类问题:

(1)界限不明确。

例:成绩在60~70分为中,70~80分为良,那么70分属于哪一个等级不明确。

(2)逻辑条件次序不明确。

例:学校有一项奖励条件:"凡各科成绩平均在90分以上或单科最低分在80分以上,且英语成绩平均在92分以上者,可申请特等奖学金。"那么,有几类学生可以申请特等奖学金表达不明确。

(3)意义模糊的形容词或副词。

例:评定优秀班干部的标准是"工作能力好、学习好",那么,这个"好"的标准是什么?在计算机中又如何表示这个"好"字?

为了避免产生上述各种问题,清晰地描述DFD中处理模块的复杂功能及实现步骤,在系统分析和程序设计过程中,经常使用一些特有的工具,如结构化语言、判断树和判断表。

4.7.1 结构化语言

结构化语言是一种模仿计算机语言,用于描述数据加工的处理逻辑和处理过程的规范化语言,这种结构式语言语句类型少、结构规范、表达清晰、易于理解,又能简明地描述较复杂的处理逻辑功能。

程序设计语言的优点是严格精确,但不易被用户接受。自然语言的优点是容易理解,但不够精确,易于产生二义性。结构化语言是介于自然语言与程序设计语言之间的一种语言,是带有一定结构的自然语言。

结构式语言由程序设计语言的框架(即允许三种基本结构:顺序结构、选择结构和循环结构)和自然语言的词汇(如动词和名词等)组成。

结构式语言使用的语句包括以下几类:

1. 顺序结构

顺序结构由一组有序的陈述句组成。陈述句指出要做什么事情,包括一个动词和一个宾语。动词指出要执行的功能,宾语表示动作的对象,如"计算工资"、"获得订货数量"等。

使用顺序结构,应注意以下几点:

① 力求精练,不应太长。
② 不使用形容词和副词。
③ 动词要能明确表达执行的动作,不用意义太宽泛的动词,意义相同的动词,只确定使用其中之一。
④ 名词必须在数据字典中有定义。

例:人们到书店买书

用自然语言表示:

某人到书店首先选择一本自己满意的书籍,然后携带该书到服务柜台,请服务员开票,到收银台交款,再回到服务台,盖付款标记,然后可以携带该书离开书店。

用结构式语言描述如下:

① 选择书籍。
② 携书到服务台。
③ 开票。
④ 交款。
⑤ 盖付款标记。
⑥ 离开书店。

上述的每一条都是祈使句,并按顺序显示出六个步骤,步骤中没有包括任何一个决策或条件,仅按次序列出。每一步骤都有特定的次序,乱了顺序,买书过程就不成立了。

2. 选择结构

与程序设计语言类似,结构化语言中的选择结构也有 IF-THEN-ELSE-END IF、DO CASE-END CASE 等选择结构。IF-THEN-ELSE-END IF 的结构如下:

如果　条件1(成立)
　　　则 动作 A
否则(条件1 不成立)
　　　就 动作 B

动作 A 或动作 B 可以是一组顺序结构或是循环结构,甚至是另外一个选择结构。选择结构中的"如果"、"否则"要成对出现,以避免多重判断嵌套时产生二义性。另外,书写时每层要对齐,以便阅读。

例:酒店管理信息系统中,用自然语言描述"折扣"的处理过程是:

如果某用户的消费额在2 000元以上,用现金结账打八折,记账打八五折;如果消费额在

1 000元与2 000元之间,用现金结账打八五折,记账打九折;如果消费额在1 000元以下,用现金结账打九五折,记账不打折。

上述处理过程可用如下的选择结构来描述:
IF 消费额≥2 000 元 THEN
    IF 用现金结账 THEN
        打八折
    ELSE
        打八五折
    END IF
END 2F
IF 2 000 元>消费额≥1 000 元 THEN
    IF 用现金结账 THEN
        打八五折
    ELSE
        打九折
    END IF
END 2F
IF 消费额<1 000 元 THEN
    IF 用现金结账 THEN
        打九五折
    ELSE
        不打折
    END IF
END 2F

3. 循环结构

循环结构指在某种条件下,连续执行相同的动作,直到这个动作不成立为止,也可以明确地指出对每一种相同的事务,都执行同一个动作。其一般形式为:

当   条件成立   做
      动作 A

例:教师给学生判考试卷及评定成绩时,通常连续、重复地对每张试卷判分和评定等级。其结构式语言描述如下:

当   还有未判试卷   做
      判断试卷得分
      评定成绩等级

4.7.2 判断树

如果一个动作的执行不只是依赖一个条件,而是与多个条件有关,那么这项策略的表达就比较复杂。如果用前面介绍的结构化语言,就需要多重嵌套。层次一多,可读性就会下降。这时可以用判断树来表示。

判断树又称决策树,是用来表示逻辑判断问题的一种图形工具,用"树"来表达不同条件下的不同处理,比用结构化语言的方式更为直观。

判断树的左边为树根,从左向右依次排列各种条件,左边的条件比右边的优先考虑。根据每个条件的取值不同,树可以产生很多分支,各分支的最右端(即树梢)即为不同的条件取值状态下采取的行动(也称策略)。

例:假设某校对考试升留级有如下规定:如果在英语、数学、政治三门主要课程中有两门或两门以上不及格者就留级。判断树如图 4.30 所示。

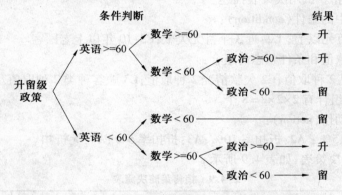

图 4.30 考试升留级判断树

当系统本身比较复杂,存在许多步骤和组合条件的序列时,使用判断树会使系统的规模变得难以控制、分支的数目太大和通过的路径太多,对分析不但没有帮助,反而会使得分析人员束手无策。

4.7.3 决策表

1. 决策表概述

决策表也称判断表,也是一种表达逻辑判断的工具,决策表以表格的形式给出各种条件的全部组合以及在各种组合下应采取的行动。当条件的个数较多,每一条件的取值有若干个、相应的动作也很多的情况下,决策表可以把各种组合情况一个不漏地表示出来,有时还能帮助发现遗漏和矛盾,比判断树更加有效和清晰。

2. 决策表的构成

决策表分成四大部分,左上角为条件,左下角为行动,右上角为条件状态组合,右下角为决策规则。如表 4.8 所示。

表4.8 决策表的构成

条件	条件状态组合
行动	决策规则

3. 决策表案例

例:某商业公司的销售策略规定,不同的购货量、不同的顾客可以享受不同的优惠。具体办法是:年购货额在5万元以上且最近无欠款的客户可享受15%的折扣;若近3个月有欠款,是本公司10年以上的老顾客,可享受10%的折扣;若不是老顾客,只有5%的折扣。年购货额不足5万元者无折扣。试用决策表描述。

(1) 提取问题中的条件(condition):

　　C1:购货5万元以上;C2:近3个月无欠款;C3:10年以上老顾客。

(2) 确定条件取值和条件状态的组合:

　　C1 购货情况2种取值;C2 欠款情况2种取值;C3 顾客种类2种取值。

　　所有的条件组合有2×2×2=8个。

(3) 提取目标动作(action):

　　A1:折扣率15%;A2:折扣率10%;A3:折扣率5%;A4:无折扣。

(4) 填充、绘制决策表,如表4.9所示。

表4.9 销售策略决策表

条件及行动	1	2	3	4	5	6	7	8
C1:购货5万元以上	Y	Y	Y	Y	N	N	N	N
C2:最近3个月无欠款	Y	Y	N	N	Y	Y	N	N
C3:10年以上的老顾客	Y	N	Y	N	Y	N	Y	N
A1:折扣率15%	√	√						
A2:折扣率10%			√					
A3:折扣率5%				√				
A4:无折扣					√	√	√	√

从表中可以看出1、2两种条件状态组合的结论相同,5、6、7、8四种条件状态组合的结论相同,因此,可以把结论相同的条件组合进行合并。合并后的结果如表4.10所示。

表 4.10 合并后的决策表

条件及行动	1	3	4	5
C1:购货5万元以上	Y	Y	Y	N
C2:最近3个月无欠款	Y	N	N	
C3:10年以上的老顾客		Y	N	
A1:折扣率15%	√			
A2:折扣率10%		√		
A3:折扣率5%			√	
A4:无折扣				√

此例用结构化语言可表示为:
IF 购货金额在5万以上
THEN IF 最近3个月无欠款
　　　THEN 折扣率为15%
　　　ELSE IF 与公司交易10年以上
　　　　　THEN 折扣率为10%
　　　　　ELSE 折扣率为5%
ELSE 无折扣

4.7.4 三种逻辑表达工具的比较

在描述系统处理逻辑的时候,可以使用结构式语言、判断树和决策表,三种工具交替使用,互为补充。

1. 三种工具优缺点比较

如表 4.11 所示。

表 4.11 三种逻辑表达工具的比较

	结构式语言	判断树	决策表
直观性	一般	很好	一般
用户检查	不便	方便	不便
可修改性	好	一般	差
逻辑检查	好	一般	很好
机器可读性	很好	差	很好
机器可编程	一般	不好	很好

2. 三种工具的适用范围
(1)结构化语言最适用于涉及具有判断或循环动作组合顺序的问题。
(2)判定表比较适用于含有 5~6 个条件的复杂组合,条件组合过于庞大则将造成不便。
(3)决策树适用于行动在 10~15 之间的一般复杂程度的决策。

4.8 新系统逻辑模型

新系统逻辑方案指的是经过分析和优化后,新系统拟采用的管理模型和信息处理方法,由于不同于计算机配置方案和软件结构模型方案等实体结构方案,故称为逻辑方案。新系统的逻辑模型回答了系统"做什么"的问题。

新系统逻辑模型的建立,既是系统分析的重要成果,也是系统设计阶段的主要依据,可以使用计算机技术来设计和实现对管理信息系统所提出的要求。

4.8.1 新系统逻辑模型的建立

新系统逻辑模型的建立,主要包括:
①对系统业务流程分析整理的结果,即新系统业务流程(TFD)。
②对数据及数据流程分析整理的结果,即新系统数据流程(DFD&DD)。
③新系统子系统划分和数据资源分布(C/S 或 B/S 模式)。
④各个具体的业务处理过程,以及根据实际情况应建立的管理模型和管理方法。

1. 确定合理的业务处理流程
将业务流程分析中的结果归纳整理,其具体内容包括:
删去或合并了哪些多余的或重复的处理过程;对哪些业务处理过程进行了优化和改动?改动的原因是什么?改动(包括增补)后将带来哪些好处?给出最后确定的业务流程图。
指出在新系统的业务流程图中哪些部分已经完成,哪些部分需要用户或是需要用户配合来完成。

2. 确定合理的数据和数据流程
将数据流程分析中的结果归纳整理,其具体内容包括:
请用户确认最终的数据指标体系和数据字典。确认的内容主要是指标体系是否全面合理,数据精度是否满足要求并可以统计得到这个精度等。对哪些数据处理过程进行了优化和改动?改动的原因是什么?改动(包括增补)后将带来哪些好处?给出最后确定的数据流程图。指出在数据流程图中的人-机界面。

3. 确定新系统的逻辑结构和数据分布
新系统逻辑划分方案(即子系统的划分)。
新系统数据资源的分布方案,如哪些在本系统设备内部,哪些在网络服务器或主机上。

4. 确定新系统的管理模式及具体业务的管理模型

确定新系统的管理模式就是要确定实现系统目标的具体思路和框图。例如采用集中一贯的领导体制，还是松散的管理体制，主辅分离；采用主业集中，还是其他分流的管理模式。

确定具体业务的管理模型，就是要确定今后系统在每一个具体的管理环节上的处理方法。

4.8.2 确定新系统的管理模型

管理模型是系统在每个具体管理环节上所采用的管理方法。在管理信息系统的系统分析中，就要根据业务和数据流程的分析结果，对每个处理过程进行认真分析，研究每个管理过程的信息处理特点，找出与之相适应的管理模型。

1. 综合计划模型

综合计划是企业生产、经营活动的总规划。

常用的综合计划模型有：

(1) 综合发展模型。企业中长期计划模型、厂长任期目标分解模型、新产品开发和生产结构调整模型以及中长期计划滚动模型。

(2) 资源限制模型。数学规划模型、资源分配限制模型等。

2. 生产计划管理模型

(1) 生产计划大纲。主要安排与综合生产计划有关的生产指标，常用模型有：数学规划模型(如优化生产计划模型)、物料需求计划模型、能力需求计划模型和投入产出模型等。

(2) 作业计划模型。具体安排了生产产品数量、加工路线、加工进度、材料供应、能力平衡等，常用的模型有：投入产出矩阵、网络计划、关键路径模型、排序模型、物料需求、设备能力平衡、滚动作业计划和甘特图等。

3. 库存管理模型

(1) 库存物资分类模型。

(2) 库存管理模型。

(3) 最佳经济批量模型。

4. 财务成本管理模型

(1) 成本核算模型。品种法、分步法、逐步结转法、平行结转法和定额差异法等，用于直接生产过程消耗的计算。

(2) 成本预测模型。数量经济模型、投入产出模型、回归分析模型和指数平滑模型等。

(3) 成本分析模型。实际成本与定额成本比较模型、本期成本与历史同期可比产品成本比较模型、产品成本与计划指标比较模型、产品成本差额管理模型和量本利分析模型等。

5. 统计分析与预测模型

统计分析与预测模型一般用来反映销售、市场、质量和财务状况等的变化情况及未来发展的趋势。

内容包括：市场占有率分析、消费变化趋势分析、利润变化、质量状况与指标分布和综合经济效益指标分析等。

常用的预测模型有：
(1) 多元回归预测模型。
(2) 时间序列预测模型。
(3) 普通类比外推模型。

4.9 系统分析报告

系统分析阶段的成果就是系统分析报告。系统分析报告反映这一阶段调查分析的全部情况，全面地总结了系统分析工作，是下一步设计与实现系统的纲领性文件。

一份好的系统分析报告不仅应该充分展示前段调查的结果，还要反映系统分析的结果，即新系统的逻辑方案，并且提出新系统的设想。

4.9.1 系统分析报告的内容

1. 引言
系统名称、用户名称、开发单位名称、参考资料和专门术语解释等。

2. 任务概述
系统开发的目的、目标和背景，子系统的划分，系统与其他子系统的关系和开发中的各种限制。

3. 现行系统概况
①现行系统现状调查说明。包括组织机构图，系统目标、功能一览表、业务流程图、业务流量以及存在的薄弱环节等。
②系统需求说明。用户需求及主要存在的问题等。功能要求通过 DFD 和 DD 进行说明，性能说明应考虑合法性、可靠性、灵活性和易用性等。

4. 新系统的逻辑方案
①新系统拟定的业务流程及业务处理方式。
②新系统拟定的数据指标体系和数据流程。
③新系统的逻辑结构及数据资源分布。
④新系统拟采用的管理方式、算法或模型。
⑤与新系统相适应的管理制度和运行体制建立，软件环境、硬件环境以及操作环境。
⑥开发进度：开发阶段任务及完成时间和标志、人员分工等。

4.9.2 系统分析报告的作用和审议

1. 系统分析报告的作用

(1) 系统分析报告是系统开发人员与用户之间的合约,为双方相互了解提供基础。
(2) 系统分析报告是系统开发人员进行系统设计和系统实施的基础。
(3) 系统分析报告是验收系统的依据。

2. 系统分析报告的审议

审议应该由研制人员、企业领导、管理人员、局外系统分析专家等共同完成。审议通过之后,系统分析报告就成为系统开发人员和企业对该项目共同意志的体现,系统分析作为一个工作阶段,宣告结束。

4.10 小 结

系统分析是管理信息系统开发中最重要的环节,是系统设计和系统实施的基础。系统分析的主要工作包括:详细调查,业务流程分析,数据流程分析,数据字典,描述处理逻辑的工具,新系统逻辑模型的建立和编写系统分析报告。

详细调查的方法包括开调查座谈会、重点询问、发放调查表和直接参加业务实践等。采用业务流程图对系统的业务流程进行描述,从中抽取出数据流程图。数据流程图用一组符号描述了新系统的主要逻辑功能和数据流向,再辅以数据字典、结构化语言、判决树和决策表等对其进行补充分析和说明。最后编写出系统分析报告。

【案例4 生产计划管理流程设计】

任务1:制订年度生产计划

(1) 由生产部组织各工厂厂长,召开年度生产计划会议,并根据公司发展战略规定的生产目标、年度销售战略,编制公司年度生产计划。
(2) 呈报运营总监审定。
(3) 呈报公司总裁审批。

任务2:分解季度生产计划

年度生产计划获得批准后,每季度由生产部部长组织各工厂厂长,召开季度生产计划会议,按照季度销售战略要求,将年度生产计划分解为各工厂季度生产计划。

任务3:制订月度生产计划

由生产部部长组织各工厂厂长,召开月度生产计划会议,按照月度销售战略要求,制订各工厂月度生产计划。

任务4:汇总原材料使用计划

(1) 由生产部组织工厂分析产品,确定生产所需原材料、机械设备及工具的品种、规格和数量等,各工厂编写原材料使用计划,上报生产部,汇总原材料使用计划,编写《生产部用料汇总单》。
(2)上报财务部审定。
(3)根据购买额度及审批权限,报运营总监或公司总裁审批。
(4)原材料使用计划批准后,抄送给储运公司,储运公司准备采购生产用原材料。

任务5:生产过程调度
(1)各工厂组织生产,生产部对各工厂的生产过程进行监督和管理。
(2)生产部按照季度、月度召开生产调度会议,对生产过程的各种问题进行平衡、协调和调度。
(3)将产成品通过质检后入库;储运公司按照销售公司的订单,从成品库中提出货物,并负责向客户单位发送。

任务6:汇总统计报表
(1)各工厂统计《生产统计报表》。
(2)生产部汇总、编制公司的《生产统计报表》。
(3)呈报运营总监审批。
(4)呈报上级管理部门。

案例分析要求:根据所给的背景资料,进行业务流程的识别与设计,如图4.31所示。

案例分析题:
1. 该业务流程属于哪个部门?涉及哪些其他部门?
2. 该业务流程在本部门中有哪些处理过程?
3. 其他部门的哪些处理过程与本部门相关?
4. 业务从哪里开始?哪里结束?
5. 该业务流程中涉及哪些数据?

【习题4】
1. 什么是系统分析?系统分析的内容有哪些?系统分析的任务是什么?
2. 简述结构化系统分析的基本思想。
3. 详细调查与初步调查有哪些区别?
4. 详细调查的方法有哪些?
5. 画数据流程图时应该遵循哪些原则?
6. 一个完整的数据字典包括哪些内容?
7. 系统分析报告包括哪些内容?
8. 找一个你熟悉的公司或组织进行调查,结合所学的知识完成系统分析各步骤的内容。
9. 对某酒店的业务流程进行详细调查之后,得出其业务流程:
(1)顾客进入酒店,由总台服务员根据房源信息情况,为顾客办理入住手续,并登记顾客信息、修改房源信息。
(2)由客房部安排顾客入住,并在顾客离开前将房费单送交财务部。
(3)顾客入住酒店之后,可在餐饮部和康乐部消费,消费完毕,顾客签单之后,将消费单交财务部结账。
(4)结账完毕之后,顾客可离开酒店。
(5)顾客离开酒店之后,客房部整理房间,并通知总台恢复房源信息、修改顾客信息。

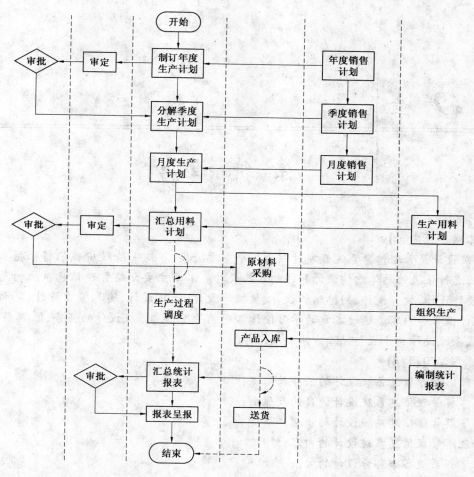

图 4.31　生产计划管理流程设计

根据以上对业务流程的描述,绘制出酒店的业务流程图。

10. 请按如下所述的银行存(取)款过程画出数据流程图。

储户将填好的存(取)款单及存折送交分类处理处。分类处理处按三种不同情况分别处理。如果存折不符或存(取)单不合格,则将存折及存(取)单直接退还储户重新填写;如果是存款,则将存款单交存款处理处处理。存款处理处登记底账后,将存折退还储户;如果是取款,则将存折及取款单交取款处理处处理。取款处理处提取现金、登记底账后,将现金退还储户,从而完成存取款过程。

11. 酒店管理信息系统中,用自然语言描述"折扣"处理过程:

如果某用户的消费额在 2 000 元以上,用现金结账打八折,记账打八五折;如果消费额在 1 000 元与 2 000 元之间,用现金结账打八五折,记账打九折;如果消费额在 1 000 元以下,用现金结账打九五折,记账不打折。请分别用结构化语言、判断树和决策表表示酒店打折决策的逻辑功能。

第 5 章 系统设计

【本章主要内容】

系统设计是管理信息系统开发过程的一个重要阶段,在这一阶段中我们将根据系统分析的结果,进行系统的总体结构设计和详细结构设计。本章主要介绍管理信息系统的总体结构设计、硬件设计、软件设计、网络结构设计、数据库设计、代码设计、输入输出设计、界面设计和系统设计报告等内容。通过本章的学习使读者明确管理信息系统设计的任务、依据、目的和原则,掌握系统设计的步骤、内容、方法和技术等。

【本章学习目标】

1. 理解管理信息系统设计的任务及依据;
2. 掌握管理信息系统设计的目的及原则;
3. 了解管理信息系统设计的步骤;
4. 理解管理信息系统设计的内容;
5. 掌握系统各个部分设计的方法。

5.1 系统设计概述

系统分析阶段明确了系统的目的、功能和结构,并建立了系统的逻辑模型,回答了"系统做什么"的问题。系统设计阶段将描述如何实现系统分析规定的系统功能,并将建立系统的物理模型,将回答"系统如何做"的问题。在讲述系统设计之前,有必要先了解一下系统设计的任务、依据、目的、原则、步骤和内容。

5.1.1 系统设计的任务及依据

1. 系统设计的任务

系统设计是管理信息系统开发过程中的重要阶段之一。此阶段的任务是设计管理信息系统的模块层次结构、设计模块的处理流程和设计数据库的结构,以解决系统"怎样做"的问题。在此阶段中,在已经通过审核的系统分析报告的基础上,根据系统分析阶段产生的逻辑模型,选择一个具体的管理信息系统平台,并设计出能够在该平台上高效运行的更详细的物理模型。因此,系统设计通常也称为物理设计。

2. 系统设计的依据

管理信息系统设计阶段的依据主要包括以下几点:

(1)系统分析报告。系统分析报告是系统设计的主要依据,为其提供基础和指导。

(2)相关的规范、条例、标准、要求或办法。与所设计的管理信息系统相关的规范、条例、标准、要求或办法一般是系统设计的必要依据。例如,企业一卡通管理系统的设计依据的规范一般有《国际综合布线标准》《民用建筑电气设计规范》《通信设备工程安装施工规范》《中华人民共和国安全防范行业标准》和《系统工程设计规范》等。

(3)开发人员的知识和工程经验。开发人员较强的专业知识和丰富的工程经验通常是系统设计的重要依据。开发人员没有专业知识做基础,很难设计出优秀的管理信息系统。开发人员仅具有较强的专业知识而没有丰富的工程经验,也很难设计出优秀的管理信息系统。

5.1.2 系统设计的目的及原则

1. 系统设计的目的

系统设计的目的一般是根据系统逻辑模型建立系统的物理模型,并尽可能完善系统的各项特性,如系统的功能性、经济性、可靠性、可变更性、工作质量和工作效率等。

(1)较强的功能性。设计的系统具有较强的功能性是系统设计最根本的目的。系统设计一般根据系统分析报告忠实地实现系统的逻辑模型。系统设计是否成功一般主要看设计的系统能否较好地解决用户提出的问题,能否较好地进行信息处理和数据校验,能否输出满足用户需求的信息。

(2)较好的经济性。所谓系统的经济性是指系统的收益和支出之间的比值,一般越高越好。在衡量系统的经济性时一般还需综合考虑系统实施后取得的社会效益和经济效益。

(3)较高的可靠性。系统的可靠性是指系统在运行过程中能够抵御各种干扰而持续正常工作的能力,一般包括系统的软件可靠性、硬件可靠性、检错能力、纠错能力、灾难恢复能力和安全保护能力等。需要指出的是,系统的平均无故障时间和平均修复时间是衡量系统可靠性的两个重要指标。

(4)较强的可变更性。系统的可变更性是指对系统进行修改和维护的难易程度。在系统实施的过程中,通常需要不断测试和修改系统,即便是在系统交付使用后,有时也会由于系统的某些错误或不足而对系统进行修改或维护。而且随着系统环境的变化,用户也可能对系统提出新的更高的要求。可见,系统的可变更性直接关系到系统的生命周期。

(5)较高的工作质量。系统的工作质量是指系统的易用程度、提供信息的准确程度、输出报表的多样性和清晰程度等。为了保证系统具有较高的工作质量,一般需要系统设计人员精心设计各个环节,如人机界面设计、代码设计、输入设计和输出设计等。设计时不仅要考虑如何满足应用需求,还要考虑如何才能方便用户使用。

(6)较高的工作效率。系统的工作效率是指系统与时间有关的性能指标,如单位时间内的事务处理能力、处理单个事务所需的平均时间以及响应时间等。影响系统效率的因素有很多,通常包括系统的硬件、网络结构、人机界面设计的合理性和事务处理过程的设计质量等。

2. 系统设计的原则

系统设计的好坏将会直接影响整个系统的性能。为了尽可能满足用户需求和获得更大的经济效益,设计的系统一般应具有较好的质量、较高的效率、较强的生命力和较好的环境适应性,这就需要进行系统设计时要考虑系统的系统性、可靠性、有效性、实用性、安全性、经济性、简单性、可交互性、可扩展性和灵活性。

在系统设计时一般遵循以下原则:

(1)系统性。管理信息系统是由各个组成部分构成的一个统一整体,因此,设计时要遵循系统性原则。所谓系统性原则,就是在进行系统设计时要从系统的整体出发,把设计工作统一起来,描述语言要统一,代码要统一,设计规范要标准,使用的数据要统一且能够共享等。也就是说,在进行系统设计时要尽量使语言、代码、规范、方法和数据等各方面具有一致性,避免冲突和混乱。

(2)可靠性。管理信息系统一般是一个开放系统,无时无刻不在与环境进行信息交换,如果没有一定抵御环境干扰的能力和受到干扰后立即恢复的能力,将会产生错误的信息输出。所谓可靠性,就是要求系统的软、硬件具有较长的平均无故障时间和较强的数据备份能力。一个成功的管理信息系统通常应具有较强的抗病毒能力、较好的安全保密性、良好的抗错误操作能力和较强的检错及纠错能力等。

(3)有效性。一个成功的管理信息系统应该是行之有效的,能够对管理信息进行收集、存储、加工处理和输出,并取得预期的结果,辅助使用者进行管理和决策。

(4)实用性。一个好的管理信息系统应该是实用的,即在使用功能和信息需求上达到实用,其响应速度应是用户可以接受的,能够帮助用户高效地解决实际问题。

(5)安全性。各行各业的企业越来越重视管理信息系统的安全性,并意识到安全性的必要性,通常把安全性评价作为企业的一项重要工作之一。管理信息系统是以计算机和通信网络为基础的,一般是一个开放式的网络互联系统,若不具有较好的安全性,将很容易受到攻击。管理信息系统安全性主要体现在利用网络技术确保信息网络的畅通,利用加密技术保障信息的安全,利用病毒防护技术保障系统的安全,利用权限机制保障合法用户的正常操作,利用数据库技术保障数据的完整性。

(6)经济性。经济效益通常是衡量管理信息系统好坏的一个重要指标。所谓管理信息系统的经济性,就是指系统的经济效益应大于支出。为降低系统的运行成本,系统设计时应考虑模块的简洁性，尽量避免不必要的复杂化。

（7）简单性。一个优秀的管理信息系统应该是简单的，是易于用户安装和方便用户使用的。所谓管理信息系统的简单性，主要是指设计的系统在达到预期目标和具备预定的功能的前提下，应尽量简单，避免任何不必要的复杂化。这样做就可以提高系统效率、减少系统运行成本和便于用户安装及使用。

（8）可交互性。管理信息系统是一个人-机系统，在其运行过程中经常需要人来参与，这就要求管理信息系统应具有可交互性。所谓管理信息系统的可交互性主要是指系统应具有较简洁的人机界面、较美观的图形界面、较清楚的操作提示和较简单的操作等。

（9）可扩展性。管理信息系统的设计不仅要考虑企业近期的目标，还要为企业的长远目标考虑，预留扩展空间是非常必要的，这样做可以使系统在规模和性能等方面能够满足未来企业生产、管理和决策等的需要。

（10）灵活性。管理信息系统的灵活性主要是指其对外部环境变化的适应能力。管理信息系统必须能够预测外界变化，具有不断进行自我调整的适应能力。另外，管理信息系统的灵活性还包括组织的灵活性、构架的灵活性、过程的灵活性和操作的灵活性等。

5.1.3 系统设计的步骤及内容

1. 系统设计的步骤

系统设计主要分为以下几个步骤：

（1）总体设计。系统总体设计（Architectural Design）又称系统概要设计（Preliminary Design），主要是指在系统分析的基础上，对子系统的划分、硬件的配置和数据的存储等进行大致的设计。

总体设计主要包括管理信息系统的功能结构图设计、功能模块图设计、系统流程图设计和系统平台设计等。

（2）详细设计。系统详细设计（Detailed Design）即系统具体物理模型的设计。详细设计具体地回答了"系统如何做"的问题。值得注意的是，该阶段不是进行程序代码的编写，而是进行数据结构和实现算法的设计。

详细设计主要包括处理过程设计、数据库设计、代码设计、界面设计和输出/输入设计等。

（3）制订系统实施进度计划。系统实施进度计划即系统实施的日期表。良好的系统实施进度计划有利于确保系统项目的按时完成。

（4）编写系统设计说明书。系统设计说明书是系统设计阶段的主要产物，它对系统设计的指导思想和系统建设中所需的主要技术进行了说明。良好的系统设计说明书将从指导思想和技术上为后续的系统实施阶段提供必要的保证。

2. 系统设计的内容

系统设计的内容主要有以下几方面：

(1)总体结构设计。总体结构设计的内容主要包括以下两方面：
①将系统划分为多个功能模块，并确定每个功能模块的具体功能。
②确定各个功能模块之间的信息传递关系和调用关系。

(2)系统平台设计。管理信息系统的平台设计主要包括硬件配置设计、软件平台设计、数据库管理系统的选择和计算机处理方式的选择等。

(3)网络结构设计。计算机网络系统的设计主要包括中/小型机方案和微机网络方案的选择，C/S 结构、B/S 结构和 C/S 与 B/S 结合的混合结构的选择，网络拓扑结构和通信介质的选择，网络操作系统和通信软件的选择。

(4)数据库设计。根据系统分析获得的数据关系集和数据字典，结合系统处理流程图，进行逻辑数据模型、数据一致性和物理数据模型的设计。

(5)代码设计。代码设计即设计合适的代码来代表客观存在的实体及实体的属性，为了方便计算机处理要确保代码的唯一性，其内容主要包括代码形式设计、代码结构设计、使用范围设计和使用期限设计等。

(6)输入输出与界面设计。输入设计的内容主要包括数据源的确定、输入设备的选择、输入方式的选择、输入数据格式的选择、输入数据精度的确定和输入数据的检查及纠错设计等。

输出设计主要包括输出设备的选择、输出介质的选择、输出数据格式及精度的确定和输出时间的明确等。

界面设计主要包括用户界面风格的设计、联机帮助的编写、错误信息提示的设计和错误处理机制的设计等。

(7)编写系统设计报告。该部分工作的主要内容是进行系统设计报告和用户操作手册的编写。

5.1.4 系统设计的成果及文档内容

系统设计的主要成果是系统设计说明书。系统设计说明书描述了系统设计的指导思想和系统实现的主要技术路线，是新系统的物理模型和系统实施的主要依据，其内容主要包括以下几点：

(1)系统开发项目概述。包括系统开发背景、系统开发目标、系统开发方案、系统设计策略、系统设计原则和系统假定约束等。

(2)系统设计规范说明。包括系统设计的相关规范和相关标准。

(3)模块设计说明。主要包括功能模块划分、模块层次关系、调用关系、数据流和控制信息流传递关系等的说明。

(4)系统平台设计说明。包括硬件配置，如主机、辅存、终端、外设及其他辅助设备等的说明；还包括软件配置的说明，如操作系统、数据库管理系统、编程语言、开发工具、驱动程序、服务程序和通信软件等的说明。

（5）网络环境说明。包括网络互连方式、网络拓扑结构、网络设备、网络操作系统、网络服务程序和通信协议等的说明。

（6）数据库设计说明。包括数据库总体结构、命名约定、数据流图、图表设计、数据库分布、文件结构和文件存储要求等的说明。

（7）代码设计说明。包括各种代码的类型、中文名称、英文名称、功能、结构、保存方式、使用范式及要求等的说明。

（8）输入输出与界面设计说明。包括各种数据输入输出方式、格式、精度、检查与纠错、用户界面、错误提示和使用帮助等的说明。

（9）安全性设计说明。包括设备备份设计、数据备份设计、用户权限设定、错误处理设计和灾难恢复设计等的说明。

（10）系统实施方案说明。包括参数设置、流程定义、实施过程、实施效果、客户培训方案和实施进度计划等的说明。

5.2 系统总体结构设计

系统总体结构设计根据系统分析的要求，自顶向下，首先对整个系统进行子系统的划分，然后逐层深入，直至完成各个功能模块的设计。从工程实践看，系统总体结构设计一般包括子系统的划分、功能模块的划分和计算机处理流程设计等。实际上，系统总体结构设计就是进行新系统物理结构的设计。

5.2.1 总体结构设计的任务及原则

1. 总体结构设计的任务

系统总体结构设计的任务是根据系统分析得出逻辑模型设计管理信息系统的物理模型。对系统的物理模型设计的基本要求是必须符合逻辑模型，且满足逻辑模型所规定的信息处理需要。

实际上，总体设计的核心任务就是完成系统模块结构设计，即在管理信息系统逻辑模型的基础上把系统划分为多个子系统，然后将每个子系统分解为功能较单一且彼此相对独立的模块，最终设计出具有层次关系的模块结构，包括系统模块的组成、模块的功能和模块间的信息传递及调用关系。

2. 总体结构设计的原则

为了便于系统的实施和满足今后扩充的需要，系统总体结构设计应遵循的原则一般有以下几点：

（1）一致性原则。在系统总体结构设计的过程中，要遵循一致性的原则，即遵循统一的规范、统一的标准和统一的要求。

(2)面向用户的原则。每个功能模块的功能和接口必须明确,并且要易于用户理解,避免重复功能和多余接口,方便用户使用。

(3)自顶向下的原则。系统总体结构设计应首先明确系统总体功能目标,然后逐层划分,即先明确高层模块的功能,再确定低层模块的功能。

(4)相对独立性原则。功能模块的划分应保证各个模块的内部功能和信息等各个方面具有较好的凝聚性,即确保各个功能模块具有相对独立性,尽可能减少各种不必要的相互联系和调用,尽量将功能相近、联系密切的模块相对集中。遵循相对独立性原则可以使系统容易开发、可行性高和容易维护。

(5)分解原则。系统整体目标和功能的实现是系统各个组成部分共同工作的结果。分解即将整个系统合理地划分为多个功能模块,并明确各个模块的内部结构、功能和接口。系统总体结构设计的分解原则主要体现在以下几方面:

①按系统功能进行分解。系统一般具有多个功能,可根据不同的功能将系统分解为不同的模块。

②按系统的处理流程进行分解。系统的处理流程一般比较复杂,可根据处理流程将系统分解为不同的模块。

③按信息处理过程进行分解。系统的信息处理一般包括多个步骤,可根据信息处理过程将系统分为不同的模块。

④按时间进行分解。系统在同一时间段内可能会执行多种处理,可将同一时间段内系统进行的各种处理集成到一个模块中。

⑤按联系密切程度进行分解。把相互联系密切的处理集成为一个模块,这样可以减少模块间的联系和调用,从而保证系统分解后,各个模块具有较好的相对独立性。

⑥按用户的特殊需要进行分解。用户可能对系统提出特殊的要求,可根据用户提出的要求进行模块的划分。

⑦划分的模块大小要合适。模块划分得太大会导致内聚性不高,模块划分得太小会导致软件结构臃肿。

⑧模块的划分应便于系统实施。管理信息系统项目的开发一般是一项较大的工程,通常需要分阶段进行,因此,模块的划分应便于系统的分阶段实现。

⑨信息隐藏原则。所谓信息隐藏原则,即高层模块只规定低层模块做什么以及同高层模块的协调关系,不规定如何做,尽可能保证各模块的相对独立性,各模块内部信息是隐藏的,仅仅通过接口暴露必要的信息。这样能够使系统的结构层次分明、易于理解、便于实现及维护。

(6)协调原则。协调是分解的逆过程,即将分解的模块重新联系起来,根据系统总体要求协调各个模块的关系,使各个模块协调工作,实现系统的总体功能。系统总体结构设计的协调原则主要体现在以下几方面:

①尽量减少模块间的联系,保证接口的简单和明确。

②尽量减少数据冗余。管理信息系统一般会收集大量的原始数据、传递大量的中间结果和进行大量的处理工作,因此,数据冗余不仅会大大降低系统的工作效率,还会给系统实施带来很大的困难。

③目标协调一致。各个分解模块的运行目标应与系统总体目标相一致,即应采用一致的目标要求。

④规范和标准协调一致。

⑤数据和信息协调一致。各个模块的数据和信息应协调一致,包括内容、格式、精度和处理指标等。

5.2.2　总体结构设计的内容

系统总体结构设计的主要内容如下:

(1)根据系统分析阶段产生的已经获得批准的系统分析报告,确定模块层次结构,划分功能模块,将软件功能需求分配给所划分的最小单元模块。明确模块间的联系和调用关系,确定数据结构、文件结构、数据存储模式,制订测试的方法与策略。

(2)选择划分模块与分解功能的设计原则,如相对独立性原则、分解原则和协调原则等。

(3)选用相关的软件工具来描述系统总体结构,软件结构图是系统总体结构设计阶段经常使用的软件描述工具。

(4)编写总体结构设计说明书、用户手册和测试计划等文档。

5.2.3　功能模块结构设计

1. 结构化设计思想

一个管理信息系统通常可以分解为若干子系统。把一个复杂的系统分为若干子系统,可以大大简化系统的设计工作。在系统分析阶段通常已经完成了子系统的初步划分,将一个复杂的系统划分为若干子系统后,还要进行子系统的再次分解,得到模块功能单一、模块间有层次联系和模块彼此相对独立的功能模块结构,即模块结构设计。模块结构设计一般遵循结构化和模块化的设计思想。

结构化设计(Structured Design)方法简称 SD 方法,是使用最广的一种设计方法。该方法适合于软件系统的总体设计和详细设计,利用该方法进行管理信息系统的总体结构设计具有一定的优势。该方法将一个管理信息系统的结构,分解为由许多相对独立、功能单一的模块按层次结构联系起来组成的功能结构图,即模块结构图。SD 方法提出一种用于设计模块结构图的方法,采用最佳的可能方法设计系统的各个组成模块以及各模块间的内部联系,还提供一种对模块结构进行评价的标准及进行优化的方法。SD 方法是被广泛应用的比较完整、成熟的一种方法,可与系统分析阶段的结构化分析(SA)方法和系统实施阶段的结构化程序设计(SP)方法搭配使用。

SD 方法的基本思想是结构化和模块化。所谓模块化是指将一个复杂的管理信息系统,按照"自顶向下,逐步求精"的原则,分解为若干功能相对单一、彼此相对独立和具有层次联系的模块。为了使每个模块的实施和维护更方便,使模块具有较好的可读性、可靠性和可维护性,一般要求这些模块彼此之间的联系较弱,而内部凝聚力较强。模块化是管理信息系统设计的趋势,模块化能够把复杂问题简单化,还可以把大问题分解为若干小问题来解决,进而使设计的系统实施和维护更方便。SD 方法的特点一般有以下几点:

(1)对于复杂的系统,一般采用"自顶向下,逐步求精"的原则进行分解。

(2)采用结构图描述系统。

(3)具有基本的设计原则与方法。

(4)具有对模块结构进行评价的标准及优化的方法。

结构化设计思想,是从数据流图出发,逐步产生系统的总体结构,把系统设计成由功能单一且彼此相对独立的模块组成的层次结构。结构化设计思想主要具有以下三个要点:

(1)系统性。在设计功能结构时,要全面考虑各个相关方面的情况。不仅考虑重要的部分,也要兼顾次要的部分;不仅考虑当前亟待开发的部分,也要兼顾考虑今后需要扩充的部分。

(2)自顶向下分解。先自顶向下将系统分解为若干子系统,各个子系统的功能总和为上一层系统的总功能。再将子系统分解为若干功能模块,下层功能模块实现上层模块的功能。这种自顶向下进行功能分层的过程就是由复杂到简单、由抽象到具体的过程。根据要点进行系统设计,从上层看容易保证整个系统的功能不会遗漏和冗余,从下层看各功能的具体实现较容易。

(3)层次性。首先将系统看成一个模块,然后按功能逐步将其自顶向下分解成更具体的模块。这种分解是按层的,同一个层次是同样由抽象到具体的程度,各层具有可比性。如果某层次各部分抽象程度相差太大,那很可能是由于划分不合理而造成的。

结构化设计方法的基本原则主要有以下几点:

(1)采用"自顶向下、逐步求精"的设计方法。

(2)充分利用数据流程图,尽量与实际系统相对应。

(3)按功能划分模块。

(4)各模块功能应相对独立,模块间的关系尽可能简单。

(5)高内聚低耦合。高内聚是指功能模块内部的聚合程度高,即功能模块内部的联系紧密。内聚程度高低取决于模块的内部功能的一致性和目标的一致性。低耦合是指功能模块之间的耦合度低,即功能模块之间的相互影响程度低。耦合程度高低取决于模块之间传递数据的多少和类型。

(6)运用模块设计技巧进行模块的分解和合并。

2. 模块化设计思想

把一个管理信息系统设计成若干模块的方法称为模块化设计,其基本思想是将系统设计成由相对独立和单一功能的模块组成的层次结构,从而简化开发工作,防止错误蔓延,提高系统的可靠性。

采用模块设计思想将一个管理信息系统设计成若干模块的方法称为模块化设计方法。利用模块化设计方法,将系统层层分解,可以把一个复杂的系统分解为多个功能较单一的功能模块。一方面,各个模块具有相对独立性,可以分别设计和实现;另一方面,模块之间的相互关系则可以通过一定的方式予以说明。各模块在这些关系的约束下共同构成一个统一的整体,完成系统的总体功能。采用模块化设计方法进行模块划分可以实现模块之间的调用关系非常明确和简单,每个模块都可以单独地被理解、编写、调试、检错和修正,还能让功能结构整体上具有较高的正确性、可理解性和可维护性。这种模块结构一般采用功能结构图来描述。

功能结构图即按功能从属关系画成的结构图,该图中的每一个矩形框就称为一个功能模块。功能模块可以根据具体情况划分得大一点或小一点,一般要求每个模块只有一个出口和一个入口。分解的最小的功能模块可以是一个程序中的一个子程序,而较大的功能模块则可能是完成某一任务的一组程序。

模块是组成系统逻辑模型和物理模型的基本单位,可以被组合、分解和更换。一般其按功能的具体化程度将模块分为逻辑模块和物理模块。一般将系统逻辑模型中定义的处理功能视为逻辑模块,逻辑模块被具体化即成为物理模块。一个模块一般具有以下四个要素:

(1) 输入和输出。模块的输出去向是其输入的来源,即一个模块从调用者处取得数据,加工处理后再把处理结果输出给调用者。

(2) 处理功能。模块得到输入后进行的加工处理工作。

(3) 内部数据。仅供模块自身引用的数据。

(4) 程序代码。用来实现输入、处理和输出的程序。

5.2.4 网上书店管理系统功能模块结构设计

采用结构化和模块化设计思想设计网上书店管理系统。首先将整个系统划分为两大模块,即用户使用的前台购书子系统和管理员使用的后台管理子系统,如图 5.1 所示。然后将这两个部分划分为若干个模块,将前台购书子系统划分为用户信息管理、图书查询、订单管理和购物车等模块,将后台管理子系统划分为用户管理、图书管理、订单管理和管理员管理等模块。最后将这些模块再细化分解为更小的模块,如新用户注册、修改用户信息、按图书类型查询、按图书价格查询、购书生成订单、用户查询订单、添加图书、删除图书、更改图书数量、查看用户信息和处理订单等,分别如图 5.2 和 5.3 所示。

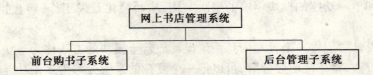

图 5.1 网上书店管理系统总体功能模块图

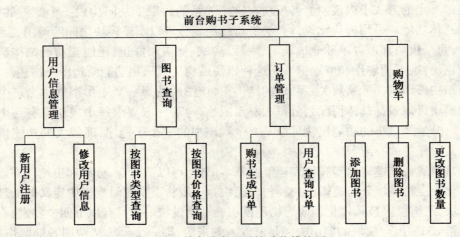

图 5.2 前台购书子系统功能模块图

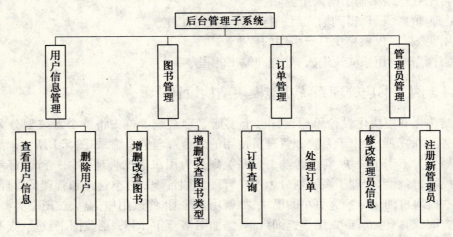

图 5.3 后台管理子系统功能模块图

5.3 硬件与软件设计

管理信息系统是以计算机技术为基础的人-机系统。为了让读者能够更好地理解和掌握管理信息系统的设计,本节主要介绍管理信息系统的硬件和软件设计基础。

5.3.1 计算机系统

计算机(computer)是一种能够输入信息、存储信息,并按照人们事先编制好的程序对信息进行加工处理,最后输出人们所需要的结果的自动高速执行的电子设备。计算机的发展大致经历了电子管、晶体管、集成电路、大规模集成电路、超大规模集成电路等阶段。

一个完整的计算机系统应当由硬件、软件和人三大部分组成。硬件是指构成计算机系统的物理设备的总称,通常是电子的、机械的、磁性的或光学的元器件或装置。软件是程序和相关文档的总称。程序是由指令序列构成的,指挥计算机按照指令序列完成特定任务。软件包括系统软件和应用软件。由于数据库是数据组织与管理的基础,也是管理信息系统的基础,因此对管理信息系统而言,系统软件的一个重要部分是数据库。计算机系统的硬件和软件相辅相成、相互依赖,若没有硬件,软件无法运行,若没有软件,硬件不知道该做什么。人是计算机系统的重要组成部分,也是管理信息系统的重要组成部分。无论系统建设还是系统维护都离不开人,人永远是计算机系统中最重要的部分。因此,一个计算机管理信息系统是硬件、软件和人的结合,所有这些要素有机组织起来对数据进行输入、存储、加工处理和输出。管理信息系统就是对管理数据进行输入、存储、加工处理和输出。

1. 计算机的分类

计算机种类繁多,分类方法也多种多样,可以按处理的对象、用途、规模、工作模式和字长来进行分类,具体如下:

(1)按计算机处理数据的表示方法可将计算机分为模拟计算机、数字计算机和混合计算机三大类。

(2)按计算机的用途可将计算机分为专用机和通用机两类。

(3)按计算机的规模可将计算机分为巨型机、大型机、中型机、小型机、微型机和嵌入式计算机。

(4)按工作模式可将计算机分为客户机和服务器。

(5)按字长可将计算机分为 8 位机、16 位机、32 位机和 64 位机等。字长即计算机一次所能传输和处理的二进制位数。

2. 计算机的工作原理

美籍匈牙利数学家冯·诺依曼在 1945 年提出了关于计算机组成和工作方式的设想。迄今为止,尽管现代计算机制造技术已有极大发展,但是就其系统结构而言,大多数计算机仍然遵循他的设计思想,这样的计算机称为冯·诺依曼型计算机。

冯·诺依曼设计思想可以概括为以下三点:

(1)采用存储程序控制方式。将事先编制好的程序存储在存储器中,然后启动计算机工作,运行程序后的计算机无需操作人员干预,能自动逐条取出指令、分析指令和执行指令,直到程序结束或关机,即由程序来控制计算机自动运行。

(2)计算机内部采用二进制的形式表示指令和数据。根据电子元件双稳工作的特点,在电子计算机中采用二进制。采用二进制将大大简化计算机的逻辑线路。

(3)计算机硬件系统分为运算器、控制器、存储器、输入设备和输出设备五大部分。

冯·诺依曼设计思想标志着自动运算的实现,为计算机的设计提供了基本原则和树立了一座里程碑。

尽管计算机多次更新换代,但其基本工作原理仍是存储程序控制,即事先把指挥计算机如何进行操作的程序存入存储器中,运行时只需给出程序的首地址,计算机就会自动逐条取出指令、分析指令和执行指令,通过完成程序规定的所有操作来实现程序的功能。

3. 计算机的工作过程

计算机的工作过程就是执行指令的过程,这一切都在控制器的指挥下进行。计算机的工作过程如下:

(1)由输入设备输入程序和数据到内存,如果想要长期保存则需保存到外存中。

(2)运行程序时,将程序和数据从外存调入内存。

(3)从内存中取出程序的第一条指令送往控制器。

(4)通过控制器分析指令的要求,然后根据指令的要求从内存取出数据送到运算器进行运算。

(5)将运算的结果送至内存,如需输出再由内存送至输出设备。

(6)从内存取出下一条指令送往控制器。

(7)重复(4)、(5)和(6),直到程序结束。

在计算机的工作过程中,有两种信息流在流动。一种是数据流,即各种程序和数据。另一种是控制流,即由控制器发出的控制信号。

4. 硬件与软件的关系

硬件是计算机系统的物质基础,是软件运行的物质基础。软件是相对于硬件而言的,是计算机的功能体现。软件的执行最终都转化为具体的硬件操作,需要有一定功能的硬件的支持,因此,软件又反作用于硬件,体现为对硬件有一定的要求。可见,硬件和软件是相互依存、相辅相成和相互促进的。

随着计算机技术的发展,软件和硬件的界限已变得模糊了,如计算机的某些功能既可以由硬件来实现,也可以由软件来实现,因此,硬件和软件具有逻辑等价性。

5.3.2 系统硬件基础

硬件是信息系统输入、处理和输出信息的设备。从物理构造讲,计算机由主机和外设组成。从学术角度来说,由中央处理器(CPU)和内存构成的处理系统称为冯·诺依曼型计算机的主机。主机是计算机核心部件,它和其他外设安装在主机箱中。在主机箱内有主板、硬盘、光驱、电源和显卡等。主板包括 CPU、内存和输入输出接口部件三大部分。各种外部设备通过 I/O 接口部件与主机相连。主机内部各部分之间由地址总线、数据总线和控制总线相连。处理数据的能力是计算机系统性能的关键指标。

1. 运算器

运算器(Arithmetic Unit)是计算机中进行各种算术运算和逻辑运算的部件,由执行部件、寄存器和控制电路三部分组成。

(1)执行部件。执行部件是运算器的核心,称为算术逻辑单元(Arithmetic and Logic Unit,ALU),由于它能进行加、减、乘、除等算术运算和与、或、非、异或等逻辑运算,而这正是运算器的功能,因此经常有人用 ALU 代表运算器。

(2)寄存器。运算器中的寄存器是用来寄存被处理的数据、中间结果和最终结果的,主要有累加寄存器、数据缓冲寄存器和状态条件寄存器。

(3)控制电路。控制 ALU 进行哪种运算。

2. 控制器

控制器(controller)是指挥和协调运算器及整个计算机所有部件完成各种操作的部件,是计算机指令的发出部件。控制器主要由程序计数器、指令寄存器、指令译码器、时序产生器和操作控制器等组成。控制器就是通过这些部分,从内存取出某程序的第一条指令,并指出下一条指令在内存中的位置,对取出的指令进行译码分析,产生控制信号,准备执行下一条指令,直至程序结束。

计算机中最重要的部分就是由控制器和运算器组成的中央处理器(Central Processing Unit,CPU)。

3. 存储器

存储器是计算机的记忆部件,用来存放程序和数据等信息。根据控制器发出的读、写和地址等信号进行对某地址存储空间的读取或写入操作。

按存储器的存储介质分为半导体存储器、磁表面存储器和光盘存储器。

按存储方式分为随机存储器(可任意存取数据)和顺序存储器(只能按顺序存取数据)。

按存储器的读写功能分为随机读写存储器(Random Access Memory,RAM)和只读存储器(Read Only Memory,ROM)。RAM 指既能读出又能写入的存储器,ROM 指一般情况下只能读出不能写入的存储器。写入 ROM 中的程序称为固化的软件,即固件。

计算机的存储系统由高速缓存(Cache)、内存储器(内存,也称主存)和外存储器(外存,也称辅存)三级构成。

(1)外存。外存指用来存放暂时不运行的程序和数据的存储器,一般采用磁性存储介质或光存储介质,一般通过输入输出接口连接到计算机上。外存优点是成本低、容量大、存储时间长和断电信息不消失。其缺点是存取速度慢,且CPU不能直接执行存放在外存中的程序,需将想要运行的程序调入内存才能运行。

常见的外存有硬盘、软盘、光盘和优盘等。

(2)内存。内存指用来存放正在运行的程序和数据的存储器,一般采用半导体存储介质。内存的优点是速度比外存快,CPU能直接执行存放在内存的程序。其缺点是成本高,且断电时所存储的信息将消失。

(3)Cache。由于CPU的速度越来越快,内存的速度无法跟上CPU的速度,因此形成了"瓶颈",从而影响了计算机的工作效率,如果在CPU与内存之间增加几级与CPU速度匹配的高速缓存,将可以提高计算机的工作效率。

因此,在CPU中就集成了Cache,用于存放当前运行程序中最最活跃的部分。其优点是速度快,缺点是成本高和容量小。

4. 输入设备

输入设备是指向计算机输入程序和数据等信息的设备。它包括键盘、鼠标、操纵杆、摄像机、摄像头、扫描仪、传真机、光笔、语音输入器和手写输入板等。

5. 输出设备

输出设备指计算机向外输出中间过程和处理结果等信息的设备。它包括显示器、投影仪、打印机、绘图仪和语音输出设备等。

有些设备既是输入设备又是输出设备,如触摸屏、打印扫描一体机和通信设备等。

输入设备、输出设备和外存都属于外部设备,简称外设。计算机的硬件系统也可以说是由主机和外设构成。

5.3.3 系统软件基础

只有硬件系统的计算机称为"裸机",想要完成某些功能,就必须安装必要的软件。软件(Software)泛指程序和文档的集合。一般将软件划分为系统软件和应用软件。系统软件和应用软件构成了计算机的软件系统。

1. 系统软件

系统软件是指协调管理计算机软件和硬件资源,为用户提供友好的交互界面,并支持应用软件开发和运行的软件,通常是没有明确的应用目的软件,一般是必须配备的软件。主要包括操作系统、语言处理程序、数据库管理系统、网络及通信协议处理软件和设备驱动程序等。

(1) 操作系统。操作系统(Operating System, OS)是负责分配管理计算机软件和硬件资源,控制程序运行,提供人机交互界面的一大组程序的集合,是典型的系统软件。功能主要有进程管理、存储管理、作业管理、设备管理和文件管理等。常见的操作系统有 DOS、Windows、Mac OS、Linux 和 Unix 等。

计算机硬件的生产厂家众多,生产的品种繁多,为了有效地管理和控制这些硬件,人们在硬件的基础上加载了一层操作系统,用它通过设备的驱动程序来跟计算机硬件打交道,使人们有了一个友好的交互窗口。可以说操作系统是计算机硬件的管理员,是用户的服务员。

(2) 语言处理程序。计算机语言一般分为机器语言、汇编语言和高级语言等。

计算机只能识别和执行机器语言。机器语言是一种由二进制码"0"和"1"组成的语言。不同型号的计算机的机器语言也不一样。由机器语言编写的程序称为机器语言程序,它是由"0"和"1"组成的数字序列,很难理解和记忆,且检查和调试都比较困难。

为克服机器语言的缺点,人们通过助记符的方式把机器语言抽象成汇编语言。汇编语言是符号化了的机器语言,用汇编语言写的程序叫汇编语言源程序。汇编语言源程序无法被计算机直接执行,必须被翻译成机器语言程序才能由计算机执行,这个翻译的过程称为汇编,完成翻译的计算机软件称为汇编程序。

机器语言和汇编语言是低级语言,都是面向机器的。高级语言是面向用户的,比如 Ada、Fortran、Pascal、Cobol、Basic、C、C++、VB、VC、Java、C#、Lisp、Haskell、ML、Scheme、Prolog、Smalltalk 和各种脚本语言等。用高级语言书写的程序称为源程序,需要以解释方式或编译方式执行。解释方式是指由解释程序解释一句高级语言后立即执行该语句。编译方式是指将源程序通过编译程序翻译成机器语言形式的目标程序后再执行。

汇编程序、解释程序和编译程序等都属于语言处理程序。

(3) 数据库管理系统。数据库管理系统(Database Management System, DBMS)是位于用户与操作系统之间的一层操纵和管理数据库的大型软件,用户对数据库的建立、使用和维护都是在 DBMS 管理下进行的,应用程序只有通过 DBMS 才能对数据库进行查询、读取和写入等操作。

常见的数据库管理程序有 Oracle、SQL Server、Mysql、DB2 和 Visual FoxPro 等。

(4) 网络及通信协议处理软件。网络通信协议是指网络上通信设备之间的通信规则。在将计算机连入网络时,必须安装正确的网络协议,这样才能保证各通信设备和计算机之间能正常通信。常用的网络协议有 TCP/IP 协议、UDP 协议、HTTP 协议和 FTP 协议等。

(5) 设备驱动程序。设备驱动程序简称"驱动程序",是一种可以使计算机和设备正常通信的特殊程序。可以把它理解为是给操作系统看的"说明书",有了它,操作系统才能认识、使用和控制相应的设备。不同厂家、不同产品和不同型号的设备的驱动程序一般都不一样。

2. 应用软件

应用软件是指为用户解决各类问题而制作的软件,通常是具有明确的应用目的软件,一般不是必须配备的软件。它拓宽了计算机的应用领域,使计算机更加实用化。比如 Microsoft Office 就是用于信息化办公的软件,它加快了计算机在信息化办公领域应用的步伐。

应用软件种类繁多,如压缩软件、信息化办公软件、图形图像浏览软件、图像处理软件、动画编辑软件、影像编辑软件、多媒体软件、信息管理系统、教育软件、游戏软件、仿真软件、控制软件、网络应用软件、安全加密软件、防杀病毒软件、网络监控系统、审记软件、通信计费软件、安全分析软件、财务软件、数据分析处理软件、备份软件和翻译软件等。

5.3.4 硬件与软件配置的方法

在进行系统硬件与软件设计时,一般考虑以下几个问题:

(1)**存储容量估算**。根据业务需要存储的文件数和数据库中的记录数为基数估算存储容量,并留有系统升级的余地。

(2)**系统性能分析**。分析系统可能进行的各种操作和计算,考虑操作的响应时间和系统资源消耗情况,分析系统有无瓶颈。

(3)**系统负载分析**。分析系统负载情况,包括系统输入、处理和输出信息的流量,以及并发操作形成的负载压力。

(4)**拟定硬件与软件配置方案**。根据实际情况综合考虑,选择最佳方案。

(5)**硬件配置**。根据系统运行需要考虑最低硬件配置和推荐配置。

(6)**软件配置**。考虑操作系统、数据库管理系统和应用软件等的选择。

5.3.5 网上书店管理系统硬件与软件配置

根据网上书店管理系统功能与性能要求,构建能够支持系统运行的硬件与软件环境,也就是进行系统硬件与软件平台设计。硬件的选择取决于数据的处理方式和运行的软件种类。各种管理业务对计算机的基本要求是速度快、容量大、通道能力强、操作便捷,然而,计算机的性能越高,其价格也就越贵,因而在硬件的选择上要全面考虑。计算机软件从总体上划分为两类即系统软件与应用软件,前者是用于管理与支持计算机系统资源及操作的程序,而后者用于处理特定应用的程序。系统开发过程中,软件工具的选择对系统开发是否顺利至关重要。为了保证系统运行的效率和可靠性,服务器端和客户端需要选用适中的软硬件配置。

1. 系统硬件配置

服务器端的硬件配置是由建立站点所需的软件来决定的。在最低配置下,服务器虽能正常工作,但其性能往往不尽如人意,如果想使站点服务器工作效率更高的话,就得需要更好的配置,特别是服务器的内存应该大些。客户端主要用于游览界面以及与 Web 数据库进行数据交互操作,因而客户端对硬件要求并不高,一般主要由所安装的 Windows 版本的要求来决定。

(1)服务器端的一般配置情况。若期望性能更好,需要的配置应该高于下面的配置:

处理器:Intel Pentium 以上处理器

内存:512MB 以上

硬盘:500MB 以上的剩余硬盘空间

光驱:2 倍或更高倍速光驱

显卡:SVGA 以上显示适配器

网卡:PCI 接口或主板集成

(2)客户端的一般配置情况。若期望性能更好,需要的配置应该高于下面的配置:

处理器:Inter Celeron 以上处理器

内存:256MB 以上

硬盘空间:300MB 以上的剩余硬盘空间

网卡:PCI 接口或主板集成

显卡:SVGA 以上显示适配器

2. 系统软件配置

开发一个网上书店系统在软件方面需要一个 Web 服务器、数据库管理系统和前端开发工具等。服务器操作系统选用 Windows 2000/NT/XP 中文版或更高版本;Web 服务器选用 Tomcat 5.0 版或更高版;数据库选用 Mysql 5.0 版或更高版;程序开发选用 JDK1.4.2 版或更高版,Eclipse 3.1 版或更高版等。

(1)JDK 的安装。运行安装程序 j2sdk-1_4_2-windows-i586.exe 选择安装路径(本网站安装在 C 盘根目录下)后将会自动完成安装。安装完毕后需要配置三个环境变量 JAVA_HOME、PATH 和 CLASSPATH。

(2)Tomcat。Tomcat 是一个免费的开源 Servlet 容器,它由 Apache、Sun 和其他一些公司及个人共同研发而成,能在解析 JSP/Servlet 的同时提供 Web 服务,因此选用 Tomcat 做 Web 服务器。可以在其官方网站:http://jakarta.apaehe.org/tomcat/index.html 免费下载。

Tomcat 只要解压 jakarta-tomcat-5.0.12.zip 文件即可使用,本网站解压到 C 盘根目录下,设置环境变量如下:

①CATALINA_HOME。设定 Tomcat 的安装路径,如:C:\jakarta-tomcat-5.0.12。

②PATH。追加<CATALINA_HOME>\bin 目录,如:C:\jakarta-tomcat-5.0.12\bin。

③运行 Tomcat 进入<CATALINA_HOME>\bin 目录,启动和关闭 Tomcat 服务器的批处理文件 starup.bat 和 shutdown.bat。

(3)测试 Tomcat。Tomcat 服务器启动后,就可以通过浏览器访问以下 URL:http://localhost:8080/,将出现如图 5.4 所示页面。

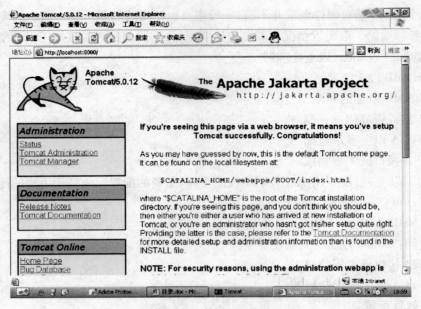

图 5.4 测试 Tomcat

5.4 网络结构设计

计算机网络是管理信息系统运行的基础。管理信息系统的计算机网络设计主要是进行计算机网络结构的设计。本节主要介绍网络结构设计的基础知识和网上书店管理系统网络结构设计。

5.4.1 网络结构设计基础

1. 计算机网络的概念

一般来讲,计算机网络就是利用通信设备和通信线路将不同地理位置的具有独立功能的多台计算机、终端和外部设备连接起来,实现彼此通信,并且实现计算机的软件、硬件和数据资源共同使用的整个体系。计算机网络必须具备以下几点要求:

(1) 多台具有独立操作系统的各种类型的计算机,且彼此有资源共享。

(2) 多台计算机之间通过通信介质互连。传输介质一般分为有线和无线。有线传输介质如双绞线、同轴电缆、光纤等,无线传输介质如微波、卫星等无线通信媒体。

(3) 遵循一定的网络协议。网络协议是指在计算机网络中进行通信时需要共同遵守的规则和约定,被用来解释、协调和管理计算机之间的通信和相互间的操作。

(4) 具有一定的拓扑结构。所谓网络拓扑结构是指网络的链路和节点在地理上所形成的几何结构。

2. 计算机网络的分类

按照网络的规模和作用范围划分,将计算机网络分为局域网、城域网和广域网三种。

(1)局域网(Local Area Network,LAN)。是指一个单位、校园或一个相对独立范围内的计算机之间为了实现相互通信,共享软、硬件资源而建立的计算机网络。典型的局域网由一台服务器和若干个客户机组成。

(2)城域网(Metropolitan Area Network,MAN)。可以认为是一种大型的局域网,一般使用与局域网相近的技术,但其作用范围比局域网大,如一个城市的大局域网络。

(3)广域网(Wide Area Network,WAN)。作用范围很大,可以跨国或跨洲,网络之间通过特定方式进行互连。Internet 是世界上最大的广域网。

3. 局域网的拓扑结构

网络的拓扑结构是指网络上各种设备的物理连接方式。局域网是一定范围内的网络,目前,局域网最主要的拓扑结构有星型、环型和总线型三种。

(1)星型拓扑结构。星型拓扑结构是指计算机之间通过电缆连接到集线器(HUB)上。网络中的计算机直接连接到集线器的各个端口上,数据通过 HUB 中转至每台计算机,这样如果一台计算机出现了故障,不会影响整个网络的运行。所以星型拓扑结构的特点是故障易诊断、可靠性较高,但缺点是需要的电缆较长且对节点的依赖性较强。

(2)环型拓扑结构。环型拓扑结构是指将网络中的计算机连接成环状。它使用传递令牌的方法在网络中传递数据,令牌沿环的一个方向传播,通过每一台计算机,如果网络中的任何一台计算机出现了故障,将会影响整个网络的运行。环型拓扑结构中的每一台计算机都有平等访问的机会,但网络可靠性较差,不易管理和维护。

(3)总线型拓扑结构。总线型拓扑结构是指网络上的所有计算机通过一根线缆连接,即所有计算机共用一条通信线路,这条线路称为总线。在总线型拓扑结构中,所有的计算机都通过相应的接口与总线相连。它的特点是布线简单,建网的成本也比较低,对于节点较少的、对传输速度要求不高的网络来说可靠性较高。缺点是只适合连接少量的计算机,若网络中有一处出现了故障,整个网络都将无法运行,因此它的稳定性比较差。

4. 网络硬件

在局域网的连接中,需要用硬件设备和传输介质将计算机连接起来。下面主要介绍星型拓扑结构所需要的网络硬件。

(1)星型拓扑结构所需要的硬件设备主要包括集线器(HUB)、RJ45 接头和网卡等。

集线器是网络中的中央节点,它主要对数据信号进行整形放大,并转发到相应的端口上。按传输速率分集线器有 10M、100M、10M/100M 自适应三种,按端口数量分有 8 口、16 口和 24 口三种类型。

RJ45 接头接在线缆的两端,将线缆两端接头分别插进集线器的端口与计算机的网卡上,将集线器与计算机连接起来。

网卡主要用于计算机之间的互联,目前应用较多的是10M/100M自适应网卡。

(2)目前,局域网中所使用的传输介质主要是双绞线和光纤。

5. 网络协议

网络协议是指在网络中将所有的计算机组织在一起,实现资源共享和数据交换所使用的协议,简单地说就是在计算机之间相互通信时所使用的规则和约定。计算机之间要想相互通信,就必须在双方的计算机中安装相同的协议。目前所使用的网络协议包括NetBEUI协议、TCP/IP协议和IPX/SPX协议三种。

(1)NetBEUI网络协议。NetBEUI协议是指用户扩展接口协议,针对小型局域网而设计,在局域网内速度较快,但不具有路由功能。用户不能使用NetBEUI协议通过路由器等设备进行两个局域网的互联。

(2)TCP/IP协议。TCP/IP协议是目前使用最多的一种网络协议,是计算机网络中使用的一个通用协议。TCP是指传输控制协议,它保证数据在网络中的正确传输;IP是指网际协议,负责将数据从一个节点传输到另一个节点。TCP/IP协议具有很强的灵活性,支持任意规模的网络,并且TCP/IP协议是可以路由的网络协议,可以连接几乎所有的服务器和工作站。

(3)IPX/SPX网络协议。IPX/SPX协议是指网际包交换/顺序包交换协议,是Novell公司开发的通信协议集。该协议具有强大的路由功能,能适应很复杂的网络环境,一般用于大型或中型网络中。

6. Internet 基础知识

(1)Internet简介。Internet即因特网,又称国际互联网,是由那些使用公用语言互相通信的计算机连接而成的全球网络。连入Internet的任何一个节点上,就意味着已经连入Internet网上了。目前,伴随着Internet的全球普及,出现了大量的基于Internet的管理信息系统。

(2)IP地址。IP地址是指用32位二进制数来表示Internet上的每台主机。在Internet上,每台连接到Internet的主机都必须有一个唯一的地址,它是每一台主机连接到Internet上的唯一标志。

IP地址可以用点分二进制数来表示,被分成四段,每段8位,也可以用点分十进制数来表示,中间用圆点隔开,例如172.16.200.200。

(3)域名系统。域名系统(Domain Name System,DNS)服务是TCP/IP提供的一种服务,可以在域名和IP地址之间相互解析。DNS采用层次结构,可以按地理域或组织域分层,各层间用"."分开。在域名表示中,从右向左,依次从大到小。例如,在"www.sina.com.cn"中,最高级域名为cn,次高级域名为com,最后一级域名为sina。其中顶级域名中包括组织域和地理域两种,组织域指明了该域名所属的机构类型,地理域指明了所属国家。

(4)Internet接入方式。Internet接入的方式常见的有局域网接入、电话网接入和有线电视网接入等。

7. Intranet 简介

Intranet 又称企业内部网,是 Internet 技术在企业内部的应用。Intranet 实际上是采用 Internet 技术建立的企业内部网络,是 Internet 的延伸和发展。Intranet 的原理是在内部网络上采用 TCP/IP 作为通信协议,利用 Internet 的 Web 模型作为标准信息平台,同时利用防火墙技术把内部网和 Internet 分开。Intranet 并不一定要和 Internet 连接在一起,也可以是一个独立的网络。目前,已有大量企业建立了自己的 Internet,并出现了大量的基于 Intranet 的管理信息系统。

从网络结构上看,Intranet 是一种管理信息系统的网络结构。传统的管理信息系统开发所涉及的物理结构有以下几种:主机/终端(Mainframe/Terminal)结构、文件服务器/客户工作站(File Server/Client Workstation)结构和客户机/服务器(Client/Server)结构。Intranet 是一种继承 Internet 的 TCP/IP、FTP 和 TELNET 等网络技术的内部网络结构,能以较少的投资和较短的开发周期将企业内部管理信息系统改造成一个开放、安全、高效和表现形式丰富的企业管理信息系统。基于 Intranet 的新管理信息系统在不改变原有管理信息系统系统功能的基础上,还能增加许多新的网络服务,这样的新系统使系统的开发和维护工作发生了巨大的变化,更方便用户使用。因此,可以说 Intranet 是一种改进的管理信息系统的新型网络结构。

8. 网络结构设计的方法与步骤

网络结构设计一般遵循实用性、成本有效性、开放性、安全可靠性、可维护性和可扩充性等原则。

网络结构设计考虑的问题主要有以下几个方面:

(1)在网络选择上应考虑应用系统的地域分布。

(2)尽量将相互信息交换频繁、信息流量大的放在同一网段。

(3)网络设备尽可能选择同一厂家,这样在设备互联、协议使用、技术支持和价格等方面都有优势。

(4)考虑可扩展性。在网络结构中,主要设备应预留一定的扩展能力。

(5)根据实际需要选择设备型号,节约资金。

(6)选择性价比高、质量好的设备。

网络设计的主要步骤有以下两部分:

(1)网络需求分析。包括网络的功能、性能、环境、可维护性和可扩充性等需求。

(2)网络系统方案设计。包括确定网络的总体目标、网络方案设计原则、网络总体设计、网络拓扑结构、网络选型和网络安全设计等内容。

5.4.2 网上书店管理系统网络结构设计

以太网是目前应用最广泛、技术最成熟的网络结构,且具有较强的生命力和可扩展性。在 Internet 环境下,客户机只需能够上网并安装浏览器即可远程访问网上书店管理系统。因此,网上书店管理系统采用交换以太网和 Internet 远程访问方式。

服务器端主要由中心交换机、服务器和一个星型局域网构成。由于应用的需要,网上书店管理系统将连接到 Internet,因此服务器端还需配置一台防火墙。

客户端即接入 Internet 的计算机,用户主要通过客户端访问网上书店管理系统。系统管理人员既可以通过服务器端的局域网来管理,也可以通过接入 Internet 的客户端来管理。

网上书店管理系统网络结构如图 5.5 所示。

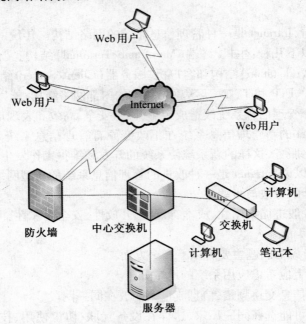

图 5.5　网上书店管理系统网络结构

5.5　数据库设计

管理信息系统的主要任务是通过处理大量的数据获得所需的管理信息,这就必须存储和管理大量数据。因此,建立一个良好的数据库,能够使整个系统迅速、方便、准确地调用和管理所需的数据。在系统分析阶段进行数据与数据流程分析时,已经完成数据流程图和数据字典的工作,基本完成数据结构的定义。本节主要讲述如何在系统数据流程分析的基础上,进行数据库的各层次设计。

5.5.1　数据库设计概述

数据库技术是研究如何对数据进行统一、有效的组织、管理和加工处理的计算机技术,该技术已应用于社会的方方面面,大到一个国家的信息中心,小到私人小企业,都会利用数据库技术对数据进行有效的管理,以提高生产效率和决策水平。目前,一个国家的数据库建设规模、数据库的信息量大小和使用频度已成为衡量这个国家信息化程度的重要标志之一。

广义地讲,数据库设计是数据库及其应用系统的设计,即设计整个的数据库应用系统。狭义地讲就是设计数据库,即设计数据库的各级模式并建立数据库,这是数据库应用系统设计的一部分。本书的重点是讲解狭义的数据库设计。当然设计一个好的数据库与设计一个好的数据库应用系统是密不可分的。数据库结构是应用系统的基础。特别在实际的系统开发项目中两者更是密切相关、并行进行的。

数据库设计是指对于给定的应用环境,构造最优的数据库模式,建立数据库及其应用系统,使之能有效地存储数据,满足用户的信息要求和处理要求,即把现实世界中的数据,根据应用处理的要求,合理组织,满足各种用户的应用需求,包括信息管理要求和数据操作要求。利用已有的 RDBMS 来建立能够实现系统目标的数据库。在数据库领域内,一般把使用数据库的各类系统统称为数据库应用系统。

信息管理要求是指在数据库中应该存储和管理哪些数据对象;数据操作要求是指对数据对象需要进行哪些操作,如查询、增、删、改和统计等操作。

数据库设计的目标是为用户和各种应用系统提供一个信息基础设施和高效率的运行环境。高效率的运行环境包括:数据库数据的高存取效率、数据库数据的高利用率、数据库系统运行管理的高效率等。

数据库是大多数应用系统的重要组成部分,开发数据库系统最重要的就是数据库的设计。数据库设计的质量影响着应用系统的功能及性能。数据库设计与一般应用程序的设计既有其共同点,又有其不同点。

5.5.2 数据库设计的方法与步骤

1. 方法

早期数据库设计主要采用手工与经验相结合的方法。设计的质量往往与设计人员的经验与水平有直接的关系。数据库设计是一种技艺,缺乏科学理论和工程方法的支持,设计质量难以保证。常常是数据库运行一段时间后又不同程度地发现各种问题,需要进行修改甚至重新设计,增加了系统维护的代价。为此,人们努力探索,提出了很多数据库设计方法。常见的数据库设计方法如下:

(1)新奥尔良(New Orleans)方法。它是目前公认的比较完整和权威的一种规范设计法,它将数据库设计分为四个阶段:需求分析(分析用户需求)、概念设计(信息分析和定义)、逻辑设计(设计实现)和物理设计(物理数据库设计)。S. B. Yao 等又将数据库设计分为五个步骤。目前大多数设计方法都起源于新奥尔良方法,并在设计的每个阶段采用一些辅助方法来具体实现,新奥尔良方法属于规范设计法。规范设计法从本质上看仍然是手工设计方法,其基本思想是过程迭代和逐步求精。

(2)基于E-R模型的数据库设计方法。E-R方法的基本步骤是:①确定实体类型;②确定实体联系;③画出E-R图;④确定属性;⑤将E-R图转换成某个DBMS可接受的逻辑数据模型;⑥设计记录格式。

(3)基于3NF的数据库设计方法。基于3NF的数据库设计方法的基本思想是在需求分析的基础上确定数据库模式中的全部属性与属性之间的依赖关系,将它们组织在一个单一的关系模式中,然后再将其投影分解,消除其中不符合3NF的约束条件,把其规范成若干个3NF关系模式的集合。

(4)计算机辅助数据库设计方法。计算机辅助数据库设计主要分为需求分析、逻辑结构设计、物理结构设计几个步骤。设计中,哪些可在计算机辅助下进行?能否实现全自动化设计呢?这是计算机辅助数据库设计需要研究的课题。

(5)ODL(Object Definition Language)方法。ODL方法是面向对象的数据库设计方法。该方法用面向对象的概念和术语来说明数据库结构。ODL可以描述面向对象数据库结构设计,可以直接转换为面向对象的数据库。

2. 步骤

按照规范化的设计方法,以及数据库应用系统开发过程,数据库的设计过程可分为系统需求分析阶段、概念结构设计阶段、逻辑结构设计阶段、物理结构设计阶段、数据库的实施阶段、数据库运行和维护阶段。

数据库设计中,前两个阶段是面向用户的应用要求,面向具体的问题,中间两个阶段是面向数据库管理系统,最后两个阶段是面向具体的实现方法。前四个阶段可统称为"分析和设计阶段",后面两个阶段统称为"实现和运行阶段"。在数据库设计过程中,需求分析和概念设计可以独立于任何数据库管理系统进行。逻辑设计和物理设计与选用的DBMS密切相关。

数据库设计之前需要一些准备工作,首先选定参加设计的人员,包括数据库分析设计人员、程序员、数据库管理员和用户。数据库分析设计人员是数据库设计的核心人员,自始至终参与数据库设计,其水平决定了数据库系统的质量。用户和数据库管理员在数据库设计中也很重要,他们主要参加需求分析和数据库的运行维护,他们的积极参与不但能加速数据库设计,也能提高数据库设计的质量。程序员在系统实施阶段参与进来,负责编制程序。

数据库设计的步骤具体如下:

(1)需求分析阶段。进行数据库设计首先必须准备了解与分析用户需求(包括数据与处理)。需求分析是整个设计过程的基础,是最困难、最费时、最复杂的一步,但也是最重要的一步。作为基础的需求分析是否做得充分与准确,决定了在其上构建数据库的速度与质量。需求分析做得不好,甚至会导致整个数据库设计返工。

(2)概念结构设计阶段。概念结构设计是指对用户的需求进行综合、归纳与抽象,形成一个独立于具体DBMS的概念模型,是整个数据库设计的关键。

(3)逻辑结构设计阶段。逻辑结构设计是指将概念模型转换成某个 DBMS 所支持的数据模型,并对其进行优化。

(4)物理设计阶段。物理设计是指为逻辑数据模型选取一个最适合应用环境的物理结构(包括存储结构和存储方法)。

(5)数据库实施阶段。数据库实施是指建立数据库,编制与调试应用程序,组织数据入库,并进行试运行。

(6)数据库运行与维护阶段。数据库运行与维护是指对数据库系统实际正常运行使用,并时时进行维护。

数据库的设计过程如图 5.6 所示。

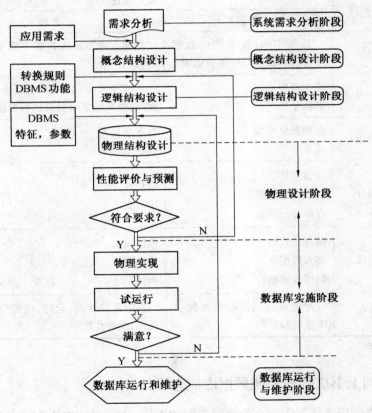

图 5.6 数据库设计过程

由图 5.6 可以看出,设计一个数据库是不可能一蹴而就的,往往是上述各个阶段的不断反复。以上 6 个阶段是从数据库应用系统设计和开发的全过程来考察数据库设计的问题。因此,既是数据库的设计过程,也是应用系统的设计过程。在设计过程中,努力使数据库设计和系统其他部分的设计紧密结合,将这两个方面的需求分析、抽象、设计、实现在各个阶段同时进行,相互参照,相互补充,以完善两方面的设计。事实上,如果不了解应用环境对数据的处理要求,或没有考虑如何去实现这些处理要求,是不可能设计一个良好的数据库结构的。设计过程各个阶段的设计描述,可用表 5.1 概括地给出。

表 5.1 的有关处理特性的设计描述中,其设计原理、采用的设计方法、工具等在软件工程和信息系统设计的课程中有详细介绍,这里不再讨论。这里主要进行数据特性的描述以及如何在整个设计过程中参照处理特性的设计来完善数据模型设计等问题。

表 5.1 数据库各个设计阶段的描述

设计各阶段	设计描述	
	数据	处理
需求分析	数据字典,全系统中数据项、数据流、数据存储的描述	数据流图核定表数据字典重处理过程的描述
概念结构设计	概念模型 数据字典	系统说明书包括:新系统要求、方案和概图,反映新系统信息的数据流图
逻辑结构设计	某种数据模型 关系模型	系统结构图 模块结构图
物理设计	存储安排 存取方法选择 存取路径建立	模块设计 IPO 表
实施阶段	编写模式 装入数据 数据库试运行	程序编码 编译联结 测试
运行维护	性能测试,转储/恢复数据库重组和重构	新旧系统转换、运行、维护(修正性、适应性、改善性维护)

5.5.3 网上书店管理系统数据库概念设计

大多数网络应用系统都需要有后台数据库的支持,动态网站应用程序开发过程中很关键的技术就是动态网站数据库的设计与编程,包括数据库的设计、数据源的配置与连接、数据源的操作、数据的获取和 SQL 查询语言的使用等。

利用数据库可以管理对后台操作,例如,修改、输入、删除等,对管理员来说更加方便、快捷。同样也可以避免非法用户对网站的操作,从而保证了网站的安全性。

依据前台购书系统的需求,对应数据表的设计及功能如下:

用户表:用户编号,用户名,密码,地址,邮编,电子邮件地址,家庭电话,个人电话,办公电话。

图书表:图书编号,图书名称,图书描述,图书价格,图书图片路径,作者,图书类型编码。

图书类型表:图书类型编号,图书类型名称。

订单表:订单编号,订单状态,订单金额,订单产生时间,用户编号。

订单条目表:条目编号,图书数量,图书编号,订单编号。

上述实体中存在如下联系所示:

(1)一个用户可以有多个订单,一个订单对应一个用户。

(2)一个订单可以有多个订单条目,一个订单条目只对应一个订单。

(3)一个图书只属于一种图书类型,一个图书类型可以有都多个图书。

(4)一个订单条目只有一种图书,一种图书可以有多个订单条目。

实体-联系方法是抽象和描述现实世界的有力工具。用 E-R 图表示概念模型独立于具体的 DBMS 所支持的数据模型,是各种数据模型的共同基础,因此比数据模型更一般、更抽象、更接近现实世界。网上书店管理系统的订单与订单条目 E-R 图如图 5.7 所示,图书类型与图书 E-R 图如图 5.8 所示,把实体的属性单独画出是为了更清晰地表示实体之间的联系。实体及其联系图如图 5.9 所示。

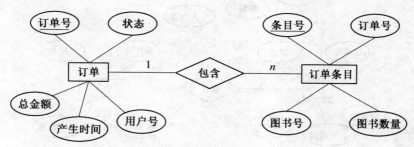

图 5.7 订单与订单条目 E-R 图

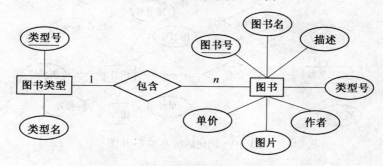

图 5.8 图书类型与图书 E-R 图

管理信息系统

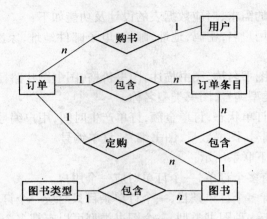

图 5.9 实体及其联系图

得到优化后的基本 E-R 模型，如图 5.10 所示。

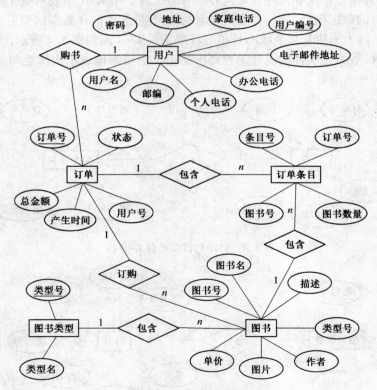

图 5.10 优化后的基本 E-R 图

5.5.4 网上书店管理系统数据库逻辑设计

在网上书店系统中,以图 5.10 为例将五个实体分别转换为关系模式(带下划线的为主键)。

用户表(用户编号,用户名,密码,地址,邮编,电子邮件地址,家庭电话,个人电话,办公电话)

图书表(图书编号,图书名称,图书描述,图书价格,图书图片路径,作者,图书类型编码)

图书类型表(图书类型编号,图书类型名称)

订单表(订单编号,订单状态,订单金额,订单产生时间,用户编号)

订单条目表(条目编号,图书数量,图书编号,订单编号)

用户表(user1)用于存储网上书店中注册的用户的信息,包括用户的姓名、密码、联系方式等信息。各表之间的联系如图 5.11 所示。

其各表字段设置如表 5.2 所示。

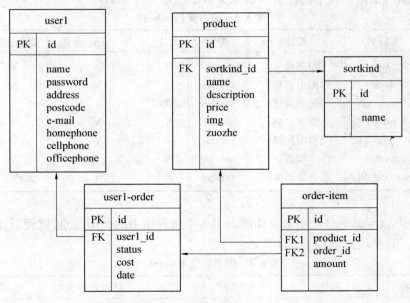

图 5.11 各表间对应关系图

表 5.2 用户表(user1)

字段名	描述	类型	长度	是否允许为空	是否主键
id	用户编号	varchar	16	N	Y
name	用户名	varchar	16	N	N
password	密码	varchar	16	N	N
address	地址	varchar	100	Y	N
postcode	邮编	varchar	10	Y	N
e-mail	电子邮件地址	varchar	32	Y	N
homephone	家庭电话	varchar	32	Y	N
cellphone	个人电话	varchar	32	Y	N
officephone	办公电话	varchar	32	Y	N

图书表(product)是用来存储网上书店中每一种图书基本信息的数据表,是显示、维护及管理图书数据的依据。其字段设置如表 5.3 所示。

表 5.3 图书表(product)

字段名	描述	类型	长度	是否允许为空	是否主键
id	图书编号	varchar	16	N	Y
name	图书名称	varchar	32	N	N
description	图书描述	varchar	200	Y	N
price	图书价格	double	8	N	N
img	图书图片路径	varchar	60	Y	N
zuozhe	作者	varchar	30	Y	N
sortkind_id	图书类型编码	varchar	16	N	N

图书类型表(sortkind)是用来存储网上书店中所有图书的类型信息,以便对图书的信息进行分类显示。其字段设置如表 5.4 所示。

表 5.4 图书类型表(sortkind)

字段名	描述	类型	长度	是否允许为空	是否主键
id	图书类型编号	varchar	16	N	Y
name	图书类型名称	varchar	32	N	N

订单表(user1_order)是用来保存具体订单的信息。其字段设置如表 5.5 所示。

表 5.5 订单表(user1_order)

字段名	描述	类型	长度	是否允许为空	是否主键
id	订单编号	varchar	16	N	Y
status	订单状态	varchar	16	N	N
cost	订单金额	double	10	N	N
date	订单产生时间	datetime	16	N	N
user1_id	用户编号	varchar	16	N	N

订单条目表(order_item)是用来存放与订单相关的具体条目信息。其字段设置如表 5.6 所示。

表 5.6 订单条目表(order_item)

字段名	描述	类型	长度	是否允许为空	是否主键
id	条目编号	varchar	16	N	Y
amount	图书数量	int		N	N
product_id	图书编号	varchar	16	N	N
order_id	订单编号	varchar	16	N	N

5.6 代 码 设 计

在管理信息系统中,每种实体都必须有代码。代码设计问题是一个规范化科学管理的问题。系统的代码设计是未来系统数据规范化科学管理的基础,特别要强调的是共享代码的设计质量直接影响到未来系统的执行效率。代码设计的主要工作是完成对共享数据类中的关键字段的代码结构设计并形成代码库。

5.6.1 代码及其功能

在管理信息系统中,代码是表示事物的名称、属性或状态的符号。一般由数字、字母或他们的组合构成。

代码的功能主要包括以下几个方面:

(1)可以唯一标识实体,即代码是一个识别事物或其属性、状态的唯一的标识。
(2)规范化。代码的规范化易于计算机管理。
(3)系统化。一般企业所使用的代码都有国家或行业标准。
(4)能够节省存储单元。

(5)能提高数据处理的效率及精度。
(6)可以提高数据的一致性。
(7)是人-机之间进行信息交换的工具。

5.6.2 代码的种类

1. 顺序码

用连续数字的形式表示编码对象的一种编码,如学号、票据等。该类代码的优点是简短、方便、易管理和易添加等,且对分类对象特殊规定;缺点是容易造成代码空间的浪费,且没有给出对象的任何其他信息。

顺序码是一种最简单、最常用的代码,但由于该类代码没有逻辑基础,不方便记忆,且新添加的代码只能列在最后,若删除某代码则会出现空码,所以一般用于非系统化的分类中,通常作为其他代码分类的一种补充手段。

2. 区间码

区间码是指把代码分为若干组,每一组作为一个区间,每组由若干位构成,每位表示一定含义的一种代码形式,如邮政编码、准考证编号等。

区间码的优点主要是处理可靠,易于进行分类、排序和检索等操作。

区间码的缺点主要有以下几点:

①当分类对象的属性很多时,可能会造成代码太长。

②若代码对象的属性个数不同时,代码中可能会有多余的位。

③维护比较困难。

区间码的类型主要有以下几种:

(1)多面码。一个数据项可能具有多方面的属性,可用每位表示分类对象的一个属性,这种代码称为多面码。在码的结构中,为分类对象的各种属性分别规定一个位置,就产生了多面码,如表5.7所示。对于机制螺钉作如表5.7那样的规定,则代码1234表示材料为不锈钢的 $\phi 1.0$ mm 六角形头上漆螺钉。

表5.7 多面码示例

材料		螺钉直径		螺钉头形状		表面处理	
位码	分类含义	位码	分类含义	位码	分类含义	位码	分类含义
1	不锈钢	1	$\phi 0.5$	1	圆头	1	未处理
2	黄铜	2	$\phi 1.0$	2	平头	2	镀铬
3	钢	3	$\phi 1.5$	3	六角形头	3	镀锌
				4	方形头	4	上漆

(2) 上下关联区间码。每组之间有一定逻辑关系的区间码,其结构通常由左向右排列。例如,会计科目代码从左到右排列,左边第一组表示第一级科目,第二组表示第二级科目,如图5.12所示。

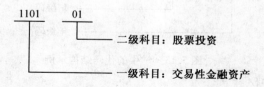

图 5.12 会计科目代码示例

(3) 十进位码。由"上下关联区间码"发展而来,类似于图书分类号中的十进位分类码。如代码 650.213,其小数点左边的十进位表示主要分类,小数点右边的十进位表示子分类。该种代码虽然容易划分子分类,但其占用的十进位数往往长短不齐,不方便计算机处理。如果把代码的十进位数固定,则会方便计算机处理。

3. 助记码

由助记文字、数字或他们的组合构成,具有通过联想帮助记忆的特性。例如,TV-B-21 表示 21 英寸(1 英寸=2.54 厘米)黑白电视机,TV-C-29 表示 29 英寸彩色电视机。

助记码适用于数据项数目较少的情况(一般不多于 50 个),否则容易引起联想出错。另外,由于太长的助记码占用计算机存储容量较多,因此也不宜采用。

5.6.3 代码设计的原则

合理的代码结构是管理信息系统是否具有生命力的一个重要表现,在代码设计时一般遵循以下原则:

(1) 唯一性。代码的唯一性要求是指通过编码可以唯一地确定分类对象,这也是代码在数据管理中最基本的功能。

(2) 规范性。代码的规范性原则是指对分类对象编制代码要遵循一定的规则,这些规则包括代码的位数、代码的分组和每组的类型及含义等。例如高校管理系统中数据类"学生基本信息"的关系模式为学生基本信息(学号,姓名,性别,年龄)。该数据类中的关键字段"学号"就是对分类对象(即学生)的代码。其代码结构为:代码位数为 8 位,整个代码由年级码、班级码、编号码 3 段组成,如图 5.13 所示。其中第 1~4 位为年级码段,第 5~6 位为班级码段,第 7~8 位为编号码段。

(3) 可识别性。代码的可识别性原则要求能够通过代码比较容易地识别被分类对象,避免误解,尽量不要使用易混淆的字母、数字来编制代码。例如,O、I、Z、S、U 和 0、1、2、5、V 容易混淆,尽量避免使用这样的字母和数字来混合编制代码。

(4) 长代码分段。该原则是指当代码过长时采用分段表示的形式,如 2011-01-01 要比

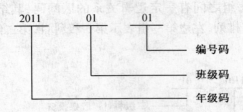

图 5.13　学生的代码结构示例

20110101 方便识别和记忆。

（5）可扩展性。代码的可扩展原则可以保证系统对企业管理业务变化的适应性，即要求代码规则对已有分类对象留有足够的剩余空间。例如，在高校管理系统中专业代码已经被已有专业全部占用的情况下，若高校再申请开设新专业，系统就无法对其编制代码并进行管理了。

5.6.4　代码设计的方法

目前，常用的代码设计方法主要有两种，一种是线分类方法，另一种是面分类方法，在实际应用中可根据情况选择合适的代码设计方法。

1. 线分类方法

线分类方法是最常用的一种方法，尤其是在手工处理下唯一能使用的一种方法。线分类方法主要的基本思想是：首先给定顶层项，顶层项下分若干二层项，二层项下继续分若干三层项，以此类推，直到具体分类对象。分类的结果形成了一层套一层的线性关系，如图 5.14 所示。

图 5.14　线分类法示例

使用线分类方法时一般遵循唯一性和不交叉性两个原则。线分类方法的特点主要有以下几点：

(1)结构清晰,便于分类、识别、查找和记忆。
(2)与传统方法类似,对手工系统的适应性较好。
(3)结构不够灵活,柔性较差。

2. 面分类方法

面分类法较线分类法复杂,其特点主要有以下几点:
(1)结构灵活,柔性较好,面的增加、修改和删除容易。
(2)能够实现按任意组合面的信息检索,对计算机处理适应性较好。
(3)不便识别和记忆。

线分类法和面分类法的主要区别是:线分类中的各个属性具有层次性,不是独立的;而面分类中的各个属性不具有层次性,是独立的。

5.6.5 代码的校验与维护设计

1. 代码校验

代码作为管理信息系统的重要输入内容之一,其正确性非常重要,直接影响到整个处理工作的质量。为了保证输入代码的正确性,最好的方法就是对代码进行校验。所谓代码的校验,就是按照某种规律在代码中添加校验位,通过核对校验位可以确保输入代码正确性的措施。

利用校验位可以发现的错误一般有以下几种:
(1)抄写错误,如将1抄写成7、O抄写成0和S抄写成5等。
(2)易位错误,如将120101写成120110。
(3)双易错误,如将ISO901写成IS09O1。
(4)随机错误,如同时出现上述两种或两种以上错误。
(5)其他错误。

确定校验位的常见方法有以下几种:
(1)算术计数法如表5.8所示。

表5.8 算术计数法

原代码	2 2 3 1 8
各位乘以权	6 5 4 3 2
乘积之和	12 + 10 + 12 + 3 + 16 = 53
按模11求余	53 ÷ 11 = 4 余 9
新代码	2 2 3 1 8 9

(2)几何计数法如表5.9所示。

表5.9　几何计数法

原代码	2	2	3	1	8
各位乘以权	32	16	8	4	2
乘积之和	64 + 32 + 24 + 4 + 16 = 140				
按模11求余	140 ÷ 11 = 12 余 8				
新代码	2	2	3	1	8	8

(3)质数法如表5.10所示。

表5.10　质数法

原代码	2	2	3	1	8
各位乘以权	17	13	7	5	3
乘积之和	34 + 26 + 21 + 5 + 24 = 110				
按模11求余	110 ÷ 11 = 10 余 0				
新代码	2	2	3	1	8	0

2. 代码维护

代码维护内容主要包括以下几方面：

(1)一般性维护。代码的一般性维护工作主要包括代码增加、修改、删除、浏览、查询和打印等。其中，代码的修改和删除等维护尤其重要。

(2)调整维护。可能存在分类不完善、编码规则缺陷或编码空间预留不合理等现象，这就需要进行局部调整或批量修改。

(3)校验维护。对代码进行修改变动后一般会引起校验码的改变，因此代码的校验也是代码维护中的一项基础工作。

5.6.6　网上书店管理系统代码设计

网上书店管理系统用户代码采用数字顺序编码，如表5.11所示。

表5.11　图书类型代码

编码对象	用户1	用户2	用户3	用户4	用户5	用户6	……
代码	1	2	3	4	5	6	……

图书代码采用国际标准书号(International Standard Book Number,ISBN)。国际标准书号是国际通用的图书或独立的出版物(除定期出版的期刊)代码，由13位数字组成。前三位数

字代表图书(如978表示图书),中间的9个数字分为三组,分别表示组号、出版社号和书序号,最后一个数字是校验码。第一组号码段是地区号,又称组号(Group Identifier),一般为一位数字(如7表示中国),最长可为五位数字。第二组号码是出版社代码(Publisher Identifier),由其隶属的国家或地区ISBN中心分配,允许取值范围为2~5位数字(如04表示高等教育出版社,302表示清华大学出版社)。第三组是书序码(Title Identifier),由出版社自己给出,由1~6位数字构成。第四组是计算机校验码(Check Digit),只有一位,取值范围为0~9。

图书类型代码采用中国图书馆分类法,如表5.12所示。

表5.12 图书类型代码

编码对象	代码
马克思主义、列宁主义、毛泽东思想、邓小平理论	A
马克思、恩格斯著作	A1
选集、文集	A11
选读	A119
列宁著作	A2
……	……
哲学、宗教	B
社会科学总论	C
政治、法律	D
……	

订单代码采用数字顺序编码,如表5.13所示。

表5.13 订单代码

编码对象	订单1	订单2	订单3	订单4	订单5	订单6	……
代码	1	2	3	4	5	6	……

条目代码采用数字顺序编码,如表5.14所示。

表5.14 条目代码

编码对象	条目1	条目2	条目3	条目4	条目5	条目6	……
代码	1	2	3	4	5	6	……

5.7 输入输出与界面设计

系统输入输出与界面设计是一个在系统设计中很容易被忽视的环节,又是一个非常重要的环节。良好的输入输出与界面设计对于今后用户使用的方便性、安全性和可靠性来说,都是非常重要的。因此,做好输入输出与界面设计是系统设计的重要环节,是新系统是否受用户欢迎和是否具有生命力的重要因素。

5.7.1 输入设计

输入数据的正确性直接决定了加工处理结果的正确性,输入设计的好坏,直接影响 MIS 的质量和人机交互的效率,因此,输入设计对系统的质量有很大影响。一个好的输入设计能为今后系统运行带来很多方便。

1. 输入设计原则

输入设计的两个最根本的原则是提高效率和减少错误,具体应注意以下几点:

(1) 控制输入量。由于输入数据的速度比计算机的处理速度慢很多,在输入数据时,系统经常处于等待状态,导致系统的效率降低。最好只输入最基本的原始数据,这样可以提高输入速度,减少系统的等待时间,降低资源的浪费,也可以保障输入的准确性。

(2) 减少输入延迟。输入数据的速度较慢,已经成为管理信息系统运行效率的瓶颈,因此应尽量减少系统输入延迟。为减少输入延迟,可采用批处理和周转文件等方式,从而避免延迟过长,提高输入效率。

(3) 减少输入错误。可以在输入过程中采用多种输入校验方法和软件的验证功能,从而减少输入错误,保障输入数据的正确性。

(4) 避免额外步骤。在输入设计时,应遵守"只输入一次"的原则,尽量避免额外的输入步骤,保证现有步骤的完备和高效。

(5) 尽量简化输入过程。在输入设计时,应保证输入过程简单方便,不能因为采用校验和纠错等而导致输入过程的复杂化。

2. 输入方式设计

输入方式的设计主要是根据总体结构设计和数据库设计的要求,来确定数据输入的具体形式。常见的输入方式有键盘输入,数/模、模/数输入,网络传送和磁盘传送等。

(1) 键盘输入。键盘输入方式包括联机键盘输入和脱机键盘输入两种。由于键盘输入具有工作量大、速度慢和出错率较高等缺点,通常在设计新系统的输入方式时,应尽量利用已有的设备和资源,避免大量的数据重复键盘输入。键盘输入主要适用于常规、少量的数据和控制信息的输入,以及原始数据的输入,不适合大批中间结果性质数据的输入。

(2) 数/模、模/数转换方式。数/模、模/数转换方式是目前比较流行的基本数据输入方式,是一种直接通过光电设备对模拟数据进行采集,并将其转换成数字信息的方法,是一种既省事,又安全可靠的数据输入方式,如条码输入、用扫描仪输入和传感器输入等。

(3) 网络传送数据。网络传送数据既是一种输入信息的方法,又是一种输出信息的方法。对上级主系统是输入,而对下级子系统则是输出。利用网络传送数据具有安全性、可靠性和快捷性。

(4) 磁盘传送数据。磁盘传送数据是指数据发送和接收双方事先约定好待传送数据文件的标准格式,然后再通过磁盘或光盘传送数据文件。这种方式不需要增加任何设备和投入,是一种非常方便有效的输入方式,通常被用在主系统和子系统之间的数据传递上。

3. 输入格式设计

在进行数据的输入格式设计时,应严格按照数据字典,遵循代码设计的实际标准,统一格式。但在一些旧系统改造过程中,实际数据输入时可能会遇到统计报表结构与数据库文件结构不完全一致的情况。这时应尽量严格参照相关标准,统一格式,不能随意更改数据库的结构。必要时,可专门编制一个转换模块,以适应其特殊要求。

4. 校对方式设计

输入校对方式的设计也是非常重要的。尤其是针对数字等字段,若没有适当的校对措施作保证则是很危险的。因此,对于一些重要的报表,输入设计时一定要考虑适当的校对措施,以减少出错。然而,绝对保证不出错是不可能的,不存在这种校对方式。常用校对方式有人工校对、二次键入校对和数据平衡校对。

输入校对应首先考虑可能出现的错误有哪些,然后采取一定方法尽量避免。输入错误的种类大致分为数据本身错、数据的延误和数据多余或不足三类。虽然数据出错的校对方法不能保障输入的数据是完全正确的,但可以采用数据出错的校验方法来降低输入错误。

5.7.2 输出设计

输出设计的任务是使管理信息系统的输出的信息能够满足用户需求,目的是准确及时地反映和汇总各个管理部门所需要的信息。输出的信息是否能够满足用户需要,直接关系到系统的功效。因此,在系统设计中,输出设计占据很重要的地位。

管理信息系统对输入的数据进行加工处理后,其结果只有通过输出才能让用户浏览和使用,因此输出的内容与格式是用户最关心的问题。另外,从系统设计的角度来看,输入信息只有根据输出要求才能确定,即输出决定输入。因此,系统设计的过程与实施的过程相反,不是先进行输入设计再进行输出设计,而是先进行输出设计再进行输入设计。

1. 输出设计的内容

一般对输出信息的基本要求是准确、及时和适用。输出设计的内容包括确定输出类型、输出内容、输出方式和表格设计等。具体包含以下内容:

(1) 输出信息使用情况。包括输出信息的使用者、使用目的、信息量、使用周期、有效期、保管方法和输出份数等。

(2)信息输出方式。常用的信息输出方式一般有报表和图形等。究竟采用哪种信息输出形式,应根据管理业务的需要和系统分析的要求来决定。

(3)输出信息的内容。包括每张报表或图形所对应的输出项目、精度和信息形式等。

(4)输出设备。常见的输出设备包括显示器、打印机、绘图仪、投影机、音箱和磁记录设备等。

(5)输出介质。一般取决于系统所使用的输出设备,如磁盘、光盘。

2. 输出设计的方法

在进行输出设计时,设计人员应给出系统的输出说明,这个说明既是将来系统实施中进行实际输出实现的依据,也是用户评价系统实用程度的依据。因此,输出设计要选择合适的输出方法,并以清晰准确的方式表达出来。

输出方式主要有以下两种:

(1)报表方式。报表是管理信息系统使用最多的信息输出工具,一般用来提供详细的信息。一个覆盖整个组织的管理信息系统,输出报表的种类一般有数百种之多。这样庞大的工作量为系统开发工作带来很大的压力。因此,在实际工作中一般是在确定了报表的种类和格式之后,开发出一个报表模块,并由该模块来产生和输出所有的报表。

(2)图形方式。图形也是管理信息系统经常使用的输出工具,一般用来提供直观的信息。以目前的信息技术来说,将系统的各类统计分析结果用图形方式输出已经是件很容易的事。大多数的编程工具都提供了作图工具或图形函数等,甚至也可以编写程序将各种分析图形自动生成到 EXCEL 中。

5.7.3 界面设计

用户界面(User Interface,UI)是人和计算机之间传递和交换信息的媒介。用户可以通过界面与计算机进行对话、向计算机输入相关数据、控制计算机的处理过程,计算机则通过界面将处理结果反映给用户。

1. 界面设计的重要性

在系统设计阶段,界面设计是非常重要的,主要体现为以下两点:

(1)直观、易用的用户界面能够使培训用户变得容易,进而降低了培训成本。出色的用户界面能够使用户的求助变少,进而降低了客户支持成本。

(2)美观的用户界面可以使系统更受用户喜欢,增加了用户的满意度。对于软件产品来说,易学、易用、美观的用户界面更容易引起用户的注意,从而激发购买软件产品的意愿。因此,用户界面设计的优劣直接关系到软件产品的竞争力。

2. 界面设计的原则

(1)简易性。简洁的用户界面便于用户学习、理解和使用。

(2)采用用户的语言。用户界面应采用用户使用的语言,如用户母语、行业词汇和习惯用语等。

(3)一致性。用户界面设计应保证界面结构、菜单项名称、图表大小与形状、文字大小与字形、按钮在窗口中的位置、提示用词、色调和任务的执行次序等统一。

(4)提供快捷键。熟练用户可能会对冗长的菜单选择次序和大量的对话框操作失去耐心,而快捷键可以简化操作步骤,因此应提供快捷键方便熟练用户使用。

(5)记忆负担最小化。人脑的生理特点决定了其处理信息的限度,如短期记忆。人类的短期记忆极不稳定,遗忘是很正常的,所以对用户来说浏览信息要比记忆更容易。因此,设计界面时应尽量降低用户的记忆负担。

(6)提供简单的错误提示机制。当用户操作或输入错误时,能够弹出错误提示信息。

(7)允许撤销。允许用户在执行某操作后回退,如误删文件后可通过撤销来恢复。

(8)灵活性。为方便用户使用,界面设计还应遵循灵活性的原则,如利用鼠标、键盘或手柄都可以进行操作。

3. 界面的分类

用户界面一般分为非图形界面、图形界面、网页界面和手持设备界面等。目前非图形界面已很少使用。

5.7.4 网上书店管理系统输入输出与界面设计

1. 输入设计

网上书店管理系统部分输入设计如下:

(1)新用户注册。新用户注册需要输入姓名、密码、确认密码、地址、邮编、E-mail、家庭电话、手机和办公电话等信息,具体设计如下:

①用户名要求 6~15 个字符,可以是字母、数字和下划线的组合,必须以字母开头,以字母和数字结尾,不区分大小写。

②密码至少 6 位,可以是字母、数字和特殊符号的组合。

③E-mail 格式必须正确。

(2)用户登录。用户登录需要输入用户名和密码,具体设计如下:

①用户输入正确用户名和密码则可进入系统。

②输入用户名和密码错误,则提示"用户名或密码错误"。

③没有输入用户名和密码而直接点击登录,则弹出"请输入用户名"的信息提示。

④只输入用户名而没有输入密码,则提示"请输入密码"。

2. 输出设计

网上书店管理系统部分输出设计如下:

(1)图书信息输出。用户点击"查看图书详情",则生成图书名称、单价、作者、类型及内容简介等信息,此时用户可点击"打印"来输出图书信息。

(2)用户订单输出。

①用户点击"我的订单",则生成订单号、用户名、总金额、产生时间和查看详情等,此时点击"打印"输出订单信息。

②若点击"我的订单"中的"查看详情",则生成订单详细信息,包括订单号、用户名、产生时间、图书名称、单价、数量和总计等。

3. 界面设计

网上书店管理系统部分界面设计如下:

(1)用户登录界面如图 5.15 所示。

(2)管理员登录界面如图 5.16 所示。

图 5.15　用户登录界面

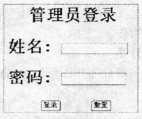

图 5.16　管理员登录界面

(3)按图书价格查询界面如图 5.17 所示。

(4)按图书类型查询界面如图 5.18 所示。

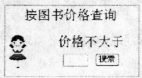

图 5.17　按图书价格查询界面

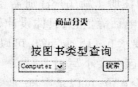

图 5.18　按图书类型查询界面

5.8　系统设计报告

系统设计报告是系统设计阶段的成果,包括各种设计方案和设计图表,是下一步系统实现的基础。系统设计报告应确切描述了系统设计方案,并按照相关规范提高报告的质量,这样才能使后续阶段工作顺利进行。

5.8.1 系统设计报告的内容

系统设计报告是系统设计的阶段性文档,是新系统的物理模型,是系统实施阶段的重要依据。系统设计报告的主要内容如下:

1. 引言
(1)摘要。包括系统的目的和功能等说明。
(2)背景。主要介绍项目开发者、用户和服务的对象。
(3)系统环境与限制。包括硬件、软件和运行环境方面的限制,保密和安全的限制,与其他系统的关系,系统设计相关的标准和规范。
(4)参考资料和专业术语说明。

2. 系统总体结构设计
系统的模块结构图。

3. 系统硬件与软件设计
系统硬件与软件的配置。

4. 系统网络结构设计
系统网络结构图及说明。

5. 系统数据库设计
主要包括数据库概念设计和逻辑设计。

6. 代码设计
系统分类方案与代码系统,包括代码设计方法选择,代码的类型、名称、功能、适用范围和要求等。

7. 输入输出与界面设计
输入输出与界面设计方案,包括输出介质、内容、形式和格式,输入内容、形式和格式,界面类型和布局等。

8. 系统实施方案及说明
系统实施计划,包括工作任务的分解、进度安排和经费预算等。

5.8.2 系统设计报告的规范

制订设计规范是针对程序、文件和编码等进行,以利于系统的使用、操作、管理和维护等。多人协作编写一个工程项目的工作一般具有挑战性,要完成好设计工作,没有统一的标准规范是不可能的。标准规范是为程序设计服务的,因此应尽量消化,不能模糊照搬,那样不利于系统设计。关于程序设计要制订的规范包括如何注释、变量命名规范和函数程序命名规范等,并针对这些规范的要求详细考核每个程序的设计情况。

综合采用结构化设计与面向对象的设计方法,主要体现为以下几点:

（1）在数据处理上，可采用结构化设计方法，分阶段对用户信息进行数据处理。

（2）在界面设计上，可采用面向对象设计方法，充分发挥对象的继承特性，以缩短开发周期，使系统界面清晰美观，操作方便。

（3）在应用开发上，可采用兼顾客户端与服务器端的主要问题，同时保留传统层次开发方法中可借鉴之处。

（4）可采用 C/S 与 B/S 相结合的设计方法。

5.9 小　　结

系统设计是管理信息系统项目开发的重要阶段。系统设计的依据是系统分析的结果、现行技术状况、相关的法律法规和相关的规范标准等。在管理信息系统的开发过程中，一般采用结构化、模块化设计方法进行系统分解，自顶向下逐层细分，尽量做到高内聚和低耦合。系统平台设计一般包括硬件、软件和网络结构设计。数据库设计是系统设计的重要部分，一般包括概念数据库设计、逻辑数据库设计和物理数据库设计等。代码的表示形式很多，在实际应用中常用的有顺序码、区间码和助记码等。输入输出与界面设计应尽量简单、易理解、易学习和易使用。系统设计阶段的主要成果是系统设计报告。

【案例 5　代码设计实例】

会计信息系统固定资产子系统代码设计如下：

（1）固定资产代码。采用数字分组顺序编码，格式为 AAAABBBBCCCCDDDDEEEE，其中 AAAA 为年份，BBBB 为固定资产大类，CCCC 为使用部门代码，DDDD 为固定资产小类，EEEE 为固定资产顺序号。

（2）人员代码。采用字母和数字混合编码，表现形式为人员姓名拼音加数字，如无重名的李刚只用拼音 ligang 就可以表示。

（3）使用部门代码。采用数字顺序编码，如 0001 为人事部门。

案例分析题：

1. 请分析固定资产代码、人员代码和部门代码的数据类型和长度。
2. 请分析如何对重名人员进行编码。
3. 请设计一种固定资产代码。
4. 请设计一种人员代码。

【习题 5】

1. 简述系统设计的任务及依据。
2. 分析系统设计的目的及原则。
3. 论述系统设计的步骤及内容。
4. 说明系统设计的成果及文档内容。
5. 简述系统总体结构设计的内容。

6. 分析结构化设计思想。
7. 说明一个模块一般应具备哪些要素。
8. 简述网络结构设计的原则。
9. 数据库设计的方法有哪些？
10. 分析代码线分类方法和面分类方法的优缺点。

第 6 章 系统实施与管理

【本章主要内容】

本章主要介绍管理信息系统的程序实现、系统测试与转换、系统运行管理、系统维护与评价以及系统开发总结报告等内容。通过本章的学习使读者明确管理信息系统实施与管理的目标、内容与方法。

【本章学习目标】

1. 理解管理信息系统实施与管理的目标；
2. 掌握管理信息系统实施与管理的内容；
3. 理解管理信息系统的实现；
4. 理解管理信息系统的转换；
5. 掌握管理信息系统系统运行管理与维护；
6. 了解管理信息系统的评价内容、方法及指标。

6.1 概　　述

经过了系统分析和系统设计阶段，就进入了管理信息系统开发的系统实施与管理阶段。系统实施与管理阶段将在计算机上实现系统设计阶段的成果，把设计文档中的逻辑系统变成能够真正运行的物理系统。在系统分析和系统设计完成后，系统工作的重点就从创造性思考的阶段转入具体的实践阶段，一般可分为两个阶段，第一阶段是系统技术实现和对实现过程的管理，第二阶段是用户转化阶段，即系统交付用户使用的过程。

1. 系统实施与管理的目标

第一阶段的研究重点是技术实现，在开发团队中完成。主要包括系统硬件环境的建立、程序设计、测试和数据整理与录入，这是交付使用前的工作。

第二阶段的研究重点是管理，在用户端完成。主要包括用户培训、业务流程重组实施、系统转换、系统验收和系统评价。

虽然这两个阶段的侧重点不同,但它们的目标是统一的,即系统的成功实施,建立一个符合用户需求的管理信息系统。

2. 系统实施与管理的内容

系统实施与管理阶段的主要内容一般包括以下几点:

(1)物理系统的建立。包括各种硬件设备和软件的选型、论证、购置、安装和调试。

(2)程序的实现。包括选择开发环境、选定程序设计语言、编制源程序和调试运行。

(3)系统测试。运用系统测试技术和方法进行模块测试、组装测试、确认测试、系统测试和验收测试等,尽量发现和排除系统可能存在的错误,保证系统可靠运行。

(4)系统转换。即用新的系统替换旧的系统,主要包括系统交付前的准备和系统转换方法的选择等。一般采取新旧系统并行运行,逐渐用新系统替换旧系统。

(5)系统运行管理与维护。包括管理信息系统资源的充分利用和有效管理。

(6)系统评价。包括明确新系统方案的目标体系和约束条件、确定评价项目与指标体系、制订评价方法和综合评价等。

(7)系统开发总结报告的编写。包括系统的运行情况、使用效果、系统性能和系统的经济效益等。

6.2 程序实现

程序实现的任务是为新系统编写程序,即把详细设计的结果转换成某种计算机编程语言编写的源程序。程序实现是程序实现人员依据系统设计中对各个功能模块的描述,利用编程语言和开发工具实现系统功能。程序实现的主要问题是选择合适开发工具和编程语言,尽可能提高程序的稳定性、规范性、实用性和可维护性。

6.2.1 程序实现的目标

进行程序实现之前,程序实现人员应该明确程序实现的目标,否则很难保证在实现过程中能够准确地实现系统设计者的意图。

程序实现的目标一般包括以下几点:

(1)可靠性。管理信息系统的可靠性是衡量系统质量的重要指标。一个好的管理信息系统,不但要功能强大,能处理用户提出的各类问题,而且所有的功能必须是可靠的。系统的可靠性包括安全可靠性和运行可靠性。为了实现系统的可靠性,要求模块程序能完整、正确地表达数据加工的模型,这就要充分考虑到各种可能出现的情况,并且一定要经过反复的调试,以保证程序的正确性和功能的可靠性。

(2)规范性。对系统功能模块的划分、书写的格式和变量的命名等都要有统一的规范。

规范化的程序设计将给今后的阅读、修改和维护带来方便。因此,在程序实现阶段进行规范化的程序设计是非常必要的。

(3) 可读性。编写的源程序不仅应该能够执行,还应该结构清楚、条理清晰,易于他人理解。可读的、易懂的程序是今后修改和维护的基础,若可读性差则会给程序维护工作带来困难。要使程序具有较好的可读性,不仅要结构清晰,还要在程序中插入必要的注释性语句,如说明子程序的功能、变量的含义和一些处理细节等。

(4) 可维护性。一个管理信息系统的程序投入使用后,其程序可能还存在不完善之处,用户也可能经常提出新的要求,因此维护是难免的。程序维护主要包括对程序模块的增加、删除和修改。为了提高程序的可维护性,一般提倡采用模块化、结构化程序设计和重用技术。

6.2.2 程序实现的方法

程序设计应该符合软件工程化思想。软件工程的思想即利用工程化的方法进行软件开发,通过建立软件工程环境来提高软件开发的效率。为了保证程序设计的质量,通常采用结构化程序设计方法。结构化程序设计采用自顶向下、逐步求精的方式编写程序,使程序易于阅读和修改。另外,结构化程序还适用于多人并行编程,可以提高工作效率,也易于验证其正确性。结构化方法中每种基本结构只有单一入口和单一出口,任何一个程序模块的详细执行过程可按自顶向下逐步细化的方法确定,这样做可以使程序具有非常清晰的结构,进而提高软件开发的效率。

结构化程序设计的特征主要体现在以下几方面:

(1) 设计步骤为自顶向下。自顶向下是系统分析、设计和实现都要使用的方法。每个系统都是由具有层次结构的功能模块构成,系统的总目标是靠系统各功能模块的实现而实现的,各功能模块的实现又是靠子功能模块的实现而实现的,因此系统模块是逐个功能实现的。结构化程序设计通常是根据模块之间的功能关系,自顶向下逐模块进行,一般一个模块实现一个具体的功能。

(2) 模块化的程序逻辑组织。主要体现为功能模块化,即按功能将系统分解成若干功能模块,以功能模块为单位,将整个结构化程序组成一个有层次的树状结构。在该结构中,根模块只有一个,下层模块是一些例行程序。结构化程序设计要求每个模块一般只有一个入口,可以存在多个出口,各模块间没有交叉。

(3) 采用三种基本逻辑结构。在具体的程序实现过程中,应采用结构化的程序设计方法,限制或消除无条件转移语句。这是因为,在程序较大时,无条件转移语句的出现会使得程序难于阅读、理解和控制,使程序的运行和调试变得困难。无条件转移语句是造成程序复杂化和可读性差的主要原因,应当尽量避免使用,即便使用也应控制其只向下转移,而不向上转移,以避免形成程序在模块间循环。结构化程序设计方法要求任何程序逻辑都可采用顺序、选择和循环三种基本结构描述。这三种结构有一个共同的特征,即每种结构都严格地只有一个入口和一个出口。

采用结构化程序设计方法使程序的编写趋向标准化,提高了软件开发的效率,缩短了开发周期,提高了程序的清晰度,增强了程序的可靠性、可理解性、可修改性、可维护性和可扩展性。

6.2.3 网上书店管理系统实现

程序设计是将处理逻辑转变为可被计算机执行的指令的过程。网上书店管理系统的功能及设计意图都要通过编程工作来实现,因此,编程工作的质量将会影响到整个网站系统的质量、运行和维护。为了保质保量地完成网站系统的编程工作,就需要对编程工作质量进行衡量。虽然衡量的标准是多方面的,但都会随着信息系统开发技术的不断发展而不断变化和完善。衡量程序设计工作质量的指标主要有:可靠性、安全性、规范性、易用性、响应速度、可读性和可维护性。

当程序的各部分相互独立时,在维护过程中可以将牵一发而动全身的现象基本消除或是降低到最低限度,如果程序做到了编程规范、结构清晰和可读性强,那么它的可维护性也是比较好的,否则将会大大增加程序维护的工作量。下面根据网上书店管理系统为例介绍程序实现的过程。

1. 系统前台功能模块设计实现

网上书店管理系统前台功能模块主要包括用户登录、用户注册、图书查询、购物车、生成订单、用户查看订单等功能。

在网上书店管理系统中,用户的购书操作和管理员的处理操作都会按照特定的流程来完成,这里主要介绍用户购书的流程和客户订单的处理流程。根据前面的分析可以知道,只有注册用户才能完成图书的订购,注册用户购书流程如图6.1所示,用户订单处理流程如图6.2所示。

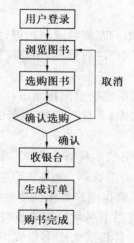

图 6.1 用户购书流程

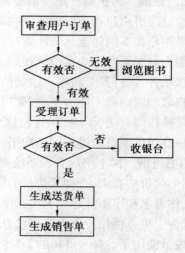

图 6.2 用户订单处理流程

(1)用户登录。

①用户在网站系统主页面的左侧登录框内进行登录,如果用户未登录只能浏览图书,而不能购买图书。

②用户登录时,用户名和密码不能为空,如果填写不完全,系统将会给出错误提示。

③如果用户名或密码填写错误,经验证后系统将会给出错误信息。

④用户登录后除了可以进行购书外,还可修改自己的资料信息,可以查看以往的订单,并且用户登录后,用户的信息会被保存在 session 中,以便作为其他操作的验证。

购书系统主页面如图 6.3 所示。

图 6.3 购书系统主页面

(2)用户注册。为了统计用户信息,方便管理以及更好地为用户服务,网上书店管理系统规定只有经过注册用户登录以后才能购买图书。

①如果用户在本网站上从未注册过,可以在系统主页面的左侧登录框内进行注册新用户,网站要求用户名必须唯一。点击链接后,将会弹出一个新用户注册页面,用户应按照要求将所需信息全部填齐,进行提交新用户注册信息表。

②用户名和密码都不能为空,如果用户名已经存在,系统将会给出提示重新填写。

③如果操作都合法,该用户的信息会被插入后台数据库,系统会给出注册成功的提示信息。该用户登录后便可以进入网站购书。

(3)图书查询。网上书店管理系统提供对网站全部图书的多种查询方式。图书查询主要有:①按图书的价格查询,查询某价位的图书;②按图书的类型查询,查询某类别的图书;③可以用书名、作者名和出版社等作为关键字来进行复合查询,确保用户方便快捷地找到自己想要的图书;④为了更方便用户查询图书信息,网站还提供了按图书名称模糊查询功能,模糊查询功能的实现是使用了 Select 语句的 Like 子句。通过查询条件将所需图书检索出来,在每种图书后都有一个"查看"字样,点击可查看该图书的详细信息。

图书查询页面如图6.4所示。

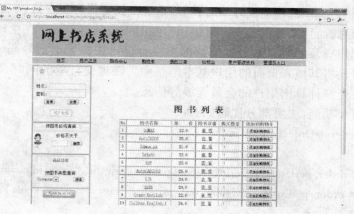

图6.4 图书查询页面图

(4)购物车。购物车是所有购书网站的重点,本网上书店管理系统当然也不例外。用户对购物车进行操作的功能主要有:修改购买图书数量、删除已选图书、提交购物车、清空购物车以及继续购书。对于已经成功登录的用户方可以使用购物车功能。当用户找到想要购买的图书后,可以使用购物车购书,且每个用户都有自己临时的一个购物车,在浏览图书时可向购物车中添加图书,如果想放弃该图书便可以从购物车中将该图书删除,也可以更改图书的数量等信息,提交购物车,填写订单,修改数据库中已售图书的库存数量。如果想取消本次购书,可以清空购物车,如同在超市中购书一样方便快捷。

实现购物车功能,其中向购物车添加图书,主要部分代码如下:

```
public void addItem(Product product,int number){
    Item item=(Item)items.get(Integer.valueOf(product.getId()));
    if(item==null){item=new Item();item.setId(product.getId());item.setProduct(product);
    item.setCost(product.getPrice()*number);item.setNumber(number);
    Integer id=Integer.valueOf(product.getId());items.put(id,item);
    //System.out.println("first add item**********");
    }else{
    item=(Item)items.get(Integer.valueOf(product.getId()));int count=item.getNumber();
    number=number+count;item.setCost(product.getPrice()*number);item.setNumber(number);
    }
    }
```

(5)生成订单。用户购书后,可以进入收银台,确认购买的图书和个人信息后便可以生成订单。订单生成后,购物车被清空,用户可以继续购书也可以进行其他相关操作。

用户选购图书完毕后,在生成订单时,网站系统不仅要保存用户订单中所购买的图书信息和订单的相关信息,而且需要生成一个可供用户随时查询的订单号。在生成订单的页面中,网站系统会根据用户登录的用户名去指定数据库中查询出用户的电话号码、邮编、E-mail、联系地址等信息并自动将其填入页面的用户基本信息中。在提交订单的同时,网站系统会根据用户当前消费的总金额计算出用户的会员等级等信息。

实现产生订单功能,主要部分代码如下:

```
public int generateOrder( Order order) {
try {
int user_id = order. getUser( ). getId( ); System. out. println( "user_id = = = = " +user_id );
double cost = order. getCost( ); System. out. println( "cost = = = = " +cost ); String date = order. getDate( );
System. out. println( "date = = = = " +date ); st = con. createStatement( );
st. execute( "insert into user_order(status,user_id,cost,date)
        values( " +0+" , " +user_id+" , " +cost+" , ´" +date+" ´)" );
rs = st. executeQuery( "select id from user_order where date = ´" +date+" ´" );
if( rs. next( ) ) { orderId = rs. getInt(1); System. out. println( "orderId = " +orderId );
System. out. println( "user_id = " +user_id ); System. out. println( "date = " +order. getDate
( ) );
System. out. println( "cost = " +rs. getDouble(3) ); System. out. println( "status = " +rs. getInt
(1) );
System. out. println( rs. getInt(2) ); System. out. println( rs. getDate(4) );
}
}
}
```

(6)用户查看订单。用户登录后,便可以查看以往的购书订单。订单查询功能是为了用户查询个人的订单信息以及订单的执行情况而提供的。

用户查看订单页面如图6.5所示。

实现得到指定用户所有订单功能,主要部分代码如下:

```
public Collection getAllOrdersByUserId( int id) {
try {
st = con. createStatement( );
rs = st. executeQuery( "select id,cost,date from user_order where user_id = " +id );
```

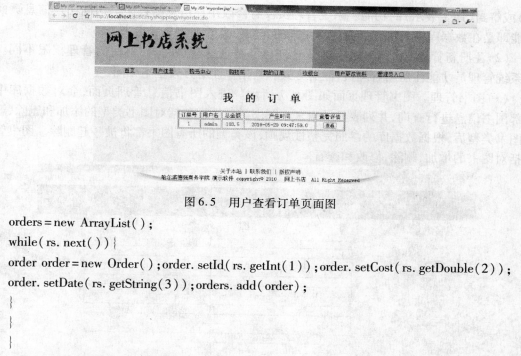

图 6.5　用户查看订单页面图

```
orders = new ArrayList( );
while( rs. next( ) ) {
order order = new Order( );order. setId( rs. getInt( 1 ) );order. setCost( rs. getDouble( 2 ) );
order. setDate( rs. getString( 3 ) );orders. add( order );
}
}
}
```

2. 系统后台功能模块设计实现

网上书店管理系统后台功能模块主要包括管理员登录、注册新管理员、图书管理、订单管理、用户信息管理等功能。后台管理系统主页面如图 6.6 所示。

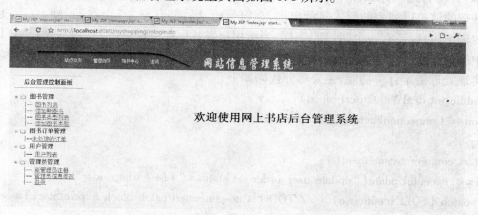

图 6.6　后台管理系统主页面图

（1）管理员登录。网站系统管理员登录时需要输入管理员姓名、密码进行身份验证。管理员对于用户信息的管理主要是查看用户基本信息和对于违规用户的账号进行封存（用 0 表示)或解封(用 1 表示)的功能。系统管理员没有修改用户信息的权限。访问用户信息页面的功能即是在数据库中查询出所有注册用户的详细信息并列表显示出来。

(2)注册新管理员。管理员有系统管理员和普通管理员之分,他们的管理权限不同。只有系统管理员才能注册新管理员,注册方式和新用户注册方式基本相同。

(3)图书管理。图书管理页面如图 6.7 所示。进入图书信息管理页面,会对数据库中的全部图书信息进行查询,并列表显示出来。图书类型管理包括对图书类型的添加和删除,删除某图书类型后,根据数据库的参照完整性规则,该类型的所有图书都将被一起删除。图书管理包括对图书的增加、删除、修改和查看。

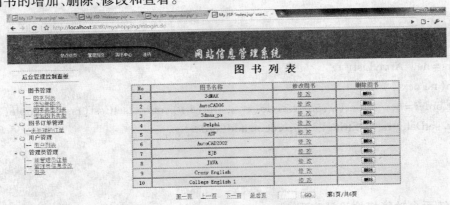

图 6.7 图书管理页面图

(4)订单管理。订单管理实现了显示订单信息、执行订单的功能。从后台数据库中检索出未处理的订单以列表的形式显示出来,在每行记录后都有一个"查看"字样,点击可以查看订单的详细信息,还有一个"处理"字样,当给用户发货后便可以点击"处理",使得该订单在数据库中的状态改变。

实现处理指定订单功能,主要部分代码如下:

```
public int dealWithOrder( int id) {
con = ConnectionFactory. getConnection( );
try {
st = con. createStatement( );
n = st. executeUpdate( " update user_order set status = " +1+" where id = " +id) ;
} catch (SQLException e) { // TODO Auto-generated catch block e. printStackTrace( );
}
}
```

第 6 章 系统实施与管理

订单管理页面如图 6.8 所示。

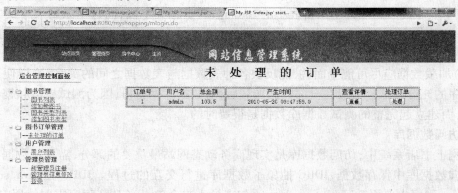

图 6.8　订单管理页面

(5) 用户管理。本模块主要是对网站系统的注册用户进行管理,如果有用户在该网站上进行非法操作,破坏了购书系统的正常运行,管理员可以将该用户从用户表中删除。用户管理页面如图 6.9 所示。

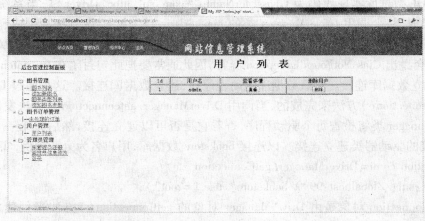

图 6.9　用户管理页面图

3. 数据库实施

数据库创建后,为下一阶段的应用程序模块设计做准备,需要整体加载数据,加载数据可以手工一条一条界面录入,也可设计对各表的数据记录 Insert 命令集,这样执行插入命令集后表数据就有了,一旦要重建数据非常方便,在准备数据过程中一般要注意以下几点:

(1) 尽可能使用真实数据,这样在录入数据中,能发现一些结构设计中可能的不足之处,并能及早更正。

(2) 由于表内或表之间已设置了系统所要求的完整性约束规则,如外码、主码等,为此在加载数据时,可能有时序问题。例如图书表中的"sortkind_id"与图书类型表中的"id"为相关字段,订单表中的"id"与订单条目表中的"order_id"是相关字段,而订单条目表中的"product_id"与图书表中的"id"相关,用户表中的"id"与订单表中的"user1_id"为相关字段,因此在输入数据时注意先后顺序。

(3)加载数据应尽可能全面些,能反映各种表数据与表数据之间的关系,这样便于模块设计时程序的充分调试。一般在全部数据加载后,对数据库做备份,因为测试中会频繁删除或破坏数据,而建立起完整的测试数据库数据是很费时的。

4. 访问数据库

在网上书店系统中,访问数据库是实现商务动态网站最重要的部分,需要从数据库中提取数据或向数据库中保存数据,JDBC 抽象了数据库进行交互的过程。JDBC 在 java.sql 包中实现,在 Java 程序中要用 importjava.sql.* 语句来导入这个包。当 Java 程序需要使用 JDBC 的时候,首先它要登记一个 driver 类,创建一个 java.sql.connection 对象指向数据库。其次它要创建一个类,它创建的最基本的类是 java.sql.statement,用于执行真正的数据库操作。具体操作步骤如下:

(1)装载驱动程序。装载 JDBC 驱动程序,要调用 Class.forName() 方法来显示地加载驱动程序。SQL 数据库实现代码为 Class.forName("com.sql.jdbc.Driver"),当系统装载 JDBC 驱动程序类时,将会调用 DriverManager 类的 registerDriver() 方法,该方法会生成和管理 JDBC 驱动程序的实例。如果选用的 JDBC 驱动程序不存在或存在的位置不在 CLASSPATH 指定的范围内,将会抛出 ClassNotFoundException 异常,因此通常要把此句封闭在 try/catch 中。

(2)建立数据库连接。装载数据库驱动程序后,建立数据库连接。这是通过 DriverManager 类的 getconection() 方法来完成的,当调用 DriverManager.getconnection() 方法发出连接请求时,DriverManager 类将检查每个驱动程序,查看它是否可以建立连接,然后将第一个查到的可以建立连接的驱动器类建立连接。以连接 bookstore 数据库,用户名为 root 为例,实现代码为:

Connection conn = DriverManager.getConnection

("jdbc:sql://localhost:9999/bookstore? user1 = root");

其中 Connection 对象是由 DriverManager 对象的 getConnection() 方法来创建的。getConnection() 方法通常要传递三个参数,其中最重要的参数是用来指定数据源的数据库的 URL。

(3)建立语句。如果已经装载了数据库驱动程序并创建了数据库连接,现在需要一种方式向数据库服务器发送 SQL 语句,可以通过创建 Statement 对象来完成。Statement 对象是使用 Connection 对象的 Createstatement() 方法来创建的。实现代码为 Connection conn;Statement stmt = conn.createStatement();如果需要传递给数据库服务器的 SQL 是带参数的,则要用到 Preparedstatement 对象,该对象是由 Connection 对象的 preparestatement() 方法来生成的。实现代码为 Connection conn;Preparedstatement stmt = conn.preparestatement("select * from shop_user1 where user1name = ?");问号表示不确定部分,在运行时用 Preparedstatement 对象的 Set×××方

(4)发送 SQL 语句。创建了 Statement 对象,然后是把 SQL 语句发送到数据库。Statement 对象有两个主要方法用于此目的,使用哪个方法取决于是否需要返回结果。对于需要返回结果集的 Select 语句,应当使用 executeQuery( )方法,该方法只有一个字符串参数,用来存放 Select 语句,查询成功则以 Resultset 对象的形式返回查询结果。实现代码为:

String sql="seleet * from shop_user1";
Resultset rs=stmt.executeQuery(sql);

如果对数据库系统发送 Insert、Update、Delete 不需返回查询结果的 SQL 语句,则应当采用 executeUpdate( )方法。executeUpdate( )方法也只有接受 String 类型 SQL 语句为参数,返回类型为 int。如果返回值为 0,则表示 SQL 语句不返回任何数据,或者是数据库表受到 Insert、update、Delete 语句影响的数据行数。实现代码为 String sql="Delete From shop_user1 Where user1name=´abc´";int ret=stmt.executeUpdate(sql)。

(5)关闭数据库连接。及时关闭数据库连接就确保及时释放用于连接数据库的相应资源。JDBC 的 Statement 和 Connection 对象都有一个 close( )方法用于此目的。实现代码为 rs.close( );stmt.close( );conn.close( )。

(6)查询数据操作。当发送 SQL 语句的 Select 语句时,返回的是 Resultset 对象表示的结果集,它包含了返回数据的行和列。Resultset 对象提供了可以逐行移动的游标。最初,游标位于结果集的第一行的前面,并且可以通过使用 next( )方法每次向前移动一行。next( )方法的返回类型 boolean,表示游标指向一行数据。随着游标的移动,可以通过 get×××方法获取当前行中各数据列中的数据。根据数据列的数据库类型,采用不同的获取方法,如 getString( )、getDate( )、getInt( )等。这些方法的参数有一个,可以是表示列名的 String 类型,也可以是相应的列号的 int 类型。有了 next( )方法和 get×××方法,就可以遍历 Resultset 对象中各个数据单元中的数据了。然后可以利用 while 或 for 结构获取各个数据单元的值。

6.3 系 统 测 试

为了保证新系统运行的正确性、有效性和稳定性,将一切可能发生的问题和错误尽量在正式交付使用之前排除,则需要进行系统调试。系统调试也称系统测试,是指对要使用的整个系统进行检测和调试,发现问题,解决问题。虽然在系统开发的各个阶段均采取了严格的技术审查,但是没有经过检验的系统始终是不可靠的。系统测试的主要工作是针对软件进行测试。

软件测试是一个规则的过程,包括测试设计、测试执行和测试结果比较分析等。测试设计根据系统开发各阶段的文档资料和程序的内部结构,利用各种设计测试用例技术精心设计测试用例。测试执行利用这些测试用例执行程序,并得到测试结果。测试结果比较分析是将预期的结果与实际测试结果进行比较分析,若二者不符,则对于出现的错误进行纠正,并修改相应的文档。修改后的程序还要进行再次测试,直到通过测试为止。

系统测试过程一般包括单元测试、组装测试、确认测试、系统测试和验收测试等。每个步骤都是在前一步骤的基础之上进行的,其中前三部分属于软件测试内容,一般是顺序实现的。

6.3.1 系统测试的目的和意义

系统测试是系统开发过程的重要组成部分,是用来确认一个程序的品质或性能是否符合开发之前所提出的一些要求,是在系统投入运行前,对系统需求分析、设计规格说明和编码的最终复审,是系统质量保证的关键步骤。系统测试是为了发现错误而执行程序的过程。虽然在开发过程中,采用了许多保证系统质量和可靠性的方法来分析和设计软件,但免不了在开发中会犯错误,这样所开发的软件中就隐藏着许多错误和缺陷。如果不在系统正式运行之前的测试阶段进行纠正,问题迟早会在运行期间暴露出来,这时要纠正错误就会付出更高的代价,甚至造成生命和财产的重大损失。大量统计资料表明,对于一些较大规模的系统来说,系统测试的工作量往往占程序开发总工作量的40%以上。

系统测试的目的和意义包括以下几点:

(1)确认系统的质量。一方面是确认系统做了你所期望的事情,另一方面是确认系统以正确的方式来做了这个事情。

(2)提供信息。包括提供给开发人员或项目经理的反馈信息,为风险评估所准备的各种信息。

(3)保证整个系统开发过程是高质量的。系统测试不仅是在测试软件产品的本身,而且还包括系统开发的过程。如果一个软件产品开发完成之后发现了很多问题,这说明此软件开发过程很可能是有缺陷的。

6.3.2 系统测试的原则

系统测试从不同的角度出发会派生出两种不同的测试原则,从用户的角度出发,就是希望通过系统测试能充分暴露系统中存在的问题和缺陷,从而考虑是否可以接受该产品,从开发者的角度出发,就是希望测试能表明软件产品不存在错误,已经正确地实现了用户的需求,确立人们对系统质量的信心。

系统测试遵循的原则主要包括以下几点:

(1)测试计划严格。制订严格的测试计划,并把测试时间安排得尽量宽松,不要希望在极短的时间内完成一个高水平的测试。一定要注意测试中的错误集中发生现象,这和程序员的编程水平和习惯有很大的关系。

(2)避免自检。程序员应该避免检查自己的程序,测试工作应该由独立的专业的系统测试机构来完成。应当把尽早和不断的测试作为系统开发者的座右铭。

(3)安全性。设计测试用例时应该考虑到合法的输入和不合法的输入以及各种边界条件,特殊情况要制造极端状态和意外状态,比如网络异常中断和电源断电等情况。妥善保存一切测试过程文档,意义是不言而喻的,测试的重现性往往要靠测试文档。

(4)可靠性。对测试错误结果一定要有一个确认的过程,一般有 X 测试出来的错误,一定要有一个 Y 来确认,严重的错误可以召开评审会进行讨论和分析。回归测试的关联性一定要引起充分的注意,修改一个错误而引起更多的错误出现的现象并不少见。

6.3.3 系统测试的方法

系统测试的方法主要有人工测试和机器测试,具体如下:

(1)人工测试。又称为代码复审,通过阅读程序找错误。其内容主要包括:检查代码和设计是否一致;检查代码逻辑表达是否正确和完整;检查代码结构是否合理。

(2)机器测试。是指在计算机上直接用测试用例运行被测程序,发现程序错误。机器测试分为黑盒测试和白盒测试两种,分别如下:

① 黑盒测试。黑盒测试也称功能测试或数据驱动测试,它是已知产品所应具有的功能,通过测试来检测每个功能是否都能正常使用,在测试时,把程序看做一个不能打开的黑盒子,在完全不考虑程序内部结构和内部特性的情况下,测试者在程序接口进行测试,它只检查程序功能是否按照需求规格说明书的规定正常使用,程序能否适当地接收输入数据而产生正确的输出信息,并且保持外部信息(如数据库或文件)的完整性。黑盒测试方法主要有等价类划分、边值分析、因果图、错误推测等,主要用于软件确认测试。"黑盒"法着眼于程序外部结构、不考虑内部逻辑结构、针对软件界面和软件功能进行测试。"黑盒"法是穷举输入测试,只有把所有可能的输入都作为测试情况使用,才能以这种方法查出程序中所有的错误。实际上测试情况有无穷多个,人们不仅要测试所有合法的输入,而且还要对那些不合法但是可能的输入进行测试。

② 白盒测试。白盒测试也称结构测试或逻辑驱动测试,它是知道产品内部工作过程,可通过测试来检测产品内部动作是否按照规格说明书的规定正常进行,按照程序内部的结构测试程序,检验程序中的每条通路是否都能按预定要求正确工作,白盒测试的主要方法有逻辑驱动、基路测试等,主要用于系统验证。

6.3.4 网上书店管理系统测试

网上书店管理系统测试的步骤如下:

(1)单元测试。单元测试的对象是软件设计的最小单位模块,其依据是详细设计描述。单元测试应对模块内所有重要的控制路径设计测试用例,以便发现模块内部的错误。本网站系统验证的模块主要包括:用户信息管理模块、购物车模块、图书查询模块、订单管理模块、用户管理模块、图书管理模块、管理员管理模块。

本网上书店管理系统功能模块较多,下面仅以用户注册模块为例进行测试,将采用黑盒测试即数据驱动测试方法。将通过精心设计的五组具有代表性的测试用例来检测用户注册功能是否能够正常使用,将重点检查程序是否能适当地接收输入数据,并且生成正确的输出信息。具体测试用例如表6.1所示。

表6.1 测试数据

组别	第一组	第二组	第三组	第四组	第五组
姓名	王一强(3个字)	李明(2个字)	欧阳天立(多个字)	张李REA德(带字母)	王刚##&(带特殊符号)
密码	******(6位)	****(少于6位)	*******(多位)	*******(带特殊符号)	*********(**
确认密码	******(6位)	****(少于6位)	*******(多位)	*******(带特殊符号)	*********(**
地址	哈尔滨市*****	大庆市****	牡丹江市***	北京市****	哈尔滨市***
邮编	150010	151600	151800	100866	150018
E-mail	ZQWANG@SINA.COM	W123@YAHOO.COM	ABC11@163.NET	WANG@SINA.COM	123@YAHOO.COM
家庭电话	0451-84636677	0459-5629567	0453-6986698	010-86997899	0451-85941236
手机	13845092266	13777992565	13345061236	13945018977	13845669879
办公电话	0451-89636656	0459-8629568	0453-7986697	010-68997822	0451-86941268
备注	喜欢网络购书	对服饰感兴趣等	对计算机图书感兴趣	喜欢运动广告等	关心图书信息

用户注册页面如图6.10所示。

在用户注册模块分别输入表6.1中五组测试用例,在填写页面完全填好后,点击"提交"按钮,将出现"恭喜您,注册成功"的对话框,若输入信息有误,将点击"重置"按钮,重新进行填写,再次提交,直到注册成功为止。在本网上书店管理系统进行的实际测试中,不仅要测试合法的输入,而且要对那些不合法但是又可能被输入的数据进行测试,限于篇幅,在此不再赘述。

购物车模块测试,界面如图6.11所示。

购书结账模块测试,界面如图6.12所示。

经测试,结果数据完全正确,均能正常完成模块所包含的功能,各模块满足网站系统要求。

(2)组装测试。时常有这样的情况发生,每个模块都能单独工作,但这些模块集成在一起之后却不能正常工作。主要原因是,模块相互调用时接口会引入许多新问题。例如,数据经过

第6章 系统实施与管理

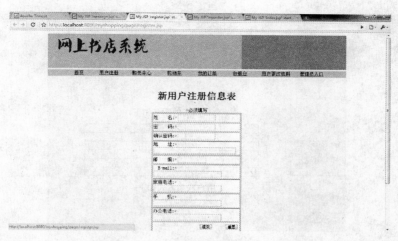

图 6.10 用户注册页面图

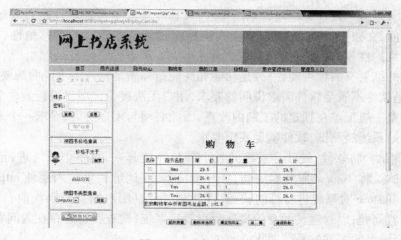

图 6.11 购物车页面图

接口可能丢失,一个模块对另一模块可能造成不应有的影响,几个子功能组合起来不能实现主功能,误差不断积累达到不可接受的程度,全局数据结构出现错误。

组装测试把通过单元测试的各个模块组装在一起之后,进行综合测试以便发现与接口有关的各种错误。将已验证过的用户信息管理模块、购物车模块、图书查询模块、订单管理模块组装成前台购书模块;将用户管理模块、图书管理模块、订单管理模块、管理员管理模块组装成后台管理模块。查看组装后的模块是否运行通畅,是否有接口衔接的问题。经测试,组装后的模块满足网站系统要求。

(3)确认测试。实现软件确认要通过一系列黑盒测试。确认测试同样需要制订测试计划和过程,测试计划应规定测试的种类和测试进度,测试过程则定义一些特殊的测试用例,旨在

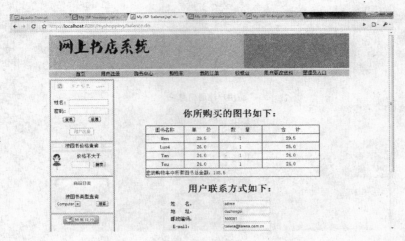

图 6.12 购书结账页面图

说明软件与需求是否一致。无论是计划还是过程，都应该着重考虑软件是否满足合同规定的所有功能和性能，文档资料是否完整、准确人机界面和其他方面（如：可移植性、兼容性、错误恢复能力和可维护性等）是否令用户满意。

确认测试的结果有两种可能，一种是功能和性能指标满足软件需求说明的要求，用户可以接受；另一种是软件不满足软件需求说明的要求，用户无法接受。项目进行到这个阶段才发现严重错误和偏差一般很难在预定的工期内改正，因此必须与用户协商，寻求一个妥善解决问题的方法。本网站系统经测试，软件满足系统要求。

（4）系统测试。将软件、硬件等系统的各个部分连接起来，对整个系统进行总的功能、性能等方面的测试。将 Tomcat 服务器启动，打开浏览器，在地址栏里输入地址 http://localhost:8080/online_bookstore 对系统进行总的功能、性能测试。以用户的身份操作前台购书系统，查看是否还存在着问题；以管理员的身份操作后台管理系统，检查是否还存在着问题。经过网站系统测试，完全满足购书网站系统要求。

6.4 系统转换

新老系统的转换是系统实施的重要环节。系统实施阶段的准备工作结束，即计算机系统的安装与调试、应用程序的编写与调试和人员培训工作都已顺利结束，并且得到项目开发领导小组批准后，就可以进行新系统交付使用的工作。该项目工作主要包括既相对独立又彼此联系的两项任务，首先要完成系统转换的基本条件，然后完成系统转换任务，即用新系统代替老系统。

6.4.1 系统转换的基本条件

1. 系统转换的定义

系统转换是指由现行系统向所开发的管理信息系统的转换过程,即系统的设备、人员、数据和文件资料等的转换过程。

2. 系统转换的基本条件

按照系统分析所确定的详细内容,组织和统计系统所需的基本条件。基本条件的准备包括以下几个方面:

(1)系统设备。系统转换前购置、安装和调试完毕。

(2)系统人员。系统转换前配齐并参与各管理岗位工作,进行相关培训。

(3)系统数据。数据的准备与录入是关系新系统成功与否的重要工作。所谓数据准备,就是按照新系统对数据要求的格式和内容统一进行收集、分类、编码和预处理。录入即将准备好的数据输入计算机中,并将其存入相应的文件中,作为新系统的文件。在数据的准备与录入工作中,要特别注意对变动数据的控制,一定要使他们在系统转换时保持最新状态,保证将最新的数据按照要求的格式输入到系统中。

新系统的数据准备与录入工作量非常庞大,而给定的完成时间又少,所以要集中一定的人力和物力,争取在尽可能短的时间内完成这项工作。为了保证录入数据的准确性,尽量利用各种输入校验措施保证录入数据的正确,可以采用新的输入技术和输入设备来提高输入效率。

(4)系统文件资料。包括系统结构、性能介绍手册、系统操作说明和用户手册等。

6.4.2 系统转换方式

新系统通过系统测试后,必须通过系统转换,才能正式交付使用。因此,系统转换的根本任务就是完成新原系统的平衡过渡,在这个过程中需要开发人员、系统操作员、用户单位领导和业务部门共同协作,才能顺利完成。

系统转换的方式主要有直接式转换、并行式转换、阶段式转换和试点式转换等,具体如下:

1. 直接式转换

直接式转换是指在新系统完成后的某一时刻,旧系统停止使用的同时,新系统开始工作,如图6.13所示。

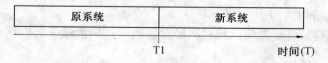

图 6.13 直接式转换

使用这种方式进行转换是最简单的,也是最省钱的,但其风险性是最大的。这种转换方式仅适用于处理过程不太复杂的小型系统。由于新系统没有试运行过程，没有真正承担过实际工作，在转换过程中很可能出现这样或那样预想不到的问题。因此，一些比较重要的大型系统不适合采用这种转换方式。即使不是十分重要的小系统采用这种方式进行转换时，也必须让原系统保持在随时可以重新启动状态，并且转换时间应选在系统业务量最少或没有时进行。

2. 并行式转换

为解决直接式存在的问题，并行式转换保持一段新原系统并存的时间，经过这段时间的试运行后，再用新系统彻底替换原有系统，如图 6.14 所示。

图 6.14　并行式转换

采用并行式转换，在转换阶段内，新原系统同时工作，这样可以保持系统工作不间断，又可以对两个系统进行比较，其处理结果还可以互相校对。若在并行式转换期间新系统出现问题而不能正常运转时，原系统仍进行工作，因此没有风险。并行式转换的主要缺点是费用太高。

3. 阶段式转换

阶段式转换是直接式转换和并行式转换的结合，如图 6.15 所示。

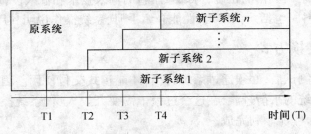

图 6.15　阶段式转换

阶段式转换的特点是分阶段、分部分地进行转换，既避免了直接式转换的风险性，又避免了并行式转换的费用过大。这种转换方式对系统的设计和实现都提出了较高要求，已经替换的新系统中的子系统与未替换的旧系统的子系统无法交换信息，因此阶段式转换方式的最大问题体现在接口的增加上。

采用阶段式转换时，各子系统的转换次序及转换的具体步骤一般根据具体情况灵活变化，可采用的策略主要有以下几种：

（1）按功能分阶段转换。可先确定一个主要的业务功能进行转换，待其稳定后再转换其他子系统。

（2）按部门分阶段转换。可先选择一个部门的业务功能子系统进行转换，待其成功转换后,再转换其他部门的业务功能子系统。

(3) 按设备分阶段转换。可先从简单设备入手,逐步转换整个系统。一般情况下,网上书店系统采用阶段式转换方式。

4. 试点式转换

试点式转换是指用某个具有代表性的单一子系统,转换原系统中对应的子系统的一种转换方法,如图 6.16 所示。

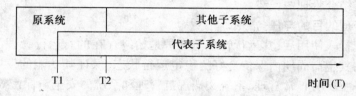

图 6.16 试点式转换

这种转换方式具有时间短和费用低等优点,通过成功转换某单一子系统,可以大大增强系统用户或管理者对新系统的信心。

在实际的系统转换工作中,系统转换工作量一般较大,情况也十分复杂,并行转换方式用得较多,因为这种方式既安全,又简单;也有不少系统在转换时将几种方式配合使用。无论采用何种转换方式,都应该保持系统的完整性。新、原系统转换前,应为系统建立完善的验证控制,如用户应掌握新、原系统处理的全部控制数据记录,检验系统转换是否破坏了系统完整性。

6.5 系统运行管理与维护

新系统转换完成后,便进入了运行管理与维护阶段。在此阶段,管理信息系统将发挥作用,并产生效益。但系统开始运行后,其预定的目标不一定能全部实现,开发与设计、运行管理与维护是影响系统质量与效果的两个同等重要的因素。即系统设计的再好,如果运行管理与维护不好,那么新系统的优越性将无法体现。

6.5.1 系统运行管理

1. 系统运行管理体制

建立系统运行管理体制是管理信息系统研制工作基本完成后进行工作。运行管理体制主要包括以下几方面:

(1) 组织机构设置。系统运行管理的组织机构设置一般包括各类人员的构成、各自的职责、主要任务及其内部组织结构,如硬件维护、软件维护、信息维护和行政管理等部门。为了保障系统正常运转,保持机构的稳定性和权威性,最好建立统一的权威信息管理机构。

(2) 基础数据的管理。包括对数据采集与统计渠道的管理、计量手段与计量方法的管理、原始数据的管理和系统内部各种运行文件与历史文件的归档管理等。

（3）运行管理规章制度。为了保证系统的正常运行，必须建立完善的系统运行管理规章制度。一般包括系统运行操作规程、系统安全保密制度、系统修改规程、系统定期维护制度和系统运行日志及填写规定等。

（4）运行结果分析。为了提高管理部门指导企业的经营生产的能力，进行系统运行结果分析，得出某种反映组织经营生产方面发展趋势的信息，如综合分析运行情况，写出分析报告，才能充分发挥人机结合管理的优势。

2. 系统运行管理的目的与任务

管理信息系统投入使用后，其运行管理与维护是始终存在的。运行管理与维护的目的是让管理信息系统在其生命周期内保持良好的稳定运行状态，保证其功能的发挥。管理信息系统运行管理的任务主要有日常管理、系统文档规范管理和系统的安全与保密等。

3. 系统日常管理

系统日常运行管理是系统投入使用后最主要和最频繁的工作，其目的是使系统在一个预期的时间内能保持良好的可运行状态、正常发挥作用和产生效益。该部分工作主要包括系统运行情况记录和系统运行的日常维护等，具体如下：

（1）系统运行情况记录。系统运行情况的记录对系统问题的分析与解决具有重要的参考价值。每天应记录工作站点计算机的打开、应用系统进入、功能项的选择与执行等，并在每天下班前进行数据的备份与存档，然后关机。其中的每一项工作都要做详细的记录，主要包括对系统软件、系统硬件和数据等的运作情况做记录。运行情况一般有正常、不正常或无法运行等，后两种情况应将所发生的现象、发生的时间和可能的原因作尽量详细的记录。

由于该项工作非常繁琐，在实际上经常会流于形式，因此最好在系统中设置自动记录功能。以目前的技术来说，这一点是完全可以做到的。但作为一种职责与规章制度，一些重要的运行情况及所遇到的各种问题，例如多人共用或涉及敏感信息的计算机及功能项的使用等，仍应采用书面记录。

系统运行情况的记录应事先制订尽量详尽的规章制度，具体工作主要由操作人员来完成。另外，系统运行情况无论是人工记录还是机器自动记录，都应作为基本的系统文档而长期保管，以便系统维护时参考。

（2）系统运行的日常维护。该部分工作主要包括定时定内容地重复进行有关数据与硬件的维护，以及突发事件的处理等。

在数据或信息方面，应日常加以维护的有备份、存档、整理和初始化等。大部分日常维护应该由专门的软件来处理，但处理功能的选择与控制一般还是由操作人员或系统管理人员来完成。为安全考虑，每天操作完毕后，都要对更改过的或新增加的数据做备份。工作站点上的或独享的数据由操作人员备份，服务器上的或多项功能共享的数据由系统管理人员备份。除正本数据外，至少要求有两个以上的备份，并以单双方式轮流制作，以防刚被损坏的正本数据覆盖上次的备份。数据正本与备份应分别存放在不同的磁盘或其他存储介质上。数据存档或归档是当工作数据积累到一定数量或经过一定时间间隔后转入档案数据库的处理,作为档案存储的数据成为历史数据。为防万一,一般要求档案数据也要有两份以上。数据的整理是关于数据文件或数据表的索引和记录顺序的调整等,数据整理可使数据的查询与引用更为快捷与方便,对保证数据的完整性与正确性也有很大帮助。在系统正常运行后,数据的初始化主要是指以月度或年度为时间单位的数据文件或数据表的切换及结转数等的预置。

在硬件方面,日常维护主要有各种设备的保养与安全管理、简易故障的诊断与排除和易耗品的更换与安装等。硬件的维护工作一般由专人负责。

信息系统运行中的突发事件通常是由于操作人员操作不当、计算机病毒或突然停电等引起的。当发生突发事件时,轻则影响系统功能的有效运行,重则破坏数据,甚至导致整个系统的瘫痪。突发事件应由企业信息管理机构的系统管理人员处理,有时需要系统的开发人员或软硬件供应商来解决。对发生的现象、造成的损失和引起的原因及解决的方法等必须作详细的记录。

4. 系统文档管理

系统文档的规范管理是系统运行管理的重要工作之一。在管理信息系统的开发过程中,会产生各种各样的图表、文字和数据文件,这些都是今后系统运行管理与维护中非常重要的资料,必须同工程中的设计蓝图一样按统一的规范进行归档处理。尽管管理信息系统的开发方法、开发工具、图表和文档结构有不同的规范或标准,但无论系统设计者还是系统使用维护者,都应遵从规范为资源管理服务的原则,确保系统的经济效益,减少系统维护管理的损耗和浪费。

系统文档是指描述系统从无到有整个发展与演变过程及各个状态的文字资料,包括图表、报表、说明性文件和制度性文件等。系统文档不是事先一次性形成的,而是在系统开发、运行与维护过程中不断地按阶段依次推进编写、修改、完善和积累形成的。如果没有系统文档或没有规范的系统文档,管理信息系统的开发、运行与维护会处于一种混乱状态,将严重影响系统的质量,甚至导致系统开发或运行的失败。这一问题在系统开发人员发生变动时表现尤为突出。因此,一些管理信息系统专家认为,系统文档是管理信息系统的生命线,没有文档就没有管理信息系统。

系统文档管理是有序的、规范的开发与运行管理信息系统所必须做好的重要工作。管理信息系统规范管理工作是在实践过程中不断积累、归纳、总结和调整中提炼出来的,因此规范管理工作是在加强规范管理工作和提高规范管理水平的过程中逐步完善的。目前我国管理信息系统的文档内容与要求基本上已有了较统一的规定。文档管理的内容一般包括文档标准与规范的制订、文档编写的指导与督促和文档的保管与借用手续的办理等。

系统文档的标准与规范要按国家相关规定并结合具体系统的特点在系统开发前或至少在所产生的阶段前制订,用于指导与督促系统开发人员及系统使用人员及时编写有关的文档资料。为保持文档的一致性与可追踪性,所有文档都要收集齐全和集中保管。根据不同的性质,一般将文档分为技术文档、管理文档和记录文档等,系统文档的类别、名称、产生阶段及备注如表 6.2 所示。

表 6.2 系统文档的类别、名称、产生阶段及备注

文档类别	文档名称	产生阶段	备注
技术文档	系统总体规划报告	系统规划	
	系统分析报告	系统分析	
	系统设计说明书	系统设计	
	程序设计说明书	系统设计	
	数据设计说明书	系统设计	
	系统测试说明书	系统设计	
	系统使用说明书	系统实施	
	系统测试报告	系统实施	
	系统维护手册	系统实施	运行中继续完善
管理文档	系统需求报告	系统开发前	
	系统开发计划	系统规划	
	系统开发合同书	系统规划	委托或合作开发时制订
	系统总体规划评审意见	系统规划	
	系统分析审批意见	系统分析	
	系统实施计划	系统设计	
	系统设计审核报告	系统设计	
	系统试运行报告	系统实施	
	系统维护计划	系统实施	
	系统运行报告	系统运行管理与维护	
	系统开发总结报告	系统运行管理与维护	
	系统评价报告	系统运行管理与维护	
	系统维护报告	系统运行管理与维护	
记录文档	会议记录	各个阶段	
	调查记录	各个阶段	
	系统运行情况记录	系统运行管理与维护	
	系统日常维护记录	系统运行管理与维护	
	系统适应性维护记录	系统运行管理与维护	

5. 系统安全管理

利用现有的一切技术手段,使得人们的业务交流和数据处理过程不再受到时间和空间的限制,是管理信息系统的一个重要宗旨。管理信息系统在未来发展的一个重要趋势就是越来越多地依赖于网络技术。全球化的通信网络为人们随时随地使用管理信息系统提供了极大的方便,但同时也给一些不法之徒利用管理信息系统进行作案提供了可乘之机。因此,管理信息系统的安全与保密问题成了系统运行管理与维护中的一个重要问题。

从技术角度来说,管理信息系统安全一般包括计算机安全、网络安全、信息安全三个方面,具体如下:

（1）计算机安全。对于单独运行的计算机系统而言,计算机安全的主要目的是保护计算机资源免受毁坏、替换、盗窃和丢失。这些资源包括计算机、办公设备、储存介质、软件、计算机输出资料和数据等。

（2）网络安全。相对于计算机安全,网络安全主要关心联网计算机上的系统、软件和数据的安全。计算机系统的网络互联在大大扩展信息资源的共享空间的同时,也将其本身暴露在更多的能够损坏或毁坏计算机系统和数据的攻击之下,因此网络安全的重要性日益显现。

（3）信息安全。计算机安全和网络安全的核心问题是信息安全。信息安全是指防止信息财产被故意的或偶然的非授权泄露、更改、破坏,或是信息被非法系统所截获、辨识和控制,即确保信息的完整性、准确性、保密性、可理解性和可控性。信息安全主要包括信息的存储安全和信息的传输安全两个方面。

一般说来,影响系统安全性的隐患主要来自以下几个方面:

（1）系统开发过程。

①在开发过程中,程序调试和检验的不严格,可能导致许多错误没有被发现,造成系统运行混乱。

②在开发过程中,系统或数据结构设计的不合理,可能导致系统具有某些缺陷,造成系统的运行混乱。

③在开发过程中,没有考虑到系统保护、系统备份等安全措施,可能导致系统稳定性差,当外界环境改变时,易造成系统瘫痪。

④在开发过程中,没有考虑输入校验和防误操作,可能导致系统的健壮性差,当出现错误操作或错误输入时,易造成系统瘫痪。

⑤在开发过程中,没有考虑权限问题,可能导致任何用户都可以进行数据的增加、修改、删除和查询,造成某些机密信息的泄露或丢失,给企业带来损失。

（2）物理、环境条件。

①设备突然发生各种故障可能导致系统瘫痪,如电源发生故障、网络发生故障和计算机发生故障等。

②突发性不可抗力事故可能导致系统瘫痪,如地震、火灾、水灾、雷击、战争、暴动和偷盗

等。

③环境可能导致系统瘫痪,如强电磁干扰、静电和粉尘等。

(3)人为因素。

①恶意破坏。

②经济偷窃犯罪。

③商业情报窃取。

(4)网络因素。

①计算机病毒。

②数据丢失。在网络传输过程中数据可能丢失。

③数据破坏。在网络传输过程中数据可能发生错误。

管理信息系统的安全管理不仅仅是一项技术性问题,还是一项需要法律、规章制度和人的素质等因素相互配合的复杂系统工程。管理信息系统的安全保护措施一般分为技术性措施和非技术性措施。技术性措施是指通过采用与系统直接相关的技术手段来防止系统瘫痪,非技术性措施是指利用法律法规、规章制度和其他物理措施等来防止安全事故的发生。在管理信息系统的开发和使用中一定要采取相应的对策和措施来防范安全事故的发生,管理信息系统的主要安全防范对策和措施主要包括以下几个方面:

①严格按照工程化的方法来开发管理信息系统。在系统开发过程中,若能严格按照前面章节内容来分析、设计与实现系统的话,则上述系统开发过程可能带来的隐患都是可以消除的。例如,系统化的分析和设计过程能够避免结构的不合理,严格的系统调试可以避免程序出现漏洞,严格的输入检验和误操作控制能够避免错误输入和误操作引起的系统错误,严格的入网等级和权限控制可以避免相关的安全隐患。

②设备配置、安装和调试时应考虑安全问题。例如,让设备和磁介质远离强电磁干扰、静电、火和水等危险区域,建立电磁屏蔽系统,设备接地,使用避雷及过压保护系统,采用 UPS 防止断电引起系统瘫痪等。

③对人为的破坏应从系统内部的账务平衡制度和系统的安全性措施两方面着手。系统内部的账务平衡是指在系统设计时,根据出入账目的平衡关系,让系统经常进行业务文件和相关科目的核对,杜绝不法事件的发生。系统安全保护措施是指利用严格的系统运行制度、注册表技术、及时更新杀毒软件和用户口令等来防止未授权者的非法入侵和计算机病毒的侵袭。

④网络防火墙技术措施。网络防火墙技术是保证企业计算机网络不受网络攻击的一种控制性质的网络安全措施。防火墙是隔离系统网络内外的一道屏障,其特点是在不妨碍正常信息传输的情况下,对内保护一定范围的网络信息,对外防范来自被保护网络范围外的网络攻击和病毒威胁。网络防火墙技术实现的功能目标主要包括:

A. IP 包过滤。实现网络层上的安全功能,即对数据包进行鉴别,决定数据包是否可以通过。

B. 代理服务。隐藏网络构成情况，代为实现不同安全区网络用户之间的互访，完成应用层授权检查及代理服务。

C. 网络地址转换。对涉密用户隐藏机密的网络结构，还可以解决网络中使用的正式 IP 地址不足的问题。

D. 端口映射。利用端口映射可加强服务器的安全性能，即可以将机密服务器的某种服务，用相应的端口单独映射到防火墙的外网卡，对涉密用户隐藏该服务器的其他端口。

E. IP 与网卡物理地址（MAC）绑定。实现计算机 IP 地址和网卡 MAC 地址的绑定，这样可以防止内部人员非法盗用其他计算机的 IP 地址，即使盗用了 IP 地址，也会因为 MAC 地址的不匹配而无法使用。

F. 中心集中式安全管理。采用标准的 SNMP 第三版网络管理协议，可以对大型网络中分布在不同地理位置的多个防火墙进行集中的管理，还可以对网络上交互信息进行加密处理。

G. 安全审计功能。审计信息包括防火墙吞吐量、系统运行负载和状态、包过滤器的过滤信息、访问网址信息、未加密的聊天信息、代理服务的情况和代理用户使用信息等。

⑤ 严格的监理和审计制度。管理信息系统一旦投入实际运行就会成为整个组织的神经中枢，如果瘫痪将造成巨大损失，因此管理信息系统运行必须有适当的监理和审计等安全保障措施。管理信息系统的监理和审计一般包括以下几方面：

A. 系统监理。系统监理是为了防止系统出现错误而在系统运行管理中采取的保护性措施。系统监理包括多个方面，监理措施越全面，则系统的安全性、准确性和完整性越好。

B. 外部监理。是指组织的主管部门或外部专业监理机构对系统运行管理情况进行的监理。

C. 管理监理。是指对系统、系统的开发战略、系统的运行可靠性、系统的运行稳定性、系统运行管理制度和系统质量效益的评价体系进行的监理。

D. 安全性监理。一般包括系统运行的安全保密制度（如权限、口令和操作管理范围等），系统的各种存储介质及文件（如磁盘、光盘、凭证、文件、报告、图表和程序清单等）的保存、归档和销毁制度，系统运行设施的安全措施（如防火、防水、防盗、UPS、防病毒和防网络攻击等）。

E. 系统审计。系统建立是管理信息系统运行的预防性措施，系统审计是系统出现差错或失窃后的发现、纠错和侦破性措施。联网的管理信息系统可以使管理工作不受地域的限制，为系统管理工作提供了方便，但同时也为利用系统进行犯罪的人提供了可乘之机，因此一个管理信息系统若没有严格的审计措施，遇到的麻烦将会是难以想象的。系统审计工作一般包括对系统运行过程数据的定期或不定期的审计、对原始凭证的审计、对各项制度法规执行情况的审计、对系统开发及运行耗费情况的审计和审计管理等。

⑥ 数据备份与系统恢复。若系统中的数据或系统本身遭到破坏，则系统将不能正常的运转。因此，数据的备份与系统恢复极其重要，为保证系统的正常运转可通过备份与恢复网络和系统所需的数据和信息。

A. 数据备份。数据备份是数据存储管理的基础,备份是指在某种介质(如磁带、磁盘或光盘等)上存储数据备份的拷贝。备份的内容包括操作系统、配置文件、网络软件、应用软件和数据等。备份的方法主要包括数据归档、在线备份、离线备份、全备份、增量备份、并行备份和数据克隆等。

B. 系统恢复。恢复又称重载或重入,是数据备份的逆过程,即当系统崩溃或磁盘损坏时,通过先前的备份重新载入系统和数据的过程。系统恢复的方法一般为周期性地对数据和系统文件进行备份,把它转储到备份介质中,作为后备副本,以备系统恢复之用。数据转储一般分为静态转储和动态转储两种。静态转储是指转储期间不允许对数据库进行任何存取或修改活动,动态转储是指在转储期间允许对数据库进行任何存取或修改活动。

6.5.2 系统维护

管理信息系统开发阶段所编制的程序和数据很少能一字不改地沿用下去,系统人员应根据管理信息系统运行的外部环境的变更和业务量的改变,及时对系统进行维护。

1. 系统维护的任务

交付使用的管理信息系统一般需要在使用中不断完善。即使精心设计、精心实施和经过调试的系统,也难免存在不尽如人意的地方,或者系统效率还有待提高,或者操作不够方便,甚至还有错误,这些问题在投入使用后才能暴露。另一方面,随着业务环境的变化,还可能会对系统提出新的功能要求。新系统只有适应这些要求才能生存下去。因此,系统的维护是系统生存的重要手段。据专家们估计,世界上有90%的软件人员从事着系统的修改和维护工作,而只有10%的人从事新系统的研发工作。在管理信息系统开发的全部费用中,研制费用仅占其中的20%,而运行和维护费用所占比例高达80%。这几个估计数字充分说明系统维护工作既重要,又艰巨。因此,不能重系统开发而轻系统维护。

系统维护是为了使管理信息系统适应环境和各种其他因素的变化,当系统发生故障或者局部不理想时,及时进行修改和维护,保证系统正常的工作,并满足系统用户对系统提出的新要求。系统维护既是对系统使用过程中发现问题进行处理的过程,也是系统完善的过程,管理信息系统只有在不断的维护过程中才能获得不断的完善。

2. 系统维护的内容

管理信息系统的维护包括对系统硬件的维护、软件的维护、数据的维护和代码的维护,具体如下:

(1)硬件的维护。管理信息系统正常运行的条件之一就是保持系统硬件设备的良好运行状态。系统硬件的维护包括对硬件系统的日常维修、故障处理和更新换代。一般地,系统硬件维护主要是对计算机系统和计算机配套设备的日常管理和维护,当设备发生故障时,要有专门人员进行修理,保证系统的正常运行。另外,随着业务的不断扩展,有时还要对硬件设备进行调整和扩充。日常管理和维护应制度化,注意环境温度的变化、湿度的变化和电源是否正常,并按期对设备进行例行检查保养。

（2）软件的维护。指在软件交付使用之后，为了修正软件当中存在的缺陷、扩充的新功能、满足的新要求和延长软件的寿命而对应用程序进行的部分或全部修改工作。新系统的业务处理过程是通过运行应用程序来实现的，如果在系统使用的过程中，程序出现了问题或业务发生了变化或用户提出了新的要求，都需要对所使用的程序进行修改和调整。因此，软件维护需要的工作量非常大，可以说软件维护是系统维护中最重要的方面。修改后的应用程序，必须在程序首部的序言性注释语句中加以说明，如指出修改的人员和时间。同时，必须填写程序修改登记表，填写内容主要包括所修改程序的所属模块名、函数名、修改理由、修改内容、修改人、批准人和修改时间等。软件的维护不一定在发现错误或环境改变时才进行，效率不高的应用程序和规模太大的应用程序也应不断设法改进。

（3）数据的维护。数据是管理信息系统中的最宝贵的财富，数据的丰富、准确和新鲜程度是衡量管理信息系统好坏的重要指标，也是决定性的指标。数据需要不断更新和补充，数据库文件的结构也必须不断得到有效的维护。数据维护工作主要由数据库管理人员负责，包括对数据库的安全性、完整性和并发性等的控制。数据库管理人员还要负责维护数据库中的数据，当数据库中的数据类型和长度等发生变化时，或者需要添加某个数据项、数据库时，要负责修改相关的数据库和数据字典，并通知相关人员。例如，在当今激烈的竞争中，企业的生存环境不断地变化，为了适应这种变化，企业要不断地改变经营策略，调整业务处理过程。当业务处理过程发生变化时，需要重新建立相应的数据文件，或修改现有文件的结构，这些都属于数据库管理人员进行数据维护工作的内容。

（4）代码的维护。随着系统应用环境的变化和应用范围的扩大，系统中的各种代码都需要进行一定程度的增加、修改、删除或重新设计，这时需要对代码体系进行变更。代码维护工作中，最困难的工作不是变更代码本身，而是如何使新代码得到贯彻。因此，各个部门应有专人来负责代码管理工作，代码变更要经过详细讨论，确定后再以书面形式公布和贯彻。这样做可以明确管理职责，有助于防止和订正错误。

3. 系统维护的类型

系统维护的主要工作是对系统应用程序的维护。根据对系统应用程序维护的原因、要求和性质不同，一般将维护工作分为四种类型，分别是修正性维护、适应性维护、完善性维护和预防性维护。

（1）修正性维护。修正在系统开发阶段已经发生且在系统测试过程中尚未发现的错误即系统修正性维护。系统测试不可能发现系统中存在的所有问题，因此，在系统投入使用后的实际运行过程中，系统内隐藏的错误就有可能暴露出来，诊断和修正这些错误，是修正性维护的主要工作内容。在这些错误中，有的不太重要，不影响系统的正常运行，其维护工作可随时进行；有的错误非常严重，甚至影响整个系统的正常运行，其维护工作必须制订计划，进行修正，并且要复查和控制。通常优先修改影响系统正常运行的严重缺陷，对于不影响系统正常运行的软件缺陷,在维护策略上一般区别对待。

(2)适应性维护。为了适应外界环境的变化而增加或修改系统部分功能的维护即适应性维护。随着计算机科学技术的迅速发展,必然要求管理信息系统能够适应新的软硬件环境,以提高系统的性能和执行效率。另一方面,管理信息系统的服务对象也在不断发生变化,机构的调整、管理体制的改变、数据与信息需求的变更,这些都要求管理信息系统去适应各方面的变化,以满足用户的要求。适应性维护工作一般应有计划、有步骤地进行。

(3)完善性维护。是指为改善系统功能或满足用户需要而增加新功能的维护。主要是指对已有系统增加新功能和性能特征,另外还包括对处理效率和编写程序的改进。在使用系统的过程中,随着用户对系统使用的逐步熟悉,往往要求扩充原有系统的功能,提高其性能,如增加数据输出的图形方式、增加输出报表的样式、增加在线帮助功能、美化用户界面和简化用户操作等。这些要求虽然没有写在需求分析说明书中,但对完善系统以满足用户的需要是合理的,一般应列入维护阶段计划。适应性维护除了应用计划外,还要注意将有关文档资料添加到相应的文档中。

(4)预防性维护。是指为了改进应用软件的可靠性和可维护性,适应未来的软、硬件环境和用户需求变化,主动增加预防性的新功能,以使系统能够适应各种变化,减少以后的维护工作量和延长软件使用寿命。系统维护工作不应总是被动地等待用户提出要求后才进行,应积极主动地进行预防性维护,即选择那些还有较长的使用寿命、目前尚能正常运行,但将来可能发生变化或调整的系统进行预防性维护,目的是通过预防性维护为将来的修改与调整奠定良好的基础。例如,将专用报表功能改成通用报表生成功能,或新增报表自定义功能,以适应将来的报表格式变化。

根据以往维护工作的统计,在以上四种维护工作中,一般修正性维护占整个维护工作的20%,适应性维护占25%,完善性维护占50%,而预防性维护及其他类型的维护仅占5%,如图6.17所示。可见,在系统维护工作中,一半以上的维护工作是完善性维护,该类维护关系管理信息系统能否适应企业需要,应该充分重视并尽力做好。

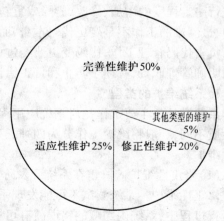

图6.17 系统维护成本的比例

4. 系统维护的特点

系统维护主要是进行软件维护,系统软件维护的特点一般表现为以下几方面:

(1)结构化维护与非结构化维护。

①结构化维护。用工程化方法开发的软件一般具有一个完整的软件配置,其结构化维护活动首先是从评价设计计划和方案开始,修改原设计,进行复审,然后开发新的代码,用测试说

明书进行回归测试,最后修改软件配置,再次发布该软件的新版本。

②非结构化维护。用非工程化方法开发的软件,一般只有源代码,而没有必要的系统文档,这种软件的维护即是一种非结构化维护。非结构化维护一般只能从读代码开始,由于缺少必要的文档资料,因此很难搞清软件结构、全程数据结构和系统接口等系统的内涵。由于缺少原始资料的可比性,很难估计对源代码所作修改的后果。另外,由于没有测试记录,而不能进行回归测试。

(2)维护的代价逐步提高。在过去的几十年中,软件维护的代价逐步提高。20 世纪 70 年代,软件维护的代价只占软件总预算的 35% ~ 40%,80 年代上升到 40% ~ 60%,到了 90 年代则上升为 60% ~ 80%。软件维护的代价一般分为有形代价和无形代价两部分,具体如下:

①以上所提到的关于软件维护的代价的统计数字就属于有形代价。

②无形代价主要体现在以下几方面:

A. 当看起来合理的有关变更要求不能及时满足时,容易引起用户的不满。

B. 维护时的改动,可能在软件中引入潜在的故障,进而可能降低软件的质量。

C. 把软件开发工程师调去从事维护工作时,可能对开发工作造成影响。

(3)对维护人员要求高。由于系统维护所要解决的问题可能来自系统整个开发周期的各个阶段,所以承担维护工作的人员应对开发阶段的整个过程、每个层次的工作都有所了解,熟悉系统需求、系统分析、系统设计、系统实施和测试等过程,并且应具有较强的程序调试和纠错能力,这些对维护人员的知识结构、能力素质和专业水平有较高的要求。

(4)维护对象是整个系统。由于问题可能来源于系统的各个组成部分,产生于系统开发的各个阶段,所以系统维护工作并不仅仅是针对源程序代码,还包括系统开发过程中的全部开发文档。

(5)系统维护涉及面广。系统维护工作中的绝大部分问题源于系统分析和设计阶段,而编码本身造成的错误比例并不高,仅占 4% 左右。理解别人编写的程序是非常困难的,而且这种难度随着软件配置文档的减少而增加。从实际情况来看,绝大多数系统在设计和开发时并没有很好地考虑将来可能会进行修改,有些模块可能会不够独立,牵一发而动全身。另外,系统维护工作相对开发工作者来说,可能会没有挑战性,不吸引人,容易导致系统维护人员队伍不稳定。

5. 系统维护的步骤

有人认为系统的维护工作要比系统的开发工作容易,觉得维护工作不需要预先拟订方案或加以准备。实际上并不是这样,在很多情况下,维护工作比开发工作更加困难,往往需要更多的创造性工作。首先,维护人员必须用很多的时间去理解别人编制的程序和文档,且对系统的修改不能影响原程序的正确性和完整性。其次,整个维护的工作又必须在所规定的很短时间内完成。

系统维护工作的步骤如图 6.18 所示。

由图 6.18 可以看出,在某个维护目标明确以后,系统维护人员必须先理解所维护的对象,然后建立一个详细的维护方案。由于应用程序修改涉及的问题较多,某处很小的修改很可能会影响其他模块的程序,因此建立维护方案后要仔细考虑的重要问题是修改的影响范围和涉及面的大小,然后按预定的维护方案进行程序修改。另外,还要对修改后的程序和相关系统进行重新测试,如果没有通过测试,则要重复维护活动的步骤。如果通过测试,则可以进行相应文档的修改并交付使用,本次系统维护工作到此结束。值得注意的是,系统维护是对整个管理信息系统而言的,因此除了修改程序、数据和代码等部分外,也必须修改所有相关的文档。

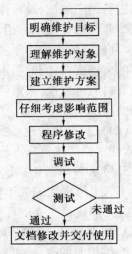

图 6.18 系统维护工作的步骤

6. 系统维护工作管理

在系统维护的工作中,特别是在进行软件维护、数据维护和代码维护时,由于系统的各个功能模块之间存在耦合关系,因此很可能产生"牵一发而动全身"的现象。因此,系统维护工作一定要特别慎重,做好系统维护工作的管理是非常必要的。系统维护工作的管理程序如图 6.19 所示。

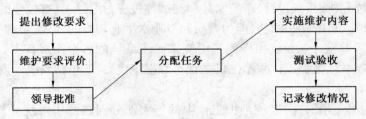

图 6.19 系统维护工作的管理程序

(1) 提出修改要求。由用户或系统操作人员根据系统运行中发现的问题,向系统主管领导提出具体维护要求,递交申请报告。

(2) 维护要求评价。召集相关的系统管理人员对维护申请报告的内容进行核实和评价。对于情况属实并合理的维护要求,应根据维护的性质、内容、预计工作量、缓急程度和优先级等编制维护报告,递交维护报告。

(3) 报送领导批准。维护控制部门在进行一定的调查后,根据系统目前的运行情况和工作人员的工作情况,从系统整体出发考虑这种修改是否必要、是否可行,并做出是否进行这项修改工作,何时进行修改的明确批复。

(4) 分配维护任务。系统维护报告得到领导批准后,系统管理人员就可以对应用程序维护人员或系统硬件维护人员下达维护任务,并确定维护要求,限定完成期限,制订维护工作的计划和明确复审标准等。

(5) 实施维护内容。应用程序维护人员和系统硬件维护人员接到维护任务后,根据实施维护的修改要求和工作计划,在限定的期限内完成维护工作。

(6) 测试验收。由系统主管人员对修改部分进行测试和验收。如果通过了测试和验收,则由测试验收小组写出测试验收报告,并将该修改的部分嵌入到系统中,取代原来相应的部分。

(7) 记录修改情况。将本次维护工作所作的修改记录下来,作为新的版本通报用户和操作人员,说明新的功能和修改的地方,让他们尽快地熟悉经过维护修改的系统。系统维护记录主要包括以下几点内容:

① 程序表示、源代码数、机器代码数和所采用的程序设计语言。
② 程序的安装日期、安装以来运行的次数和运行中出现故障的次数。
③ 应用程序修改日期、变动层次及标识。
④ 程序修改过程中增加的源代码数和删除的源代码数。
⑤ 每项修改所需要的"人时"数、修改人员和用于维护工作所需人时的累计数。
⑥ 维护要求表的标识、维护类型、维护开始时间和结束时间。
⑦ 与所完成维护有关的效益。

7. 系统维护的评价

如果缺少可靠的数据,那么将无法评价系统的维护工作。若从维护活动一开始就进行记录并保存维护数据,就可以对维护工作做一些定量的度量。可用来参考的指标主要包括以下几点:

① 每次程序运行过程的平均出错次数。
② 用于每种语言的平均"人时"数。
③ 由于维护、增加或删除每个源程序语句所花费的平均"人时"数。
④ 用于每类维护上的总"人时"数。
⑤ 每个程序、每种语言和每种维护类型的程序平均修改次数。
⑥ 各类维护申请的百分比。
⑦ 维护申请报告的平均处理时间。

上述指标提高了定量的数据,根据这些数据就可以有效评价系统的维护工作计划是否合理和维护工作是否成功,还可以有效评价系统的开发技术是否先进、语言选择是否合适和资源分配是否恰当等。

6.6 系统评价

一个管理信息系统建成并运行一段时间后,必然带来工作过程和工作结果的改变,对比系统开发规划设计应达到的目标,即能反映该项系统开发的投资效能。系统评价即是以这样的思想原则开展一系列评价工作的,主要包括分析新系统的工作质量、带来的效益、花费的成本、投入产出比例、资源利用程度和对组织内部各部分的影响等。

6.6.1 评价目的及步骤

1. 评价目的

管理信息系统运行一段时间后,就要对其作技术性能和经济效益等方面的评价。评价的目的是检查系统是否满足用户的需求,是否达到系统设计的要求,系统的各种资源是否得到充分利用,经济效益是否理想,并指出新系统的长处及不足,为以后的改进与扩展提出宝贵意见。

2. 评价步骤

系统评价的步骤是顺利进行管理信息系统评价的有效保证。如图 6.20 所示。

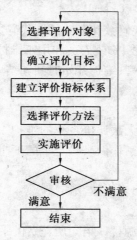

图 6.20 系统评价的步骤

6.6.2 评价内容

目前,我国管理信息系统的评价有重计算机而轻信息的倾向,计算机、通信网络等固然重要,但它们毕竟是工具,实际上只是管理信息系统的一个构件,管理信息系统好坏的评价依据主要是信息开发与利用的程度,是否对企业发展起到很好的作用。系统评价的内容主要包括系统建设评价、系统性能评价和系统效益等。

1. 系统建设评价

主要包括对管理信息系统开发过程和运行管理过程进行评价,具体如下:

(1)系统规划目标的科学性。分析评价管理信息系统规划目标的科学性,满足组织目标的程度,并分析评价经济、技术、法律和管理可行性。

(2)规划目标的实现程度。分析管理信息系统是否实现或超过规划阶段提出的系统规划目标。

（3）系统的规模及先进性。分析评价系统的总体结构、环境范围、网络的规模、设计思想的先进程度和所采用技术的先进性等。

（4）系统功能的范围与层次。分析评价系统功能的多少、系统的难易程度和对应管理层次的高低等。

（5）系统资源利用率。分析评价系统对计算机、外部设备、各种软/硬件和内部信息与外部信息的比例及利用率等。

（6）系统的经济性。分析评价系统的投资与所实现的功能相适应的程度。

（7）系统的安全与保密。分析评价系统的安全保密措施的完整性、规范性和有效性等。

（8）系统的规范性。分析评价系统建设是否遵循相关的国际标准、国家标准和行业标准，以及相关文档资料的规范、完备和正确程度。文档的管理虽不是一件日常性的工作，但因为对系统的质量至关重要而必须由专人负责，并形成制度化。为保持文档的一致性，所有文档都要收全，并集中统一保管。

2. 系统性能评价

系统性能评价指对系统本身质量的评价，主要包括以下几方面：

（1）可靠性。分析评价系统所涉及的计算机、外部设备和网络设备等硬件系统的可靠性，系统软件和新开发的应用软件等的可靠性，以及系统运行的准确性、精确度、及时性、规范程度和稳定性等。

（2）功能性。分析评价系统提供的功能是否满足使用者和受益者的需要。

（3）便捷性。分析评价系统运行时人–机交互的便利程度。

（4）高效性。分析评价系统完成各项功能所需要的资源的工作效率是否高，通常用时间来衡量，如周转时间、响应时间和吞吐量等。

（5）经济性。分析评价系统合理的寿命周期费用，指管理信息系统的质量应该是使用价值与价格统一的适宜质量。

（6）可维护性。分析评价系统的综合纠错能力和异常处理能力，一般用系统的模块化程度、简明性和系统的一致性指标来衡量。

（7）可扩充性。分析评价系统的处理能力和可扩充程度，主要包括系统结构、硬件设备和应用软件功能的可扩充性等。

（8）可移植性。分析评价系统移植到其他硬件环境下所需做出努力的程度，一般用需要花费的时间和资金投入来衡量。

（9）安全保密性。分析评价系统抵御软/硬件错误、用户误操作、网络入侵、病毒感染和非法访问等的能力。

3. 系统效益评价

在新系统投入使用后产生的效益是评价新系统的一个决定性因素，主要包括经济效益、社

会效益、用户满意程度和系统功能应用程度,具体如下:

(1)经济效益。在经济上的评价内容主要是系统的效果和效益,包括直接的与间接的两个方面。

①直接的评价。

A. 系统的投入。

B. 系统运行管理费用。

C. 系统运行所带来的新增效益。

D. 投资回收期。

②间接的评价。

A. 对企业形象的树立、员工素质的提高和综合竞争力的提高所发挥的作用。

B. 对企业的体制与组织机构的改革和管理流程的优化所发挥的作用。

C. 对企业各部门间、人员间协作精神的加强所发挥的作用。

(2)社会效益。指系统对国家、地区和民众的公共利益所作出的贡献,是不能用货币化指标来衡量的效益,如思想观念的转变、技术水平的提高、社会形象的树立、促进社会经济协调发展、管理决策科学化、生产力水平的提高、公共信息服务质量的改进、资源的合理利用和工作方式的改变等。

(3)用户满意程度。用户对系统功能、性能、界面、操作、输入方式和输出方式的满意程度。一般用人-机界面友好简明、操作便捷、容错性强、易用性强和帮助系统完整等指标来衡量。

(4)系统功能应用程度。系统的目标和功能的实现程度,用户应用到什么程度,是否达到了预期的目标和技术指标。

6.6.3 评价方法及指标

1. 评价方法

管理信息系统在运行和维护过程中会不断发生变化,所以评价工作不是一次性的工作,而应定期进行,且每当系统有较大改进后都应进行系统评价。一般将第一次评价的结论作为系统验收最主要的依据。对新系统作全面评价的时间一般选择在系统运行了一段时间后进行,若时间太短数据收集不全,则难免会出现片面性。管理信息系统评价一般采用多指标评价体系的方法,这种方法先提出信息系统的若干评价指标,然后对各指标评出表示系统优劣程度的值,最后用加权等方法将各指标组合成一个综合指标。管理信息系统的长处与不足之处体现在定性与定量两个方面,因此评价工作难度较大。

2. 评价指标

管理信息系统的评价属于多目标评价问题,是一项难度较大的工作,目前大部分的系统评价还处于非结构化的阶段,只能就部分评价内容列出可度量的指标,不少内容还只能用定性方法作出叙述性的评价。下面从系统性能指标、直接经济效益指标和间接经济效益指标三个方面说明管理信息系统的评价指标。

（1）系统性能指标。

①人机交互的灵活性与方便性。

②系统响应时间、处理速度和输出速度满足管理业务的需求程度。

③输出信息的准确性、精确度与规范程度。

④单位时间内的故障次数与故障时间在工作时间中的比例。

⑤系统结构与功能的可调整性、可改进性和可扩展性，与其他系统集成交互的难易程度。

⑥系统故障诊断、排除、修复和数据恢复的难易程度。

⑦系统安全与保密措施的完整性、规范性、可用性和有效性。

⑧系统文档资料的规范、完整和正确程度。

（2）直接经济效益指标。

①系统的投入。

A. 系统硬件、系统软件的购置、安装和调试。

B. 用于应用系统的开发或购置的投资额。

C. 企业内部投入的人力和物力等。

D. 用于系统维护的资金。

②系统运行管理费用。

A. 消耗性材料费用，如存储介质、纸张和打印机耗材等。

B. 系统投资折旧费。由于管理信息系统的技术成分较高，且更新换代快，通常折旧年限为5~8年。

C. 系统硬件日常维护费等。

D. 系统所耗用的电费、系统管理人员费用等也应计入系统运行管理费用。

③系统运行所带来的新增效益。

A. 成本支出减少。

B. 库存积压降低。

C. 流动资金周转的加快和流动资产占用额的减少。

D. 销售利润的增加和人力投入的减少。

新增效益可采用总括性的在同等产出或服务水平下有无管理信息系统所致的年生产经营费用节约额来表示，也可分别计算上述各方面的效益，然后汇总表示。由于引起企业效益增减的因素相互关联错综复杂，因此很难对新增效益进行精确计算。

④投资回收期与投资效果系数。投资回收期指通过新增效益逐步收回全部投资所需的时间，是反映管理信息系统经济效益好坏的重要指标。投资效果系数是指工程项目投资后，每年的净收益与投资总额的比值。与投资回收期类似，计算出的投资效果系数必须与标准投资效

果系数进行比较,只有大于标准值时,被评价的投资效果才被认为是好的。

⑤系统成本-效益配比。成本-效益配比是通过比较项目的全部成本和效益来评估管理信息系统价值的一种方法。

(3)间接经济效益指标。间接经济效益是通过改进组织结构及运作方式、提高工程开发效率、促进新产品开发、提高产品质量和提高人员素质等途径,促使成本下降和利润增加而逐渐地间接地获得的效益。由于成因关系复杂,计算困难,我们只能作定性的分析,因此间接经济效益指标可称之为定性指标。尽管间接效益难以估计,但其对企业的生存与发展所起的作用通常要大于直接经济效益。

间接经济效益指标主要包括以下几方面:

①企业管理制度与管理模式的变革。对组织为适应环境所做的结构、管理制度与管理模式等的变革能够起到巨大的推动作用,这种作用用其他方法通常无法实现。

②有助于树立良好的企业形象,对外可提高客户对企业的信任程度,对内可提高全体员工的自信心与自豪感。

③促使管理人员获得许多新知识、新技术和新方法,转变观念、拓宽思路和提高能力素质,进入学习与掌握新知识的良性循环。

④系统信息的共享、流通,使部门之间、管理人员之间的联系更紧密,可以加强团队的协作精神,提高企业的凝聚力。

⑤对企业的规章与制度、职责与规范、定额与标准和计量与代码等的基础管理起到很大的促进作用,能够为其他管理工作提供有利的条件。

6.7 系统开发总结报告

计算机软件文档编制规范(GB/T 8567—2006)中指出,项目开发总结报告的编制是为了总结本项目开发工作的经验,说明实际取得的开发结果以及对整个开发工作的各个方面的评价。具体内容要求及编写提示如下:

1. 引言

(1)标识。本条应包含本文档适用的系统和软件的完整标识,(若适用)包括标识号、标题、缩略词语、版本号、发行号。

(2)系统概述。本条应简述本文档适用的系统和软件的用途。它应描述系统与软件的一般性质;概述系统开发、运行和维护的历史;标识项目的投资方、需方、用户、开发方和支持机构;标识当前和计划的运行现场;并列出其他有关文档。

(3)文档概述。本条应概述本文档的用途与内容,并描述与其使用有关的保密性与私密性要求。

2. 引用文件

本章应列出本文档引用的所有文档的编号、标题、修订版本和日期,也应标识不能通过正常的供货渠道获得的所有文档的来源。

3. 实际开发结果

(1)产品。说明最终制成的产品,包括:

①本系统(CSCI)中各个软件单元的名字,它们之间的层次关系,以千字节为单位的各个软件单元的程序量、存储媒体的形式和数量。

②本系统共有哪几个版本,各自的版本号及它们之间的区别。

③所建立的每个数据库。

如果开发计划中制订过配置管理计划,要同这个计划相比较。

(2)主要功能和性能。逐项列出本软件产品所实际具有的主要功能和性能,对照可行性分析(研究)报告、项目开发计划、功能需求说明书的有关内容,说明原定的开发目标是达到了、未完全达到或超过了。

(3)基本流程。用图给出本程序系统的实际的基本的处理流程。

(4)进度。列出原计划进度与实际进度的对比,明确说明实际进度是提前了,还是延迟了,分析主要原因。

(5)费用。列出原定计划费用与实用支出费用的对比,包括:

①工时,以每人每月为单位,并按不同级别统计。

②计算机的使用时间,区别 CPU 时间及其他设备时间。

③物料消耗、出差费等其他支出。

明确说明,经费是超过了,还是节余了,分析主要原因。

4. 开发工作评价

(1)对生产效率的评价。给出实际生产效率,包括:

①程序的平均生产效率,即每人每月生产的行数。

②文件的平均生产效率,即每人每月生产的千字数。

并列出原计划数作对比。

(2)对产品质量的评价。说明在测试中检查出来的程序编制中的错误发生率,即每千条指令(或语句数)中的错误指令数(或语句数)。如果开发中制订过质量保证计划或配置管理计划,要同这些计划相比较。

(3)对技术方法的评价。给出在开发中所使用的技术、方法、工具、手段的评价。

(4)出错原因的分析。给出对于开发中出现的错误的原因分析。

(5)风险管理。

①初期预计的风险。

②实际发生的风险。

③风险消除情况。

5. 缺陷与处理

分别列出在需求评审阶段、设计评审阶段、代码测试阶段、系统测试阶段和验收测试阶段发生的缺陷及处理情况。

6. 经验与教训

列出从这项开发工作中得到的最主要的经验与教训及对今后的项目开发工作的建议。

7. 注解

应包含有助于理解本文档的一般信息(例如背景信息、词汇表、原理),还应包含为理解本文档需要的术语和定义,所有缩略语和它们在文档中的含义的字母序列表。

8. 附录

可用来提供那些为便于文档维护而单独出版的信息(例如图表、分类数据);为便于处理,可单独装订成册;应按字母顺序(A,B等)编排。

6.8 小 结

本章讲述了管理信息系统的实施与管理,包括系统程序的实现、系统测试、新旧系统转换、系统日常运行管理、系统维护、系统评价和系统开发总结报告。

系统实施阶段要建立实际的系统,即把设计文档中的逻辑系统变成能够真正运行的物理系统。系统实施一般分为两个阶段,第一阶段是系统程序实现和对实现过程的管理,第二阶段是系统交付用户使用的阶段。

程序实现是把详细设计的结果转换成某种计算机编程语言书写的程序,是程序设计人员依据系统设计中对各个功能模块的描述,运用编程语言和开发工具编写实现某类功能的一系列语句和指令的过程。其主要问题是合理选择编程语言和开发工具,尽量提高应用程序的可靠性、规范性、可用性、可维护性和可扩展性。

系统测试是对整个新系统进行检测,是一个发现问题、解决问题的过程。系统测试的主要内容是软件测试。软件测试是一个规则的过程,包括测试设计、测试执行及测试结果分析等。系统测试方法大体上分为人工测试和机器测试。人工测试的目的在于检查程序的静态结构,找出程序设计的逻辑错误。机器测试则先设计测试用例,然后以事先设计好的测试用例执行被测程序,对比运行结果与预期结果,通过分析不同之处来发现错误,最后纠正错误并形成文档。

在系统实施过程中,人员的组织与技术培训将直接影响系统的有效运行。系统交付使用的工作包括数据的整理、录入和系统转换。系统验收是投资项目单位或使用系统的企业聘请有关专家和主管部门人员按照系统总体规划、合同书和计划任务书进行的全面检查,包括综合评定系统的各项指标内容、企业的相应管理措施和应用水平,检查是否达到管理信息系统的设计目标。

日常管理维护是系统有效运行的基础,必须有建立健全的机制保障其有效运行,同时也为系统的维护奠定良好的基础。系统维护通常是系统生命周期中最长的一段,从系统投入运行开始,直至系统生命周期结束,该阶段的重要性不言而喻,维护工作一定要一丝不苟,严肃认真,其难度有时要超过开发工作,但是工作的成就感很小,所以管理者要讲究管理策略,在组织中强调维护工作的重要性。

进行系统评价工作有助于系统走向良性循环。

编制系统开发总结报告是为了总结本系统开发工作的经验,说明实际取得的开发结果以及对整个开发工作各方面的评价。

【案例6 代码维护实例】

服装管理信息系统原来使用的产品代码由品牌、年号、季号、大类、款式、色号和规格组成。其中颜色代码为数字顺序代码,一款产品有几种颜色,就按顺序排下去。例如,A001 款式的产品有白色和红色,色号分别为 01 和 02,01 表示白色,02 则表示红色。B001 款式的产品有黑色和蓝色,色号分别为 01 和 02,01 表示黑色,02 则表示蓝色。这种代码很容易产生错误,一不小心就会下错订单。因此,进行了代码维护,为下一季产品设计了新的代码。新产品代码的色号代表的颜色固定,如 01 表示黑色、02 表示深蓝色、03 表示深绿色等,这样就不易产生错误了。

案例分析题:
1. 请分析案例中原来产品代码的不合理之处。
2. 请分析是应该只将新代码应用于新产品而旧的代码不变,还是应该将新代码应用于老的产品。
3. 请分析代码维护的重要性。
4. 请设计一种服装产品代码。

【习题6】
1. 分析系统实施与管理的目标。
2. 简述系统实施与管理的内容。
3. 分析程序实现的目标。
4. 说明结构化程序设计的特征。
5. 简述系统测试的目的和意义。
6. 分析系统测试的原则。
7. 说明系统测试的方法。
8. 简述系统的转换方式有哪些。
9. 分析运行管理的目的和任务。
10. 说明系统维护的特点。

第 7 章 管理信息系统发展趋势

【本章主要内容】

经过几十年的发展,管理信息系统普遍地应用于企业、金融、政府、教育等各类组织中,各种各样的管理信息系统发挥了巨大的作用。本章主要介绍决策支持系统、电子商务系统、电子政务系统、知识管理系统、供应链管理系统、客户关系管理系统和企业资源计划系统的基本组成和应用。通过本章的学习,使读者了解管理信息系统的发展趋势。

【本章学习目标】

1. 掌握决策支持系统的组成和发展;
2. 理解电子商务系统的基本构成和发展;
3. 了解电子政务系统的框架结构;
4. 了解企业如何导入知识管理系统;
5. 了解供应链管理系统的体系结构;
6. 了解客户关系管理系统的实施;
7. 了解企业资源计划系统的功能。

7.1 概　　述

20世纪50年代计算机的发展高潮导致了信息系统的诞生,并带来了信息系统的首次繁荣。管理信息系统经历了近半个世纪的发展历程,是一个不断积累、演进和成熟的过程。随着信息技术、现代管理思想、数学方法和系统方法的广泛应用,信息系统的内容和作用在深度及广度上都有了很大的拓展。

20世纪60年代中期,物料需求计划系统的应用是一个标志性的里程碑。从物料需求计划系统、闭环物料需求计划系统、制造资源计划到企业资源计划系统的提出和发展,企业更加关注内部资源的整合,"以客户价值为核心"的理念,在一定程度上促进了客户关系管理、供应链管理、知识管理、电子商务以及电子政务等系统的出现和发展。本章将分别对这些系统进行简要介绍。

7.2 决策支持系统

管理工作的成败,首先取决于决策的正确与否。决策贯穿于管理的整个过程之中。决策支持主要是利用管理理论与计算机技术在决策的每一个阶段上支持决策者,并改进决策的效能。决策支持以系统的形式出现,就构成了决策支持系统(DSS)。决策支持系统是"决策(D)"、"支持(S)"、"系统(S)"三者汇集成一体,即通过不断发展的计算机技术建立系统,逐渐扩展支持能力,达到更好的辅助决策的作用。

7.2.1 决策支持系统概述

1. 决策支持系统的产生

人们在进行决策时按照决策问题的结构化程度可以分为三种:

(1) 结构化决策。结构化决策是指对某一决策过程的环境及规则,能用确定的模型或语言描述,可以选择适当的算法产生决策方案,并能从多种方案中选择最优解的决策。如产品成本的核算、固定资产的折旧等,解决这类问题都有比较熟悉的算法和解题步骤可以采用。

(2) 非结构化决策。非结构化决策是指决策过程复杂,不可能用确定的模型和语言来描述其决策过程,不存在最优解的决策。

(3) 半结构化决策。半结构化决策是介于以上二者之间的决策,这类决策可以建立适当的算法产生决策方案,使决策方案中得到较优的解。非结构化和半结构化决策一般用于一个组织的中、高管理层,决策者一方面需要根据经验进行分析判断,另一方面也需要借助计算机为其提供各种辅助信息,使决策者及时做出正确有效的决策。随着社会的发展和科技的进步,人们发现非结构化决策和半结构化决策问题越来越多,急需找到解决这类问题的方法。

20世纪70年代中期,Keen和Scott Morton首次提出了"决策支持系统"一词,标志着利用计算机与信息支持决策的研究与应用进入了一个新的阶段,并形成了决策支持系统这一个新学科。

2. 决策支持系统的定义

决策支持系统(Decision Support System, DSS)是一种以计算机为工具,应用决策科学及其相关学科的理论与方法,以人机交互方式辅助决策者解决半结构化和非结构化决策问题的信息系统。

决策支持系统是管理信息系统向更高一级发展而产生的先进的管理信息系统,通过调用各种信息资源和分析工具,为决策者提供分析问题、建立模型、模拟决策过程和方案的环境,帮助决策者提高决策水平和质量。

例如，某企业为确定生产规模与合适的库存量建立决策支持系统，DSS 的模型库中有生产计划、库存模拟模型等；数据库中有历年销售量、资金流动情况、成本等。决策者通过计算机终端屏幕，根据 DSS 提供最佳订货量和重新订货时间以及相应的生产成本、库存成本等信息，进行"如果……将会怎样"的询问，对所提出的方案进行灵敏度分析，或者以新的参数进行模拟从而通过 DSS 得到一个新方案。

3．决策支持系统的功能

（1）收集、管理并随时提供与决策问题有关的组织内部、外部信息。

（2）存储并提供与决策问题有关的各种数学模型、数学方法和算法。

（3）能灵活地运用模型与方法对数据进行加工、汇总、分析和预测，得出所需的综合信息与预测信息。

（4）管理并随时提供各项决策方案执行情况的反馈信息。

（5）具有方便的人机对话和图像输出功能，能满足用户的数据查询要求。

（6）提供良好的数据通信功能，保证及时收集所需数据并将加工结果传送给使用者。

4．决策支持系统的特征

（1）DSS 是用来支持用户做决策而不是代替用户做决策。

（2）DSS 主要是用于解决半结构化及非结构化问题。

（3）DSS 的目的在于提高决策的有效性而不是提高决策的效率。

（4）面向决策者。

（5）数据和模型是 DSS 的主要资源。

（6）强调人机交互式的处理方式。

7.2.2 决策支持系统的组成

1．决策支持系统的系统结构

不同功能和特色的 DSS，其系统结构也不相同。一般认为 DSS 有两库结构和基于知识的 DSS 结构两种基本形式。

（1）两库结构。由数据库和模型库子系统与人机对话子系统形成三角形分布的结构，也是 DSS 最基本的结构，如图 7.1 所示。

（2）基于知识的 DSS 结构。由自然语言、问题处理和知识库等子系统为基本部件构成的系统结构，如图 7.2 所示。

由两种基本结构演变出的 DSS 都表现

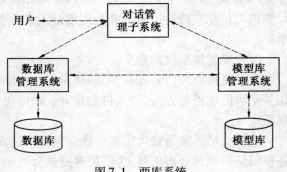

图 7.1 两库系统

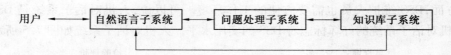

图 7.2　基于知识的 DSS 结构

为多库结构。在两库结构基础上加入方法库,就构成了三库结构的决策支持系统,如图 7.3 所示。

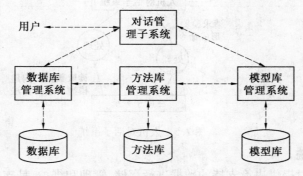

图 7.3　三库系统

再与基于知识的 DSS 结构相结合,就构成了四库结构的智能决策支持系统,如图 7.4 所示。

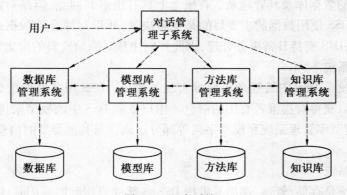

图 7.4　四库系统

2. 人机对话子系统

DSS 的重要特点是具有人-机接口,其核心是人机界面。这种人机对话的决策方式,弥补了完全由计算机自动运算给出决策结果的不足,充分利用决策者的经验和判断力,加强了人的思维能动性,提高了管理决策的效果。

由于决策者不了解系统内部,因此用户与系统的接口——人机对话子系统的设计相当重要。另一方面,DSS 维护人员也需要方便的工作环境。可以说,人机对话子系统是 DSS 的一个窗口,人机对话子系统的好坏标志着 DSS 的实用水平。人机对话子系统如图 7.5 所示。

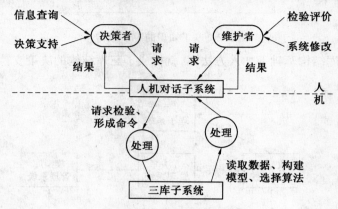

图 7.5　人机对话子系统

3. 数据库子系统

数据库子系统对提供决策支持的数据进行存储、管理和维护,是支撑模型库子系统与方法库子系统的基础。数据库子系统由数据库、数据库管理系统、数据存取模块、数据字典和数据查询模块等部件组成。

DSS 和 IMS 的数据库及其管理系统在概念上具有很多共同点,但是对数据库的要求具有本质上的不同。DSS 使用数据的主要目的是支持决策,所以对综合性数据或者经过预处理后的数据比较重视;IMS 支持日常事务处理,因此特别注意对原始资料的搜集、整理和组织。

4. 模型库子系统

模型库子系统是 DSS 中最复杂与最难实现的部分。DSS 用各类模型分析数据或对大量的数据进行挖掘以获得对决策者有用的信息。用户依靠 DSS 中的模型来进行决策,模型库子系统由模型库、模型库管理系统和模型字典等部分组成。与其他类型的信息系统相比,具有更强的分析能力。

5. 方法库子系统

方法库子系统是存储、管理、调用及维护 DSS 各部件要用到的通用算法、标准函数等方法的部件,由方法库与方法库管理系统组成。方法库中的方法一般用程序方式存储,如图 7.6 所示。

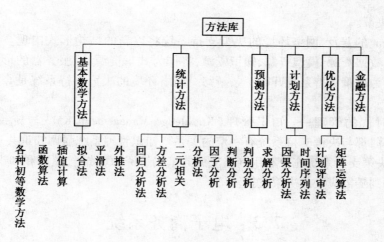

图 7.6 方法库

7.2.3 决策支持系统的发展

自从 20 世纪 70 年代决策支持系统概念被提出以来,决策支持系统发展迅速。

1980 年 Sprague 提出了决策支持系统的三部件结构(对话部件、数据部件和模型部件),明确了决策支持系统的基本组成,极大地推动了决策支持系统的发展。

20 世纪 80 年代末 90 年代初,DSS 结合人工智能技术(专家系统和人工神经网络)形成智能决策支持系统(Intelligent Decision Support System,IDSS)。智能决策支持系统具有人工智能的行为,充分发挥了专家系统以知识推理形式解决定性分析问题的特点,同时又发挥了决策支持系统以模型计算为核心的解决定量分析问题的特点,充分做到了定性分析和定量分析的有机结合,使得解决问题的能力和范围得到了一个更大的发展。智能决策支持系统适用于产品评价和选择、客户关系管理和交易服务等方面,是决策支持系统发展的一个新阶段。群体决策支持系统是一种在 DSS 基础上利用计算机网络与通信技术,支持群体对非结构化问题进行共同决策。群体决策支持系统是一个会话型的计算机系统,将计算机软硬件设备和群体成员融合为一体,群体成员在各自的微机终端前工作,输入的数据在服务器上集成并可以在会议室前的公共屏幕上显示,集体制订决策。

20 世纪 90 年代中期,由于数据仓库(Data Warehouse,DW)、联机分析处理(On-Line Analysis Processing,OLAP)和数据挖掘(Data Mining,DM)等新技术的出现,形成了新决策支持系统。新决策支持系统完全不同于传统决策支持系统用模型和知识辅助决策,而是从数据中获取辅助决策信息和知识。

把数据仓库、联机分析处理、数据挖掘、模型库、数据库和知识库结合起来形成的决策支持系统,称为综合决策支持系统(Synthetic Decision Support System,SDSS)。综合决策支持系统能更有效地辅助决策。

由于 Internet 的普及,网络环境的决策支持系统将以新的结构形式出现。决策支持系统的决策资源,如数据资源、模型资源、知识资源,将作为共享资源,以服务器的形式在网络上提供并共享服务,为决策支持系统开辟一条新路。网络环境的决策支持系统是今后决策支持系统的发展方向。

知识经济时代的管理——知识管理(Knowledge Management,KM)与新一代 Internet 技术——网格计算,都与决策支持系统有一定的关系。知识管理系统强调知识共享,网格计算强调资源共享。决策支持系统充分利用网格上的共享决策资源(数据、模型和知识)辅助解决各类决策问题,达到随需应变的决策支持。

7.3 电子商务系统

管理信息系统的一大发展趋势,就是网络化的趋势,而网络化趋势下信息系统应用的典型代表就是电子商务。

7.3.1 电子商务系统概述

20 世纪 70 年代初,随着电子数据交换(Electronic Data Interchange,EDI)技术的出现,产生了电子商务。20 世纪 90 年代,真正大规模、普及化的电子商务活动是在以通信和网络技术为支撑的因特网的广泛应用后才开始的。电子商务不仅仅对商务的运作过程和方法产生了巨大影响,也开始改变着人类的思维方式、经济活动方式、工作方式和生活方式。

1. 电子商务系统的定义

狭义的电子商务系统是指:在 Internet 和其他网络的基础上,以实现企业电子商务活动为目标,满足企业生产、销售、服务等生产和管理的需要,支持企业的对外业务协作,从运作、管理和决策等层次全面提高企业信息化水平,为企业提供商业智能的计算机系统。

广义的电子商务系统是指:支持电子商务活动的电子技术手段的集合。

2. 电子商务系统的特点

与传统信息系统相比,电子商务系统具有几个明显的特征:

(1)高效性。交易双方高效的服务方式:便捷的购物途径和透明的信息源,以及潜力巨大的消费群体。

(2)方便性。消除传统贸易的时空限制。

(3)集成性。计算机网络及通信技术的集成应用。

(4)可扩展性。业务随网络的延伸而拓展。

(5)协作性。多方参与主体的协作才能体现其特有的优势。

7.3.2 电子商务系统的体系

1. 电子商务系统的网络

电子商务是由以信息网为载体的信息流、以金融网为载体的资金流和以运输网为载体的实物流所构成的一个有机整体。

电子商务的运行畅通涉及企业的互联网(Internet)、内部网(Intranet)和企业外部网(Extranet)。

Internet、Intranet 和 Extranet 的关系如图 7.7 所示。

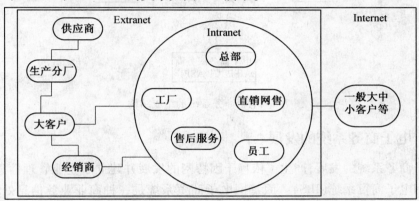

图 7.7　Internet、Intranet 和 Extranet 的关系

2. 电子商务系统的运作模式

(1) 企业与企业之间的电子商务(Business to Business,B to B)。无论从目前的现状来看，还是从未来的发展来看，企业机构之间的电子商务市场要远远大于消费者的市场。

例如，阿里巴巴网站。

(2) 企业与消费者之间的电子商务(Business to Consumer,B to C)。这类电子商务活动主要是借助于因特网开展的在线销售活动，由商家向消费者提供各种商品的零售和服务。

例如，amazon.com,dangdang.com。

(3) 消费者与消费者之间的电子商务(Customer to Customer,C to C)。C to C 的电子商务模式是消费者之间利用网络开展的电子商务活动。

例如，易趣网(www.ebay.com.cn)、淘宝网(www.taobao.com)。

(4) 消费者与企业之间的电子商务(Customer to Business,C to B)。在该模式中，商务活动的主导权由企业方转移到了消费者方，即先由消费者提出自己的需求，再由企业配合提供相关的商品。

例如，团购。

3. 电子商务系统的基本结构

电子商务系统是由需求方、供应方、支付中心、认证中心、物流中心和电子商务服务商等系统角色构成的一个大系统，如图7.8所示。

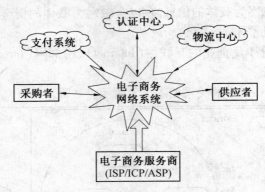

图7.8 电子商务系统的组成结构

7.3.3 电子商务系统的发展

随着电子商务系统的发展，产生了依赖于因特网的发展并建立于企业管理信息系统基础之上的因特网电子商贸系统(IBS)。因特网电子商贸系统是一种商业业务信息处理系统，企业利用IBS可以和客户及供应商完成各种商业活动。

1. IBS 的基本构成

（1）IBS 的基础设施。由计算机、网络互联设备和相应的软件平台组成，是 IBS 的运行平台。

（2）IBS 的应用系统。该部分是基于以上运行平台的企业商务处理系统。

（3）基于系统的数据库。包含了与企业商务活动有关的产品、生产、销售、资本和人力资源等各种管理活动中所涉及的基本数据。

2. IBS 包含的子系统

① 金融、市场行情查询子系统。

② 产品研究开发及生产准备子系统。

③ 企业形象广告子系统。

④ 电子财务结算子系统。

⑤ 人力资源管理子系统。

⑥ 原材料采购子系统。

⑦ 自动订货子系统。

⑧ 产品售后服务子系统。

⑨产品全球分销子系统。

7.4 电子政务系统

一般而言,政府的主要职能在于经济管理、市场监管、社会管理和公共服务。而电子政务系统就是将这四大职能电子化、网络化,利用现代信息技术对政府进行信息化改造,以提高政府部门依法行政的水平。

7.4.1 电子政务系统概述

1. 电子政务的定义

电子政务(E-Government affair)是指:政府机构充分利用电子技术、网络技术来为公众提供各种信息服务。公众也能够通过计算机网络方便、快捷、平等地享用巨大的政府信息资源。换言之,电子政务就是在网上建立政府网站,通过电子政务的运作,政府部门可以了解公众的各种需求,而公众也会告诉政府部门需要什么。所以,如何利用网络技术进一步改善政府部门的管理和服务,进行政府职能的转变,成为当前电子政务建设的目标之一。

电子政务可以从以下三方面来理解:

(1)政府机构及其工作人员可以从运作在网络上的电子政务系统获取信息,包括机构内部的工作流信息和从机构外部获取的业务信息。

(2)政府机构的政策、法规信息可以放置在政务网站上,供社会及公众了解和使用。

(3)政府机构的事务经由网络可与社会公众进行互动处理。

把这几方面综合以后的具体产物就形成了电子政务。

2. 电子政务的特点

电子政务的四个突出特点是:

(1)电子政务将使政务工作更有效、更精简。

(2)电子政务将使政府工作更公开、更透明。

(3)电子政务将为企业和居民提供更好的服务。

(4)电子政务将重新构造政府、企业和居民之间的关系,使之比以前更加协调,使企业和居民能够更好地参与政府的管理。

7.4.2 电子政务系统的框架结构

根据国际上的有关法规,电子政务必须区分内网和外网。政府内部的信息交换必须在内部的网络上运行,属于公开的信息和网上交互式办公的内容可以在外网(因特网)上运行。

1. 电子政务系统的内网

(1)内网的组成。从具体的业务处理上看,政府内网包含以下几个子系统:

①综合信息库系统。将原来分散于各部门标准或非标准的专业数据,按照统一的共享数据结构和数据值标准规范,重新组织数据资源,实现数据一致性的维护更新和便捷的共享查询功能。

②项目协同与督控系统。主要是针对多部门协同办理和项目进程中文件审批流程的控制,实现项目进度的统计、检查、管理、跟踪和督查等功能。

③集中信息服务系统。提供政策、法规、公共服务信息和多媒体综合资讯信息的查询和检索等功能。

④以模块和构件库理念构建电子政务体系。政府机关部门的工作可以划分成如下模块:人事管理、组织宣传管理、文档管理、法案汇编、档案管理、会议系统、信访管理和总务管理等。

无论是庞大的政府机构,还是具体的某个部门,都需要运用构件库理念将上述模块快捷地"组建"起一个电子办公系统来实现上述模块的功能。

政府为了应对突发事件,还要将公安、"三防"、气象、交通、电力、城建和国土资源等信息系统集成在一起共同建立一个政府的专网,及时地进行信息发布、资源调度,有利于领导的统一指挥。

专网还可以作为政府机构的视频会议系统,召开各种形式的电视电话会议,也可以通过该系统召开远程座谈会和交流会等。

(2)内网的特点。

①模块的组合性强。内网中的各个子系统都是基于模块的设计,每个功能模块可以修改和重新组合。各部门可以按照自身办公的流程和业务处理的特点对有关功能进行取舍,根据不同的需求选用不同的功能模块,这样就可以迅速搭建起最贴近需求的办公自动化系统。

②灵活性、可调整性强。系统可以根据用户的要求,对操作界面、数据的输入格式、输出的报表,甚至业务流程等进行修改和调整,使系统更好地服务于用户需求,保证用户操作的简易性。

③高效省时、安全性高。系统安装及操作十分简便,即使是业务类型发生变化,由于操作界面风格一致,也可以避免用户在不同界面上频繁地进出。

其次,系统规定了不同用户的操作权限,安全性好。同时系统还提供数据的热备份及恢复功能。

④良好的可靠性。一旦遇到无法预料的情况,如服务器故障、工作人员的误操作等,数据会被系统完整地保存或可以恢复至上一次完成的事务处理状态。

⑤可直接与其他应用系统连接。系统能与其他业务管理系统进行"无缝"连接,实现各数据资源与设备资源的完全共享。

2. 电子政务系统的外网

电子政务系统的外网就是面向广大公众的电子政务服务平台。在这个平台上,不仅要向社会发布权威的政策法规、办事指南等政府信息,还要提供适合交互式办公的接口,开展网上办事、网上审批等各种业务,同时需要设立专门的通道来听取公众的意见等。

不管是当地的公民,还是全国各地甚至是海外华侨都能通过政府的外网,了解到政府的机构、相关的政策法规、某个地区的发展规划等信息,让任何需要了解当地的经济、城市面貌情况的投资者能以最快的速度多方面了解情况。

此外,通过该网站,可以链接到相关各职能部门的网站。

7.4.3 电子政务系统的安全

电子政务系统的安全就是要合理地解决网络开放性与安全性之间的矛盾。在电子政务系统信息畅通的基础上,有效阻止非法访问和攻击对系统的破坏。

具体到技术层面,除了传统的防病毒、防火墙等安全措施以外,电子政务系统的安全需求主要表现在以下几个方面。

1. 内外网间安全的数据交换

电子政务系统中内网与外网间存在信息交换,然而由于内网数据保密性的特点,我们不希望内网的数据暴露在外网的环境中。解决该问题的有效方式是设置安全岛,通过安全岛来实现内外网间信息的过滤和两个网络间的物理隔离,从而在内外网间实现安全的数据交换。安全岛位于内网和外网相交的边界位置,是独立于电子政务内外网的一个特殊的过渡网络。一方面,安全岛将内网与外网物理隔离断开,防止外网中黑客利用漏洞等攻击手段进入内网;另一方面,又完成数据的中转,通过自身安全策略的控制进行内外网间的数据交换。

隔离网闸(GAP)技术是实现安全岛的关键技术,隔离网闸如同一个高速开关,在内外网间来回切换,同一时刻内外网间没有连接,处于物理隔离状态。在此基础上,隔离网闸作为代理从外网的网络访问包中抽取出数据,然后通过反射开关转入内网,完成数据中转。在中转过程中,隔离网闸会对抽取的数据作应用层的协议检查、内容检测,也会对 IP 包地址实施过滤控制,由于隔离网闸采用了独特的开关切换机制,所以,在进行这些检查时,网络实际上处于断开状态,只有通过严格检查的数据才有可能进入内网,因此,即使黑客强行攻击了隔离网闸,由于攻击发生时内外网始终处于物理断开状态,黑客也无法进入内网。另一方面,由于隔离网闸仅抽取数据交换进内网,所以,内网不会受到网络层的攻击,这就在物理隔离的同时实现了数据的安全交换。

以隔离网闸技术为核心,通过添加 VPN 通信认证、加密、入侵检测和对数据的病毒扫描,就可以构成一个在物理隔离基础上实现安全数据交换的信息安全岛。

2. 网络域的控制

电子政务系统的网络处于严格的控制之下,只有经过认证的设备可以访问网络,并且能明确地限定其访问的范围。然而目前绝大部分网络是基于 TCP/IPV4 网络协议的,本身不具备这种控制能力。要加强电子政务网络的控制与管理能力,可以采用基于 802.1x 带网络接入认证功能的交换机来实现。802.1x 协议能够对接入设备实现认证,从而控制网络的设备访问,可以利用第三方的认证系统加强认证的安全强度，如 Radius、TACACS 以及 CA 等系统。802.1x 协议使电子政务网络处于中心可管理的状态，从而使各种网络域管理策略得以实现。

3. 标准可信时间源的获取

时间在电子政务系统安全应用中具有特定的重要意义。政务文件上的时间标记是重要的政策执行依据和凭证，政务信息传递过程中的时间标记又是防止网络欺诈行为的重要指标，同时，时间也是政府各部门协同办公的参照物，所以，为了保证电子政务系统不致出现混乱，需要建立全系统可信、统一的时间源。时间源的建立可以通过在标准时间源（如本地天文台、电视台等）上附加数字签名（防止时间在传输途中被篡改）的方法来获得。

4. 信息传递过程中的加密

电子政务系统包括内网和外网。就内网办公而言，涉及地区与地区之间、部门与部门之间、上下级之间的公文流转，这些公文的信息往往涉及机密等级的问题，应该严格保密。所以，在信息传递过程中，必须采取适当的加密方法对信息进行加密。基于 IPsec 的加密方式应用广泛，IPsec 对应用系统透明且具有极强的安全性，应用系统开发商不必过多考虑数据传输过程中的加密问题。IPsec 有多种应用方式，采用 IPsec 网关是比较理想的选择，同时也易于部署和维护。

5. 操作系统的安全性

网络安全的重要基础之一是操作系统的安全性，因为所有的政务应用和安全措施（包括防火墙、防病毒和入侵检测等）都依赖操作系统提供底层支持。操作系统的漏洞或配置不当将有可能导致整个安全体系的崩溃。更危险的是，我们无法保证国外厂家的操作系统产品不存在后门。在操作系统安全方面，一是采用具有自主知识产权且源代码对政府公开的产品；二是利用漏洞扫描工具定期检查系统漏洞和配置更改情况，及时发现问题。

6. 数据备份与容灾

任何的安全措施都无法保证数据万无一失，硬件故障、自然灾害以及未知病毒的感染都有可能导致政府重要数据的丢失。因此，在电子政务安全体系中必须包括数据的容灾与备份，并且最好是异地备份。

7.4.4 电子政务系统的发展

电子政务目前正在世界上许多国家快速发展，而在发达国家已经进入了相对成熟的阶段。虽然我国起步比较晚，但可以借鉴国外的成熟经验、先进的设备和科学的方法，从而可以避免走弯路，为国家节省大量的开支，有利于建设节约型的社会。

1. 世界各国的状况

在众多实施电子政务的发达国家中，美国是起步较早、发展最为迅速的国家。早在 2000 年 6 月，克林顿政府就曾积极倡导和推动建设电子政务系统，并宣布"要在 3 个月内建成一个超大型电子网站——第一政府网（网址为 www.firstgov.com）。"

世界上其他国家,如法国、英国、德国和中国香港等地区都陆续建立起政府的电子政务系统。总人口只有 400 万左右的新加坡,国家不大,但却一直在为构建电子政务系统而进行着不懈的努力。新加坡政府每年要在政府网站(www.gov.sg)的建设上投入大量的资金,但同时电子政务系统也为政府节省了许多费用。

2. 我国电子政务系统的发展

虽然我国目前大部分的各级政府部门在网上建立了自己的电子政务网站,但由于缺乏有效的组织和规划,整体发展不平衡,与真正的电子政务系统所要达到的功能还有很大差距。

为加快我国电子政务的发展,可采取以下措施:
①加强网络基础建设。
②转变政府职能。
③各项措施落到实处,走规范化的道路。

此外,我国的各级政府投入了不少资金在建设"信息港"或"信息高速公路"。同时政府也提倡各行各业开发、运行信息系统,最大限度地使信息资源得到共享,加快电子政务的发展。

7.5 知识管理系统

随着知识经济时代的来临,企业将主要通过知识而不是金融资本或自然资源来获取竞争优势。企业的知识将成为和人力、资金等并列的资源,并且成为企业最重要的资源。

7.5.1 知识管理概述

1. 知识管理的定义

知识管理,包括知识的获取、整理、保存、更新、应用、测评、传递、分享和创新等基础环节,并通过知识的生成、积累、交流和应用管理,复合作用于组织的多个领域,以实现知识的资本化和产品化。知识管理也是为提高组织软实力采取的技术与组织手段。

2. 知识管理的目标
①知识的发布,使一个组织内的所有成员都能获得和应用知识。
②确保组织内部的人知道所需的知识在何处。
③确保知识在需要时是可得的。
④确保知识、新知识在组织内的传播。
⑤推进新知识的有效开发。
⑥支持从外部获取知识。

3. 知识管理的职能

(1) 外化职能。企业从组织外部广阔的知识海洋中捕获有用的知识,使知识寻求者得到意外的收获。

(2)内化职能。通过过滤设法发现与知识寻求者相关的知识,以最适合的方式进行重新布局或呈现,并且文本可以简化为关键数据元素,并加入必要的解释。

(3)中介职能。对于无法存储于企业知识库中的知识,可以通过追溯个体的经历和兴趣,将知识寻求者和最佳知识源相匹配。

(4)认知职能。认知职能是经过上述三个功能交换得出的知识的综合运用,是知识管理的最终目标。认知过程很难实现完全的自动化,通常采用专家系统或人工智能技术做出决策。

7.5.2 知识管理系统

1. 知识管理系统概述

知识管理系统是为促进组织内部知识的编码化、收集、整合和传播知识而设计的信息系统。

面对时常变化的市场环境,知识管理系统使组织具有灵活和快速的应变能力、创新能力,提高了决策水平和生产力水平。

2. 企业如何导入知识管理

研究和了解知识管理的目的是为了企业使用正确的方法导入知识管理,即组织知识管理的实施。主导知识管理实施的应该是专门由首席知识长官或其他高层执行人员领导的知识管理队伍。

组织知识管理的实施,不但需要推行知识管理的理念,建立知识管理组织,创建知识共享的文化,还要通过知识管理系统来使之变成现实。企业知识管理的导入流程如图7.9所示。

(1)确定知识管理战略规划。

①分析组织战略目标。知识管理战略目标应与组织的总体战略目标相一致。抽象的或想象的知识管理是不会给企业带来任何好处的。

②分析组织知识管理需求。对各个部门、各个岗位知识资源进行调查,掌握知识管理现状,分析知识管理需求。

③拟定组织知识管理战略。根据需求分析结果,考虑战略相关要素,从而制订知识管理战略。

(2)制订知识管理方案。

①确定知识管理重点领域。从组织核心竞争力、潜在收益和业务发展重点等方面,确定优先实施知识管理的部门或流程,在企业内部起到示范作用。

②分析业务流程。业务流程说明要做的事情及怎样做,知识管理则侧重反映完成该流程的人所具有的能力和技能。业务流程是知识流程建立的基础和关键。

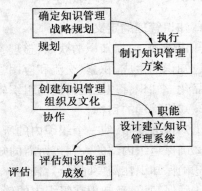

图7.9 企业知识管理的导入流程

③建立知识分类体系。分析流程中的现有知识,了解知识的分布,做出知识分类体系(显性知识和隐性知识)。

(3) 创建知识管理组织及文化。

①设置知识管理组织。如知识主管、知识管理小组、知识传递部等,对知识进行组织和管理,使知识流程变得顺畅。

②建立知识管理文化。有效的知识管理项目必须要有实现知识共享的文化氛围的配合。如建立学习型组织、组织激励机制、员工强烈的求知欲、愿意与人讨论问题等。

(4) 设计建立知识管理系统。

①没有知识管理系统支撑的知识管理等于纸上谈兵。基于 Internet 的信息和通信技术为企业知识管理的实践奠定了基础。

②根据组织自身的特点进行开发设计或选定成熟的知识管理软件产品。

(5) 评估知识管理成效。对引入知识管理的业务环节和流程实施前和实施后的评估。了解和检测其效果,调整企业的知识管理计划。

7.6 供应链管理系统

随着全球经济的一体化,人们发现任何一个企业在竞争环境中都不可能在所有业务上成为最杰出者,必须联合行业中其他上下游企业,建立一条经济利益相连、业务关系紧密的行业供应链,实现优势互补,共同增强市场竞争力。

7.6.1 供应链管理概述

1. 供应链管理的产生

供应链最早来源于彼得·德鲁克提出的"经济链",而后经由迈克尔·波特发展成为"价值链",最终逐渐演变为"供应链"。20 世纪 70 年代末,Keith Oliver 通过在与客户接触的过程中逐渐形成了供应链管理(Supply Chain Management,SCM)的观点,并在 1982 年《金融时代》杂志的一篇文章里阐述了供应链管理的意义。Keith Oliver 曾经认为这个词会很快消失,但"SCM"不但没有消失,还很快地进入了公众领域,这个概念对管理者的采购、物流、操作、销售和市场活动意义匪浅。

2. 供应链管理的定义

供应链管理(SCM)是一种集成的管理思想和方法,执行供应链中从供应商到最终用户的物流计划和控制等职能。从单一的企业角度来看,是指企业通过改善上、下游供应链关系,整合和优化供应链中的信息流、物流和资金流,以获得企业的竞争优势。

供应链管理是企业的有效性管理,整合并优化了供应商、制造商、零售商的业务效率,使商品以正确的数量、正确的品质,在正确的地点、以正确的时间、最佳的成本进行生产和销售。

SCM是一种跨企业的协作,覆盖了从原材料到最终产品的全部过程。这个管理过程中的收益来自把供应商、制造者和最终客户紧密地结合起来,消除或减少了整个供应链中不必要的活动和成本。更为重要的是,供应链也是一条增值链。由于物料在供应链上进行了加工、包装、运输等过程而增加了其价值,从而给供应链上的相关企业带来了收益。如果没有创造额外的价值,相关企业没有得到应有的回报,那么,这条供应链将无法运转下去。因此,增值是维系供应链赖以生存的基础。

3. 供应链管理的目的

供应链管理的目标是在满足客户需要的前提下,对整个供应链(从供货商、制造商、分销商到消费者)的各个环节进行综合管理,例如,从采购、物料管理、生产、配送、营销到消费者的整个供应链的货物流、信息流和资金流,把物流与库存成本降低到最小。

通常,一个企业采用供应链管理的最终目的有三个:
(1)提升客户的最大满意度(提高交货的可靠性和灵活性)。
(2)降低企业的成本(降低库存,减少生产及分销的费用)。
(3)企业整体"流程品质"最优化(去除错误成本,消除异常事件)。

7.6.2 供应链管理信息系统

供应链管理的基础是供应链上的节点企业之间信息的高度集成与共享,实现这一点的关键是要有一个良好的基于信息技术的支撑体系。

在供应链企业中,要充分利用Internet和Intranet建立三个层次的管理信息系统:
①外部信息交换;
②内部信息交换;
③信息系统的集成。

供应链管理信息系统需要完成以下工作:
①以产品为主线,对供应链上各个结点提供的数据进行采集。
②以供应链上各个结点为单位,读取信息系统中的数据,从而实现信息共享。
③利用数据挖掘和联机分析处理技术分析数据,寻求SCM运行的最佳状态。

1. 供应链管理系统的体系结构

供应链管理系统的体系结构如图7.10所示。

2. 基于Internet/Intranet的供应链管理信息系统

基于Internet/Intranet的供应链管理信息系统架构如图7.11所示。

3. 数据仓库和数据挖掘对供应链管理系统的支持

(1)数据仓库为供应链管理系统提供数据支持,是供应链决策和优化的基础。数据仓库作为自动数据分析工具,减少了精确分析大量数据的时间,因此,供应链企业可以在更短的时间内尽可能地获得相关信息,做出准确的决策,以应对激烈的竞争。

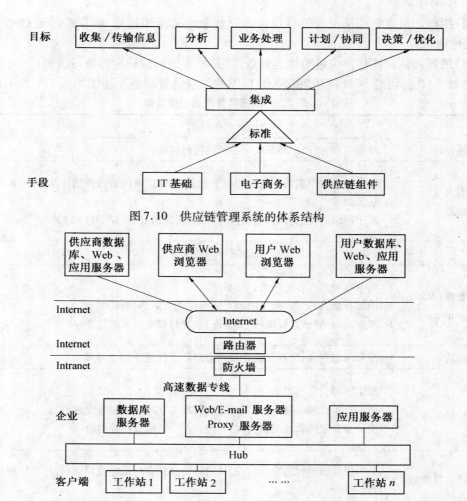

图 7.10 供应链管理系统的体系结构

图 7.11 基于 Internet/Intranet 的供应链管理信息系统架构

(2)数据仓库是 CRM 的基础。数据仓库有助于确定客户的数据特征,预测客户的消费趋势、潜在的市场容量和商机,从而有效地分析市场盈利,发掘利润核心。

(3)数据仓库是产品设计的基础,可以为产品设计提供产品数据、市场数据和客户使用数据,使设计人员能紧跟市场和客户的需求与偏好,对产品、原材料、零部件以及其他因素进行设计分析。

(4)数据仓库为企业的获利能力,产品、市场区域以及综合的获利能力分析提供有效的数据,以实现企业资源的有效利用。

4. 供应链管理系统的主要功能

(1)规划。企业通过预测产品需求量,制订购买产品零部件计划和制造计划。

(2)执行。负责管理从配送中心到仓库的整个产品流动过程,确保产品通过有效方式运送到最佳地点。

(3)绩效评估。评估供应链整体运转效益,并能根据指标适时地进行改进。

例如,SAP 公司的 SCM 模块(mySAP)提供的供应链管理主要功能如表 7.1 所示。

表 7.1 供应链管理的主要功能

	计划(Planning)
供应链设计	对供应商、生产厂和分销中心网络进行优化
协作需求与供应计划	在共享客户需求信息的前提下,形成客户需求的精确预估,同时产生多层次的供货预测 基于网络的协同方案,诸如协同计划、预测与补货(CPFR)和 VMI
	执行(Execution)
物料管理(Materials management)	共享准确的库存与需求订货系统 确保在恰当的时间恰当的地点获得生产所需的物料 减少原料消耗、订货费用、安全库存、原材料本身来优化库存
协同制造	综合考虑资源、原料和独立的约束条件下优化计划于方案
协同执行	承诺实时交货的时间 借助订单管理、运输计划和交通安排系统中按时多渠道完成订货 支持全方位的物流流程,包括分捡、包装、运输及国外的分销
供应链事件管理	对供应链进程的全程监控,从价格磋商到客户最终收到商品,一旦出现问题及时警告
供应链行为管理	供应链关键度量报告,包括补货速度、订单周转时间和仓储空间利用率

7.6.3 供应链管理系统的发展

1. 供应链管理的发展阶段

从 20 世纪 60 年代供应链的萌芽状态到 21 世纪供应链的成熟和全面发展,短短几十年时间,供应链管理通过 Internet 把过去分离的业务过程集成起来,覆盖了从供应商到客户的各个过程,实现了从生产领域到流通领域的一步到位。供应链管理的发展阶段如表 7.2 所示。

表7.2 供应链管理的发展阶段

	第一阶段	第二阶段	第三阶段	第四阶段
年代	20世纪60~70年代	20世纪80~90年代	20世纪90年代初到20世纪末	21世纪初
阶段	萌芽阶段,供应链还只能称之为业务链	初级阶段:供应链上存在着大量的企业之间的目标冲突,无法从整个供应链的角度出发来实现供应链的整体竞争优势,从而导致供应链管理的绩效低下,无法实现整体供应链的运作和从供应链向价值链的根本突破	形成阶段	成熟和全面发展阶段
竞争焦点	为了生产而管理,企业之间的竞争是产品在数量和质量上的竞争	企业之间的竞争转向了追求生产效率	企业竞争重点转向市场和客户,更加注重在全球范围内一切可利用的资源	不确定性需求的信息共享管理、快速的决策管理、供应链协同运作的系统化管理
管理思想	MRP/MRP-II	MRP-II、ERP和JIT	ERP、APS、CRM、KM、DW/DM	VMI、CFAR、DI、3PL/4PL、PLM
关系特点	供应链上各成员之间合作关系松散	经营重点仍是注重企业的独立运作,忽略与外部供应链成员企业的联系	通过相互关系,主张供应链各成员之间一致"协调对外",以便对客户需求产生快速反应	供应链成员之间协同运作
理论研究	开始探索和尝试阶段	学术研究上得到了较快的发展	提出供应链管理的架构,研究基本原理,并推断供应链管理对整个社会将必然是一个巨大的挑战	成功运作供应链的关键因素

2. 供应链管理的研究方向

(1)供应链信息技术。信息技术对供应链管理提供了有效的支持。供应链管理的信息技术研究可分为两个方面:一是研究企业内部基于供应链管理的多种信息系统的集成;二是研究企业间或多个企业组成的虚拟企业内部的信息共享和相互协作。

(2)供应链建模技术。为了支持对供应链管理的各种分析和决策活动,研究如何通过模型来描述供应链系统的运营机制,如Petri网供应链建模技术。

(3)供应链管理技术。根据供应链的生命周期,研究供应链的构建和运营管理方法。主要包括供应链管理的各种决策,如供应链的关系决策、库存决策和运输决策,供应链信息流、物流、资金流的合理分布和流动方式以及应付不确定因素对供应链的影响等诸多问题。

7.7 客户关系管理系统

客户关系管理(Customer Relationship Management,CRM)既是一种概念,也是一套管理软件和技术,利用 CRM 系统,企业能搜集、跟踪和分析每一个客户的信息,从而知道什么样的客户需要什么,并且还能观察和分析客户行为对企业收益的影响,使企业与客户的关系及企业利润得到最优化。

7.7.1 客户关系管理概述

1. 客户关系管理的产生

对企业而言,客户关系管理是一个既古老又充满新意的话题。最早发展客户关系管理的国家是美国,这个概念最初由 Gartner Group 提出,在 1980 年初产生了"接触管理"(contact management),即专门收集客户与公司联系的所有信息,到 1990 年演变成包括电话服务中心支持资料分析的客户关怀(customer care),近年来开始在企业电子商务中流行。

CRM 的产生源于三方面的动力:

(1)需求的拉动。以客户为导向的市场变化,对企业提出了新的挑战。

(2)管理的要求。企业在对客户的管理时存在一些问题,比如,客户信息零散导致对客户服务效率降低,信息不准确导致营销预测浪费严重等问题屡见不鲜,因此,急需一套综合系统,减少企业内部资源的浪费,提高客户管理的工作效率。

(3)信息技术的推动。数据仓库、商业智能和知识管理等技术的发展,使客户信息的收集、整理、加工和利用的质量提高,速度加快,推动了客户关系管理的发展。

2. 客户关系管理的概念和作用

(1)客户关系管理的概念。CRM 是指企业通过与客户之间及时地而且多方面的沟通与交流,进而与客户建立长期良好的关系。CRM 应用于企业的市场营销、销售和服务等与客户相关的领域。这种管理机制能使企业在营销、销售、服务与支持各个方面形成一种协调的关系。CRM 是一种改善企业与客户之间关系的新型管理机制。

CRM 的核心思想是将企业的客户(包括最终客户、分销商和合作伙伴)视为最重要的企业资产,通过完善的客户服务和深入的客户分析来满足客户的个性化需求,提高客户满意度和忠诚度,进而保证客户终身价值和企业利润增长的实现,最终达到企业和客户的双赢。

(2)客户关系管理的作用。

①提高客户的满意度。

②客户管理统一化。

③识别企业的客户。
④实现企业目标。

7.7.2 客户关系管理系统

CRM 系统是全面管理客户及其关系的一个信息系统,是销售、市场营销、客户服务等部门共享信息和业务流程自动化的一个工作平台,可以使得这些部门的人员协调合作、保留客户、提高工作效率。

CRM 系统的宗旨是:通过与每个客户建立的联系来了解客户的不同需求,在此基础上进行"一对一"个性化服务。通常 CRM 包括销售管理、市场营销管理、客户服务管理以及呼叫中心等方面。

作为一种管理机制,客户关系管理系统实施于企业的市场营销、销售、服务与技术支持等与客户相关的领域。

作为一种解决方案,客户关系管理集合了当今最新的信息技术,包括数据仓库和数据挖掘、专家系统、人工智能、Internet、电子商务、多媒体技术和呼叫中心等。

1. CRM 系统的主要功能模块

(1)销售管理。可以实现销售自动化,包括销售信息分析、销售预测、销售构成跟踪、销售过程监控和销售信息管理等。销售自动化是 CRM 系统的主要功能模块,由于销售过程的动态性使得其较难实施。

(2)市场营销管理。可以实现营销自动化,包括客户线索、客户追踪、自动履行和市场分析等。

(3)客户服务支持管理。可以实现客户服务自动化,包括客户信息管理、安装产品跟踪、服务合同管理、退货和维修管理、投诉及建议、客户关怀和新产品宣传等。

(4)客户分析。通过挖掘与分析现有客户信息来预测客户的未来行为,包括客户分类分析、市场活动影响分析、客户联系时机优化、交叉销售和升级销售等。

2. CRM 系统的实施

客户关系管理既是一种管理理念,又是一种软件技术。CRM 系统的实施应该从两个方面来考虑:第一,从管理上来看,企业需要运用 CRM 中所体现的管理思想,来推行管理机制、管理模式和业务流程的变革,CRM 系统是支撑管理模式和管理方法变革的利器;第二,从技术上来看,企业通过使用 CRM 系统来实现新的管理机制和管理模式,管理的变革是 CRM 系统发挥作用的基础。这两个方面相辅相成,缺一不可。CRM 系统的实施是以业务和管理为核心的,是为了建立一套以客户为中心的销售服务体系,因此,CRM 系统的实施应当是以业务过程来驱动的,而不是以信息技术来驱动的。

(1)CRM 系统实施的步骤。
①战略思考和总体规划。

②项目团队组建及立项。
③组织变更与流程优化。
④业务分析与方案选择。
⑤实施应用和持续改进。
(2) CRM 系统实施的关键。
①高层领导的支持。
②要专注于流程,而不是过分关注于技术。
③分步实现。
④系统的整合。
⑤技术的灵活运用。
⑥组织良好的团队。
⑦重视人的因素。

7.7.3 客户关系管理的发展趋势

1. 融合供应链管理

CRM 的发展将融合供应链管理,成为企业和客户、代理商以及供应商之间进行信息沟通的渠道。

2. 融合知识管理

CRM 的发展将融合知识管理,成为企业前端管理的重要组成部分。

3. 深化分析功能

CRM 的发展将深化分析功能,扩展企业对客户的理解,客户细分将变得更为重要,而 CRM 将为企业战略决策提供重要的数据基础。

7.8 企业资源计划系统

企业资源计划(Enterprise Resource Planning, ERP)系统是管理信息系统在企业中的典型应用,是一种全新的基于信息技术的企业管理模式,是企业信息化建设必走之路。

7.8.1 企业资源计划概述

1. 企业资源计划的产生

会计系统、人事系统、采购系统等信息系统作为一种工具,用来帮助人们提高管理效率,但是,在全球化竞争的市场中,尤其是制造业内部,常常会出现这样的问题:销售看好,但交不出货;生产部门则抱怨得不到所需的原材料,等等。面对种种问题,一种被称之为"ERP"的软件悄然出现在市场上,并逐渐被企业所认识。

2. 企业资源计划的概念

企业资源计划为企业提供了一个统一的业务管理信息平台,将企业内部以及企业外部供需链上所有的资源与信息进行统一的管理,这种集成能够消除企业内部因部门分割造成的各种信息隔阂与信息孤岛。

3. ERP 的作用

(1)提供集成的信息系统,实现业务数据和资料共享。

(2)通过系统的应用自动协调各部门的业务,使企业的资源得到统一规划和运用。

(3)理顺和规范业务流程。

(4)加强内部控制。

(5)帮助决策。

(6)分析手段更加规范和多样,减轻了工作强度。

7.8.2 企业资源计划系统

1. ERP 系统的主要功能

ERP 中的企业资源包括:企业生产系统的内部资源要素;与生产系统发生联系的企业内部和外部资源;生产系统的非结构化要素和相应的管理体制。ERP 实质上就是对企业资源进行全面集成管理的管理信息系统,因此,ERP 系统的主要功能模块如表 7.3 所示。

表 7.3 ERP 系统的主要功能模块

模块名称	功能	子模块名称
原材料管理系统	协助企业有效地控制管理原材料,以降低存货成本	采购 库存管理 仓储管理 发票验证 库存控制 采购信息系统
生产规划系统	让企业以最佳的产能生产,并同时兼顾弹性生产能力	生产规划 原材料需求计划 生产成本计算 现场信息系统

续表7.3

模块名称	功能	子模块名称
财务会计系统	为企业提供更精确、及时的财务信息	间接成本管理 产品成本会计 利润分析 应收/应付账款管理 资产会计、一般流水账 作业成本
销售营销系统	协助企业迅速掌握市场信息，以便对顾客需求做出快速的反应	销售活动管理 订单管理 送货及运输 发票与传票 业务信息系统
人力资源系统	企业人力资源的管理、获取和运用	工资薪金管理 人事管理 人员考核与绩效管理 员工关怀与培训
企业管控系统	为决策者提供及时且有用的决策信息	决策支持系统 企业计划与预算 利润中心会计系统

ERP 系统的延伸功能是指 ERP 系统向前后端延伸至供应链和客户关系管理。

2. ERP 系统的管理思想

ERP 系统管理思想的核心就是实现整个供应链和企业内部业务流程的有效管理，主要体现在以下三个方面：

(1) 体现对整个供应链资源进行管理的思想。现代企业竞争不是单一的企业与企业之间的竞争，而是一个企业供应链与另一个企业供应链之间的竞争。ERP 系统实现了对整个企业供应链的管理，把企业经营过程中的有关各方，如供应商、制造工厂、分销网络和客户等纳入一个紧密的供应链中，有效地安排企业的产、供、销活动，满足企业利用全社会一切市场资源快速高效地进行生产经营的需求，进一步提高效率和在市场上获得竞争优势。

(2) 精益生产、并行工程和敏捷制造的思想。企业资源计划系统支持对混合型生产方式的管理,其管理思想表现在两个方面:其一是"精益生产(Lean Production,LP)"思想,即企业按大批量生产方式组织生产时,把客户、销售代理商、供应商和协作单位统一纳入生产体系,形成彼此利益共享的合作伙伴关系,组成了一个企业的供应链,这就是精益生产的核心思想;其二是"敏捷制造(Agile Manufacturing)"思想。当企业面对特定的市场和产品需求时,企业的基本合作伙伴不一定能满足新产品开发生产的要求,这时,企业会组织一个由特定的供应商和销售渠道组成的短期或一次性供应链,形成"虚拟工厂",把供应商和协作单位看成是企业的一个组成部分,运用"并行工程(Simultaneous Engineering,SE)"组织生产,用最短的时间将新产品打入市场,时刻保持产品的高质量、多样化和灵活性,这就是"敏捷制造"的核心思想。

(3) 体现了集成管理思想。如果企业资源计划系统能够将客户关系管理 CRM 软件、供应链管理 SCM 软件集成起来,则构成了企业电子商务的完整解决方案。企业资源计划系统将企业业务明确划分为由多个业务结点联结而成的业务流程,通过各个业务结点明晰各自的权责范畴,而各个结点之间的无缝联结,实现了信息的充分共享及业务的流程化运转。所以,企业实施 ERP 系统,根本的目的是对企业的业务流程进行重新梳理与优化,实现生产经营的精细化与集约化,而带来的好处就是成本的降低、生产周期的缩短、响应客户需求的时间更快和为客户提供更好的服务。

总之,ERP 系统是建立在信息技术基础上,以系统化的先进管理思想,为企业提供决策、计划、控制与经营业绩评估的全方位和系统化的管理平台。ERP 系统是集信息技术与先进的管理思想于一身,成为现代企业的一种运行模式,反映了时代对企业合理配置资源、最大化地创造社会财富的要求,成为企业在信息时代生存和发展的基石。

7.8.3 ERP 的发展

1. ERP 的发展史

第一阶段是库存订货计划(MRP),即物料需求计划阶段,根据客户订单,按照产品结构清单展开并计算物料需求计划,实现减少和优化库存的管理能力。

第二阶段是制造资源计划(MRP II)阶段,形成一个集采购、库存、生产、销售、财务、工程技术为一体的系统,这种管理系统已经能动态监察到产、供、销的全部生产过程。

第三阶段是企业资源计划(ERP)阶段,系统增加了包括财务预测、生产能力、调整资源调度等方面的功能,配合企业实现 JIT 管理、质量管理、生产资源调度管理和辅助决策的功能。

第四阶段是新一代的 ERP,使企业内的业务集成转向企业间的业务协同。新一代的 ERP 被称为电子商务时代的 ERP。

ERP 的发展阶段如图 7.12 所示。

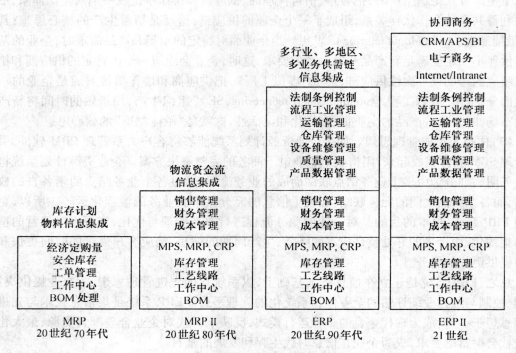

图 7.12　ERP 的发展阶段

2. ERP 概念的发展趋势

Gartner Group 公司提出了 ERP 的新概念。

(1) 管理范围更加扩大。继续扩充 ERP。ERP 除了融合 EC、CC、CRM、OA 等,此外,还融合了 CAD、CAM、CAPP、PDM、POS 系统以及自动化仓储系统,彼此之间互相传递数据。

(2) 继续支持与扩展企业的流程重组。通过不断地调整组织机构和业务流程,试图用最少的环节、最快的速度和最经济的形式,完成某项业务的处理过程。

(3) 运用最先进的计算机技术。Internet 和 Intranet 技术,面向对象技术等。

(4) 系统架构将更加先进。ERP 的系统架构将是一个基于松耦合方式的、以提供 Web 服务为中心的独立的产品体系架构。

3. ERP 应用软件的发展趋势

ERP 应用软件的发展趋势如图 7.13 所示。

第7章 管理信息系统发展趋势

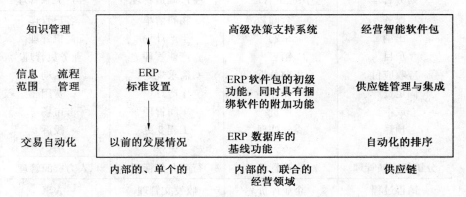

图 7.13　ERP 应用软件的发展趋势

4. 流行 ERP 产品 ERP-U8 介绍

(1) 用友 ERP-U8 的五大特性。

① 全面企业应用：涵盖了 ERP、HR、CRM、OA、BI 等，实现企业从前端到后台的全面应用。

② 按需部署：利用二次开发工具，根据企业的管理特色进行客户化定制。

③ 高度整合：实现信息、业务流程和人的高度整合。

④ 快速见效：突破了传统 ERP 产品复杂、实施周期长和见效慢的局限。

⑤ 低成本：有效降低了企业应用 ERP 的总体拥有成本，提高企业信息化的投资回报率。

(2) 用友 ERP-U8 的八大核心业务功能。用友 ERP-U8 的八大核心业务功能包括：

① 财务管理。

② 供应链管理。

③ 生产制造管理。

④ 客户关系管理。

⑤ 分销与连锁管理。

⑥ 决策管理。

⑦ 行政办公管理。

⑧ 人力资源管理。

八大模块的功能如表 7.4 所示。

表 7.4　用友 ERP-U8 八大模块的功能

财务管理	供应链管理	生产制造管理	客户关系管理
账务	合同	物料清单	客户管理
出纳	采购	生产计划	商机管理
项目	销售	产能管理	业务员管理
应收应付	售前分析	需求规划	活动
固定资产	库存	生产订单	费用
成本	质量	车间管理	市场
预算	委外处理	工程变更	投诉
……	……	……	……
分销与连锁管理	决策管理	行政办公管理	人力资源管理
销售过程	企业评价	收发文管理	人事
采购过程	绩效评分	工作流程	薪资
异地库存	KPI 监控	会议管理	招聘
店面零售	业务分析	个人事务	考勤
应收应付	移动商务	行政管理	培训
库存统计	……	内部论坛	福利
……			合同
			……

7.9　小　　结

　　本章主要介绍决策支持系统、电子商务系统、电子政务系统、知识管理系统、供应链管理系统、客户关系管理系统和企业资源计划系统的基本组成和各种信息系统的发展趋势。决策支持系统主要是利用管理理论与计算机技术在决策的每一个阶段上支持决策者，并改进决策的效能，有两库结构和基于知识的 DSS 结构两种基本形式。电子商务系统是由需求方、供应方、支付中心、认证中心、物流中心和电子商务服务商等系统角色构成的一个大系统。电子政务系统是将经济管理、市场监管、社会管理和公共服务这四大职能电子化、网络化，由内网和外网组成。企业知识管理的导入流程包括确定知识管理战略规划、制订知识管理方案、创建知识管理组织及文化、设计建立知识管理系统和评估知识管理成效。供应链管理的研究方向包括供应链信息技术、供应链建模技术和供应链管理技术。客户关系管理系统的实施是以业务和管理为核心的，是为了建立一套以客户为中心的销售服务体系。企业资源计划系统的主要功能模块包括原材料管理系统、生产规划系统、财务会计系统、销售营销系统、人力资源系统和企业管控系统。

第7章 管理信息系统发展趋势

【案例 7 以 Exchange 2000 为核心的知识管理解决方案】

微软公司与北京明天高科技有限公司为中国华融资产管理公司提供的以 Exchange 2000 为核心的知识管理解决方案,极大地增强了该企业的核心竞争力。

华融公司的知识管理系统方案的结构是以网络操作系统 Windows 2000 为基本平台,Exchange 2000 作为通信和协作开发平台,Internet Information Server 为 Web 信息平台,辅以 Site Server 3.0 的内容发布、站点管理和搜索引擎,构成应用程序的后端。

系统前端采用 Web 风格,同时将各种传统的业务应用的客户端通过 XML 加以包装成 Web parts,集成到 IE 中,从而构筑成华融的企业门户,该门户具有高度的可扩展性和灵活性。伴随业务的发展,新的业务应用也可以以相同的方式集成到企业门户中。由于所有的业务应用都实现了 Web 化,从而代替了传统的 Client/Server 类的应用。

系统的中间层是一组公共 Com+组件,提供可靠、高效率的一些应用逻辑,透过这些组件可以访问到后端的数据。

系统的后端是 Exchange 2000,Site Server 3.0 和 MS SQL Server 7.0 构成的信息存储平台,这里存放着整个知识管理系统的全部数据信息。

该知识管理系统应用模块包括:在线交流、文件管理、公共信息、讨论园地、网上培训、信息服务、知识库、业务管理、人力资源、个人工具、帮助中心和系统维护等。

案例分析题:
1. 华融公司的知识管理系统方案的结构是什么?
2. 该知识管理系统的前端采用了哪些技术?
3. 该知识管理系统的后端采用了哪些技术?
4. 该知识管理系统应用模块包括哪些?
5. 查阅知识管理系统的发展趋势。

【习题 7】
1. 试对 DSS 进行简要的描述。
2. DSS 的系统结构有哪些?
3. 请说明对智能决策支持系统和群决策支持系统的理解。
4. Internet、Intranet 和 Extranet 的关系?
5. 电子商务系统的运作模式是什么?
6. 电子政务系统的框架结构是什么?
7. 知识管理的职能是什么?
8. 企业如何导入知识管理是什么?
9. 供应链管理的主要功能是什么?
10. 试对 MRP、MRP II、ERP、ERP II 进行简单的比较。
11. 供应链管理的目的是什么?
12. 简述管理信息系统的发展趋势。

第8章 管理信息系统开发案例

8.1 绪 论

8.1.1 引言

随着我国教育事业的飞速发展,社会对教育水平和教学管理软硬件的要求日益提高,尤其是对一个学校能够具有一整套完善的教学管理软件提出了更多的要求。为了适应这种形式,教育系统尤其是大学不仅首先要有坚实的硬件基础,还要有一整套完善的教学管理软件管理系统。而要实现这一功能,就要求学校管理者配备一套高效的教育管理网络系统,以便在学校内实施良好的一整套完善的管理且以最快的速度响应教师和学生的需求,及时为他们提供服务,为他们提供一个高效、便捷的环境。实验室管理系统是学校一个重要的应用系统,它大大改善学校教学、科研与管理的基础环境,在一定程度上反映出学校管理现代化的水平。系统开发采用 Microsoft 公司的 Visual C# 2008,利用其强大的可视化界面功能及对数据库的支持,先构造一个原型,逐步增加功能,最终满足需求。系统后台采用了 SQL Server 2005 作为数据库,并大量采用 SQL 查询语句,界面友好,功能较强。

8.1.2 选题背景

随着实验室在教学中的位置越来越受到重视,各学校都纷纷加强实验室的硬件建设,增加实验室的数量,这些都离不开实验室的管理。

长期以来,实验室的设备管理大多还停留在纸介质上,由于过去的应试教育决定了过去的实验课程停留在走过场上面,所以对实验室的管理工作不是很多,传统方法还可以应付。随着时代的发展,实验室已经变成了学生的主课堂,实验室的数量、实验课的节数和学生需要使用实验室的情况也不断增多,教师对于实验室的众多管理内容已经不是传统方法能够胜任的。

为此，笔者根据对实验室管理的调查研究，结合管理信息系统课程情况，开发设计一套用于实验室管理的信息系统，即高校实验室管理系统。

8.1.3 系统综述

此次开发的实验室管理系统完成的主要功能是学生进行查询设置和管理员进行管理。既能够满足查看学生个人信息、任课老师信息、课程信息、实验室信息和实验室使用情况设置的要求，同时实现了管理员按课程和学生学号查询实验室使用情况的要求。

本系统包含学生查询设置子系统和管理员管理子系统，其中学生查询设置子系统包含学生信息查询、任课老师信息查询、课程信息查询、实验室信息查询和实验室使用情况设置与查询6个功能模块。通过学生信息查询模块，学生可以查询自己和其他学生的各种信息。通过任课教师信息查询模块，学生可以查询任课教师的各种信息。通过查看课程信息模块，学生可以查看学校提供的课程信息，其中课程信息包括课程编号、课程名称、课时、学分、任课教师编号、任课教师姓名。通过实验室信息查询模块，学生可以查询该实验室的编号、使用备注、管理教师编号和管理教师姓名。通过实验室查询模块，学生可以根据课程编号或者学号查询实验室情况，包括课程名称、授课教师和管理教师，通过实验室使用情况设置与查询管理模块，学生可以根据课程和实验室进行选择，并查询实验室使用情况，此功能可以方便选修课程的实验室设置。其中管理员子系统包含登录、学生信息管理、课程信息管理、任课老师管理、实验室信息管理和实验室使用情况查询6个功能模块。通过登录模块，管理员可以进行服务器设置和用户注册。管理员完成学生用户注册工作后，通过班长把这些注册账号和密码发回班级，让学生使用自己的账号进入管理系统。通过学生信息记录模块，管理员可以增加、删除和修改学生记录。通过管理课程信息模块，管理员可以增加、删除和修改课程信息。通过任课教师管理模块，管理员可以增加、删除和修改任课教师信息。通过实验室信息管理，管理员可以增加、删除和修改实验室。最后通过实验室使用情况查询模块，可以通过课程和学号查询实验室的使用情况。

以上就是对本系统的总体进行概括性的描述，为了实现所要达到的目的，它是用Visual C#作为前台开发工具，以SQL Server作为后台数据库设计出来的一个非常经济实用的系统。

8.2 系统开发思想

8.2.1 此类系统通用开发方法

一个系统开发的成败与采用的开发方法有直接的关系。当然，在此开发出来的实验室管理系统也离不开系统的开发方法。管理信息系统(MIS)的开发是一个复杂的系统工程，它涉及计算机处理技术、系统理论、组织结构、管理功能、管理知识等各方面的问题，至今没有一种

统一完备的开发方法。但是,每一种开发方法都要遵循相应的开发策略。任何一种开发策略都要明确以下问题:

①系统要解决的问题。如采取何种方式解决组织管理和信息处理方面的问题,对用户提出的新的管理需求该如何满足等。

②系统可行性研究,确定系统所要实现的目标。通过对用户状况的初步调研得出现状分析的结果,然后提出可行性方案并进行论证。系统可行性的研究包括目标和方案的可行性、技术的可行性、经济方面的可行性和社会影响方面的考虑。

③系统开发的原则。在系统开发过程中,要遵循领导参与、优化创新、实用高效和处理规范化的原则。

④系统开发前的准备工作,做好开发人员的组织准备和使用基础准备工作。

⑤系统开发方法的选择和开发计划的制订。针对已经确定的开发策略选定相应的开发方法,是结构化系统分析和设计方法,还是原型法或面向对象的方法。开发计划的制订是要明确系统开发的工作计划、投资计划、工程进度计划和资源利用计划。

开发管理信息系统主要有两种策略:"自下而上"和"自上而下"。有些组织在没有制订总体规划的情况下,出于某一部门的要求,就开始项目开发,这就是"自下而上",这种策略从现行系统的业务状况出发,先实现一个个具体的功能,逐步地由低级到高级建立整个MIS。因为任何一个MIS的基本功能都是数据处理,所以"自下而上"方法首先从研制各项数据处理应用开始,然后根据需要逐步增加有关计划、控制和决策方面的功能。显然,在条件不具备的情况下,采用"自下而上"的策略设计信息系统,可以避免大规模系统可能出现的运行不协调的危险,但缺点是不能像想象那样完整周密,由于事先没有从整个系统出发充分考虑到情况的发展和变化,随着系统的进展,往往需要重新设计许多模块。"自上而下"的策略强调由全面到局部,由长远到近期,从上到下,从探索研制合理的信息流出发,设计出适合于这种信息流的信息系统。这种策略从整体上协调和规划,要求很强的逻辑性,因而难度较大,但这是一种更为重要的策略,因为整体性是系统的基本特性,虽然一个系统由许多子系统构成,但它们又是一个不可分割的整体。在通常情况下,"自下而上"策略用于小型系统的设计,它适用于对系统开发工作缺乏实际经验的情况,而"自上而下"法则适用于大型系统的设计。在实践中,往往把这两种方法结合起来使用,即一方面采用"自上而下"定义整个系统,另一方面,采用"自下而上"逐步开发,也就是"自上而下地总体规划,自下而上地应用开发",这是建设管理信息系统的正确策略。

开发管理信息系统应用项目的几个基本方法:

(1)生命周期法。就是按照MIS生命周期的概念严格地按照系统生命周期的各个过程和步骤去开发系统。生命周期法的开发思想是:在用户提出了开发新系统的要求后,首先对开发新系统的必要性和可能性进行可行性分析。只有当可行性分析确认可以开发项目以后才可对原系统进行详细调查,进行数据分析和功能分析,完成新系统的逻辑设计。最后写出系统分析报告,送交用户单位领导审核和批准。以上是系统分析阶段,下一步是以完成系统物理设计为主要工作内容的系统设计阶段。同样地,系统设计阶段的成果也要经过领导审核,然后才可进入系统实施阶段,即开始编写和调试程序,完成技术文件,做好系统转换、系统运行和系统评价等工作。

(2) 原型法。原型法的基本思想是在识别用户最基本需求基础上,先开发一个初始的原型系统,然后通过使用原型系统,开发者与用户交换意见,反复修改和扩充原型,直到形成最终系统。

(3) 面向对象的开发方法。面向对象分析是提取和整理用户需求,并建立问题域精确模型的过程。设计则是把分析阶段得到的需求转变成符合成本和质量要求的、抽象的系统实现方案的过程。从面向对象分析到面向对象设计(通常缩写为OOD),是一个逐渐扩充模型的过程。或者说,面向对象设计就是用面向对象观点建立求解域模型的过程。

8.2.2 此类系统通用体系结构

在进行实验室管理系统的开发时,选用一个合适的开发系统的体系结构也是相当重要的。通常系统的体系结构有C/S结构和B/S两种结构,下面就对这两种结构进行介绍。

1. 客户机/服务器结构

C/S结构(Client/Server结构)是大家熟知的客户机/服务器结构。它是软件系统体系结构,通过它可以充分利用两端硬件环境的优势,将任务合理分配到Client端和Server端来实现,降低了系统的通信开销。目前大多数应用软件系统都是Client/Server形式的两层结构,由于现在的软件应用系统正在向分布式的Web应用发展,Web和Client/Server应用都可以进行同样的业务处理,应用不同的模块共享逻辑组件;因此,内部的和外部的用户都可以访问新的和现有的应用系统,通过现有应用系统中的逻辑可以扩展出新的应用系统。这也就是目前应用系统的发展方向。

C/S又称客户机/服务器模式。服务器通常采用高性能的PC、工作站或小型机,并采用大型数据库系统,如ORACLE、SYBASE、Informix或SQL Server。客户端需要安装专用的客户端软件。

传统的C/S体系结构虽然采用的是开放模式,但这只是系统开发一级的开放性,在特定的应用中无论是Client端还是Server端都还需要特定的软件支持。由于没能提供用户真正期望的开放环境,C/S结构的软件需要针对不同的操作系统开发不同版本的软件,加之产品的更新换代十分快,已经很难适应百台电脑以上局域网用户同时使用,而且代价高,效率低。如上海超兰公司"案件统计"管理软件就是典型的C/S体系结构管理软件。

(1) C/S结构的优缺点。C/S结构的优点是能充分发挥客户端PC的处理能力,很多工作可以在客户端处理后再提交给服务器,对应的优点就是客户端响应速度快。缺点主要有以下几个:

①只适用于局域网。而随着互联网的飞速发展,移动办公和分布式办公越来越普及,这需要我们的系统具有扩展性。这种方式远程访问需要专门的技术,同时要对系统进行专门的设计来处理分布式的数据。

②客户端需要安装专用的客户端软件。首先涉及安装的工作量,其次任何一台电脑出问题,如病毒、硬件损坏,都需要进行安装或维护。特别是有很多分支机构部门的情况,不是工作量的问题,而是路程的问题。另外,系统软件升级时,每一台客户机需要重新安装,其维护和升级成本非常高。

③对客户端的操作系统一般也会有限制。可能适应于 Windows 98,但不能用于 windows 2000 或 Windows XP;或者不适用于微软新的操作系统等,更不用说 Linux、Unix 等。

(2) C/S 架构软件的优势与劣势。

①应用服务器运行数据负荷较轻。最简单的 C/S 体系结构的数据库应用由两部分组成,即客户应用程序和数据库服务器程序。二者可分别称为前台程序与后台程序。运行数据库服务器程序的机器,也称为应用服务器。一旦服务器程序被启动,就随时等待响应客户程序发来的请求;客户应用程序运行在用户自己的电脑上,对应于数据库服务器,可称为客户电脑,当需要对数据库中的数据进行任何操作时,客户程序就自动地寻找服务器程序,并向其发出请求,服务器程序根据预定的规则做出应答,送回结果,应用服务器运行数据负荷较轻。

②数据的储存管理功能较为透明。在数据库应用中,数据的储存管理功能,是由服务器程序和客户应用程序分别独立进行的,前台应用可以违反的规则,并且通常把那些不同的(不管是已知还是未知的)运行数据,在服务器程序中不集中实现,例如访问者的权限,编号可以重复、必须有客户才能建立订单这样的规则。所有这些,对于工作在前台程序上的最终用户,是"透明"的,他们无须过问(通常也无法干涉)背后的过程,就可以完成自己的一切工作。在客户服务器架构的应用中,前台程序不是非常"瘦小",麻烦的事情都交给了服务器和网络。在 C/S 体系的下,数据库不能真正成为公共、专业化的仓库,它受到独立的专门管理。

③C/S 架构的劣势是高昂的维护成本且投资大。首先,采用 C/S 架构,要选择适当的数据库平台来实现数据库数据的真正"统一",使分布于两地的数据同步完全交由数据库系统去管理,但逻辑上两地的操作者要直接访问同一个数据库才能有效实现,有这样一些问题,如果需要建立"实时"的数据同步,就必须在两地间建立实时的通信连接,保持两地的数据库服务器在线运行,网络管理工作人员既要对服务器维护管理,又要对客户端维护和管理,这需要高昂的投资和复杂的技术支持,维护成本很高、任务量大。

其次,传统的 C/S 结构的软件需要针对不同的操作系统开发不同版本的软件,由于产品的更新换代十分快,代价高和低效率已经不适应工作需要。在 JAVA 这样的跨平台语言出现之后,B/S 架构更是猛烈冲击 C/S,并对其形成威胁和挑战。客户机/服务器模式,是一种基于信息的组合式结构。C/S 结构的服务器通常采用高性能的 PC、工作站或小型机,并采用大型数据库系统。客户端需要安装专用的客户端软件,但响应速度较快。C/S 结构能够充分发挥客户端 PC 的处理能力,很多工作可以在客户端处理后再提交给服务器。

C/S 结构有以下几个特点:

①采用 Intranet 技术,适用于局域网环境。

②可连接用户数有限,当用户数量增多时,性能会明显下降。

③客户端都要安装应用程序系统扩展维护复杂。

④代码可重用性差。

⑤开发费用较低,开发周期较短。

2. 浏览器/服务器结构

B/S(Browser/Server)结构即浏览器/服务器结构。它是随着 Internet 技术的兴起,对 C/S 结构的一种变化或者改进的结构。在这种结构下,用户工作界面是通过 www 浏览器来实现,极少部分事务逻辑在前端(Browser)实现,但是主要事务逻辑在服务器端(Server)实现,形成所谓三层(3-tier)结构。这样就大大简化了客户端电脑载荷,减轻了系统维护与升级的成本和工作量,降低了用户的总体成本(TCO)。

以目前的技术看,局域网建立 B/S 结构的网络应用,并通过 Internet/Intranet 模式下数据库应用,相对易于把握,成本也是较低的。它是一次性到位的开发,能实现不同的人员,从不同的地点,以不同的接入方式(比如 LAN、WAN、Internet/Intranet 等)访问和操作共同的数据库;它能有效地保护数据平台和管理访问权限,服务器数据库也很安全。特别是在 Java 这样的跨平台语言出现之后,B/S 架构管理软件更是方便、快捷、高效。B/S 结构可以在任何地方进行操作而不用安装任何专门的软件。只要有一台能上网的电脑就能使用,客户端零维护。

8.2.3 开发技术介绍

1. C#技术

C#是由微软公司所开发的一种面向对象,运行于.NET Framework 之上的高级程序设计语言,且成为 ECMA 与 ISO 标准规范。C#看似基于 C++写成,但又融入其他语言,如 Delphi、Java、VB 等。它包括了诸如单一继承、接口、与 Java 几乎同样的语法和编译成中间代码再运行的过程。但是 C#与 Java 有着明显的不同,它借鉴了 Delphi 的一个特点,与 COM 是直接集成的,而且它是微软公司.NET windows 网络框架的主角。

它在继承 C 和 C++强大功能的同时去掉了一些它们的复杂特性。C#综合了 VB 简单的可视化操作和 C++的高运行效率,以其强大的操作能力、优雅的语法风格、创新的语言特性和便捷的面向组件编程的支持成为.NET 开发的首选语言。微软 C#语言定义主要是从 C 和 C++继承而来的,而且语言中的许多元素也反映了这一点。C#在设计者从 C++继承的可选选项方面比 Java 要广泛一些,它还增加了自己新的特点。

C#具有 C++所没有的一个优势就是学习简单。该语言首要的目标就是简单。在 C#中,没有 C++中流行的指针。默认地,您工作在受管理的代码中,在那里不允许如直接存取内存等不安全的操作。

　　C#并不被编译成为能够直接在计算机上执行的二进制本地代码。与 Java 类似,它被编译成为中间代码,然后通过.NET Framework 的虚拟机——被称之为通用语言运行库执行。

　　所有的.NET 编程语言都被编译成这种被称为 MSIL 的中间代码。因此虽然最终的程序在表面上仍然与传统意义上的可执行文件都具有".exe"的后缀名。但是实际上,如果计算机上没有安装.NET Framework,那么这些程序将不能够被执行。

　　在程序执行时,.NET Framework 将中间代码翻译成为二进制机器码,从而使它得到正确的运行。最终的二进制代码被存储在一个缓冲区(Buffer)中。所以一旦程序使用了相同的代码,那么将会调用缓冲区中的版本。这样如果一个.NET 程序第二次被运行,那么这种翻译不需要进行第二次,速度明显加快。

　　面向对象编程的思路认为程序都是对象的组合,因此要克服面向过程编程的思路,直接按照对象和类的思想去组织程序,面向对象所具有的封装性、继承性、多态性等特点使其具有强大的生命力。Microsoft Visual C++,微软公司的 C++开发工具,具有集成开发环境,可提供编辑 C 语言、C++以及 C++/CLI 等编程语言。VC++整合了便利的除错工具,特别是整合了微软视窗程式设计(Windows API)、三维动画 DirectX API,Microsoft .NET 框架。

　　2..NET Framework 技术

　　.NET Framework 是支持生成和运行下一代应用程序和 XML Web services 的内部 Windows 组件。.NET Framework 旨在实现下列目标:

　　(1)提供一个一致的面向对象的编程环境,而无论对象代码是在本地存储和执行,还是在本地执行但在 Internet 上分布,或者是在远程执行的。

　　(2)提供一个将软件部署和版本控制冲突最小化的代码执行环境。

　　(3)提供一个可提高代码(包括由未知的或不完全受信任的第三方创建的代码)执行安全性的代码执行环境。

　　①提供一个可消除脚本环境或解释环境的性能问题的代码执行环境。

　　②使开发人员的经验在面对类型大不相同的应用程序(如基于 Windows 的应用程序和基于 Web 的应用程序)时保持一致。

　　③按照工业标准生成所有通信,以确保基于.NET Framework 的代码可与任何其他代码集成。

　　.NET Framework 具有两个主要组件:公共语言运行库和.NET Framework 类库。公共语言运行库是.NET Framework 的基础。您可以将公共语言运行库看做一个在执行时管理代码的代理,它提供内存管理、线程管理和远程处理等核心服务,并且还强制实施严格的类型安全以及可提高安全性和可靠性的其他形式的代码准确性。这类似于 Java 的虚拟机。事实上,代码管理的概念是公共语言运行库的基本原则。以公共语言运行库为目标的代码称为托管代码,而不以公共语言运行库为目标的代码称为非托管代码。

.NET Framework 的另一个主要组件是类库,它是一个综合性的面向对象的可重用类型集合,您可以使用它开发多种应用程序,这些应用程序包括传统的命令行或图形用户界面(GUI)应用程序,也包括基于 ASP.NET 所提供的最新创新的应用程序(如 Web 窗体和 XML Web services)。

.NET Framework 可由非托管组件承载,这些组件将公共语言运行库加载到它们的进程中并启动托管代码的执行,从而创建一个可以同时利用托管和非托管功能的软件环境。.NET Framework 不但提供若干个运行库宿主,而且还支持第三方运行库宿主的开发。

客户端应用程序在基于 Windows 的编程中最接近于传统风格的应用程序。这些是在桌面上显示窗口或窗体从而使用户能够执行任务的应用程序类型。客户端应用程序包括诸如字处理程序和电子表格等应用程序,还包括自定义的业务应用程序(如数据输入工具、报告工具等)。客户端应用程序通常使用窗口、菜单、按钮和其他 GUI 元素,并且它们可能访问本地资源(如文件系统)和外围设备(如打印机)。另一种客户端应用程序是作为网页通过 Internet 部署的传统 ActiveX 控件(现在被托管 Windows 窗体控件所替代)。此应用程序非常类似于其他客户端应用程序:它在本机执行,可以访问本地资源,并包含图形元素。

过去,开发人员结合使用 C/C++与 Microsoft 基础类(MFC)或应用程序快速开发(RAD)环境(如 Microsoft、Visual Basic 等)来创建此类应用程序。.NET Framework 将这些现有产品的特点合并到了单个且一致的开发环境中,该环境大大简化了客户端应用程序的开发。

包含在.NET Framework 中的 Windows 窗体类旨在用于 GUI 开发。您可以轻松创建具有适应多变的商业需求所需的灵活性的命令窗口、按钮、菜单、工具栏和其他屏幕元素。例如,.NET Framework 提供简单的属性以调整与窗体相关联的可视属性。某些情况下,基础操作系统不支持直接更改这些属性,而在这些情况下,.NET Framework 将自动重新创建窗体。这是.NET Framework集成开发人员接口从而使编码更简单更一致的许多方法之一。

与 ActiveX 控件不同,Windows 窗体控件具有对用户计算机的不完全受信任的访问权限。这意味着二进制代码或在本机执行的代码可访问用户系统上的某些资源,例如 GUI 元素和访问受限制的文件,但这些代码不能访问或危害其他资源。由于具有代码访问安全性,许多曾经需要安装在用户系统上的应用程序现在可以通过 Web 部署。您的应用程序可以在像网页那样部署时实现本地应用程序的功能。

3. Visual Studio

Visual Studio 是一套完整的开发工具集,用于生成 ASP.NET Web 应用程序、XML Web Services、桌面应用程序和移动应用程序。Visual Basic、Visual C++、Visual C#和 Visual J#全都使用相同的集成开发环境(IDE),利用此 IDE 可以共享工具且有助于创建混合语言解决方案。另外,这些语言利用了.NET Framework 的功能,通过此框架可使用简化 ASP Web 应用程序和 XML Web Services 开发的关键技术。

创建满足关键性要求的多层次的智能客户端、Web、移动或基于 Microsoft Office 的应用程

序。使用 Visual Studio 2005,专业开发人员能够:

(1)使用改进后的可视化设计工具、编程语言和代码编辑器,享受高效率的开发环境。在统一的开发环境中,开发并调试多层次的服务器应用程序。

(2)使用集成的可视化数据库设计和报告工具,创建 SQL Server 2005 解决方案。

(3)使用 Visual Studio SDK 创建可以扩展 Visual Studio IDE 的工具。

Microsoft 为单独工作或在小型团队中的专业开发人员提供了两种选择,Visual Studio 2005 Professional Edition 和用于 Microsoft Office 系统的 Visual Studio 2005 工具。每种版本都在标准版的特性上进行了扩展,包括用于远程服务程序开发和调试,SQL Server 2005 开发的工具,以及完整的、没有限制的开发环境,每种产品都可以单独购买或打包订购。

专业开发人员喜欢自由地使用.NET Framework 2.0,它是一种稳健的、功能齐备的开发环境,支持创建扩展 Visual Studio 集成开发环境的工具。

4. SQL Server 2005

SQL Server 2005 是一个全面的数据库平台,使用集成的商业智能(BI)工具提供了企业级的数据管理。SQL Server 2005 数据库引擎为关系型数据和结构化数据提供了更安全可靠的存储功能,使您可以构建和管理用于业务的高可用和高性能的数据应用程序。

8.3 实验室管理系统分析

8.3.1 系统可行性分析

可行性分析的目的是用最小的代价在尽可能的时间内确定问题是否能够解决。现在,计算机的价格已经十分低廉,性能却有了长足的进步,而本系统的开发,为学校的工作效率带来了一个质的飞跃,为此主要表现有以下几个方面:

①本系统的运行可以代替人工进行许多繁杂的劳动;

②本系统的运行可以节省许多资源;

③本系统的运行可以大大提高学校的工作效率。

所以,本系统在经济上是可行的。

本系统为一个中小型的实验室管理系统,所耗费的资源非常小,学校的电脑无论是硬件还是软件都能满足条件,因此,本系统在运行上是可行的。

8.3.2 系统业务流程分析

系统的业务流程图包括学生查看信息流程图、修改信息流程图和实验室使用情况设置流程图,分别如下所示:

(1)查看信息流程图,如图 8.1 所示。学生或管理员进入登录窗体之后,输入了自己账号和密码,然后进行审核和验证。如果所输入的账号和密码错误或者不合法的话,登录就会失败,返回登录窗体重新登录。如果账号和密码都正确的话,就可以进入各种信息窗口查看所需要的信息。

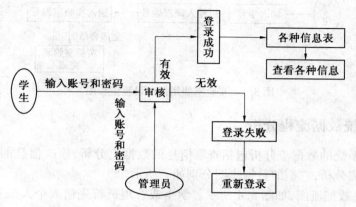

图 8.1 查看信息流程图

(2)修改信息流程图,如图 8.2 所示。管理员在进入登录窗体之后,只要输入自己账号和密码,然后进行审核和验证。如果所输入的账号和密码错误或者不合法的话,登录就会失败,返回登录窗体重新登录。如果账号和密码都正确的话,管理员进行有效登录后,就可以根据需要修改各种信息,最后一步进行确认,再将新信息反馈到数据库表中。

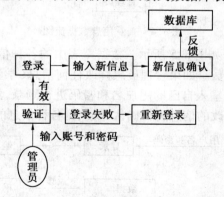

图 8.2 修改信息流程图

(3)实验室使用情况设置流程图,如图 8.3 所示。输入自己的学号、课程编号和实验室编号,如果各种编号都合法正确的话,可以完成实验室使用情况设置。如果输入的各种信息中有任何错误都不能完成。

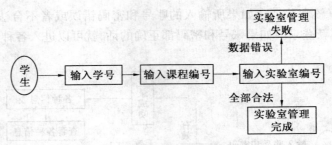

图 8.3 实验室使用情况设置流程图

8.3.3 系统数据流程分析

实验室管理系统的数据流分析包括查看信息的数据流分析、修改信息的数据流分析和实验室管理的数据流分析,它们的数据流图分别如下所示。

(1)查看信息数据流图,如图 8.4 所示。学生或管理员首先输入个人账号和密码,在进行有效登录后可以根据自己的需要查询各种信息。

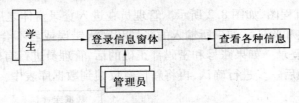

图 8.4 查看信息数据流图

(2)修改信息数据流图,如图 8.5 所示。数据库表中的各种信息只有管理员有权限修改,所以该数据流图只适合管理员。如果管理员想修改任何信息(学生信息、教师信息、课程信息和实验室信息等),可以首先输入自己的用户名和密码进行登录,然后根据自己需要修改的信息进行修改。最后对各种修改的信息进行确认,反馈到各种信息的数据库表中。

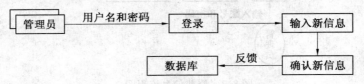

图 8.5 修改信息数据流图

(3)实验室管理数据流图,如图 8.6 所示。根据实验室管理数据流图中的显示,学生在管理过程中首先登录窗体,然后查看各种相关的信息(包括学生个人信息、任课老师信息、课程信息和实验室信息等),再根据自己所查询到的各种信息进行实验室使用情况设置。学生首先输入学生编号,然后输入课程编号和实验室编号进行新增实验室使用情况的操作。如果输入的各种编号都正确的话,那么就可以完成学生实验室使用情况设置的工作。相反,如果学生输入编号有任何一个错误的话,此实验室使用情况设置都不能完成。

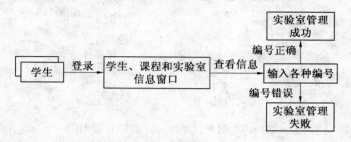

图 8.6 实验室管理数据流图

8.3.4 数据存储分析

数据存储分析主要通过实体联系图(E-R 图)来实现。E-R 图设计方法有两种:一种是以局部 E-R 图为基础设计全局模式,称为集中式模式设计;另一种是先设计局部 E-R 模型图,再由若干个局部 E-R 模型图综合成为全局 E-R 模型图,称为综合设计法。

这两种方法的区别是:综合设计法是以局部需求说明作为设计的基础,在集成时尽管对局部 E-R 图要作必要的修改,但局部 E-R 图是设计的基础,全局模式是局部 E-R 图的集成。集中式模式设计法是在统一需求说明的基础上,设计全局模式,全局模式是设计的基础。综合设计法比较适合于大型数据库系统的设计,可以多组并行进行,免除综合需求说明的麻烦。

E-R 图包括实体、属性和联系三个要素,主要描述如下:

实体,现实世界中一组具有某些共同特性和行为的对象就可以抽象为一个实体,实体用矩形表示,在矩形框内注明实体名。

属性,对象类型的组成成分可以抽象为实体的属性,属性用椭圆表示,并注明属性名称。

联系,实体之间的关系称为联系,联系用菱形表示,注明联系名称,并在无向边旁注明联系的类型(即 $1:1$、$1:n$ 或 $m:n$)。

本网站系统共有 6 个实体,即课程、实验室、操作员、权限、教师和学生。

教师和课程的关系:一个任课教师可有多个课程,但一个课程只能对应一个任课教师,其用 E-R 图描述,如图 8.7 所示。

教师和实验室的关系:一个管理教师可以管理多个实验室,但一个实验室只能对应一个管理教师,其用 E-R 图描述,如图 8.8 所示。

权限和操作员的关系:一个权限可以赋予多个操作员,但一个操作员只能对应一个权限,其用 E-R 图描述,如图 8.9 所示。

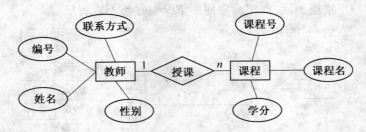

图 8.7 教师与课程的局部 E-R 模型图

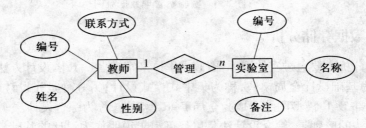

图 8.8 教师与实验室的局部 E-R 模型图

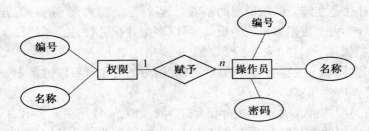

图 8.9 权限与操作员的局部 E-R 模型图

8.4 系统总体设计

8.4.1 数据库设计

数据库管理系统的主要任务是通过大量的数据获得管理所需要的各类信息,这就需要存储和管理大量的数据。因而,建立一个性能优良的数据组织结构和数据库,使得整个系统都可以迅速、方便、准确无误地调用和管理所需的数据,是衡量信息系统开发工作好坏的最重要指标之一。数据库设计是指对于一个给定的应用环境,构造设计优化的数据库逻辑模式和物理结构,并据此建立数据库及其应用系统,使之能够有效地存储和管理数据,满足各种用户的应用需求,包括数据库管理要求和数据操作要求。

数据库设计是在选定的数据库管理系统基础上建立数据库的过程。按照规范化设计的思想,考虑数据库及其应用系统开发的全过程,将数据库设计分为以下几个阶段:

(1)需求分析。进行数据库设计首先必须准确了解与分析系统对数据库的需求,其中包括数据和处理。需求分析是整个设计过程的基础,该阶段是否做得充分与准确,决定了整个项目开发过程中的充分性与灵活性。

(2)概念结构设计。概念结构设计是整个数据库设计的关键,它通过对系统需求进行综合、归纳与抽象,形成一个独立于具体 DBMS 的概念模型。

(3)逻辑结构设计。逻辑结构设计是将概念结构转换成某个 DBMS 所支持的数据模型,并对其进行优化。

(4)物理结构设计。数据库物理设计是为逻辑数据模型选取一个最适合应用环境的物理结构,包括存储结构和存取方法。

(5)数据库实施、运行和维护。在数据库实施阶段,用户运用 DBMS 提供的数据语言(如 SQL)及其宿主语言,根据逻辑设计和物理设计的结果建立数据库,编制与调试应用程序,组织数据入库,并进行试运行等。

1. 数据库的需求分析

数据库管理系统都需要有后台数据库的支持,数据库管理系统应用程序开发过程中很关键的技术就是数据库的设计与编程,包括数据库的设计、数据源的配置与连接、数据源的操作、数据的获取、SQL 查询语言的使用等。

依据高校实验室管理信息系统的需求,对应数据表的设计及功能如下:

课程表:存储课程的基本信息。

实验室表:存储实验室的基本信息。

操作员表:存储操作员的信息。

权限表:存储权限的基本信息。

实验室使用情况表:存储与实验室使用情况相关的具体条目信息。

学生表:存储学生的基本信息。

教师表:存储教师的基本信息。

2. 数据库设计的数据字典

数据库设计的数据字典如下:

```
名字:操作员登录信息
描述:操作员登录时,用于确认身份
定义:登录信息=账号+密码
```

名字:学生信息
描述:学生的基本信息
定义:学生信息=学号 id+姓名+性别+电话+专业+班级+寝室

名字:教师信息
描述:教师的信息
定义:教师信息=教师 id+教师姓名+教师性别+联系电话

名字:课程信息
描述:课程的基本信息
定义:课程信息=课程 id+名称+课时+学分

名字:实验室信息
描述:实验室的基本信息
定义:实验室信息=实验室 id+名称+备注

名字:操作员信息
描述:操作员的基本信息
定义:操作员信息=用户 id+用户名称+用户权限+用户密码

名字:实验室使用情况信息
描述:实验室使用情况相关的具体条目信息
定义:实验室使用情况信息=学生学号+学生姓名+课程编号+课程名称+授课教师编号+实验室编号+实验室名称+管理教师编号

8.4.2 系统概要设计

1. 处理流程

(1)首先启动服务器端的应用程序。
(2)客户端系统启动时,激活身份验证模块。

(3)通过身份验证后对系统初始化。根据系统配置文件将数据库导入,并设置各全局变量。

(4)系统进入消息循环状态,通过事件驱动机制激活各功能模块,并执行制订模块。

(5)由退出系统事件激活退出模块关闭系统。

2. 功能分配

(1)系统控制功能。

①初始化模块;

②退出系统模块;

③系统功能模块。

(2)查询功能:查询模块。

(3)添加功能:添加模块。

(4)删除功能:删除模块。

(5)修改功能:修改模块。

(6)用户和密码管理功能。

①用户管理功能;

②密码管理功能。

3. 系统的功能分析

使用数据库建立表,创建相对应的索引并关联表间关系,而后建立数据资料表,装载基本数据资料。

划分模块:通过流程图、实验室管理功能架构,了解该实验室管理系统要完成的功能,划分出组成该系统的几大模块,并分别描述模块的功能。

(1)用户登录主界面。登录功能模块中所实现的功能有服务器设置、用户注册和退出,本系统允许授权的用户登录,其中包括普通用户和系统管理员。普通用户只能使用授权范围内的而不能擅自修改;管理员具备该软件的所有使用和修改的权限。

(2)学生信息管理模块。它的主要功能包括学生信息的录入、修改和查询。学生只要输入合法的学生编号,即可以查出学生的各种信息。

(3)任课教师模块。它主要实现的功能有任课老师信息录入、修改和查询。学生只要输入合法的教师编号,就可以查出任课教师的所有信息。

(4)课程信息管理模块。它实现的功能有课程信息的录入、修改和查询。学生只要输入相关的课程名称,就可以查出相关课程的所有信息。

(5)实验室信息管理模块。它实现的功能有实验室信息的录入、修改和查询。学生只要输入合法的实验室名称,就可以查询出相关实验室的所有信息。

(6)实验室管理模块。它主要实现实验室设置和查询功能。学生只要输入合法的学生编号、课程编号和实验室编号,然后单击添加就可以完成添加一条实验室使用情况数据的功能,并可以根据课程编号或者学生编号查询相关条目,而这一功能也是此系统实现的最重要的功能之一。

8.5　系统详细设计

8.5.1　数据表设计

首先将本系统的数据库概念结构转化为 SQL Server 2005 数据库系统所支持的实际数据模型,即数据库的逻辑结构,其各个表格的设计结果如下所示。每个表格表示在数据库中的一个基本表。

现以学生课程表、学生表、教师表、实验室信息表、实验室情况表为例,对其进行具体的说明。分别如表 8.1、表 8.2、表 8.3、表 8.4 和表 8.5 所示。

表 8.1　课程表

列名	数据类型	可否为空	说明
course_name	varchar	NOT NULL	课程名称
course_id	char	NOT NULL	课程编号
course_time	varchar	NOT NULL	课程时间
course_point	varchar	NOT NULL	学分
teach_id	char	NOT NULL	授课教师编号

表 8.2　学生表

列名	数据类型	可否为空	说明
student_id	char	NOT NULL	学号
student_name	varchar	NOT NULL	学生姓名
student_sex	char	NOT NULL	学生性别
student_tel	varchar	NOT NULL	学生电话
student_be	varchar	NULL	学生备注
student_class	varchar	NOT NULL	学生班级
student_home	varchar	NOT NULL	学生寝室

表 8.3 教师表

列名	数据类型	可否为空	说明
teacher_id	varchar	NOT NULL	教师编号
teacher_name	varchar	NOT NULL	教师姓名
teacher_sex	char	NOT NULL	教师性别
teacher_relation	char	NOT NULL	联系电话

表 8.4 实验室信息表

列名	数据类型	可否为空	说明
lab_id	char	NOT NULL	实验室编号
lab_name	varchar	NOT NULL	实验室名称
lab_re	varchar	NULL	备注
teach_id	char	NOT NULL	管理教师编号

表 8.5 实验室情况表

列名	数据类型	可否为空	说明
student_id	char	NOT NULL	学生编号
course_id	char	NOT NULL	课程编号
lab_re	char	NOT NULL	实验室编号

后台数据库系统选用 SQL Server 2005,根据管理系统的功能要求,以及功能模块的划分数据,需要存储的信息如下:

(1)所有课程信息:课程名称,课程编号,课时,学分,授课教师编号。
(2)所有学生资料:学号,姓名,性别,电话,备注,班级,寝室。
(3)管理员的资料:管理员用户名,密码,管理员真实姓名。
(4)所有老师资料:姓名,编号,性别,联系电话。
(5)实验室的资料:实验室编号,实验室名称,备注,管理教师编号。
(6)权限设置:学生权限,管理员权限,一般用户权限。
(7)实验室情况:学生编号,课程编号,实验室编号。

因此,实验室管理系统的后台数据库需要建立 7 个表,分别是 course 表、student 表、operator 表、teacher 表、lab 表、operator-grade 表、selectlab 表。

1. course 表

course 表用于存放所有课程的详细信息。该表有 5 个字段,全部都是重要信息,不能为空。各字段的说明如图 8.10 所示。

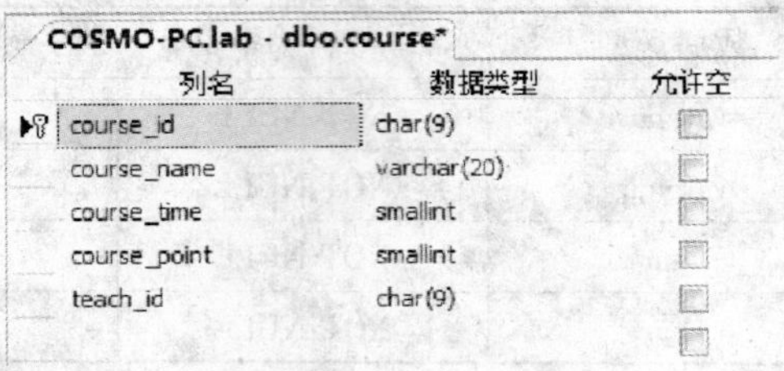

图 8.10　course 表的结构

2. student 表

student 表用于存放所有学生的资料。由于本系统是一个实验室管理系统，而不是一个学生信息管理系统，所以 student 表所需的字段并不像学生信息管理系统中 student 表的字段那么多，各个字段的说明如图 8.11 所示。

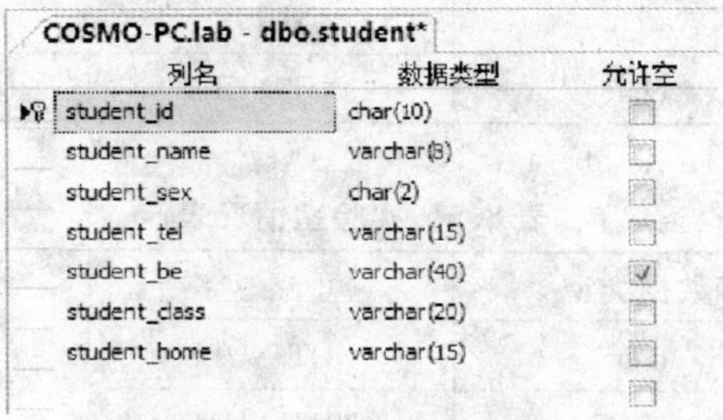

图 8.11　student 表的结构

3. operator 表

operator 表记录管理员的信息，包括用户名、密码和真实姓名。operator_id 字段的值在每次插入新记录时由数据库自动填入并保证唯一。因此 operator_id 字段是 operator 表的主键，各字段的说明如图 8.12 所示。

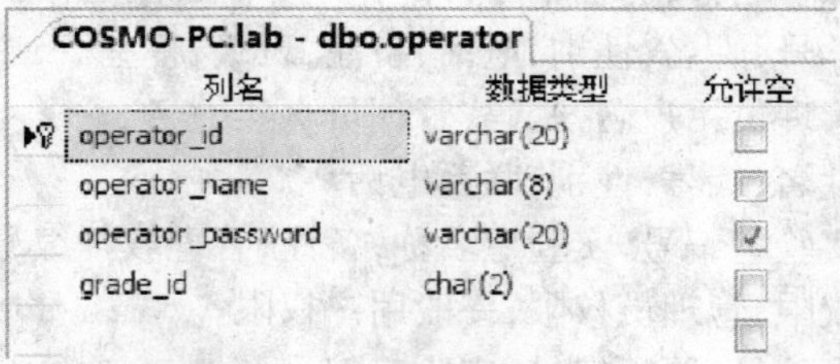

图 8.12　operator 表的结构

4. teacher 表

teacher 表用于存放所有选修课任课老师的资料。包括 teacher_id, teacher_name, teacher_sex 和 teacher_relation 4 个字段，各个字段的说明如图 8.13 所示。

COSMO-PC.lab - dbo.teacher*

列名	数据类型	允许空
teach_id	char(9)	☐
teach_name	varchar(50)	☐
teach_sex	char(2)	☐
teach_relation	char(10)	☐
		☐

图 8.13　teacher 表的结构

5. lab 表

lab 表用于设置实验室信息，该表只能由管理子系统来修改。各字段的说明如图 8.14 所示。

COSMO-PC.lab - dbo.lab*

列名	数据类型	允许空
lab_id	char(9)	☐
lab_name	varchar(100)	☐
lab_re	varchar(200)	☑
teach_id	char(9)	☐
		☐

图 8.14　lab 表的结构

6. operator_grade 表

operator_grade 表记录学生和管理员登录的权限，它的结构比较简单，因为只有 grade_id 和 grade_name 两个字段。各字段的说明如图 8.15 所示。

COSMO-PC.lab - dbo.operator_grade*

列名	数据类型	允许空
grade_id	char(2)	☐
grade_name	varchar(20)	☐
		☐

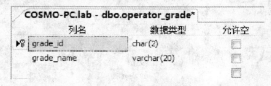

图 8.15　operator_grade 表的结构

7. selectlab 表

selectlab 表记录了实验室使用的情况，包括 student_id、course_id 和 lab_id。各字段的说明如图 8.16 所示。

COSMO-PC.lab - dbo.selectlab*

列名	数据类型	允许空
student_id	char(10)	☐
course_id	char(9)	☐
lab_id	char(9)	☐
		☐

图 8.16　selectlab 表的结构

数据库中各表之间还存在一定的关系,根据对实验室管理系统的数据库设计,他们之间的关系图如图 8.17、图 8.18、图 8.19 和图 8.20 所示。

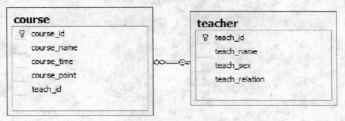

图 8.17　course 表与 teacher 表之间的关系图

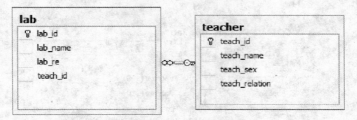

图 8.18　lab 表与 teacher 表之间的关系图

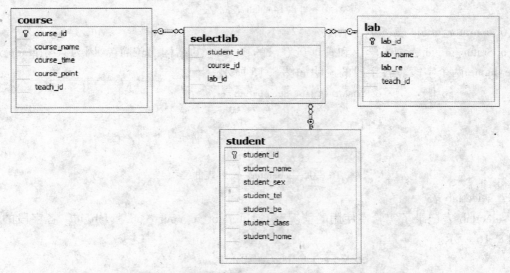

图 8.19　selectlab 与 course、lab、student 之间的关系图

如图 8.19 所示,selectlab 数据库表中的三个字段 student_id、course_id 和 lab_id 分别是 course、student 和 lab 三个数据库表中的主键。所以,学生在进行实验室使用情况设置时,所输入的学生编号、课程编号和实验室信息编号都必须在 student、course 和 lab 三个表中存在。否则的话,新增实验室情况信息是不能成功的。

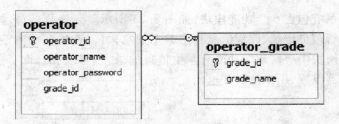

图 8.20　operator 表与 operator_grade 表之间的关系图

如图 8.20 所示，在设立管理员用户权限时，operator_grade 中管理员姓名必须在管理员用户数据库表中存在。否则的话，不能进行权限设置。

8.5.2　模块设计

1. 系统的模块设计

本管理系统总体包含两个子系统模块，如图 8.21 所示。

实验室管理子系统的客户端分为学生查询设置子系统模块和管理员管理子系统模块。这两个子系统相对独立，不会直接发生操作。它们是通过存于后台数据库的数据产生联系的。例如管理员修改后台数据库上的课程信息，这就会影响学生查看课程信息的结果。

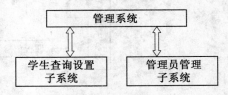

图 8.21　应用系统模块结构图

2. 子系统模块的设计

学生查询设置子系统包含学生信息查询、任课老师信息查询、课程信息查询、实验室信息查询、实验室使用情况查询和实验室使用情况设置 6 个功能模块，如图 8.22 所示。

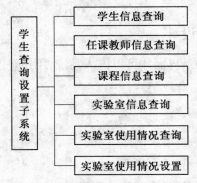

图 8.22　学生查询设置子系统模块结构图

管理员管理子系统包含 6 个功能模块,如图 8.23 所示。允许管理员增加、删除和修改学生记录、老师信息、管理员记录、课程信息和实验室信息,可以查看实验室使用情况等。其中,学生信息记录功能模块中应实现的功能有学生信息的录入、修改和查询。登录功能模块中所实现的功能有服务器设置、用户注册和退出。

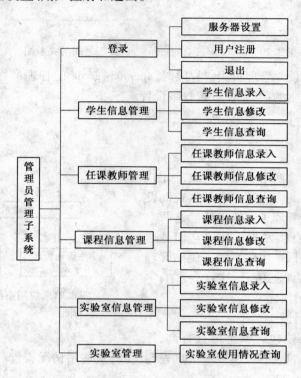

图 8.23 管理员管理子系统模块结构图

8.5.3 系统用户界面设计

学生或管理员只有通过登录界面才可以进入系统,用户登录界面如图 8.24 所示。

图 8.24 用户登录界面

第 8 章 管理信息系统开发案例

用户第一次登录的时候需要进行服务器设置,服务器设置的界面如图 8.25 所示。

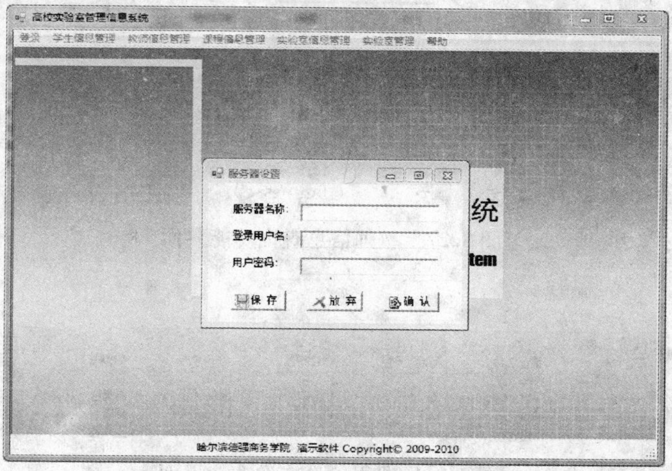

图 8.25 服务器设置界面

学生用户和管理员用户登录后所显示的界面是基本一样的。不一样的是他们所拥有的权限不同,其中学生对学生信息管理、教师信息管理、课程信息管理和实验室信息管理功能只有查询功能,登录模块只有退出功能,而管理员其他功能几乎都有,包括对各种信息的录入、修改和查询等。

1. 学生查询设置子系统的用户界面设计

学生信息查询功能界面设计如图 8.26 所示。学生只要输入合法的学生编号,即可以查出学生的各种信息。

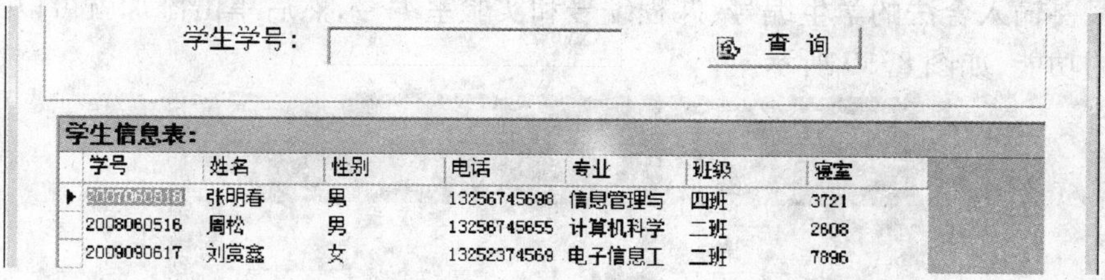

图 8.26 学生信息查询功能界面

教师信息查询功能界面设计如图 8.27 所示。学生只要输入合法的教师编号,就可以查出任课教师的所有信息。

课程信息查询功能界面设计如图 8.28 所示。只要输入合法的课程编号,就可以查出该课程的所有信息。

· 289 ·

图 8.27 教师信息查询功能界面

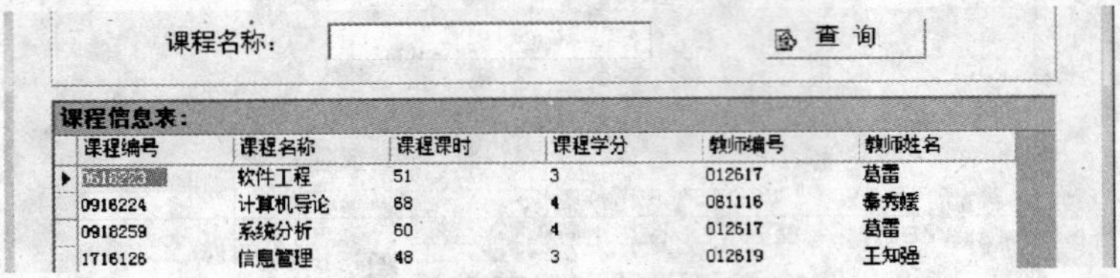

图 8.28 课程信息查询功能界面

实验室信息查询功能界面设计如图 8.29 所示。只要输入合法的实验室名称,就可以查出该实验室信息。

图 8.29 实验室信息查询功能界面

学生只要输入合法的学生编号、课程编号和实验室编号,然后单击添加就可以完成实验室使用情况的功能,如图 8.30 所示。

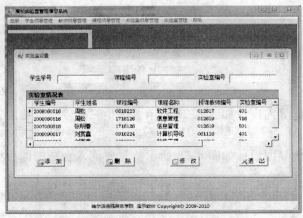

图 8.30 实验室使用情况设置功能界面

2. 管理员管理子系统的用户界面设计

管理员管理子系统和学生查询设置子系统的窗体基本上是类似的，只是管理员管理子系统增加了学生信息设置、教师信息设置、课程信息设置和实验室信息设置等功能。

学生信息设置功能有录入功能，其界面设置如图 8.31 所示。

图 8.31 学生信息录入功能界面

在图 8.31 中，管理员只要输入学生合法的学号，然后填入学生的个人信息，单击添加就可以将学生的信息添入数据库中。

教师信息设置也包括教师信息录入和教师信息修改等功能，其界面设置如图 8.32 所示。

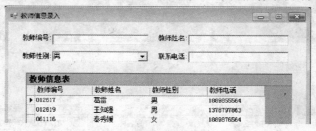

图 8.32 教师信息修改功能界面

课程信息设置如图 8.33 所示。管理员可以填入正确的课程编号，然后设置课程其他信息，单击添加就可以完成课程信息的设置。

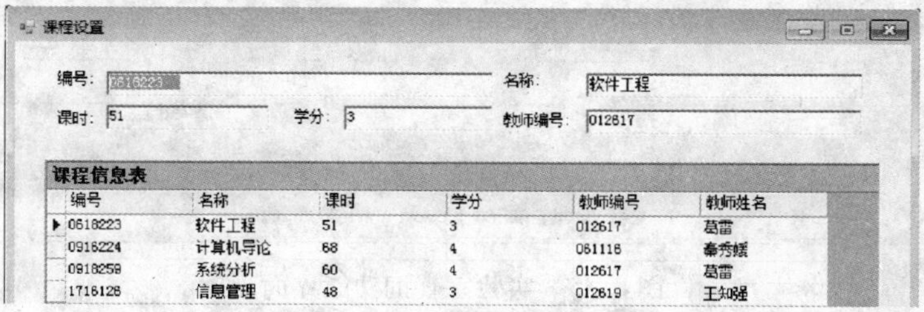

图 8.33 课程信息设置功能界面

实验室信息设置如图 8.34 所示。管理员可以填入正确的实验室编号，然后设置所选实验室其他信息，单击添加就可以完成实验室信息的设置。

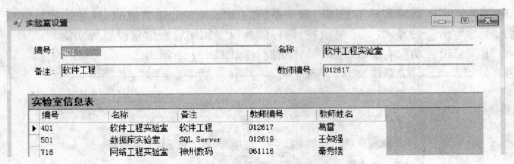

图 8.34　实验室信息设置功能界面

管理员还可以通过实验室查询功能来实现对实验室总体情况的掌握,这样将有利于管理员对实验室和课程的安排,如图 8.35 所示。管理员可以通过课程编号来查询实验室情况,还可以通过学生编号来查询实验室使用情况等。

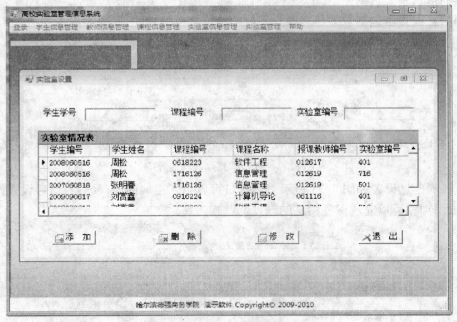

图 8.35　实验室查询功能界面

8.6 系统实现与测试

8.6.1 系统主要功能实现

1. 课程设置

```
private void Frmcourse_Load(object sender, System.EventArgs e)
{
    if(mydb.myconopen())
    if(mydb.mygetdata("select a.course_id '编号',a.course_name '名称',a.course_time '课
时',a.course_point '学分',a.teach_id '教师编号',b.teach_name '教师姓名' from course
a,teacher b where a.teach_id=b.teach_id order by course_id","course"))
    {
        dataGrid1.DataSource = mydb.myds.Tables[0].DefaultView;
        dataGrid1.ReadOnly = true;
        if(mydb.myds.Tables[0].Rows.Count > 0)
        {
            mydb.mydr = mydb.myds.Tables[0].Rows[0];
            TBcourseid.Text = mydb.mydr[0].ToString();
            TBcoursename.Text = mydb.mydr[1].ToString();
            TBcoursetime.Text = mydb.mydr[2].ToString();
            TBcoursepoint.Text = mydb.mydr[3].ToString();
            TBcourseteachid.Text = mydb.mydr[4].ToString();
        }
    }
    TBcourseid.Focus();
}

private void BTadd_Click(object sender, System.EventArgs e)
{
    if(TBcourseid.Text.Trim().Length != 7)
    {
        MessageBox.Show("对不起,请输入一个合法的课程编号!","错误提示",
MessageBoxButtons.OK);
```

```
            return;
        }
        if (TBcourseteachid.Text.Trim().Length != 6)
        {
            MessageBox.Show("对不起,请输入一个合法的教师编号!", "错误提示",
            MessageBoxButtons.OK);
            return;
        }
        if (mydb.mylook("select course_id from course where course_id='" + TBcourseid.Text +
"'") == "0")
        {
            if (mydb.myupdate(" insert into course(course_id, course_name, course_time, course_
point, teach_id) values('" + TBcourseid.Text + "','" + TBcoursename.Text + "','" + TBcourse-
time.Text + "','" + TBcoursepoint.Text + "','" + TBcourseteachid.Text + "')"))
            {
                if (mydb.mygetdata("select a.course_id '编号',a.course_name '名称',a.course_time '
课时',a.course_point '学分',a.teach_id '教师编号',b.teach_name '教师姓名' from course a ,
teacher b where a.teach_id=b.teach_id order by course_id", "course"))
                {
                    dataGrid1.DataSource = mydb.myds.Tables[0].DefaultView;
                }
            }
        }
        else
        {
            if (mydb.mylook("select course_id from course where course_id='" + TBcourseid.Text
+ "'") == "1")
                MessageBox.Show("此记录已经存在!");
        }
        TBcourseid.Focus();
    }

    private void BTdel_Click(object sender, System.EventArgs e)
    {
```

```csharp
        if (mydb.myupdate("delete from course where course_id='" + TBcourseid.Text + "'"))
        {
            if (mydb.mygetdata("select a.course_id '编号',a.course_name '名称',a.course_time '课时',a.course_point '学分',a.teach_id '教师编号',b.teach_name '教师姓名' from course a, teacher b where a.teach_id=b.teach_id order by course_id", "course"))
                dataGrid1.DataSource = mydb.myds.Tables[0].DefaultView;
        }
        TBcourseid.Focus();
    }

    private void BTsave_Click(object sender, System.EventArgs e)
    {
        if (mydb.mylook("select * from course where course_id='" + TBcourseid.Text + "'") == "1")
        {
            if (mydb.myupdate("update course set course_name='" + TBcoursename.Text + "',course_time=" + TBcoursetime.Text + ",course_point=" + TBcoursepoint.Text + " where course_id='" + TBcourseid.Text + "'"))
            {
                if (mydb.mygetdata("select a.course_id '编号',a.course_name '名称',a.course_time '课时',a.course_point '学分',a.teach_id '教师编号',b.teach_name '教师姓名' from course a, teacher b where a.teach_id=b.teach_id order by course_id", "course"))
                    dataGrid1.DataSource = mydb.myds.Tables[0].DefaultView;
            }
        }
        else
            if (mydb.mylook("select * from course where course_id='" + TBcourseid.Text + "'") == "0")
                MessageBox.Show("您要更新的记录不存在,请确认输入的编号是否正确!", "系统提示", MessageBoxButtons.OK);
        if (mydb.mylook("select * from course where teach_id='" + TBcourseteachid.Text + "'") == "0")
            MessageBox.Show("您要更新的教师编号不存在,请确认输入的编号是否正确!", "系统提示", MessageBoxButtons.OK);
        TBcourseid.Focus();
    }
```

```csharp
private void BTdrop_Click(object sender, System.EventArgs e)
{
    mydb.myconclose();
    this.Close();
}

private void dataGrid1_CurrentCellChanged(object sender, System.EventArgs e)
{
    int temp = dataGrid1.CurrentCell.RowNumber;
    if (mydb.myds.Tables[0].Rows.Count > 0)
    {
        mydb.mydr = mydb.myds.Tables[0].Rows[temp];
        TBcourseid.Text = mydb.mydr[0].ToString();
        TBcoursename.Text = mydb.mydr[1].ToString();
        TBcoursetime.Text = mydb.mydr[2].ToString();
        TBcoursepoint.Text = mydb.mydr[3].ToString();
        TBcourseteachid.Text = mydb.mydr[4].ToString();
    }
}
```

2. 学生查询

```csharp
private void Frmsearchstu_Load(object sender, System.EventArgs e)
{
    if (mydb.myconopen())
    {
        if (mydb.mygetdata("select student_id ´学号´,student_name ´姓名´,student_sex ´性别´,student_tel ´电话´,student_be ´专业´,student_class ´班级´,student_home ´寝室´ from student ", "student"))
        {
            dataGrid1.DataSource = mydb.myds.Tables[0].DefaultView;
            dataGrid1.ReadOnly = true;
        }
    }
    TBsno.Focus();
```

```csharp
private void button1_Click(object sender, System.EventArgs e)
{
    if(mydb.mygetdata("select student_id '学号',student_name '姓名',student_sex '性别',student_tel '电话',student_be '专业',student_class '班级',student_home '寝室' from student where student_id='" + TBsno.Text + "'", "student"))
    {
        dataGrid1.DataSource = mydb.myds.Tables[0].DefaultView;
        dataGrid1.ReadOnly = true;
    }
}


private void Frmsearchstu_Closed(object sender, System.EventArgs e)
{
    mydb.myconclose();
}
```

3. 教师信息查询

```csharp
private void Fsearchteacher1_Load(object sender, System.EventArgs e)
{
    if(mydatabase.myconopen())
    {
        if(mydatabase.mygetdata("select teach_id '教师编号',teach_name '教师姓名',teach_sex '教师性别',teach_relation '联系电话' from teacher ", "teacher"))
        {
            dataGrid1.DataSource = mydatabase.myds.Tables[0].DefaultView;
            dataGrid1.ReadOnly = true;
        }
    }
    TBtno.Focus();
}


private void button1_Click(object sender, System.EventArgs e)
{
```

```csharp
        if ( mydatabase. mygetdata( "select teach_id ´教师编号´,teach_name´教师姓名´,teach_sex´
教师性别´,teach_relation´联系电话´from teacher where teach_id =´" + TBtno. Text + "´" , "teach-
er" ) )
        {
            dataGrid1. DataSource = mydatabase. myds. Tables[0]. DefaultView;
            dataGrid1. ReadOnly = true;
        }
    }

    private void Fsearchteacher1_Closed( object sender, System. EventArgs e)
    {
        mydatabase. myconclose( );
    }
```

4. 实验室查询

```csharp
    private void Fselectlab_Load( object sender, System. EventArgs e)
    {
        if ( mydatabase. myconopen( ) )
        {
            if ( mydatabase. mygetdata( "select * from dataview" , "dataview" ) )
            {
                dataGrid1. DataSource = mydatabase. myds. Tables[0]. DefaultView;
                dataGrid1. ReadOnly = true;
            }
        }
        textBox1. Focus( );
        radioButton1. Checked = true;
    }

    private void Fselectlab_Closed( object sender, System. EventArgs e)
    {
        mydatabase. myconclose( );
    }

    private void button1_Click( object sender, System. EventArgs e)
```

```
    {
        if (radioButton1.Checked)
        {
            if(mydatabase.mygetdata("SELECT selectlab.student_id AS 学生学号,student.student_name AS 学生姓名,selectlab.course_id AS 课程编号,course.course_name AS 课程名称,selectlab.lab_id AS 实验室编号, lab.lab_name AS 实验室名称 FROM student INNER JOIN selectlab ON student.student_id = selectlab.student_id INNER JOIN course ON selectlab.course_id = course.course_id INNER JOIN teacher ON teacher.teach_id =selectlab.teach_id INNER JOIN lab ON lab.lab_id =selectlab.lab_id where selectlab.course_id like ´" + textBox1.Text + "´", "dataview"))
            {
                dataGrid1.DataSource = mydatabase.myds.Tables[0].DefaultView;
                dataGrid1.ReadOnly = true;
            }
        }
        if(radioButton2.Checked)
        {
            if(mydatabase.mygetdata("SELECT selectlab.student_id AS 学生学号,student.student_name AS 学生姓名,selectlab.course_id AS 课程编号,course.course_name AS 课程名称,selectlab.lab_id AS 实验室编号, lab.lab_name AS 实验室名称 FROM student INNER JOIN selectlab ON student.student_id = selectlab.student_id INNER JOIN course ON selectlab.course_id = course.course_id INNER JOIN teacher ON teacher.teach_id =selectlab.teach_id INNER JOIN lab ON lab.lab_id=selectlab.lab_id where selectlab.student_id like ´" + textBox1.Text + "´", "dataview"))
            {
                dataGrid1.DataSource = mydatabase.myds.Tables[0].DefaultView;
                dataGrid1.ReadOnly = true;
            }
        }
    }
```

在此段代码中用到了 SQL Server 中的视图,即 dataview,如图 8.36 所示。

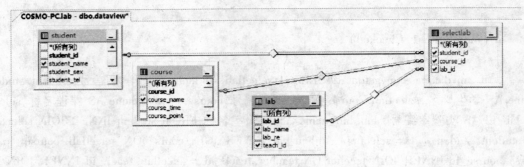

图 8.36 视图

实现代码如下：

SELECTdbo. selectlab. student_id AS 学生编号，dbo. student. student_name AS 学生姓名，dbo. selectlab. course_id AS 课程编号，dbo. course. course_name AS 课程名称，dbo. course. teach_id AS 授课教师编号，dbo. selectlab. lab_id AS 实验室编号，dbo. lab. lab_name AS 实验室名称，dbo. lab. teach_id AS 管理教师编号 FROM dbo. student INNER JOIN dbo. selectlab ON dbo. student. student_id = dbo. selectlab. student_id INNER JOIN dbo. course ON dbo. selectlab. course_id = dbo. course. course_id INNER JOIN dbo. lab ON dbo. selectlab. lab_id = dbo. lab. lab_id

5. 教师信息录入

```
private void Ftecher_Load(object sender, System.EventArgs e)
{
    if(mydatabase.myconopen())
    {
        if(mydatabase.mygetdata("select teach_id´教师编号´,teach_name´教师姓名´,teach_sex´教师性别´,teach_relation´教师电话´from teacher", "teacher"))
        {
            dataGrid1.DataSource = mydatabase.myds.Tables[0].DefaultView;
            dataGrid1.ReadOnly = true;
        }
    }
    TBteacherid.Focus();
    CBteachersex.SelectedIndex = 0;
}

private void BTadd_Click(object sender, System.EventArgs e)
```

```csharp
        {
            if (TBteacherid.Text == "")
            {
                MessageBox.Show("对不起,教师编号不能为空!!","错误提示",MessageBoxButtons.OK);
            }
            if (TBteachername.Text == "")
            {
                MessageBox.Show("教师姓名不能为空!!","错误提示",MessageBoxButtons.OK);
            }
            if (CBteachersex.Text == "")
            {
                MessageBox.Show("请输入性别!","错误提示",MessageBoxButtons.OK);
            }
            if (mydatabase.mylook("select * from teacher where teach_id='" + TBteacherid.Text + "'") == "0")
            {
                if (mydatabase.myupdate("insert into teacher(teach_id,teach_name,teach_sex,teach_relation) values('" + TBteacherid.Text + "','" + TBteachername.Text + "','" + CBteachersex.Text + "','" + TBphone.Text + "')"))
                {
                    if (mydatabase.mygetdata("select teach_id '教师编号',teach_name '教师姓名',teach_sex '教师性别',teach_relation '教师电话' from teacher","teacher"))
                    {
                        dataGrid1.DataSource = mydatabase.myds.Tables[0].DefaultView;
                        dataGrid1.ReadOnly = true;
                    }
                }
            }
            TBteacherid.Text = "";
            TBteachername.Text = "";
            TBphone.Text = "";
        }
    }
    private void BTdel_Click(object sender, System.EventArgs e)
```

```csharp
    {
        if (mydatabase.myupdate("delete from teacher where teach_id='" + TBteacherid.Text + "'"))
        {
            if (mydatabase.mygetdata("select teach_id '教师编号',teach_name '教师姓名',teach_sex '教师性别',teach_relation '教师电话' from teacher", "teacher"))
            {
                dataGrid1.DataSource = mydatabase.myds.Tables[0].DefaultView;
                dataGrid1.ReadOnly = true;
            }
        }
    }
    private void dataGrid1_CurrentCellChanged(object sender, System.EventArgs e)
    {
        int temp = dataGrid1.CurrentCell.RowNumber;
        if (mydatabase.myds.Tables[0].Rows.Count > 0)
        {
            mydatabase.mydr = mydatabase.myds.Tables[0].Rows[temp];
            TBteacherid.Text = mydatabase.mydr[0].ToString();
            TBteachername.Text = mydatabase.mydr[1].ToString();
            CBteachersex.Text = mydatabase.mydr[2].ToString();
            TBphone.Text = mydatabase.mydr[3].ToString();
        }
        TBteacherid.Focus();
    }

    private void BTsave_Click(object sender, System.EventArgs e)
    {
        if (mydatabase.myupdate("update teacher set teach_name='" + TBteachername.Text + "',teach_sex='" + CBteachersex.Text + "',teach_relation='" + TBphone.Text + "' where teach_id='" + TBteacherid.Text + "'"))
        {
            if (mydatabase.mygetdata("select teach_id '教师编号',teach_name '教师姓名',teach_sex '教师性别',teach_relation '教师电话' from teacher", "teacher"))
```

```
            dataGrid1.DataSource = mydatabase.myds.Tables[0].DefaultView;
            dataGrid1.ReadOnly = true;
        }
    }
    else
    {
        MessageBox.Show("数据没有更新成功!","错误提示",MessageBoxButtons.OK);
    }
}

private void BTdrop_Click(object sender, System.EventArgs e)
{
    this.Close();
}

private void Ftecher_Closed(object sender, System.EventArgs e)
{
    mydatabase.myconclose();
}
```

8.6.2 系统测试

1. 系统测试的目的和意义

系统测试是系统开发过程的重要组成部分,是用来确认一个程序的品质或性能是否符合开发之前所提出的一些要求,是在系统投入运行前,对系统需求分析、设计规格说明和编码的最终复审,是系统质量保证的关键步骤。系统测试是为了发现错误而执行程序的过程。虽然在开发过程中,采用了许多保证系统质量和可靠性的方法来分析和设计软件,但免不了在开发中会犯错误,这样所开发的软件中就隐藏着许多错误和缺陷。如果不在系统正式运行之前的测试阶段进行纠正,问题迟早会在运行期间暴露出来,这时要纠正错误就会付出更高的代价,甚至造成财产的重大损失。大量统计资料表明,对于一些较大规模的系统来说,系统测试的工作量往往占程序开发总工作量的40%以上。

(1) 确认系统的质量。一方面是确认系统做了你所期望的事情,另一方面是确认系统以正确的方式来做了这个事情。

(2) 提供信息。提供给开发人员或程序经理的反馈信息,为风险评估所准备的各种信息。

（3）保证整个系统开发过程是高质量的。系统测试不仅是在测试软件产品的本身，而且还包括系统开发的过程。如果一个软件产品开发完成之后发现了很多问题，这说明此软件开发过程很可能是有缺陷的。

2. 系统测试的原则

系统测试从不同的角度出发会派生出两种不同的测试原则，从用户的角度出发，就是希望通过系统测试能充分暴露系统中存在的问题和缺陷，从而考虑是否可以接受该产品，从开发者的角度出发，就是希望测试能表明软件产品不存在错误，已经正确地实现了用户的需求，确立人们对系统质量的信心。

（1）制订严格的测试计划，并把测试时间安排得尽量宽松，不要希望在极短的时间内完成一个高水平的测试。一定要注意测试中的错误集中发生现象，这和程序员的编程水平和习惯有很大的关系。

（2）程序员应该避免检查自己的程序，测试工作应该由独立的专业的系统测试机构来完成。应当把尽早和不断的测试作为系统开发者的座右铭。

（3）设计测试用例时应该考虑到合法的输入和不合法的输入以及各种边界条件，特殊情况要制造极端状态和意外状态，比如网络异常中断、电源断电等情况。妥善保存一切测试过程文档，意义是不言而喻的，测试的重现性往往要靠测试文档。

（4）对测试错误结果一定要有一个确认的过程，一般有 X 测试出来的错误，一定要有一个 Y 来确认，严重的错误可以召开评审会进行讨论和分析。回归测试的关联性一定要引起充分的注意，修改一个错误而引起更多的错误出现的现象并不少见。

3. 系统测试的方法

系统测试的方法主要有人工测试和机器测试。

（1）人工测试。人工测试又称为代码复审，通过阅读程序找错误。其内容主要包括：检查代码和设计是否一致；检查代码逻辑表达是否正确和完整；检查代码结构是否合理。

（2）机器测试。机器测试指在计算机上直接用测试用例运行被测程序，发现程序错误。机器测试分为黑盒测试和白盒测试两种。

①黑盒测试。黑盒测试也称功能测试或数据驱动测试，它是已知产品所应具有的功能，通过测试来检测每个功能是否都能正常使用，在测试时，把程序看做一个不能打开的黑盒子，在完全不考虑程序内部结构和内部特性的情况下，测试者在程序接口进行测试，它只检查程序功能是否按照需求规格说明书的规定正常使用，程序是否能适当地接收输入数据而产生正确的输出信息，并且保持外部信息（如数据库或文件）的完整性。黑盒测试方法主要有等价类划分、边值分析、因果图、错误推测等，主要用于软件确认测试。"黑盒法"着眼于程序外部结构，不考虑内部逻辑结构，针对软件界面和软件功能进行测试。"黑盒法"是穷举输入测试，只有把所有可能的输入都作为测试情况使用，才能以这种方法查出程序中所有的错误。实际上测试情况有无穷多个，人们不仅要测试所有合法的输入，而且还要对那些不合法但是可能的输入

进行测试。

②白盒测试。白盒测试也称结构测试或逻辑驱动测试,在知道产品内部工作过程的情况下,可通过测试来检测产品内部动作是否按照规格说明书的规定正常进行,按照程序内部的结构测试程序,检验程序中的每条通路是否都能按预定要求正确工作,白盒测试的主要方法有逻辑驱动、基路测试等,主要用于系统验证。

4. 对实验室管理系统的测试

测试步骤如下:

(1)单元测试。单元测试的对象是软件设计的最小单位模块,其依据是详细设计描述。单元测试应对模块内所有重要的控制路径设计测试用例,以便发现模块内部的错误。本管理系统验证的模块主要包括:学生信息管理、任课教师管理、课程信息管理、实验室信息管理和实验室管理。

本系统功能模块较多,下面仅以学生信息录入为例进行测试,将采用黑盒测试即数据驱动测试方法。将通过精心设计的 5 组具有代表性的测试用例来检测学生信息录入功能是否能够正常使用,将重点检查程序是否能适当地接收输入数据,并且生成正确的输出信息。测试用例如表 8.6 所示。

表 8.6 学生信息录入表(测试用例)

组别	第一组	第二组	第三组	第四组	第五组
学号	2008989888	200888	200894444489888	2008989888	空
姓名	王天一 (3个字)	李明 (2个字)	欧阳天立 (多个字)	张李REA德 (带字母)	王刚##& (带特殊符号)
性别	男	男	男	女	空
电话	13111110000	1111	2222222222222222	34234	……333!@
专业	信息管理与信息系统	计算机科学与技术	空	电子商务	空
班级	一班	一班	九班	一班	八班
寝室	2608	5438	555555555	空	2333

学生信息录入模块如图 8.37 所示。

经测试,结果数据完全正确,均能正常完成模块所包含的功能,各模块满足管理系统要求。

(2)组装测试。时常有这样的情况发生:每个模块都能单独工作,但这些模块集成在一起却不能正常工作。主要原因是,模块相互调用时接口会引入许多新问题。例如,数据经过接口可能丢失;一个模块对另一模块可能造成不应有的影响;几个子功能组合起来不能实现主功能;误差不断积累达到不可接受的程度;全局数据结构出现错误。

组装测试把通过单元测试的各个模块组装在一起之后,进行综合测试以便发现与接口有关的各种错误。将已验证过的模块组装成实验室管理功能。查看组装后的模块是否运行通畅,是否有接口衔接的问题。经测试,组装后的模块满足管理系统要求。

图 8.37　学生信息录入模块

　　(3)确认测试。实现软件确认要通过一系列黑盒测试。确认测试同样需要制订测试计划和过程,测试计划应规定测试的种类和测试进度,测试过程则定义一些特殊的测试用例,旨在说明软件与需求是否一致。无论是计划还是过程,都应该着重考虑软件是否满足合同规定的所有功能和性能,文档资料是否完整、准确的人机界面和其他相关方面(例如,可移植性、兼容性、错误恢复能力和可维护性等)是否令用户满意。

　　确认测试的结果有两种可能,一种是功能和性能指标满足软件需求说明的要求,用户可以接受;另一种是软件不满足软件需求说明的要求,用户无法接受。项目进行到这个阶段才发现严重错误和偏差一般很难在预定的工期内改正,因此必须与用户协商,寻求一个妥善解决问题的方法。本管理系统经测试,软件满足系统要求。

　　(4)系统测试。将软件、硬件等系统的各个部分连接起来,对整个系统进行总的功能、性能等方面的测试。

　　将管理系统启动,对系统进行总的功能、性能测试。以用户的身份操作系统,查看是否还存在着问题;以管理员的身份操作系统,检查是否还存在着问题。经过系统测试,完全满足管理系统要求。

附录　管理信息系统课程设计大纲

一、课程设计的目的

"管理信息系统"课程设计是信息管理与信息系统、电子商务等相关专业重要的实践环节之一,是学习"管理信息系统"课程后的一次综合全面的练习,旨在通过管理信息系统开发的整个过程,加深学生对管理信息系统的基本概念、基本原理和基本理论的理解,使学生掌握使用 Microsoft Visual Studio 2005 和 SQL Server 2005 等开发工具和数据库设计管理信息系统的方法,扩大学生的知识面,提高学生综合运用所学知识的能力,使学生具备日后开发不同类型管理信息系统的能力,为学生进行毕业设计打下坚实的基础。

二、课程设计的内容及要求

1. 内容

"管理信息系统"课程设计要求学生综合利用本课程的相关知识,在教师的指导下,以 SQL Server 2005 作为后台数据库,以 Microsoft Visual Studio 2005 作为前台开发工具,完成一个管理信息系统的设计。要求学生自愿组队,3~5 人一组,每组选择以下课题之一,全面考虑各个设计环节以及它们之间的相互联系,完成系统分析、设计和开发,最终实现一个较为完整的满足实际应用需求的管理信息系统。

(1)银行信贷管理系统。
(2)家庭理财管理系统。
(3)物流仓储管理系统。
(4)在线投稿管理系统。
(5)高校教务管理系统。
(6)科研项目管理系统。
(7)员工绩效管理系统。
(8)电子病历管理系统。
(9)医院药品管理系统。
(10)信访管理系统。

2. 要求

(1)课程设计题目可以由指导教师拟定,也可以由学生自由选择或自拟。

(2) 针对所选课题搜集资料,完成可行性分析、系统规划和系统需求分析工作。

(3) 进行系统分析,其中可以借助业务流程图、数据流程图或数据字典等工具。

(4) 结合前一步分析,绘制详细的 E-R 图,并将其转化为至少满足 3NF 的关系模式。其中可以先绘制局部 E-R 图,然后再合并。

(5) 建立一个满足用户需求的新系统的逻辑模型,形成系统分析报告。

(6) 根据系统分析的结果进行系统设计。根据系统逻辑模型所提出的各项要求,设计出系统总体结构,并进一步使设计方案具体化、规范化和系统化,最终建立系统的物理模型,并形成系统设计报告。

(7) 完成程序编制、程序调试、系统分调和系统总调工作,并形成系统实施报告。

(8) 系统评价要包括系统性能、功能、数据和程序等方面,并要指出系统的优点、不足以及改进建议。

(9) 每人最终递交一个实用可行的管理信息系统和格式规范的课程设计报告。

三、课程设计的时间安排及指导方式

1. 时间安排

"管理信息系统"课程设计的时间为 2 周,安排在"管理信息系统"课程结束后进行。具体安排如下:

第 1 天:布置课题,说明具体要求,调研并查阅相关文献资料。
第 2 天:进行可行性研究、管理系统规划和系统需求分析。
第 3 天:进行系统分析,包括业务流程分析和数据流程分析等内容。
第 4 天:集中讨论并开始进行系统设计。
第 5 天:中期检查和设计指导。
第 6 天:系统实施。
第 7 天:程序调试。
第 8 天:系统测试和试运行。
第 9 天:撰写课程设计报告。
第 10 天:演示并验收系统、递交课程设计报告和评定成绩。

2. 指导方式

每组安排一名指导教师和学生组长,教师随时解答学生提出的问题。

四、各设计的具体要求

1. 银行信贷管理系统

调查银行信贷业务,设计的银行信贷管理系统主要包括信贷申请、信贷审批、贷后管理和日常报表管理等。

(1) 信贷申请:用户输入申请贷款所需的各种信息,系统将这些信息添加到信贷申请库中。

(2)信贷审批:客户经理对信贷申请进行审批。系统将未通过审批的信贷申请添加到退回贷款库中,将通过审批的信贷申请添加到发放贷款库中。

(3)贷后管理:每次还款写入数据库,并对及时还款和拖欠贷款的客户进行优良评定。

(4)日常报表管理:主要是根据信贷及还款情况输出统计报表。一般内容为每笔贷款的总额、年限、利率和每月还款额等信息。

2. 家庭理财管理系统

考察现代家庭理财方式,设计家庭理财管理系统。具体要求如下:

(1)收入管理:录入家庭各成员的日常收入情况。

(2)支出管理:录入家庭各成员的日常支出情况。

(3)理财管理:家庭财产管理,包括现金、存款、基金、股票和债券等。

(4)查询统计:查询统计各种财产情况,并能预览和打印。

3. 物流仓储管理系统

考察物流公司或大型制造企业,要求设计一套物流仓储管理系统,其中应具有一定的库存管理功能。系统主要包括入库管理、出库管理、费用结算和报表管理等。

(1)入库管理:系统根据用户对每个入库操作填写的入库单进行库存的添加和增加等操作。

(2)出库管理:系统根据用户对每个出库操作填写的出库单进行库存的修改和删除等操作。

(3)费用结算:可分为入库结算、出库结算和存储费等。

(4)报表管理:根据库存情况输出统计报表。一般内容为入库报表、库存交易查询和账目核对等。

4. 在线投稿管理系统

通过对某期刊在线投稿系统的考察,设计在线投稿管理系统。主要实现以下功能:

(1)投稿功能:作者可在线注册,录入注册信息,投递稿件,查询稿件审核情况。

(2)审稿功能:专家在线审核稿件。由专家登录系统,然后审阅稿件,在稿件审阅完毕后,输入录用、退稿或退修等信息。

(3)作者撤稿:作者把稿件撤回。系统加入本次撤稿信息。

(4)查询及统计:根据稿件录用情况输出查询及统计报表。如所有稿件、退稿稿件、退修稿件和录用稿件等。

5. 高校教务管理系统

通过对高校教务管理现状的分析,结合教务管理的特点和规律,设计一个教务管理系统。具体要求如下:

(1)教师登录界面。

(2)教师基本信息录入。

(3)教师可查询课表。

(4)教师可查询学生名册。
(5)教师可按班级录入和修改成绩。
(6)成绩预览和打印。

6. 科研项目管理系统

通过对科研项目管理工作现状的分析,设计科研项目管理系统,主要包含项目申请、项目审批、经费管理、成果管理和查询统计等功能。

(1)项目申请:课题负责人可录入注册信息、上传项目申请书和查询项目审批情况。
(2)项目审批:专家登录后对项目进行审批,系统添加审批情况。
(3)经费管理:经费的使用情况。
(4)成果管理:论文、教材和获奖等情况。
(5)查询统计:可迅速查询出科研人员的科研履历。

7. 员工绩效管理系统

考察某企业员工绩效管理工作,设计员工绩效管理系统,主要包括员工绩效评价、薪酬情况、奖励情况和查询统计等。

(1)员工绩效评价:录入对员工绩效的评价,系统将这些信息添加到数据库中。
(2)薪酬情况:录入员工薪酬情况。
(3)奖励情况:录入员工所获奖励。
(4)查询统计:查询统计员工绩效评价、薪酬和所获奖励等情况,能对查询统计结果进行预览和打印。

8. 电子病历管理系统

考察医院病历管理工作,设计一个电子病历管理系统。具体要求如下:

(1)挂号:分配病历号、录入患者信息和建立病历。
(2)就诊:录入医生情况和诊断情况。
(3)收费:录入患者交费信息。
(4)发药:录入患者所买药品。
(5)复查:录入复查情况。
(6)查询:查询患者病历等信息,并能预览和打印。

9. 医院药品管理系统

考察医院药品管理工作现状,设计一个医院药品管理系统,主要完成药品入库、出库、调价、报损和统计报表等。

(1)入库:录入药品入库信息。
(2)出库:录入药品出库信息。
(3)调价:录入药品调价信息。
(4)报损:录入药品报损信息。
(5)统计报表:能够查询统计药品入库、药品出库、报损结果和药品盘点等信息,并能预览和打印。

10. 信访管理系统

考察信访管理工作流程,设计一个信访管理系统。具体要求如下:

(1)用户留言:用户申请留言,系统分配编号,用户录入标题、联系人、联系方式、内容和满意度投票密码等信息。

(2)留言回复:有关部门回复留言。

(3)用户满意度:用户根据问题解决情况录入满意度。

(4)留言查询:可根据标题、内容和满意度等进行查询。

(5)统计报表:实现留言与回复统计、用户满意度统计和超期未回复统计等,预览和打印各种查询和统计结果。

五、课程设计报告要求

课程设计报告是对本次课程设计的全面总结,应该体现每个设计阶段的设计思路、设计方法和设计内容。具体要求如下:

(1)纸张大小为 A4,页眉页脚、字体和字号等均为默认即可。

(2)字数不少于 4 000 字。

(3)图表要清楚,格式要规范。

(4)封面中应体现题目、专业、班级、学号、姓名、指导教师、成绩和日期等信息。

(5)不少于 200 字的中、英文摘要,3~7 个中、英文关键词。

(6)有目录。

(7)正文一般包括系统可行性研究、需求分析、系统分析、系统设计、系统实施、测试与运行、用户使用帮助、总结和参考文献等内容。

(8)附录中附上主要源代码。

六、课程设计的考核方法及成绩评定

1. 考核方法

"管理信息系统"课程设计主要从以下三个方面来进行考核:

(1)学生上交的课程设计报告。

(2)学生设计出的管理信息系统。

(3)学生在课程设计过程中的平时表现。

2. 成绩评定

"管理信息系统"课程设计实行优秀、良好、中等、及格和不及格五个等级的评定。

习题及答案

习题1及答案

1. 分析数据和信息的联系与区别。

答：

数据是可以被鉴别的记录符号，信息是对数据的解释。数据经过加工处理和解释后才能成为信息。信息是经过加工处理和解释后，并对客观世界产生影响的数据。

2. 简述信息、信息系统和管理信息系统的概念。

答：

（1）信息：是客观世界各种事物变化和特征的反应。

（2）信息系统：是由人、硬件、软件和数据资源组成的人-机复合系统，目的是及时、正确地收集、加工、存储、传递和提供信息，实现组织中各项活动的管理与控制。

（3）管理信息系统：是利用系统思想建立起来的、由人和计算机等组成的、以计算机和信息技术为信息处理手段、以现代通信设备和网络为传输工具、以数据库存储管理信息、将现代管理思想和决策技术结合、能够为管理和决策提供有效信息服务的复合系统。

3. 系统的特征有哪些？

答：

（1）整体性。系统的整体性是系统的重要特征之一，是指系统中各个组成部分不是简单地组合在一起，而是相互紧密联系组成一个有机整体。系统的整体功能一般大于各个组成部分功能的叠加。

（2）目的性。系统的目的性是指系统的运行是有目标的。系统各个组成部分有机结合的原则是使系统具有良好的功能，并且在某种意义上达到最优，进而达到系统追求的目的。

（3）相关性。系统的相关性是指系统内部的各个组成部分之间、系统与环境之间都是相关的，即是相互关联和相互作用的。

（4）层次性。系统的层次性是指系统可以分为不同的层次，这些不同的层次一般被称为子系统，且子系统还可以自成系统，即还可以具有下一级子系统。

（5）环境适应性。系统的环境适应性是指系统要达到追求的目的，就必须适应外部环境的变化和排除外界的干扰。

4. 分析管理信息的特性。

答：

（1）真实准确性。有一个有趣的 GIGO 原则，即输入的是垃圾，输出的一定也是垃圾，其大概意思是说如果输入的数据是虚假的、错误的或没有意义的，那么经过加工处理和输出的信息一定是没有任何参考价值的。

因此,管理信息应该具有真实准确性。

(2)可理解性。管理信息必须是有意义的,并且是能够被理解的,否则就是"天书",没有任何利用价值。

(3)传播性。管理信息必须是能够收集和传播的。要求管理信息应该具有一定的存在形式,可以是电子的,也可以是纸介质的,并能够利用某种介质进行传播,可以通过报纸、杂志和书籍等印刷品传播,也可以通过电视、电话、计算机和网络等电子技术进行传播。不能传播的管理信息是无法被充分利用的。

(4)共享性。管理信息必须具有共享性。管理信息不能因为被传播而损失,要求信息是可以被复制和共享的。不能被共享的管理信息是不能被广泛利用的。

(5)经济性。管理信息一般具有经济性。管理信息一般具有和物资、能源同等的价值,甚至具有更高的价值。

(6)目的性。管理信息与一般信息不同,其目的是明确的。一般要求管理信息是对决策有价值的,管理信息的主要目的就是辅助管理者进行管理和决策。

(7)增值性。管理信息的增值性主要有两方面含义,一方面是指管理信息在分析处理的过程中会产生价值,这是因为管理信息的主要作用在于有益于管理信息的拥有者可以利用管理信息进行正确决策,进而创造机会和价值。另一方面是指管理信息在传播过程中会不断增值,产生新的更有价值的管理信息。

(8)保密性。管理信息必须具有保密性。对于处在信息时代的现代企业来说,安全保密管理信息无疑是企业在激烈竞争的环境中取胜的重要法宝,因此保密性是管理信息的重要特性之一。

(9)等级性。管理信息和其服务的对象是相关的,即由于管理信息服务的对象不同会有不同的等级。

5.简述管理信息的等级结构。

答:

管理信息的等级结构如右图所示。战略级管理信息的服务对象主要是企业高层管理者,其来源主要是组织外部,其生命周期较长,一般与一个战略决策周期相近,且有非常高的保密性,加工方法灵活多变。作业级管理信息服务的对象一般是企业基层管理人员,其来源主要是组织内部,其寿命短,其一般具有较低的保密性,且加工方法基本固定。战术级管理信息的服务对象一般是企业中层管理人员,其各种特性一般在战略级管理信息和作业级管理信息之间。

6.分析管理信息系统的特征。

答:

(1)系统的观点。由于管理信息系统的涉及面非常广和投入的人力、财力及物力非常大,因此,开发管理信息系统必须从全局的、整体的、长远的和系统的观点出发,按照系统工程和系统处理的方法进行,否则开发的管理信息系统将很难取得满意的效果。

(2)数学的方法。信息是管理信息系统处理的对象,为了提高信息的质量、更有效地分析利用信息和更准确地为管理决策提供依据,通常需要建立各种数学模型,采用各种数学分析的方法对信息进行处理和分析。

(3)计算机应用技术。计算机技术、网络技术和数据库技术是管理信息系统的物质基础和必备条件,离开计算机应用技术的管理信息系统将不能满足现代管理信息系统的要求,将不能及时和准确地对管理者的管理和决策提供信息服务。

7. 管理信息系统的三要素是什么？

答：

（1）系统的观点。由于管理信息系统的涉及面非常广，投入的人力、财力及物力非常大，因此，开发管理信息系统必须从全局的、整体的、长远的和系统的观点出发，按照系统工程和系统处理的方法进行，否则开发的管理信息系统将很难取得满意的效果。

（2）数学的方法。信息是管理信息系统处理的对象，为了提高信息的质量、更有效地分析利用信息和更准确地为管理决策提供依据，通常需要建立各种数学模型，采用各种数学分析的方法对信息进行处理和分析。

（3）计算机应用技术。计算机技术、网络技术和数据库技术是管理信息系统的物质基础和必备条件，离开计算机应用技术的管理信息系统将不能满足现代管理信息系统的要求，将不能及时和准确地对管理者的管理和决策提供信息服务。

8. 论述信息与管理信息、信息系统与管理信息系统的联系与区别。

答：

（1）信息与管理信息的联系与区别。

①联系：信息包含管理信息，管理信息是一种特殊的信息。

②区别：信息泛指各类信息，其内涵要比管理信息广。而管理信息的内涵比信息的内涵窄，仅指为管理和决策服务的信息。

（2）信息系统与管理信息系统的联系与区别。

①联系：信息系统包含管理信息系统，管理信息系统是一类特殊的信息系统。

②区别：信息系统泛指各类信息系统，其内涵要比管理信息系统广。而管理信息系统的内涵比信息系统窄，仅指为管理和决策服务的信息系统。

9. 简述管理信息系统的知识体系结构。

答：

组织管理	信息技术	系统工程
一般组织理论 现代管理理论 现代管理技术 运筹学理论 ……	计算机技术 网络技术 通信技术 数据库技术 ……	系统规划 系统分析 系统设计 系统实施 ……
人文社会科学基础		

10. 管理信息系统面临的技术挑战有哪些？

答：

（1）管理信息系统集成的挑战。

（2）跨平台运行的挑战。

（3）多种应用系统数据交换的挑战。

（4）管理信息系统实施的挑战。

（5）可靠性和安全性的挑战。

(6)可扩展的业务框架和标准的对外接口的挑战。

习题2及答案

1. 系统开发的原则是什么？

答：

"四统一"原则、"一把手"原则、面向用户原则、系统工程原则、阶段性原则、适用性和先进性原则。

2. 结构化生命周期法的基本思想是什么？

答：

用系统的思想和系统工程的方法，按用户至上的原则，结构化、模块化地自顶而下对系统进行分析与设计。

3. 结构化生命周期法各阶段的任务是什么？

答：

系统规划阶段的主要任务是对现行系统进行初步调查，确定信息系统的目标和发展战略，并对系统进行可行性研究，确定新系统的模块组成及模块开发顺序，制订开发计划，写出系统规划报告。

系统分析阶段的任务是对系统进行详细调查，画出新系统的业务流程图，从中抽取出数据流程图，建立新系统的逻辑模型，写出系统分析报告。

系统设计阶段的主要任务是设计各个模块在计算机上的具体实现，包括总体设计和详细设计，写出系统设计说明书。

系统实施阶段的主要任务是进行系统实现的具体工作，包括计算机等设备的采购和安装，程序的编写，数据文件的转换和录入，人员培训，系统的测试、调试和转换等。这一阶段的总结性成果是实施进度报告、测试报告、调试报告以及系统使用说明书。

系统运行与维护阶段的主要任务包括：信息系统的日常管理、系统资源的管理、系统安全与保密、硬件维护、软件维护和数据维护等。

4. 简述结构化生命周期法的优缺点和适用范围。

答：

结构化生命周期法的优点：

(1) 系统开发的整体性和全局性。

(2) 严格区分工作阶段。

结构化生命周期法的缺点：

(1) 预先定义用户的需求。

(2) 过于耗费资源。

(3) 缺乏灵活性。

(4) 用户信息反馈慢。

结构化生命周期法主要适用于开发大型系统或系统开发缺乏经验的情况。

5. 原型法的基本思想是什么？

答：

根据用户的需求，由用户、开发人员和系统分析设计人员通力合作，在软件开发环境的支持下，定义出系统的最基本需求和主要功能,短期内构造出一个可以初步满足用户要求的低成本的简易原型系统,提供给用户试用。在试用过程中由开发者与用户通过双方沟通思想、交换意见、反复评价来不断改进、扩充和完善下一原型系统,直到最终形成用户满意的实际系统。

6. 简述原型法的优缺点及适用范围。

答:

原型法的优点:提高用户的满意度,改进了用户和系统开发人员之间的信息交流方式,降低开发风险,减少用户培训时间,简化了管理,缩短开发周期,降低开发成本。

原型法的缺点:开发工具要求高,解决复杂系统和大型系统很困难,文档编写和测试工作常常被忽略。

原型法的适用场合:

(1)用户需求不清、规模小、不太复杂的小型系统。

(2)与结构化生命周期法结合使用。整体上采用结构化生命周期法,局部的功能独立的模块采用原型法。

(3)具有系统开发经验的人员采用。

7. 原型法需要哪些环境支持?

答:

数据库管理系统、超高级语言、集成化的数据字典、报告生成器、屏幕格式生成器、自动文档编写机制。

8. 什么是对象?对象中封装了哪些内容?

答:

对象是现实世界中具有相同属性、服从相同规则的一系列事物的抽象,即相似事物的抽象化。对象把数据和对该数据的操作封装在一起。

9. 面向对象法开发包括哪几个阶段?

答:

系统调查和需求分析,面向对象分析,面向对象设计,面向对象的程序,系统运行维护。

10. 在管理信息系统的开发中,为什么说用户参与十分重要?

答:

用户的要求是系统开发的出发点和归宿。管理信息系统是为用户服务的,最终要交给用户使用。实践证明,用户的参与程度以及满意与否是衡量系统是否成功的关键。在整个开发过程中,系统开发人员应该始终与用户保持联系,从调查入手,充分理解用户的信息需求和业务活动,不断地让用户参与到系统分析和系统设计中来,了解工作的进展情况,并随时从业务和用户的角度提出新的需求,从而使得新系统更加科学、更加合理。

11. 管理信息系统有几种开发方式?评价其优劣。

答:

开发方式包括:自行开发、委托开发、合作开发、购买软件包、购买服务。

方式 特点	自行开发	委托开发	合作开发	购买软件包	购买服务
分析和设计力量的要求	非常需要	不太需要	逐渐培养	少量需要	不需要
编程力量的要求	非常需要	不需要	需要	少量需要	不需要
系统维护的难易	容易	困难	较容易	困难	困难
开发费用	少	多	较少	较少	较少
说明	开发时间较长,但适用,而且可以培养自己的系统开发人员	省事,开发费用多。需要业务人员的密切配合	开发的系统比较适用,但用户必须具有一定的人员参加	要有选择,即使符合单位实际,但仍有部分接口问题	降低企业在信息技术方面的投资,集中精力关注核心业务

12. 管理信息系统的开发策略有哪几种？选择开发策略的主要依据是什么？

答：

系统的开发策略包括："自顶向下"的开发策略、"自底向上"的开发策略。

选择开发策略主要依据决策准则。

习题 3 及答案

1. 为什么要对信息系统的开发进行总体规划？

答：

系统规划是管理信息系统生命周期的第一个阶段,是开发管理信息系统的一项基础工作。科学的规划可以减少盲目性,使系统有良好的整体性、较高的适应性,建设工作有良好的阶段性,以缩短系统开发周期,节约开发费用。

2. 系统规划的原则是什么？

答：

(1)支持组织的总目标。

(2)面向组织各管理层次的要求。

(3)方法上摆脱信息系统对组织机构的依从性。

(4)在结构上信息系统有良好的整体性。

(5)便于实施。

3. 总体规划有什么特点？

答：

(1)具有较强的不确定性,非结构化程度较高,是技术与管理的结合。

(2)高层管理人员是规划工作的主体。

（3）多种规划方法相互配合,取长补短。

（4）规划工作宜粗不宜细,应该给后续各阶段的工作提供指导,而不是代替后续阶段的工作。

4. 可行性分析的内容是什么？

答：

技术可行性分析、经济可行性分析和社会可行性分析。

5. 可行性分析报告包括哪些内容？

答：

（1）系统简述：包括编写目的、项目背景以及对现行系统的分析。

（2）项目的目标。

（3）所需资源、预算、期望效益：即投资收益分析。

（4）可行性研究的结论。

6. 简述管理信息系统规划与组织战略规划之间的关系。

答：

管理信息系统的战略规划是关于管理信息系统的长远发展的计划,一般包括三年或更长期的计划,也包含一年的短期计划。由于信息已经成为企业的生命线,信息系统和企业的运营方式、文化习惯息息相关,因此,MIS 战略规划是企业战略规划的一个重要组成部分。

7. 学习诺兰模型有什么意义？

答：

诺兰模型是西方国家进行管理信息系统规划的指导性理论之一。在制订管理信息系统规划的时候,应该首先明确本单位当前处于哪一生长阶段,进而根据该阶段特征来指导 MIS 建设。

8. 列出诺兰模型的各个阶段,分析我国企业总体上处于诺兰模型的什么阶段。

答：

初装、蔓延、控制、集成、数据管理和成熟。我国企业总体上处于控制阶段。

9. 简述企业系统规划法的基本思想。

答：

首先"自上而下"识别系统目标,识别业务过程,识别数据,然后"自下而上"设计系统,以支持系统目标的实现。

10. U/C 矩阵的主要目的是什么？

答：

划分子系统。

11. 简述 BSP 方法的工作步骤。

答：

（1）总体规划准备。

（2）调研。

（3）定义管理目标。

（4）定义管理功能。

（5）定义数据类。

(6)定义信息系统结构。
(7)确定子系统实施顺序。
(8)计算机逻辑配置方案。

习题4及答案

1. 什么是系统分析？系统分析的内容有哪些？系统分析的任务是什么？

答：

系统分析是由系统分析人员和用户（单位的管理人员和业务人员）一起对现有系统进行深入调查和需求分析的基础上，按照系统的观点，综合运用管理科学、计算机科学、通信技术和软件工程等多学科知识，深入研究现行系统的各项工作及用户的各种需求，使用一系列分析工具绘制一组描述系统总体逻辑方案的图表，经过与用户反复讨论、分析、修改、完善和优化，构思和设计用户比较满意的新系统的逻辑模型，并且提出适当的计算机软、硬件配置方案。

系统分析的内容：

(1)详细调查。
(2)组织结构与功能分析。
(3)业务流程分析。
(4)数据流程分析。
(5)建立新系统逻辑模型。
(6)编写系统分析报告。

系统分析的任务：

(1)通过对现行系统的详细调查，发现、识别和定义用户的需求。
(2)分析系统业务流程及数据流程，制订新系统的逻辑模型。
(3)写出系统分析报告。

2. 简述结构化系统分析的基本思想。

答：

用系统的思想，系统工程的方法，按用户至上的原则，结构化、模块化、自顶向下地对信息系统进行分析，并用结构化分析的图表作为系统逻辑模型描述的主要手段。

3. 详细调查与初步调查有哪些区别？

答：

详细调查的目的是为弄清现行系统的基本功能及信息流程，为新系统逻辑模型提供基础。重点是在于对系统的内部情况更详细和具体的了解，从而可以提供在新系统建设时改进或更换的内容。

初步调查的目的是明确问题和系统开发要解决的主要问题和目标，论证系统开发的必要性和可能性。重点是了解现行系统的概要情况及外部的关系。包括组织的资源情况、能力情况和外部影响情况等。

4. 详细调查的方法有哪些？

答：

座谈、访问、填表、抽样、查阅资料、发电子邮件、电话和电视会议、深入现场和跟班劳动等。

5. 画数据流程图时应该遵循哪些原则？

答：

(1)明确系统界面。

(2)自顶向下逐层扩展。

(3)合理布局。

(4)始终与用户密切接触,共同商定。

6. 一个完整的数据字典包括哪些内容?

答：

数据元素、数据结构、数据流、处理逻辑、数据存储和外部实体。

7. 系统分析报告包括哪些内容?

答：

引言、任务概述、现行系统概况、新系统的逻辑方案。

8. 找一个你熟悉的公司或组织进行调查,结合所学的知识完成系统分析各步骤的内容。

答：

略。

9. 对某酒店的业务流程进行详细调查之后,得出其业务流程：

(1)顾客进入酒店,由总台服务员根据房源信息情况,为顾客办理入住手续,并登记顾客信息、修改房源信息。

(2)由客房部安排顾客入住,并在顾客离开前将房费单送交财务部。

(3)顾客入住酒店之后,可在餐饮部和康乐部消费,消费完毕,顾客签单之后,将消费单交财务部结账。

(4)结账完毕之后,顾客可离开酒店。

(5)顾客离开酒店之后,客房部整理房间,并通知总台恢复房源信息、修改顾客信息。

根据以上对业务流程的描述,绘制出酒店的业务流程图。

答：

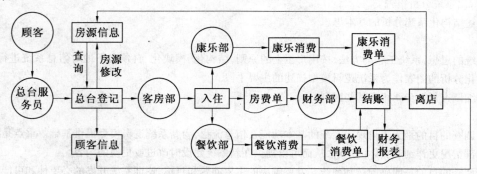

10. 请按如下所述的银行存(取)款过程画出数据流程图。

储户将填好的存(取)款单及存折送交分类处理处。分类处理处按三种不同情况分别处理。如果存折不符或存(取)款单不合格,则将存折及存(取)款单直接退还储户重新填写;如果是存款,则将存款单交存款处理处处理。存款处理处登记底账后,将存折退还储户;如果是取款,则将存折及取款单交取款处理处处理。取款处理处提取现金、登记底账后,将现金退还储户,从而完成存取款过程。

答：

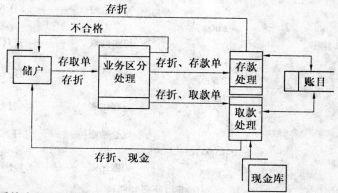

11. 酒店管理信息系统中，用自然语言描述"折扣"处理过程：

如果某用户的消费额在2 000元以上，用现金结账打八折，记账打八五折；如果消费额在1 000元与2 000元之间，用现金结账打八五折，记账打九折；如果消费额在1 000元以下，用现金结账打九五折，记账不打折。请分别用结构化语言、判断树和决策表表示酒店打折决策的逻辑功能。

答：
（1）结构化语言。
　　IF 消费额≥2 000元 THEN
　　IF 用现金结账 THEN
　　　　打八折
　　ELSE
　　　　打八五折
　　END IF
　　END IF
　　IF 2 000元>消费额≥1 000元 THEN
　　IF 用现金结账 THEN
　　　　打八五折
　　ELSE
　　　　打九折
　　END IF
　　END IF
　　IF 消费额<1 000元 THEN
　　IF 用现金结账 THEN
　　　　打九五折
　　ELSE
　　　　不打折
　　END IF
　　END IF
（2）判断树。

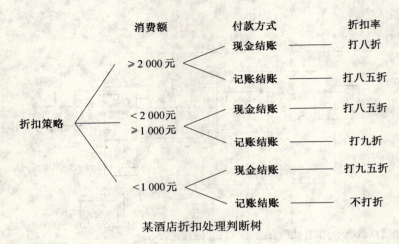

某酒店折扣处理判断树

(3)决策表。

消费额：n<1 000——0
　　　　1 000≤n<2 000——1
　　　　n≥2 000——2

付款方式：现金——0
　　　　　记账——1

某酒店折扣处理决策表

消费额	0	0	1	1	2	2
付款方式	0	1	0	1	0	1
打八折					√	
打八五折			√			√
打九折				√		
打九五折	√					
不打折		√				

习题5 及答案

1. 简述系统设计的任务及依据。

答：

(1)系统设计的任务。此阶段的任务是设计管理信息系统的模块层次结构、模块的处理流程和数据库的结构，以解决系统"怎样做"的问题。

(2)系统设计的依据。管理信息系统设计阶段的依据主要包括以下几点：

①系统分析报告。系统设计的主要依据是系统分析报告，为系统设计提供基础和指导。

②相关的规范、条例、标准、要求或办法。与所设计的管理信息系统相关的规范、条例、标准、要求或办法一般是系统设计的必要依据。

③开发人员的知识和工程经验。开发人员较强的专业知识和丰富的工程经验通常是系统设计的重要依据。开发人员没有专业知识做基础，很难设计出优秀的管理信息系统。开发人员仅具有较强的专业知识而没有丰富的工程经验，也很难设计出优秀的管理信息系统。

2. 分析系统设计的目的及原则。

答：

（1）系统设计的目的。系统设计的目的一般是根据系统逻辑模型建立系统的物理模型，并尽可能完善系统的各项特性，如系统的功能性、经济性、可靠性、可变更性、工作质量和工作效率等。

（2）系统设计的原则。系统设计的好坏将会直接影响整个系统的性能。为了尽可能满足用户需求和获得更大的经济效益，设计的系统一般应具有较好的质量、较高的效率、较强的生命力和较好的环境适应性，这就需要进行系统设计时要考虑系统的系统性、可靠性、有效性、实用性、安全性、经济性、简单性、可交互性、可扩展性和灵活性。

3. 论述系统设计的步骤及内容。

答：

（1）系统设计的步骤。系统设计主要分为以下几个步骤：

①总体设计。

②详细设计。

③制订系统实施进度计划。

④编写系统设计说明书。

（2）系统设计的内容。系统设计的内容主要有以下几方面：

①总体结构设计。

②系统平台设计。

③网络结构设计。

④数据库设计。

⑤代码设计。

⑥输入输出与界面设计。

⑦编写系统设计报告。

4. 说明系统设计的成果及文档内容。

答：

系统设计的主要成果是系统设计说明书。系统设计说明书描述了系统设计的指导思想和系统实现的主要技术路线，是新系统的物理模型和系统实施的主要依据，其内容主要包括以下几点：

①系统开发项目概述。

②系统设计规范说明。

③模块设计说明。

④系统平台设计说明。

⑤网络环境说明。

⑥数据库设计说明。
⑦代码设计说明。
⑧输入输出与界面设计说明。
⑨安全性设计说明。
⑩系统实施方案说明。

5. 简述系统总体结构设计的内容。

答：

系统总体结构设计的主要内容如下：

(1)根据系统分阶段产生的已经获得批准的系统分析报告，确定模块层次结构，划分功能模块，将软件功能需求分配给所划分的最小单元模块。明确模块间的联系和调用关系，确定数据结构、文件结构、数据存储模式，制订测试的方法与策略。

(2)选择划分模块与分解功能的设计原则，如相对独立性原则、分解原则和协调原则等。

(3)选用相关的软件工具来描述系统总体结构，软件结构图是系统总体结构设计阶段经常使用的软件描述工具。

(4)编写总体结构设计说明书、用户手册和测试计划等文档。

6. 分析结构化设计思想。

答：

结构化设计思想是从数据流图出发，逐步产生系统的总体结构，把系统设计成由功能单一且彼此相对独立的模块组成的层次结构。结构化设计思想主要具有以下三个要点：

(1)系统性。在设计功能结构时，要全面考虑各个相关方面的情况。不仅考虑重要的部分，也要兼顾次要的部分；不仅考虑当前亟待开发的部分，也要兼顾考虑今后需要扩充的部分。

(2)自顶向下分解。先自顶向下将系统分解为若干子系统，各个子系统的功能总和为上一层系统的总功能。再将子系统分解为若干功能模块，下层功能模块实现上层的模块功能。这种自顶向下进行功能分层的过程就是由复杂到简单、由抽象到具体的过程。根据要点进行系统设计，从上层看容易保证整个系统的功能不会遗漏和冗余，从下层看各功能的具体实现较容易。

(3)层次性。首先将系统看成一个模块，然后按功能逐步将其自顶向下分解成更具体的模块。这种分解是按层的，同一个层次是同样由抽象到具体的程度，各层具有可比性。如果某层次各部分抽象程度相差太大，那很可能是由于划分不合理而造成的。

7. 说明一个模块一般应具备哪些要素。

答：

一个模块一般具有以下四个要素：

(1)输入和输出。模块的输出去向是其输入的来源，即一个模块从调用者处取得数据，加工处理后再把处理结果输出给调用者。

(2)处理功能。模块得到输入后进行的加工处理工作。

(3)内部数据。仅供模块自身引用的数据。

(4)程序代码。用来实现输入、处理和输出的程序。

8. 简述网络结构设计的原则。

答：

网络结构设计一般遵循实用性、成本有效性、开放性、安全可靠性、可维护性和可扩充性等原则。

9. 数据库设计的方法有哪些？

答：

常见的数据库设计方法如下：

(1) 新奥尔良(New Orleans)方法。它是目前公认的比较完整和权威的一种规范设计法，它将数据库设计分为四个阶段：需求分析(分析用户需求)、概念设计(信息分析和定义)、逻辑设计(设计实现)和物理设计(物理数据库设计)。S. B. Yao 等又将数据库设计分为五个步骤。目前大多数设计方法都起源于新奥尔良法，并在设计的每个阶段采用一些辅助方法来具体实现，新奥尔良方法属于规范设计法。规范设计法从本质上看仍然是手工设计方法，其基本思想是过程迭代和逐步求精。

(2) 基于 E-R 模型的数据库设计方法。E-R 方法的基本步骤是：
①确定实体类型；②确定实体联系；③画出 E-R 图；④确定属性；⑤将 E-R 图转换成某个 DBMS 可接受的逻辑数据模型；⑥设计记录格式。

(3) 基于 3NF 的数据库设计方法。基于 3NF 的数据库设计方法的基本思想是在需求分析的基础上确定数据库模式中的全部属性与属性之间的依赖关系，将它们组织在一个单一的关系模式中，然后再将其投影分解，消除其中不符合 3NF 的约束条件，把其规范成若干个 3NF 关系模式的集合。

(4) 计算机辅助数据库设计方法。计算机辅助数据库设计主要分为需求分析、逻辑结构设计、物理结构设计几个步骤。设计中，哪些可在计算机辅助下进行？能否实现全自动化设计呢？这是计算机辅助数据库设计需要研究的课题。

(5) ODL(Object Definition Language)方法。ODL(Object Definition Language)方法是面向对象的数据库设计方法。该方法用面向对象的概念和术语来说明数据库结构。ODL 可以描述面向对象数据库结构设计，可以直接转换为面向对象的数据库。

10. 分析代码线分类方法和面分类方法的优缺点。

答：

线分类方法的特点主要有以下几点：

(1) 结构清晰，便于分类、识别、查找和记忆。

(2) 与传统方法类似，对手工系统的适应性较好。

(3) 结构不够灵活，柔性较差。

面分类法较线分类法复杂，其特点主要有以下几点：

(1) 结构灵活，柔性较好，面的增加、修改和删除容易。

(2) 能够实现按任意组合面的信息检索，对计算机处理适应性较好。

(3) 不便识别和记忆。

线分类法和面分类法的主要区别是：线分类中的各个属性具有层次性，不是独立的；面分类中的各个属性不具有层次性，是独立的。

习题6及答案

1. 分析系统实施与管理的目标。

答：

第一阶段的研究重点是技术实现，在开发团队中完成。主要包括系统硬件环境的建立、程序设计、测试和数据整理与录入，这是交付使用前的工作。

第二阶段的研究重点是管理，在用户端完成。主要包括用户培训、业务流程重组实施、系统转换、系统验收和系统评价。

虽然这两个阶段的侧重点不同，但它们的目标是统一的，即系统的成功实施，建立一个符合用户需求的管理信息系统。

2. 简述系统实施与管理的内容。

答：

系统实施与管理阶段的主要内容一般包括以下几点：

(1) 物理系统的建立。包括各种硬件设备和软件的选型、论证、购置、安装和调试。

(2) 程序的实现。包括选择开发环境、选定程序设计语言、编制源程序和调试运行。

(3) 系统测试。运用系统测试技术和方法进行模块测试、组装测试、确认测试、系统测试和验收测试等，尽量发现和排除系统可能存在的错误，保证系统可靠运行。

(4) 系统转换。即用新的系统替换旧的系统，主要包括系统交付前的准备和系统转换方法的选择等。一般采取新旧系统并行运行，逐渐用新系统替换旧系统。

(5) 系统运行管理与维护。包括管理信息系统资源的充分利用和有效管理。

(6) 系统评价。包括明确新系统方案的目标体系和约束条件、确定评价项目与指标体系、制订评价方法和综合评价等。

(7) 系统开发总结报告的编写。包括系统的运行情况、使用效果、系统性能和系统的经济效益等。

3. 分析程序实现的目标。

答：

程序实现的目标一般包括以下几点：

(1) 可靠性。管理信息系统的可靠性是衡量系统质量的重要指标。一个好的管理信息系统，不但要功能强大，能处理用户提出的各类问题，而且所有的功能必须是可靠的。系统的可靠性包括安全可靠性和运行可靠性。为了实现系统的可靠性，要求模块程序能完整、正确地表达数据加工的模型，这就要充分考虑到各种可能出现的情况，并且一定要经过反复的调试，以保证程序的正确性和功能的可靠性。

(2) 规范性。对系统功能模块的划分、书写的格式和变量的命名等都要有统一的规范。规范化的程序设计将给今后的阅读、修改和维护带来方便。因此，在程序实现阶段进行规范化的程序设计是非常必要的。

(3) 可读性。编写的源程序不仅应该能够执行，还应该结构清楚、条理清晰，易于他人理解。可读的、易懂的程序是今后修改和维护的基础，若可读性差则会给程序维护工作带来困难。要使程序具有较好的可读性，不仅要结构清晰，还要在程序中插入必要的注释性语句，如说明子程序的功能、变量的含义和一些处理细节等。

（4）可维护性。一个管理信息系统的程序投入使用后，其程序可能还存在不完善之处，用户也可能经常提出新的要求，因此维护是难免的。程序维护主要包括对程序模块的增加、删除和修改。为了提高程序的可维护性，一般提倡采用模块化、结构化程序设计和重用技术。

4. 说明结构化程序设计的特征。

答：

结构化程序设计的特征主要体现在以下几方面：

（1）设计步骤自顶向下。自顶向下是系统分析、设计和实现都要使用的方法。每个系统都是由具有层次结构的功能模块构成，系统的总目标是靠系统各功能模块的实现而实现的，各功能模块的实现又是靠子功能模块的实现而实现的，因此系统模块是逐个功能实现的。结构化程序设计通常是根据模块之间的功能关系，自顶向下逐模块进行，一般一个模块实现一个具体的功能。

（2）模块化的程序逻辑组织。主要体现为功能模块化，即按功能将系统分解成若干功能模块，以功能模块为单位，将整个结构化程序组成一个有层次的树状结构。在该结构中，根模块只有一个，下层模块是一些例行程序。结构化程序设计要求每个模块一般只有一个入口，可以存在多个出口，各模块间没有交叉。

（3）采用三种基本逻辑结构。在具体的程序实现过程中，应采用结构化的程序设计方法，限制或消除无条件转移语句。这是因为，在程序较大时，无条件转移语句的出现会使得程序难于阅读、理解和控制，使程序的运行和调试变得困难。无条件转移语句是造成程序复杂化和可读性差的主要原因，应当尽量避免使用，即便使用也应控制其只向下转移，而不向上转移，以避免形成程序在模块间循环。结构化程序设计方法要求任何程序逻辑都可采用顺序、选择和循环三种基本结构描述。这三种结构有一个共同的特征，即每种结构都严格地只有一个入口和一个出口。

5. 简述系统测试的目的和意义。

答：

系统测试的目的和意义包括以下几点：

（1）确认系统的质量。一方面是确认系统做了你所期望的事情，另一方面是确认系统以正确的方式来做了这个事情。

（2）提供信息。包括提供给开发人员或项目经理的反馈信息，为风险评估所准备的各种信息。

（3）保证整个系统开发过程是高质量的。系统测试不仅是在测试软件产品的本身，而且还包括系统开发的过程。如果一个软件产品开发完成之后发现了很多问题，这说明此软件开发过程很可能是有缺陷的。

6. 分析系统测试的原则。

答：

系统测试遵循的原则主要包括以下几点：

（1）测试计划严格。制订严格的测试计划，并把测试时间安排得尽量宽松，不要希望在极短的时间内完成一个高水平的测试。一定要注意测试中的错误集中发生现象，这和程序员的编程水平和习惯有很大的关系。

（2）避免自检。程序员应该避免检查自己的程序，测试工作应该由独立的专业的系统测试机构来完成。应当把尽早和不断的测试作为系统开发者的座右铭。

（3）安全性。设计测试用例时应该考虑到合法的输入和不合法的输入以及各种边界条件，特殊情况要制造极端状态和意外状态，比如网络异常中断和电源断电等情况。妥善保存一切测试过程文档，意义是不言而喻的,测试的重现性往往要靠测试文档。

(4)可靠性。对测试错误结果一定要有一个确认的过程,一般有 X 测试出来的错误,一定要有一个 Y 来确认,严重的错误可以召开评审会进行讨论和分析。回归测试的关联性一定要引起充分的注意,修改一个错误而引起更多的错误出现的现象并不少见。

7. 说明系统测试的方法。

答:

系统测试的方法主要有人工测试和机器测试,具体如下:

(1)人工测试。又称为代码复审,通过阅读程序找错误。其内容主要包括:检查代码和设计是否一致;检查代码逻辑表达是否正确和完整;检查代码结构是否合理。

(2)机器测试。是指在计算机上直接用测试用例运行被测程序,发现程序错误。机器测试分为黑盒测试和白盒测试两种,分别如下:

①黑盒测试。黑盒测试也称功能测试或数据驱动测试,它是已知产品所应具有的功能,通过测试来检测每个功能是否都能正常使用,在测试时,把程序看做一个不能打开的黑盒子,在完全不考虑程序内部结构和内部特性的情况下,测试者在程序接口进行测试,它只检查程序功能是否按照需求规格说明书的规定正常使用,程序能否适当地接收输入数据而产生正确的输出信息,并且保持外部信息(如数据库或文件)的完整性。黑盒测试方法主要有等价类划分、边值分析、因果图、错误推测等,主要用于软件确认测试。"黑盒"法着眼于程序外部结构、不考虑内部逻辑结构、针对软件界面和软件功能进行测试。"黑盒"法是穷举输入测试,只有把所有可能的输入都作为测试情况使用,才能以这种方法查出程序中所有的错误。实际上测试情况有无穷多个,人们不仅要测试所有合法的输入,而且还要对那些不合法但是可能的输入进行测试。

②白盒测试。白盒测试也称结构测试或逻辑驱动测试,它是知道产品内部工作过程,可通过测试来检测产品内部动作是否按照规格说明书的规定正常进行,按照程序内部的结构测试程序,检验程序中的每条通路是否都能按预定要求正确工作,白盒测试的主要方法有逻辑驱动、基路测试等,主要用于系统验证。

8. 简述系统的转换方式有哪些。

答:

系统转换的方式主要有直接式转换、并行式转换、阶段式转换和试点式转换等。

9. 分析运行管理的目的和任务。

答:

管理信息系统投入使用后,其运行管理与维护是始终存在的。运行管理与维护的目的是让管理信息系统在其生命周期内保持良好的稳定运行状态,保证其功能的发挥。管理信息系统运行管理的任务主要有日常管理、系统文档规范管理和系统的安全与保密等。

10. 说明系统维护的特点。

答:

系统维护主要是进行软件维护,系统软件维护的特点一般表现为以下几方面:

(1)结构化维护与非结构化维护。

①结构化维护。用工程化方法开发的软件一般具有一个完整的软件配置,其结构化维护活动首先是从评价设计计划和方案开始,修改原设计,进行复审,然后开发新的代码,用测试说明书进行回归测试,最后修改软件配置,再次发布该软件的新版本。

②非结构化维护。用非工程化方法开发的软件,一般只有源代码,而没有必要的系统文档,这种软件的维护即是一种非结构化维护。非结构化维护一般只能从读代码开始,由于缺少必要的文档资料,因此很难搞清软件结构、全程数据结构和系统接口等系统的内涵。由于缺少原始资料的可比性,很难估计对源代码所作修改的后果。另外,由于没有测试记录,而不能进行回归测试。

(2)维护的代价逐步提高。在过去的几十年中,软件维护的代价逐步提高。20世纪70年代,软件维护的代价只占软件总预算的35%~40%,80年代上升到40%~60%,到了90年代则上升为60%~80%。软件维护的代价一般分为有形代价和无形代价两部分,具体如下:

①以上所提到的关于软件维护的代价的统计数字就属于有形代价。

②无形代价主要体现在以下几方面:

A. 当看起来合理的有关变更要求不能及时满足时,容易引起用户的不满。

B. 维护时的改动,可能在软件中引入潜在的故障,进而可能降低软件的质量。

C. 把软件开发工程师调去从事维护工作时,可能对开发工作造成影响。

(3)对维护人员要求高。由于系统维护所要解决的问题可能来自系统整个开发周期的各个阶段,所以承担维护工作的人员应对开发阶段的整个过程、每个层次的工作都有所了解,熟悉系统需求、系统分析、系统设计、系统实施和测试等过程,并且应具有较强的程序调试和纠错能力,这些对维护人员的知识结构、能力素质和专业水平有较高的要求。

(4)维护对象是整个系统。由于问题可能来源于系统的各个组成部分,产生于系统开发的各个阶段,所以系统维护工作并不仅仅是针对源程序代码,还包括系统开发过程中的全部开发文档。

(5)系统维护涉及面广。系统维护工作中的绝大部分问题源于系统分析和设计阶段,而编码本身造成的错误比例并不高,仅占4%左右。理解别人编写的程序是非常困难的,而且这种难度随着软件配置文档的减少而增加。从实际情况来看,绝大多数系统在设计和开发时并没有很好地考虑将来可能会进行修改,有些模块可能会不够独立,牵一发而动全身。另外,系统维护工作相对开发工作者来说,可能会没有挑战性,不吸引人,容易导致系统维护人员队伍不稳定。

习题7及答案

1. 试对DSS进行简要的描述。

答:

决策支持系统是一种以计算机为工具,应用决策科学及其相关学科的理论与方法,以人机交互方式辅助决策者解决半结构化和非结构化决策问题的信息系统。

2. DSS的系统结构有哪些?

答:

(1)两库结构。

(2)基于知识的DSS结构。

3. 请说明对智能决策支持系统和群决策支持系统的理解。

答:

智能决策支持系统具有人工智能的行为,定性分析和定量分析的有机结合,使得解决问题的能力和范围得到了一个更大的发展。

群体决策支持系统是一种在 DSS 基础上利用计算机网络与通信技术,支持群体对非结构化问题进行共同决策。

4. 简述 Internet、Intranet 和 Extranet 的关系?

答:

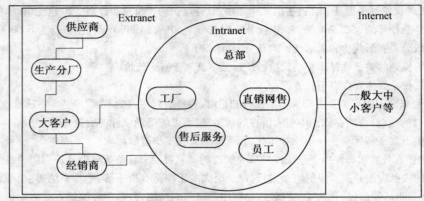

5. 电子商务系统的运作模式是什么?

答:

(1)企业与企业之间的电子商务(B to B)。

(2)企业与消费者之间的电子商务(B to C)。

(3)消费者与消费者之间的电子商务(C to C)。

(4)消费者与企业之间的电子商务(C to B)。

6. 电子政务系统的框架结构是什么?

答:

电子政务系统的内网和外网。

7. 知识管理的职能是什么?

答:

(1)外化职能。

(2)内化职能。

(3)中介职能。

(4)认知职能。

8. 企业如何导入知识管理?

答:

(1)确定知识管理战略规划。

(2)制订知识管理方案。

(3)创建知识管理组织及文化。

(4)设计建立知识管理系统。

(5)评估知识管理成效。

9.供应链管理的主要功能是什么?

答:

(1)规划。

(2)执行。

(3)绩效评估。

10.试对 MRP、MRP II、ERP、ERP II 进行简单比较。

答:

			协同商务
			CRM/APS/BI 电子商务 Internet/Intranet
		多行业、多地区、 多业务供需链 信息集成	
		法制条例控制 流程工业管理 运输管理 仓库管理 设备维修管理 质量管理 产品数据管理	法制条例控制 流程工业管理 运输管理 仓库管理 设备维修管理 质量管理 产品数据管理
	物流资金流 信息集成		
	销售管理 财务管理 成本管理	销售管理 财务管理 成本管理	销售管理 财务管理 成本管理
库存计划 物料信息集成			
经济定购量 安全库存 工单管理 工作中心 BOM 处理	MPS、MRP、CRP 库存管理 工艺线路 工作中心 BOM	MPS、MRP、CRP 库存管理 工艺线路 工作中心 BOM	MPS、MRP、CRP 库存管理 工艺线路 工作中心 BOM
MRP 20世纪70年代	MRP II 20世纪80年代	ERP 20世纪90年代	ERP II 21世纪

11.供应链管理的目的是什么?

答:

(1)提升客户的最大满意度。

(2)降低企业的成本。

(3)企业整体"流程品质"最优化。

12.简述管理信息系统的发展趋势。

答:

决策支持系统、电子商务系统、电子政务系统、知识管理系统、供应链管理系统、客户关系管理系统和企业资源计划系统。

参考文献

[1] 陈晓红. 管理信息系统[M]. 北京:高等教育出版社,2006.
[2] 黄梯云. 管理信息系统[M]. 北京:高等教育出版社,2005.
[3] 刘仲英. 管理信息系统[M]. 北京:高等教育出版社,2006.
[4] 薛华成. 管理信息系统[M]. 北京:清华大学出版社,2007.
[5] 罗榜圣. 管理信息系统[M]. 重庆:重庆大学出版社,2005.
[6] 刘鲁. 信息系统:原理方法与应用[M]. 北京:高等教育出版社,2006.
[7] 王知强. 管理信息系统入门与提高[M]. 北京:清华大学出版社,2005.
[8] 徐志坚,王翔. 管理信息系统[M]. 北京:北京师范大学出版社,2007.
[9] 张骏,鄢丹. 信息系统课程设计[M]. 北京:科学出版社,2007.
[10] 宋晓华,史富莲. 会计信息系统实用教程[M]. 北京:高等教育出版社,2004.
[11] 陈丰照,邹士忠. 管理信息系统的特征及发展趋势[J]. 郑州航空工业管理学院学报,2003(4):106-107.
[12] 王知强,陈本士,鲁彦彬. 基于UML的动态电子商务系统建模研究[J]. 图书情报工作,2010,54(14):140-144.
[13] 姜方桃. 管理信息系统理论与实务[M]. 北京:清华大学出版社,2009.
[14] 孙滨丽,杜栋. 管理信息系统基础[M]. 北京:清华大学出版社,2008.
[15] 罗超理,封宏观,杨强. 管理信息系统原理与应用[M]. 2版. 北京:清华大学出版社,2008.
[16] 李颖. 管理信息系统的质量评价指标及体系研究[J]. 河北大学学报(社会科学版),2009(2):71-73.
[17] 王知强. 数据库系统及应用[M]. 北京:清华大学出版社,2010.
[18] 梁爽,杨玥,吴晓艳. .NET框架程序设计[M]. 北京:清华大学出版社,2010.
[19] 唐政,房大伟. C#项目开发全程实录[M]. 北京:清华大学出版社,2008.
[20] 钱乐秋,赵文耘,牛军钰. 软件工程[M]. 北京:清华大学出版社,2007.
[21] 张淑平. 程序员教程[M]. 3版. 北京:清华大学出版社,2009.
[22] 王知强,于海华,王宇. 基于JSP的电子商务网上书店管理系统的研究[J],哈尔滨商业大学学报(自然科学版),2009,25(1):84-87.
[23] 王知强. 数据库系统及应用实验案例与习题解答[M]. 北京:清华大学出版社,2010.
[24] 李佳,付强,丁宁. C#开发技术大全[M]. 北京:清华大学出版社,2009.
[25] 王知强,陈本士. 基于Web的电子商务网络购物系统的研究与实现[J],图书情报工作,2010,54(6):136-140.
[26] 王欣. 管理信息系统[M]. 北京:中国水利水电出版社,2006.

[27] 郭宁,郑小玲. 管理信息系统[M]. 北京:人民邮电出版社,2006.
[28] 杜栋. 新编管理信息系统[M]. 北京:中国人民大学出版社,2008.
[29] 陈朝晖. 管理信息系统[M]. 北京:机械工业出版社,2007.
[30] 程宏,钱继钰. 管理信息系统[M]. 杭州:浙江大学出版社,2006.
[31] 腾佳东. 管理信息系统[M]. 3版. 大连:东北财经大学出版社,2008.
[32] 王彤宇. 管理信息系统[M]. 北京:北京大学出版社,2008.
[33] 应玉龙,施庆平. 管理信息系统教程[M]. 北京:中国水利水电出版社,2006.
[34] 陆安生. 管理信息系统[M]. 北京:中国水利水电出版社,2007.
[35] 李宗民,王文兴. 管理信息系统理论与实务[M]. 重庆:重庆大学出版社,2005.
[36] 张宽海. 管理信息系统概论[M]. 2版. 北京:高等教育出版社,2005.

读者反馈表

尊敬的读者：

　　您好！感谢您多年来对哈尔滨工业大学出版社的支持与厚爱！为了更好地满足您的需要，提供更好的服务，希望您对本书提出宝贵意见，将下表填好后，寄回我社或登录我社网站（http://hitpress.hit.edu.cn）进行填写。谢谢！您可享有的权益：

　　☆ 免费获得我社的最新图书书目　　　☆ 可参加不定期的促销活动
　　☆ 解答阅读中遇到的问题　　　　　　☆ 购买此系列图书可优惠

读者信息

姓名_____　□先生　□女士　　年龄_____　学历_____

工作单位_____　职务_____

E-mail _____　邮编_____

通讯地址_____

购书名称_____　购书地点_____

---

1. 您对本书的评价

内容质量　□很好　　　□较好　　　□一般　　　□较差
封面设计　□很好　　　□一般　　　□较差
编　　排　□利于阅读　□一般　　　□较差
本书定价　□偏高　　　□合适　　　□偏低

2. 在您获取专业知识和专业信息的主要渠道中，排在前三位的是：
　①_____　②_____　③_____
A. 网络　B. 期刊　C. 图书　D. 报纸　E. 电视　F. 会议　G. 内部交流　H. 其他：_____

3. 您认为编写最好的专业图书（国内外）

书名	著作者	出版社	出版日期	定价

4. 您是否愿意与我们合作，参与编写、编译、翻译图书？
_____

5. 您还需要阅读哪些图书？
_____

网址：http://hitpress.hit.edu.cn
技术支持与课件下载：网站课件下载区
服务邮箱　wenbinzh@hit.edu.cn　　duyanwell@163.com
邮购电话　0451－86281013　　0451－86418760
组稿编辑及联系方式　赵文斌（0451－86281226）　杜燕（0451－86281408）
回寄地址：黑龙江省哈尔滨市南岗区复华四道街10号　哈尔滨工业大学出版社
邮编：150006　传真　0451－86414049